犯罪被害者の
司法参加と量刑

佐伯昌彦――[著]

東京大学出版会

The Impact of Victim Participation in
Criminal Trials on Sentencing Decisions
Masahiko SAEKI
University of Tokyo Press, 2016
ISBN 978-4-13-036149-1

目　　次

はじめに··· 1

　0-1.　はじめに　　1

　0-2.　日本における被害者保護の動向　　2

　　0-2-1.　補償制度の創設　　2

　　0-2-2.　刑事司法過程における被害者保護　　4

　　0-2-3.　被害者による刑事司法への参加　　8

　0-3.　本書の課題と検討方法　　10

第 1 部　被害者による刑事司法への参加をめぐる状況と量刑への影響

第 1 章　日本··· 16

　1-1.　日本における被害者の刑事裁判への参加　　16

　　1-1-1.　意見陳述制度　　16

　　1-1-2.　被害者参加制度　　18

　　1-1-3.　量刑への影響に関する議論状況　　23

　1-2.　日本における研究状況　　32

　　1-2-1.　仲真紀子による実験研究　　32

　　1-2-2.　松尾加代らによる実験研究　　35

　　1-2-3.　白岩祐子らによる実験研究　　38

　　1-2-4.　吉村真性の記録研究　　41

　　1-2-5.　司法研究の成果　　43

　　1-2-6.　読売新聞社の調査研究　　48

　　1-2-7.　個別ないし少数の事例に基づく考察　　50

　1-3.　小括　　53

第2章　アメリカ　………………………………………………… 56

2-1. VISの概要　56

- 2-1-1. VISの導入と発展　56
- 2-1-2. 死刑事件におけるVISの問題　60

2-2. VISが量刑に及ぼす影響に関する研究　66

- 2-2-1. 非死刑事件における実証研究　68
- 2-2-2. 死刑事件における実証研究　82

2-3. 小括　98

第3章　オーストラリア，イギリス…………………………100

3-1. オーストラリアにおける状況　100

- 3-1-1. VISの導入状況　100
- 3-1-2. Erezらによる研究　100
- 3-1-3. Erezらによる研究のまとめ　106

3-2. イングランドおよびウェールズにおける状況　108

- 3-2-1. VSに関するパイロット事業　109
- 3-2-2. VSに関するパイロット事業後の状況　116
- 3-2-3. イングランドおよびウェールズの状況に関するまとめ　118

3-3. スコットランドにおける状況　121

- 3-3-1. VSの導入とパイロット事業　121
- 3-3-2. パイロット事業の概要　122
- 3-3-3. パイロット事業の評価研究　122
- 3-3-4. スコットランドにおけるパイロット事業評価研究のまとめ　127

3-4. 小括　128

第4章　模擬裁判研究…………………………………………131

4-1. 導入　131

4-2. 模擬裁判研究実施方法の特徴　132

4-3. 模擬裁判研究の知見　134

- 4-3-1. VIEの有無が量刑判断に及ぼす影響　134
- 4-3-2. VIEの内容と量刑判断　141

    4-3-3. 量刑判断以外の評価に及ぼす影響　146
    4-3-4. VIE が量刑事由の考慮のあり方に及ぼす影響　150
    4-3-5. VIE の考慮のあり方に関する意識　152
    4-3-6. VIE の効果を抑制する方策　154
  4-4. 模擬裁判研究の問題点とそれへの対応　157
    4-4-1. 模擬裁判研究の問題点の指摘　157
    4-4-2. 模擬裁判研究に内在する問題点の検討　161
    4-4-3. 模擬裁判研究の利点　170
    4-4-4. 模擬裁判研究と現実の裁判に関する研究との比較検討　172
  4-5. 小括　175

第5章　先行研究の知見とその含意　180
  5-1. 英米法圏における実証研究の知見の総括　180
    5-1-1. 裁判官の量刑判断への影響　181
    5-1-2. 陪審員の量刑判断への影響　184
  5-2. これまでの議論の取りまとめ　185

第2部　理論的検討

第6章　心理学の視点から　190
  6-1. 公正の心理学の視点から　190
    6-1-1. 分配的公正の心理学　191
    6-1-2. 応報的公正の心理学　193
    6-1-3. 公正の心理学から得られる視点　197
  6-2. 帰属研究の視点から　198
    6-2-1. 責任帰属のアプローチ　199
    6-2-2. Weiner による帰属アプローチ　202
    6-2-3. 帰属研究から得られる視点　204
  6-3. 感情研究の視点から　205
    6-3-1. 感情に関する諸研究　206
    6-3-2. 感情研究から得られる視点　208

6-4. 身元の分かる被害者効果の視点から　209
6-5. 進化心理学の視点から　210
 6-5-1. 復讐の心理　211
 6-5-2. 他者を裁く心理　214
 6-5-3. 進化心理学の視点について　219

第7章　裁判官の量刑判断と数値換算 ── その心理学的考察…222
7-1. 裁判官の量刑判断とバイアス　222
 7-1-1. 量刑相場　224
 7-1-2. 量刑ガイドライン　228
 7-1-3. 量刑相場と量刑ガイドライン　231
7-2. 具体的な数値としての量刑判断　232

第8章　知見の総括とその含意………236
8-1. 理論的検討の総括　236
8-2. 先行研究の知見の再検討　241

第3部　実証研究

第9章　被害者参加による影響のメカニズム………248
9-1. 「被害者参加が量刑判断に及ぼす影響」の意味　248
9-2. 被害者関連情報の分類　250
 9-2-1. 犯罪により被った影響　251
 9-2-2. 被害者の人となり　254
 9-2-3. 犯罪や被告人に対する被害者の意見　254
9-3. 小括　255

第10章　制度利用と量刑………258
10-1. 実験の実施方法　258
 10-1-1. 実験参加者　258
 10-1-2. 実験の手順　259

10-1-3. 実験の素材　259
　　　10-1-4. 実験の操作　260
　　　10-1-5. 仮説　262
　10-2. 分析結果　262
　　　10-2-1. 計画性に関する判断　262
　　　10-2-2. 量刑判断　263
　　　10-2-3. 遺族に関する項目の分析　264
　　　10-2-4. 被告人の再犯可能性の評価に関する分析　267
　　　10-2-5. 被告人に有利な事情に関する分析　269
　10-3. 小括　270

第11章　被害者感情と量刑　271

　11-1. 問題関心　271
　11-2. 実験の実施方法　271
　　　11-2-1. 実験参加者　271
　　　11-2-2. 実験の手順　271
　　　11-2-3. 実験の素材　272
　　　11-2-4. 実験の操作　272
　　　11-2-5. 仮説　273
　11-3. 分析結果　273
　　　11-3-1. 操作チェック　273
　　　11-3-2. 量刑判断　273
　11-4. 分布グラフに対する反応の違い　276
　11-5. 小括　279

第12章　自動車事故事件の記録調査　282

　12-1. 研究の目的および方法　282
　12-2. 分析結果　284
　　　12-2-1. 記述データ　284
　　　12-2-2. 意見陳述の利用を規定する要因　285
　　　12-2-3. 意見陳述の利用と量刑判断との関係　291
　　　12-2-4. 意見陳述の利用と量刑判断との関係──統制変数との関係　294

12-2-5. 意見陳述の利用と量刑判断との関係——その他の統制変数との関係　297

12-3. 意見陳述制度以外の被害者関与との関連　301

12-4. 意見陳述制度と量刑判断との関係についての質的検討　303

　12-4-1. 「右左折時自動車／歩行者」事案に関する検討　303

　12-4-2. 「右左折時自動車／自動二輪車」事案に関する検討　304

12-5. 総合考察　305

12-6. 本調査の限界と今後の課題　312

第13章　まとめ　……………………………………………………314

13-1. 実証研究の知見のまとめ　314

　13-1-1. 直接型の影響　314

　13-1-2. 交互作用型の影響　315

　13-1-3. 間接型の影響　316

13-2. 心理学モデルとの関連　319

　13-2-1. 被害の大きさに関する認知の影響　320

　13-2-2. 被告人の統制可能性に関する認知の影響　321

　13-2-3. 感情の影響　321

　13-2-4. 被告人の再犯可能性に関する認知の影響　322

13-3. 本研究のまとめ　322

13-4. 課題への回答　325

13-5. 今後の課題　332

あとがき　337

参考文献　341

索引　369

はじめに

0-1. はじめに

　かつて犯罪被害者（以下，被害者）[1]は，刑事司法において「忘れられた人々」(forgotten persons) であると形容されることがあった（例えば，諸澤 (1998: 5) を参照）．しかしながら，明確な時期の特定は困難であるが，1950年代ころから，被害者の重要性について改めて着目されてきたということができる．もっとも，被害者の重要性が意識され始めた最初期においては，犯罪原因を探究するうえでの被害者の役割が主として注目されていた（例えば，Schafer (1968: 31-33) を参照）．すなわち，この時期には，被害に遭いやすい者の特性や，被害者の有責性に関する研究がなされていたのである[2]．犯罪原因を探究するうえで被害者に着目する研究は，それが「被害者バッシング」につながるとの批判を受けた時期もあったが，その後も着実に進展しているようである（例えば，瀬川 (1997) を参照）．

　しかし，本書が検討するのは，被害者に対する保護施策の推進に関連する問題であり，とりわけ，被害者が刑事司法に関与する局面で生じる問題である．ここで，被害者に対する保護施策は，大きく以下の順序で展開してきている．すなわち，まず，被害者に対する金銭的な補償制度が整備され，続いて刑事司法過程に

---

[1] 本書では，意見陳述制度（刑事訴訟法292条の2）と被害者参加制度（同法316条の33以下）を主たる検討対象とするので，これらの制度を利用することができる範囲の人々を指して被害者と呼ぶこととする．刑事訴訟法においては，被害者等とは「被害者又は被害者が死亡した場合若しくはその心身に重大な故障がある場合におけるその配偶者，直系の親族若しくは兄弟姉妹」を指すと定義されている（同法290条の2第1項）．そして，意見陳述制度や被害者参加制度においては，「被害者等又は当該被害者の法定代理人」がそれらの制度を利用できるとされている（同法292条の2第1項，316条の33第1項を参照）．もっとも，文脈によっては，被害者と遺族とを区別して記述することがある．

[2] この時期の主要な被害者学研究を解説するものとして，瀬川 (1997: 7-10; 1998: 295-301) がある．

おける被害者への対応が問題となり，最後に，刑事司法過程への被害者の参加が問題となるのである（瀬川（1995: 832; 1998: 295）を参照）．本書の主たる研究課題は，被害者が刑事司法過程，とりわけ刑事裁判に参加する局面に関わる問題であるが，日本の刑事司法過程における被害者をめぐる状況について，最初に簡単に述べることとする．

0-2. 日本における被害者保護の動向

0-2-1. 補償制度の創設

日本における被害者保護は，国家による補償制度の創設から始まるとされる．すなわち，犯罪被害者等給付金支給法が，1980年4月に成立し，翌年1月1日より施行されたのである．犯罪被害者等給付金支給法が制定されるに至った背景としては，いくつかの要因が指摘されている．例えば，国際的な補償制度導入の動きが挙げられる．実際，1970年代頃には，補償制度に関連する比較法的研究が多く公表された（例えば，大谷（1977），大谷・宮澤（1976），齊藤誠二（1977）を参照）．しかしながら，国際的な動向の紹介は，あくまで学界内部での議論にとどまり，制度創設の直接的な契機にはならなかった（阿部 2010: 969; 髙木勇人 2010: 29-30）．

海外に関する研究だけでなく，この時期には，国内においても補償制度に関連する重要な研究がなされていた．とりわけ，被害者の実態に焦点を当てた調査研究により，多くの被害者が十分な損害賠償を得られていないことが明らかとなった（風祭 1976: 93-94; 佐藤ほか 1977: 6-7）．また，その理由として，加害者に十分な資力がないと被害者が考えていることが指摘されていた（大谷 1974; 広瀬 1976: 56-57; 三谷秀史 1976: 69-70）．さらに，生命・身体犯についていえば，多くの場合，実際に加害者に十分な資力がないことも明らかとなった（佐藤ほか 1976: 42）．もっとも，この時期に被害者補償制度創設のために重要な貢献を行い，自身も被害者実態調査を行った大谷實によれば，自身の実態調査の結果は，「世論ばかりでなく学界からも無視された」（大谷 2001: 11）とのことである．

むしろ，制度創設の契機としては，被害者遺族による活動や，具体的に問題を提起した事件の発生が重要であったことが指摘されている（髙木勇人 2010: 29-30）．被害者遺族による活動としては，1966年に通り魔事件によって息子を殺害され

た市瀬朝一³⁾の活動が重要である．市瀬朝一は，事件の翌年に「殺人犯罪の撲滅を推進する会」を結成し，被害者補償制度の創設を目標の1つに掲げて活動を展開した．また，これとは別に，大谷實が，前述した犯罪被害者遺族の実態調査の調査対象者らと「被害者補償制度を促進する会」を1973年に組織している（大谷・齊藤 1982: 38)⁴⁾．ただし，これら2つの市民運動も，すぐさま世論の注目を集めるには至らなかったようである（阿部 2010: 969; 大谷 2001: 11; 大谷・齊藤 1982: 38)．また，「殺人犯罪の撲滅を推進する会」は，1967年に「殺人犯罪の防止に関する請願」を衆議院に提出し，採択されたが，それに対する政府の反応は補償制度創設に対して消極的なものであった（例えば，大谷（1980a: 63）を参照)．

被害者補償制度創設の機運が高まるのは，1974年8月30日に発生した三菱重工ビル爆破事件以降である（大谷・齊藤 1982: 38)⁵⁾．この事件は，死者8名，負傷者376名という大事件であったが，補償制度との関連で問題となったのは，被害者間に補償の格差が発生したことである．具体的にいえば，就労中である被害者には労働者災害補償保険制度による給付があったが，そうではない被害者には，そのような給付がなかったのである⁶⁾．この三菱重工ビル爆破事件を受けて，立法の動きは具体化し，先述した1980年の犯罪被害者等給付金支給法の制定につながったのである⁷⁾．

---

3) 市瀬朝一は，「罪と罰」誌上における連載「続日本刑事政策史上の人々」で取り上げられている．安形（1999）を参照されたい．また，市瀬朝一の活動を描くものとしては，佐藤秀郎の著した『衝動殺人』（中央公論社）のほか，木下惠介監督による映画『衝動殺人 息子よ』がある．
4) 大谷實がこのような団体を創設したのは，「実態調査を実施した後でも，さしたる立法化の動きが見られないことに業を煮やし」，「市民運動を展開するほかにないと考えた」ためであるという（大谷 2001: 11)．
5) この事件を契機として大谷實は，市瀬朝一とも関係を持つようになったようで（大谷 2001: 11)，「殺人犯罪の撲滅を推進する遺族会」と「被害者補償制度を促進する会」の2組織は，1974年9月21日に「被害者補償制度を促進する会」に統合された（朝日新聞1974年9月22日付朝刊；大谷 1980a: 63; 大谷・齊藤 1982: 38)．
6) 大谷・齊藤（1982: 14）は，「犯罪被害者は『補償の谷間』に取り残されている」と述べている．三菱重工ビル爆破事件，および類似の問題を生じさせた新宿のバス放火事件における補償格差問題については，阿部（2010: 996 n4)，大谷（1980b: 42)，大谷・齊藤（1982: 15-16）を参照されたい．
7) この間の経緯については，日本経済新聞2015年2月15日付朝刊も参照されたい．
　なお，制定当時の犯罪被害者等給付金支給法を解説するものとしては，大谷（1980a; 1980b)，大谷・齊藤（1982)，村澤（1981）等がある．なお，同法は2001年の改正によって名称を「犯罪被害者等給付金の支給等に関する法律」に改め，2008年の改正によって，さらに「犯罪被害者等給付金の支給等による犯罪被害者等の支援に関する法律」と改称している．制度の概要については，髙井ほか（2008: 79-112）を参照されたい．
　また，内閣府が2011年に閣議決定した第2次犯罪被害者等基本計画では，「犯罪被害給付制度の拡充及び新たな補償制度の創設」も検討事項として掲げられており，その後，検討会の取りまとめ（犯罪被害給付制度の拡充及び新たな補償制度の創設に関する検討会 2014）も踏まえて，制度の施

0-2-2. 刑事司法過程における被害者保護

上述したように，制定までの過程は決して平坦ではなかったが，1980年に犯罪被害者等給付金支給法は制定された．同法制定に尽力した大谷實は，その制定の年に執筆した論文のなかで，これを契機とした被害者の人権拡充を期待すると述べている（大谷 1980a: 69; 1980b: 46）．具体的には，刑事司法過程における捜査機関の対応改善や，刑事裁判における証人保護の問題が指摘されていた（大谷 1980a: 69; 1980b: 46）．しかし，このような期待にもかかわらず，1980年代は，被害者保護法制に関してほとんど進展がなかった[8]．

このような停滞期を脱する契機となった出来事として，「犯罪被害給付制度発足10周年記念シンポジウム」[9]の席上での大久保恵美子の発言が指摘されている[10]．このシンポジウムを契機として，被害者に対する精神的支援の必要性についての認識が高まり，大きく2つの動きにつながったとされる．第1の動きは，研究者による被害者実態調査の開始である．この調査は1992年度から3年間かけて実施されたものであり，その研究成果は，宮澤浩一ほか（1996）において報告されている．第2の動きは，民間の被害者支援室の開設である．すなわち，1992年3月に，シンポジウム参加者であった山上皓が，東京医科歯科大学難治疾患研究所の研究室内に犯罪被害者相談室を開設したのである（山上 2001: 77-78）．この被害者相談室は，2003年からは被害者支援都民センターとして活動している．この犯罪被害者相談室の開設以後，全国各地で被害者支援団体の設立が相次ぎ，1998年5月には，これらの傘団体として全国被害者支援ネットワークが創設された．全国被害者支援ネットワークに加盟する被害者支援団体は，2009年に徳島県内に徳島被害者支援センターが設立されたことで，47都道府県全て

行規則が一部改正された．この改正については，井上夏帆（2015）を参照されたい．
8) もっとも，この時期においても，1983年の東京強姦救援センターの創設，第2次被害や第3次被害に関する研究，犯罪被害者報道に対するメディア批判等の動きはあった（阿部 2010: 973-976）．
9) このシンポジウムについては，警察学論集44巻12号（1991年）に特集が組んである．
10) 大久保恵美子は，1990年に息子を飲酒運転事故によって亡くした被害者遺族である．大久保恵美子がシンポジウムに参加できた背景には，後述する警察庁における被害者支援の取り組みにおいて中心的な役割を果たした警察官僚の1人である安田貴彦の配慮があったようである（大久保 2001: 113-114）．なお，大久保恵美子は，被害者の自助グループ「小さな家」の活動を1992年より開始している（大久保 2001: 114-115）．
また，シンポジウムにおける発言内容は，被害者支援研究会（2010: 32-33）や宮澤浩一ほか（1991: 78-80）に掲載されているので，そちらを参照されたい．

他方で，公的機関の動きとしては，まず警察による活動の進展があった．1996年2月1日に，犯罪被害者対策要綱が，警察庁次長通達として発出された．被害者対策要綱には，被害者対策[12]のための基本的な考え方から，警察において当面推進すべき施策までが具体的に規定されていた[13]．また，被害者対策について，「警察組織の隅々に至るまでその必要性や考え方を徹底するため」（黒川 2000: 33），1999年6月18日に犯罪捜査規範が改正された[14]．現在における警察の被害者支援の具体的な内容については，警察庁犯罪被害者支援室が毎年更新している『警察による犯罪被害者支援』を参照されたいが[15]，ともあれ，1990年代後半以降に本格的に進められた改革により，被害者に対する情報通知や，捜査過程における被害者の負担軽減等が図られたのである．

　また，検察においては，1991年10月に福岡地方検察庁において被害者通知制度が導入された．それ以降，類似の制度を導入する検察庁が増加したが，通知内

---

11) 2010年3月12日に行った太田裕之氏（当時，内閣府犯罪被害者等施策推進室 室長），久米一郎氏（当時，警察庁長官官房給与厚生課 犯罪被害者支援室課長補佐），および畠山千穂氏（当時，内閣府犯罪被害者等施策推進室 参事官補佐）に対するインタビュー調査における，久米一郎氏からの回答による．なお，同インタビュー調査において，被害者支援団体の設立がどの程度スムーズになされるかは，当然のことではあるが，そのような活動を推進する音頭をとるキーマンの存在に依存することが述べられた．太田裕之氏によれば，警察庁犯罪被害者対策室（現，犯罪被害者支援室）室長を務めていた1999年頃から，被害者支援団体を全国に設ける必要があることは意識していたという．しかしながら，捜査機関である警察がそのような組織を作ることへの問題意識もあったという．ただし，もちろん全てではないが，支援団体設立の核となる人物の発掘ないし育成の場として，警察庁が中心となって全国に組織した被害者支援連絡協議会が一定の役割を果たしていたようである．なお，被害者支援連絡協議会とは，各都道府県単位で，警察のほか，検察庁，弁護士会，法テラス，医師会，臨床心理士会，地方公共団体の担当部局，県や市の相談機関，民間被害者支援団体等の連携を図るための組織である（内閣府 2015: 2; 6-7）．
　ここで，注意しておきたいのは，全国において支援団体が一応はそろったが，その団体の組織構成，活動内容等については，一律ではない可能性があることである．この点で，「支援のための連携に関する検討会」が，その最終取りまとめにおいて，「全国どこでも一定レベル以上の均質な支援が行われる」ために，「研修内容の統一を図る必要がある」と指摘し，研修カリキュラム・モデル案の作成等を提言していることが注目される（支援のための連携に関する検討会（2007: 8-10）を参照）．このモデル案は，すでに2009年3月に内閣府によって作成されているが（内閣府犯罪被害者等施策推進室（2009）を参照），これによって全国における支援の均質化がどの程度達成されているかについては，今後の研究が必要であろう．
12) 1996年5月に警察庁長官官房給与厚生課に犯罪被害者対策室が設置されたが，その後，「被害者対策」という用語の適切性が問題となり，現在では「犯罪被害者支援室」と名称を変えている．このように，「被害者対策」という語を用いることの妥当性は問題となり得るが（田村 2012: 26; 31 n5），さしあたり，ここでは記述の対象となっている時期の用語に従うこととした．
13) 被害者対策要綱については，例えば，太田・中西（2000）を参照されたい．
14) 改正内容については，例えば，黒川（2000）を参照されたい．
15) この資料は，警察庁犯罪被害者支援室のウェブページ（http://www.npa.go.jp/higaisya/home.htm）上で入手可能である（2015年10月4日アクセス）．

容等の点で検察庁ごとに違いがみられた（八澤 1999: 22-23）．1999年4月1日からは，被害者等通知制度実施要領が施行され，全国の検察庁において統一的な通知制度の運用が始まっている[16]．また，同年10月以降，全国の検察庁に被害者支援員が配置され，被害者からの相談対応や，法廷への案内や付添い等を行っている．ここで被害者支援員は，主として定年退職した副検事や検察事務官が務めており，各検察庁に約2名程度が配置されている．

弁護士の取り組みについてみると，先述した犯罪被害者等給付金支給法制定以前は，補償法案の発表を含め，被害者補償制度創設に向けた活動がなされていた（日本弁護士連合会犯罪被害者支援委員会 2004: 15）．犯罪被害者等給付金支給法制定後は，日本弁護士連合会として犯罪被害者に対する制度的検討はしばらく行われていなかったが，1997年に犯罪被害回復制度等検討協議会が設置され，同協議会の提案によって1999年10月には日本弁護士連合会理事会において「犯罪被害者に対する総合的支援に関する提言」が採択された．そして，1999年には犯罪被害者対策委員会（翌年には犯罪被害者支援委員会に名称を変更）が発足した．前記提言において，日本弁護士連合会として，例えば，単位弁護士会における相談窓口の設置に取り組むこととされた[17]．

また，2001年4月からは，財団法人法律扶助協会において，犯罪被害者法律援助事業が実施されている．これは，生命，身体，自由または性的自由に対する犯罪および配偶者暴力，ストーカー行為による被害を受けた者またはその親族もしくは遺族を対象としたもので，被害届等の提出の援助や，事情聴取等への同行，マスコミ対応等幅広い活動を行うものである．この援助事業は，現在では，現実的利益を受けた場合の弁護士報酬相当分を除いて，原則として交付制となっている[18]．

なお，近年の弁護士による被害者支援活動を記述するうえで重要であるのが，2006年4月10日に発足した日本司法支援センター（以下，通称である「法テラス」と呼ぶ）である．総合法律支援法30条1項5号によれば，被害者等の支援が法

---

16) 2001年には，通知対象となる事項として，受刑者の出所情報と受刑者の釈放予定が追加されている．制度の概要については，髙井ほか（2008: 155-158）を参照されたい．
17) 全国の弁護士会の犯罪被害者相談窓口については，髙井ほか（2008: 177-182）がリスト化している．
18) 犯罪被害者法律援助事業については，黒井（2010）を参照されたい．

テラスの業務に掲げられている．具体的な活動としては，地方事務所とコールセンターにおける情報提供や，被害者支援に精通した弁護士（いわゆる精通弁護士）の紹介を行っており，また先に述べた犯罪被害者法律援助事業を日本弁護士連合会から委託された事業として行っている[19]．なお，後述する被害者参加制度との関係では，法テラスは，裁判所が選定する被害者参加弁護士の候補を指名し，裁判所に通知する業務を担っている（犯罪被害者等の権利利益の保護を図るための刑事手続に付随する措置に関する法律 12 条 1 項）．

　また，法廷における被害者保護，とりわけ証人保護についても，1999 年の組織的犯罪対策三法によって，証人等の安全を考慮して，一定の場合に証人等の住居，勤務先，その他その通常所在する場所を特定する事項について尋問制限ができること（刑事訴訟法 295 条 2 項）等が明記された．もっとも，この改正については，これまで実務において行われてきたことを立法により明確化したものであるとの評価もある（阿部 2010: 981）．法廷等における被害者保護についてより重要な改正は，2000 年 5 月に成立した，いわゆる犯罪被害者保護二法[20]においてなされた．この犯罪被害者保護二法における改正点は多岐にわたるので，ここでその全てを紹介することはしないが[21]，重要な改正点としては，証人の負担を軽減するための措置の導入が挙げられる．具体的には，証人への付添い（刑事訴訟法 157 条の 2），証人尋問の際の遮へい措置（同法 157 条の 3），およびビデオリンク方式による証人尋問（同法 157 条の 4）の規定が導入された．なお，後述する意見陳述制度（同法 292 条の 2）が導入されたのも，この改正による．

　このように，1990 年代以降，幅広い領域で犯罪被害者保護が進展するが，2004 年には犯罪被害者等基本法が制定された．その前年に，全国犯罪被害者の会（通称，「あすの会」）幹事（当時）の岡村勲が，当時の内閣総理大臣小泉純一郎と面会し，以後，基本法制定への動きが活発化し，2004 年 12 月の制定につながったのである．同法に基づき，犯罪被害者等施策推進会議が内閣府に設けられ（同法 24 条 1 項），同推進会議により犯罪被害者等基本計画の策定が行われた（同法 24 条 2 項 1 号）．同基本計画は，2005 年 12 月に閣議決定され，それに基づいて

---

19) 法テラスにおける被害者支援の取り組みについては，白井（2011）を参照されたい．
20) 「刑事訴訟法および検察審査会法の一部を改正する法律」と「犯罪被害者等の保護を図るための刑事手続に付随する措置に関する法律」とを指す．
21) 犯罪被害者保護二法の解説としては，例えば，松尾（2001）を参照されたい．

犯罪被害者支援のための多くの施策が実施されている[22]．なお，2011年3月には，第2次犯罪被害者等基本計画が閣議決定されている．

ここで，2000年までの被害者保護法制展開の流れと[23]，近年，とりわけ犯罪被害者等基本法制定以降の流れとの間には，ある種の差異があることが指摘されることがある．例えば，小坂（2010: 312-313）は，犯罪被害者保護二法制定の時期の被害者支援は，あくまで「部分的支援であって，被害者問題が正面から取り上げられてはおらず，被害者の当然の権利として認められていたというよりも，いまだに恩恵的な色彩が強かった」と述べている．2000年までの展開をやや過小評価しているようにも思われるが，犯罪被害者等に「個人の尊厳が重んぜられ，その尊厳にふさわしい処遇を保障される権利」（犯罪被害者等基本法3条1項）が認められた基本法制定以前と以後とでは，被害者保護の位置づけに違いがあるということであろう．

もっとも，この問題は，単に被害者保護の法的な位置づけの変化というレベルにおいてではなく，より深いレベルで捉えられるべきものであるかもしれない．すなわち，被害者保護法制が推進される原動力，およびそれが実現されるメカニズムの変化といったレベルで分析を加えていく必要があるように思われる[24]．本書の射程を超える問題であるので，あくまで問題点の指摘にとどまるが，例えば，前述した全国犯罪被害者の会が近年の刑事政策形成過程に及ぼした影響が指摘されている（Miyazawa 2008a; 2008b; 宮澤 2013; 宮澤節生ほか 2015: 285-291）[25]．

0-2-3. 被害者による刑事司法への参加

最後に，本書が主として検討の対象とする，被害者の刑事司法への参加につい

---

22) 犯罪被害者等基本計画の解説としては，例えば，番ほか（2006）を参照されたい．
23) 2000年までの被害者保護の状況については，川出（1999; 2002）や野間（1989）を参照されたい．
24) 警察庁において1990年代に進められた被害者支援を推進した田村正博氏（当時，早稲田大学客員教授）も，2000年以前と以後とでは，被害者支援推進の担い手が大きく変化したと述べている．2010年1月19日および29日に実施した同氏へのインタビュー調査による．
25) その後の動向としては，2010年4月27日に成立した「刑法及び刑事訴訟法の一部を改正する法律」が即日公布，施行されたことが注目される．これは，公訴時効の撤廃・延長等を内容とするもので，殺人事件被害者遺族の会である「宙の会」の働きかけが制定につながったといわれる（吉田 2010a; 2010b）．
なお，本書は，被害者保護法制に関連する事項を必ずしも網羅的に紹介できているわけではない．被害者支援の現状を概観したものとして，例えば，椎橋（2011）を参照されたい．

て触れておくこととする．まず，先述した2000年の犯罪被害者保護二法によって，被害者による意見陳述制度が導入された（刑事訴訟法292条の2）．制度の詳細は後で述べるが（1-1-1）[26]，これにより被害者は公判期日において，「被害に関する心情その他の被告事件に関する意見の陳述」を行うことが可能となった．

しかしながら，意見陳述制度導入後も，全国犯罪被害者の会は，より積極的な被害者の刑事裁判への参加を求めた．2004年の犯罪被害者等基本法18条は，国および地方公共団体が，「犯罪被害者等がその被害に係る刑事に関する手続に適切に関与することができるようにするため」，「刑事に関する手続への参加の機会を拡充するための制度の整備等必要な施策」を講じることを規定している．同基本法を受けて作成された犯罪被害者等基本計画においても，「法務省において，刑事裁判に犯罪被害者等の意見をより反映させるべく，公訴参加制度を含め，犯罪被害者等が刑事裁判手続に直接関与することのできる制度について，我が国にふさわしいものを新たに導入する方向で必要な検討を行い，2年以内を目途に結論を出し，その結論に従った施策を実施する」とされている．このような経緯のため，「被害者が刑事裁判に直接に関与する制度を創設することは，所与の前提」とされ，法改正作業が進められた（川出 2007: 14-15）[27]．ともあれ，そのような法改正作業を受けて，2007年の刑事訴訟法改正により被害者参加制度が導入され，翌年12月より施行されている．

なお，本書の直接的な検討対象ではないが，被害者の司法過程への関与のあり方については，ほかにも重要な改正が，これまでになされてきている．以下，4点指摘しておく．第1に，2000年の犯罪被害者保護二法により，傍聴を希望する被害者が実際に傍聴できるように，裁判長が配慮すべきであることが明記された（犯罪被害者等の権利利益の保護を図るための刑事手続に付随する措置に関する法律2条）．第2に，被害者参加制度とあわせて，損害賠償命令制度も導入された（同法

---

26) 本書では，相互参照のために章や節の番号を用いている．部あるいは章全体を参照する必要があるときには，括弧内に第1部や第1章等と記載し，該当する章の特定の箇所の参照を求める場合には，ここに記載しているように1-1-1といった章の特定の箇所を特定する番号を記載している．
27) もっとも，法制審議会における議論の過程では，被害者の直接関与の制度を導入することを既定路線と捉える必要はないとの趣旨の意見も出された（法制審議会刑事法（犯罪被害者関係）部会第5回会議議事録27頁を参照）．
　なお，本書において法制審議会等の議事録を引用する際には，主としてPDF版で公表されている議事録を参照しており，引用する頁数はそのファイルの頁数を指している．

23条以下)[28]．第3に，少年事件における被害者の関与についても，重要な法改正がなされている．すなわち，2000年には被害者の意見聴取制度が導入され（少年法9条の2），2008年の改正によって審判傍聴制度が導入された（同法22条の4）．第4に，2007年12月から，仮釈放審理に際して被害者から希望がある場合には，「審理対象者の仮釈放に関する意見及び被害に関する心情」を地方委員会が聴取する制度が開始している（更生保護法38条)[29]．

0-3. 本書の課題と検討方法

以上までみてきたように，刑事司法における被害者支援のあり方は，1980年の犯罪被害者等給付金支給法の制定以降，変化を続けてきている[30]．そのなかで，最後に紹介した犯罪被害者の刑事司法への参加の局面は，論争的な場面である．その論点は多岐にわたるが，本書では，被害者の刑事裁判への参加が量刑判断にどのような影響を及ぼすのかという点に焦点を絞って検討を加えていく．そこで，以下において，本書の課題，およびその課題に対するアプローチの仕方について概要を述べておくこととする．

本書の課題は，被害者が刑事裁判に参加することで，量刑判断に対してどのような影響が生じるのかを実証的に検証することである．より正確にいえば，意見陳述制度と被害者参加制度が，量刑判断に対して及ぼす影響が検証の対象となる．意見陳述制度や被害者参加制度が量刑判断に対して不当な影響を及ぼし得ることを懸念する見解がある一方で，そのような影響はないとする主張，あるいはそのような影響は規範的に正当化し得るとする見解もある．しかしながら，それらの議論は，意見陳述制度や被害者参加制度が量刑判断に及ぼす影響に関する実証的

---

28) 損害賠償命令については，白木ほか（2008b）を参照されたい．また，その運用状況については，和田（2011）が参考となる．
29) この制度は，少年院からの仮退院について審理する場合にも利用可能である（更生保護法42条）．2014年中の利用件数は，328件であった（内閣府 2015: 76）．
30) このように，1980年の犯罪被害者等給付金支給法から現在に至るまでに，刑事司法過程における被害者保護は大きく進展しているように思われる．もっとも，市民の意識レベルでは，依然として被害者の権利が十分に尊重されているとは評価されていないかもしれない．70歳以下の全国成人男女を母集団とした調査（松村ほか 2008; 2011）によれば，現在の刑事裁判制度について，「被害者の人権は尊重されている」と思う（「どちらかといえばそう思う」を含む）と答えた者は，1割強にとどまっていた．他方で，「裁判員は，被害者の権利を尊重する」かどうかを尋ねたところ，「そう思う」と「どちらかといえばそう思う」の回答をあわせると，過半数になった（松村ほか 2008: 2273; 2011: 1068）．

な知見に十分依拠したものであるとはいえない．

　本書は，意見陳述制度や被害者参加制度が量刑判断に及ぼす影響について，実証的な観点からアプローチすることで，従来の論争においては欠如していた議論の基盤を提供することを意図している．このような研究のあり方は，太田勝造（2000）の提唱する立法事実アプローチに依拠するものである．すなわち，法政策上の議論等を合理的に行うためには，実証研究によって提供される事実認識が重要であり，意見陳述制度や被害者参加制度をめぐる議論の文脈においてそのような事実認識を提供することが本書の狙いである．また，意見陳述制度や被害者参加制度が量刑判断に及ぼす影響について規範的な観点から議論を行う場合には，端的に影響があるかないかという点についての知見だけでなく，影響があるとしたら，どのようにしてそのような影響が生じているのかという点についての知見も重要な情報となるであろう．このような影響が生じる過程の問題についても検討するべく，本書では主として心理学の枠組みに依拠した検討も行っている．

　それでは，以上のように設定された課題に取り組むために，具体的にどのような方法で検討を進めていくべきであろうか．本書では，大きく次の順序で検討を進めている．第1に，既存の実証研究の知見をレビューし，これまでに判明していることを整理する（第1部）．ここでは，日本における実証研究に加えて，英米法圏の国々においてなされた実証研究もレビューの対象とした．英米法圏の研究もレビューの対象に含めたのは，意見陳述制度や被害者参加制度が量刑判断に影響を及ぼさないとする主張の根拠の1つとして，英米法圏における実証研究が援用されているからである．

　詳しくは本論で述べるが，英米法圏における実証研究によって日本の意見陳述制度や被害者参加制度が量刑判断に及ぼす影響の有無について評価することは難しい．それゆえ，日本の制度を前提とした独自の実証研究を進める必要がある．日本における実証研究は徐々に増えてきているが，依然として十分な研究の蓄積があるとはいえない．そのため，意見陳述制度や被害者参加制度が量刑判断に及ぼす影響の有無について実証的な知見をさらに増やしていくことが求められるわけである．独自に行った実証研究の知見は，第3部で紹介するが，その前に第2部において理論的な検討を行うこととした．すなわち，意見陳述制度や被害者参加制度による被害者の刑事裁判への参加が量刑判断に影響を及ぼすとしたら，そ

れはどのようなメカニズムによって引き起こされるのかを，理論面から検討するのである．ここで，本書が依拠する理論は，主として心理学におけるそれである．量刑判断という場面において，被害者に関連する要素がどのように位置づけられ，最終的な量刑判断に結びついているのかという事実的側面を明らかにするためには，心理学的な理論を援用することが最も有効であると考えたからである．

そのうえで，最後に，筆者が行った実証研究の結果を第3部において紹介する．本書で紹介する実証研究は，大きく3つある．そのうち2つは，心理実験の手法を用いた研究である．もう1つは，自動車運転事故に起因する致死事件を対象として行った事件記録調査である．もちろん，実証的な知見は，多くの研究による再現を通して確定されていくべきであり，本書が紹介するわずかな実証研究のみにより意見陳述制度や被害者参加制度が量刑判断に及ぼす影響について結論を引き出すことは，もとより難しい．しかしながら，意見陳述制度や被害者参加制度を規範的に評価するにあたっては，それが実際の運用レベルにおいてもたらす影響について推測に基づき議論するよりも，一定の実証的知見に依拠することが重要であると考える．そのような意味で，本書の第3部で紹介する知見は，意見陳述制度や被害者参加制度について規範的な評価を与える際に参照されるべきである．なお，結論の一部を先取りすると，少なくとも量刑判断への影響という問題を考えるにあたっては，意見陳述制度や被害者参加制度という制度自体を対象とした議論をするよりも，被害者に関する個別の要因ごとに，それが量刑判断に及ぼす影響を検証し，それに基づいた規範的評価を加えていく方が生産的であると，実証研究の結果を踏まえて考えている．そのような問題意識もあり，第3部で紹介する実証研究から得られる知見のうち，被害者に関する個別的要因の量刑判断への影響の有無とその規範的意義を検討するにあたって有益であると考えるものを取りまとめることとした．

もっとも，すでに述べたように，本書は，被害者の刑事裁判への関与と量刑判断との関連について議論するための基盤となる知見の提供を試みるものであるが，そのような実証的知見の提供は，本書におけるいくつかの研究のみで達成できるものではない．しかしながら，今後に残された課題も含めて，被害者と量刑との問題について実証的な観点から研究を進めていくうえで，心理学的な手法は有益であるだろう．本書は，心理学的な理論に大きく依拠しつつ実証的な検討を行う

ものであるが，このような心理学的アプローチの有用性を示すことも本書の目的である．

第1部　被害者による刑事司法への参加をめぐる状況と量刑への影響

第1章　日本

1-1. 日本における被害者の刑事裁判への参加

　日本における被害者の刑事司法への参加について，すでに簡単に触れているが（0-2-3），ここでは，意見陳述制度と被害者参加制度の概要，およびその運用状況について，より詳細に紹介する．そのうえで，これらの制度が量刑判断に及ぼす影響に関する議論状況を整理することとする．

1-1-1. 意見陳述制度

　意見陳述制度とは，被害者に，「被害に関する心情その他の被告事件に関する意見」を公判期日に陳述することを認める制度である（刑事訴訟法292条の2第1項）．制度導入当初，意見陳述を行う主体は「被害者又はその法定代理人（被害者が死亡した場合においては，その配偶者，直系の親族又は兄弟姉妹）」とされていたが，2007年の改正により「被害者等又は当該被害者の法定代理人」とされ，被害者等とは「被害者又は被害者が死亡した場合若しくはその心身に重大な故障がある場合におけるその配偶者，直系の親族若しくは兄弟姉妹」を指すものとされた（同法290条の2第1項）．

　意見陳述制度では，証人尋問と異なり，被害者に対して，その陳述内容について反対尋問をすることが認められていない．しかしながら，陳述内容の趣旨を明確にするために，裁判官や訴訟関係人が質問を行うことは認められている（同条3項および4項）．加えて，陳述内容が事実認定や量刑上の重要な事実に関わる場合には，別途証人尋問をすることができる．

　意見陳述の時期について，特段の定めは置かれていない．したがって裁判所の裁量に委ねられたと解されるが，通常は証拠調べ手続終了後，論告・弁論手続開

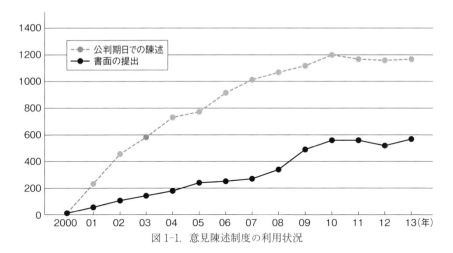

図1-1. 意見陳述制度の利用状況

始前に行われるものと考えられている(甲斐ほか 2001: 105; 酒巻 2000: 3240-3241; 西田 2004: 56-58)．

　裁判所は審理の状況等を考慮して相当でないと認めた場合には，意見の陳述に代えて意見を記載した書面を提出させること[1]，あるいは陳述自体を認めないこともできる(同条7項)[2]．これらの陳述内容は，犯罪事実の認定のための証拠とすることはできないが(同条9項)，量刑判断の一資料とすることはできると解されている(甲斐ほか 2001: 114)．

　最後に，その利用状況をみてみると，近年はやや横ばいであるが，利用件数は概ね上昇傾向にある(図1-1[3])．意見陳述の方法としては，書面の提出に比べて公判期日での陳述の方が多いが，徐々に書面による提出の比率が高まってきてい

---

[1] 書面の提出に代える場合としては，被害者が入院等の理由で出廷できない場合や，被害者が過度に感情的となり，審理に混乱を来しかねない場合等が挙げられる(甲斐ほか 2001: 111)．
　このほかにも，例えば，被害者が多数にわたる場合に，そのうちの代表者に陳述してもらい，残りの者には書面にて提出してもらうということが考えられる(大谷ほか 2000: 32 河村発言; 甲斐ほか 2001: 111)．他方で，意見陳述をすることによる被害者の精神的癒しの効果等に着目するならば，このような場合にも，被告人の防御権が保障されている限りは，被害者等による口頭の意見陳述を認めるべきであるとの主張もある(中島 2003: 144)．

[2] 小坂(2010: 317)は，証拠調べで十分処罰感情が顕出されているような場合であっても，重複を理由として意見陳述を制限することは許されないとしている．

[3] 主として，最高裁判所事務総局刑事局(2015: 362 図表 85)に基づいて作成したが，2003年以前の数値については，さしあたり最高裁判所事務総局刑事局(2011: 379 図表 85)を参照した．なお，意見陳述制度は 2000 年 11 月 1 日より施行されている．

るように見受けられる．

　ここで，犯罪被害者のための施策を研究する会（2004）が，「2004 年 1 月 1 日から同年 3 月 31 日までの間に，全国の地方裁判所又は簡易裁判所において，第一審の判決言渡しがあった事件の被害者，その親族又はこれに準ずる者」のうち，刑事訴訟法 292 条の 2 の意見陳述を行った，あるいは陳述に代わる書面を提出した者に対して質問票調査を行っている（犯罪被害者のための施策を研究する会 2004: 15）．質問票は 140 名に送付され，このうち 104 名から回答があった．同研究会の資料によれば，104 名中，遺族が 72 名，被害者本人が 20 名，その他が 12 名であった．遺族の利用が多いが，その内訳は，殺人等[4]が 24 名，業過致死等[5]が 48 名であった[6]．

1-1-2. 被害者参加制度

　被害者参加制度の対象事件は，刑事訴訟法 316 条の 33 第 1 項各号に定められている．すなわち，故意の犯罪行為により人を死傷させた罪（同項 1 号），強制わいせつ罪や強姦の罪，業務上過失致死傷，逮捕・監禁，略取誘拐および人身売買の罪（同項 2 号），第 2 号に掲げる罪の犯罪行為を，その犯罪行為に含む罪のうち，第 1 号に掲げる罪を除いたもの（同項 3 号），過失運転致死傷等（同項 4 号），そして，第 1 号から第 3 号までに掲げる罪の未遂罪（同項 5 号）である[7]．このように，意見陳述制度とは異なり，被害者参加制度においては対象事件に限定がある．このような限定がなされたのは，制度の円滑な運営を図るため，まずは参加の必要性，あるいはニーズが高いと考えられる事件に対象を絞ることが適当であると考えられたことによる．そして，犯罪被害者等基本法 3 条 1 項が，「個人の尊厳が重んぜられ，その尊厳にふさわしい処遇を保障される権利」を被害者に認めており，被害者参加制度はこの基本理念に基づくものであることから，個人の尊厳の

4）　ここでは，「交通事件以外で被害者が死亡したもの」を意味するとされている．
5）　ここでは，「業務上過失致死及び危険運転致死」を意味するとされている．
6）　また，法制審議会刑事法（犯罪被害者関係）部会の第 2 回会議冒頭において，2006 年 1 月から 6 月までに実施された意見陳述の利用主体や罪名別の内訳が紹介されている（法制審議会刑事法（犯罪被害者関係）部会第 2 回会議議事録 1 頁を参照）．また，法務省刑事局が 2006 年 5 月から 12 月までの運用状況を調べた結果については，岡本（2007: 35 n6）や白木ほか（2008a: 3105 n1; n2）を参照されたい．
7）　具体的な罪名については，その後の法改正による変更はあるが，白木ほか（2008a: 3110-3111）の一覧表を参照されたい．

根幹をなす人の生命, 身体または自由を侵害する罪を制度の対象犯罪とすることは, その趣旨にかなうことが指摘されている[8].

　被害者参加制度を利用しようとする場合, 被害者等や被害者の法定代理人またはこれらの者から委託を受けた弁護士が, 検察官に対して申出をすることになる (刑事訴訟法316条の33第2項). 申出を受けた検察官は, 意見を付してこれを裁判所に通知する (同項). 裁判所は, 被告人または弁護人の意見を聴き, 犯罪の性質, 被告人との関係その他の事情を考慮して相当と認めるときは, 決定により, 当該被害者等または当該被害者の法定代理人の参加を許すものとされている (同条1項). このようにして参加を許可された被害者等または被害者の法定代理人は, 被害者参加人と呼ばれる (同条3項).

　被害者参加人またはその委託を受けた弁護士 (以下では, あわせて「被害者参加人等」と呼ぶ) は, 第1に, 公判期日および証人の尋問または検証が行われる公判準備に出席することが可能となる (同法316条の34第1項, 第5項)[9]. もっとも, 裁判所が相当でないと認めたときには, その全部または一部への出席を認めないことができる (同条4項). また, 被害者参加人等が多数である場合には, 裁判所は出席する代表者を選定するよう被害者参加人等の全員またはその一部に求めることができる (同条3項). 他方で, 公判前整理手続期日あるいは期日間整理手続期日には, 被害者参加人等は出席できない.

　第2に, 被害者参加人等は,「情状に関する事項 (犯罪事実に関するものを除く.)

---

[8] もっとも, 犯罪被害者等基本法3条1項は,「個人の尊厳が重んぜられ, その尊厳にふさわしい処遇を保障される権利」を全ての被害者に認めているのであって, 特に重大な事件に被害者参加制度の対象を限定することが, その趣旨に合致した方針であるといえるかどうかについては疑問の余地が残る. もっとも, 意見陳述制度の利用状況からすれば (1-1-1), 重大事犯ほど利用のニーズが高いと考えることはできそうである. しかしながら, そうであれば, それ以上に対象犯罪を拡大しても, そこでの利用ニーズは大きくないのであるから, 制度運用にかかる追加的費用はそこまで大きくないとも予想される.
　被害者参加制度の立案過程でも, 対象犯罪を限定することについては疑問が提起されていた (法制審議会刑事法 (犯罪被害者関係) 部会第7回会議議事録24頁). 他方で, 財産犯にまで対象を広げると, 起訴されていない余罪の被害者については参加が認められないことから, 制度の不公正感が生じ得ることが問題として指摘されていた (法制審議会刑事法 (犯罪被害者関係) 部会第7回会議議事録27-28頁).

[9] 時機に応じて検察官とのコミュニケーションを図るために, 基本的には検察官の隣に被害者参加人等が着席することが望ましいとの指摘がある. 実際に, このような判断から, 東京地方裁判所で行われた模擬裁判では, そのような着席位置が採用されたようである (佐藤・三村 2009: 39 n5). もっとも, 法廷の設備・構造の問題から, 場合によっては検察官席の後ろに座るということもあり得るところであり (佐藤・三村 2009: 39 n5), そのような事例の報告もある (例えば, 浅香健 (2010: 53), 番 (2010a: 49) を参照).

についての証人の供述の証明力を争うために必要な事項について」，証人尋問をすることが認められ得る（同法316条の36第1項）．この証人尋問を行うには，検察官の尋問が終わった後，あるいは検察官の尋問がない場合には，被告人または弁護人の尋問が終わった後直ちに，尋問事項を明らかにして検察官に申し出る必要がある．検察官はそれを自ら尋問するか，そうでなければ意見を付して裁判所に通知する（同条2項）．検察官から通知を受けた裁判所は，被害者参加人等による当該尋問を行うことを認めるか否かを決める（同条1項）．尋問の相手はあくまで情状証人に限定され，質問内容も当該証人の供述の証明力を争うものに限定されている．すぐ後に述べるように，被害者参加人等が被告人質問を行う場合には，このような限定はない．証人尋問で尋問できる事項と，被告人質問において質問できる事項に差が設けられている理由としては，被告人には黙秘権が認められているが，証人には証言義務があるため，証人の負担が過度にならないように被害者参加人等が尋問できる事項を限定したためであると説明される（椎橋 2007a: 57）．

第3に，被害者参加人等は，被告人に対して質問をすることが認められ得る（同法316条の37第1項）．これも，被害者等はあらかじめ質問事項を明らかにして検察官に申し出なければならないとされており，検察官はそれを自身で質問するか，あるいは，意見を付して裁判所に通知する（同条2項）．通知を受けた裁判所は，被害者参加人等による被告人質問を認めるかどうかを判断する（同条1項）．証人尋問の場合におけるような内容の限定は加えられていないが，被害者参加人等が意見陳述[10]を行うために必要であると裁判所に認められることが，被告人質問を行うことの要件とされている（同条1項）．

第4に，被害者参加人等は，「訴因として特定された事実の範囲内で」，「事実又は法律の適用について」意見を陳述することが可能である（同法316条の38第1項）．これも，陳述する意見の要旨を明らかにして検察官にあらかじめ申し出ておく必要があり，検察官は意見を付して裁判所にそのことを通知する（同条2項）．通知を受けた裁判所は，被害者参加人等による意見陳述を認めるか否かを判断する（同条1項）．なお，被害者参加人等の意見陳述が行われるのは，検察官の論告

---

[10] ここで意見陳述とは，刑事訴訟法292条の2の意見陳述と，次に述べる同法316条の38の意見陳述とを含んでいる．

（同法293条1項）終了後とされている（同法316条の38第1項）．この陳述は，証拠とはならない（同条4項）．なお，以下では，同法292条の2の意見陳述と，同法316条の38の意見陳述との混同を避けるために，前者を単に意見陳述と呼ぶのに対して，後者を最終意見陳述と呼ぶこととする．

以上のような内容を含む被害者参加制度であるが，そこでは，被害者参加人等と検察官とが十分なコミュニケーションをとりつつ行動することが前提とされている．そのような観点から，被害者参加人等は，検察官が行う権限行使について意見を述べることができ，検察官は当該権限の行使または不行使について，必要に応じてその理由を説明しなければならない（同法316条の35）（川出 2007: 16-17; 馬場 2010: 103-104)[11]．

被害者参加制度では，被害者参加人が直接裁判に参加するだけでなく，被害者参加人の委託を受けた弁護士が参加することもできる．また，被害者参加人が裁判に参加するにあたっては，弁護士による援助を受けることが適切であると考えられる（岡本 2007: 35-36 n8; 番 2009; 2010b: 26; 峰 2009: 208-213)[12]．そこで，資

---

[11] 瀧川（2008a: 24; 2008b: 642-640）は，この規定は，それ以前から存在した検察官の説明責任を明文化したものであると指摘する．そうであれば，このような説明責任が，今回の法改正を待たずして果たされてきていたかどうかが問題となる．この点につき，法制審議会刑事法（犯罪被害者関係）部会第3回会議議事録23-24頁では，犯罪被害者等基本法の制定を受けて検察官の対応方針に変化が生じたことが指摘されている．また，筆者が2010年1月7日に宇都宮地方検察庁で髙﨑秀雄氏（当時，宇都宮地方検察庁次席検事）と内田昭夫氏（当時，宇都宮地方検察庁被害者支援員），田代勝康氏（当時，被害者支援センターとちぎ犯罪被害者相談員）に対して行ったインタビュー調査でも，髙﨑秀雄氏から，犯罪被害者等基本法制定を契機として検察官は被害者との接し方を大きく変えるようになったとの回答を得た．そして，このような指摘は検察側からだけでなく，被害者支援に携わっている方々からもなされている．2010年1月18日に被害者支援都民センターにおいて阿久津照美氏（当時，被害者支援都民センター相談支援室長）と横田美雪氏（当時，被害者支援都民センター相談員）に対して筆者が行ったインタビュー調査でも，犯罪被害者等基本法制定を契機とした検察官の対応の改善が指摘されていた．あくまで少数のインタビュー調査に基づく知見であるが，少なくとも犯罪被害者等基本法制定以後は，被害者参加制度導入前であっても，検察官による被害者への説明責任がある程度果たされるようになってきていたと考えられる．
　なお，犯罪被害者遺族を対象とした調査によれば，被害者参加制度を利用した遺族の検察官への信頼感は高いことが報告されており，そのことから，制度が前提としている検察官と被害者等の連携が成功していると評価できることが指摘されている（白岩・唐沢 2014）．このような調査は，そのサンプルの代表性に限界を抱えている等の問題はあるものの（白岩・唐沢 2014: 26-27），制度の実情について重要な情報を提供してくれるものである．もっとも，上記の結果については，以下の点に留意する必要がある．すなわち，被害者参加制度の利用と検察官への信頼との関係がどのような因果関係にあるかまで特定することは難しいということである．もし，検察官への信頼が高い者だけが被害者参加制度を利用しているということであれば，本調査結果は，むしろ現在の運用についての課題を示す結果であるということもできよう．

[12] 他方で，被害者の視点からは，被害者参加弁護士が被害者の意向を十分に理解しないまま積極的に活動する場合に，被害者による参加の実感を減殺していることが問題として指摘されている（裁判員制度に関する検討会（第4回）議事録26-27頁，大久保発言）．

力に乏しい被害者参加人のために，被害者参加弁護士の国選を請求する制度がある（犯罪被害者等の権利利益の保護を図るための刑事手続に付随する措置に関する法律11条1項）．被害者参加弁護士国選の請求は，法テラスを経由して行われる必要があり（同条2項），法テラスは，裁判所が選定する被害者参加弁護士の候補を指名し，裁判所に通知しなければならない（同法12条1項）．なお，ここでの資力要件は，2013年6月5日に成立した改正により，従前よりも緩和された[13]．

被害者参加制度の運用状況であるが[14]，第1審において被害者参加の申出がなされた被害者等の人員は，2009年に571名，2010年に849名，2011年に914名，2012年に1,022名，2013年に1,306名，2014年に1,241名と概ね上昇傾向にある[15]．罪名別でみると，自動車運転過失致死事件での利用が突出して多いが，公判請求件数を考えれば当然の結果ともいえよう（日比 2010: 13-14）．殺人事件と致死事件の申出人員をあわせると，毎年，申出人員全体の半数以上にはなる．また，ほとんどの場合，参加の申出は許可されている．参加の形態であるが，被告人質問と最終意見陳述の利用がほぼ同水準で多く，証人尋問の利用率はそれらと比較すると低い[16]．被害者参加弁護士の利用についてみてみると，参加を許可された者のうち約65％から70％弱が弁護士に委託をしている[17]．弁護士委託をした者のうち国選で委託した者の割合は，2009年は35.7％であったが，その後は45％前後で推移している．なお，法テラスによれば，被害者参加弁護士契約弁護士数は，2014年4月1日現在で3,700名である（日本司法支援センター 2014: 137）．

---

13) あわせて，被害者参加人が公判等に出席した場合の旅費等の支給も認められるようになった．これらの改正については，白鳥（2014），武内（2013），中村ほか（2014）を参照されたい．
14) 被害者参加制度の運用実績については，平成21年から平成26年までの『司法統計年報』の刑事事件編第44表を参照した．
　なお，被害者参加制度の運用状況については，奥村回（2010a; 2010b）も参照されたい．これは，2009年6月に日弁連刑事弁護センターが被害者参加のあった事件で弁護人を務めた弁護士を対象にした質問票調査と，同時期に日弁連犯罪被害者支援委員会が被害者参加弁護士を対象にした質問票調査の結果に依拠しつつ，被害者参加制度の利用状況について検討したものである．
15) 2009年から2013年までの数値は，最高裁判所事務総局刑事局（2015: 363 図表86）においても報告されているが，それによると2012年の申出人員は1,023名となっている．
16) 2014年では，参加が許可された被害者等の人員のうち，被告人質問をした人員の比率は47.8％であり，最終意見陳述をした人員の比率は48.6％であった．他方で，証人尋問をした人員の比率は21.3％であった．
17) ただし，2014年ではこの割合が77.5％と，過去の傾向よりも高くなっている．

1-1-3. 量刑への影響に関する議論状況

以上において，意見陳述制度および被害者参加制度の概要，およびその利用状況について紹介した．以下では，これらの制度が量刑判断に対して及ぼす影響に関する現在までの議論状況の整理を試みる[18]．

1-1-3-1. 意見陳述制度に関する議論状況

意見陳述制度については，それが重罰化につながるとの問題意識から制度に対して批判的な見解が示されていた．もっとも，すでに述べたように（1-1-1），意見陳述は量刑判断の一資料とすることを禁じられていない．したがって，意見陳述によって量刑判断が影響を受けること自体は，法律においても許容されている．しかしながら，意見陳述制度により量刑判断が不当な影響を受ける可能性を問題視する見解は，依然として存在する（加藤 1999: 35; 川崎 2000: 3; 斉藤豊治 2000a: 95-96; 水谷 1999: 40; 2003）[19]．また，日本弁護士連合会も，1999年10月22日に出した『「刑事手続における犯罪被害者等の保護」に関する意見書』のなかで，量刑への影響を懸念していた（日本弁護士連合会 1999: 15）．

このような批判的な意見に対して，意見陳述制度が量刑判断に影響を及ぼすことを懸念する必要はないとの反論も提起されている．その根拠は，大きく以下の3点に要約できる．第1に，英米法圏での調査研究によれば，Victim Impact Statement（VIS）が量刑判断に不当な影響を及ぼしていることは示されていないという点が，反論の根拠とされる（椎橋 1999: 17; 2000: 47; 椎橋ほか 2001: 83-84 高橋執筆部分）．もっとも，これらの実証研究を日本の状況にそのまま当てはめる

---

[18] もちろん，これらの制度については，量刑判断との関係以外にも論じるべき点が多く存在する．重要な論点を整理しているものとして，例えば，川出（2005）を参照されたい．
　また，これらの制度が量刑判断に及ぼす影響を議論する際に，多くの論者は，量刑を重くする方向での影響を念頭に置いているようである．英米法圏における議論状況について同様の指摘をするものとして，Roberts（2009: 375-376）を参照されたい．しかしながら，例えば，意見陳述によって，被害者が事件からあまり影響を受けていないと述べることも禁止されているわけではないので，これらの制度が利用された結果，量刑が軽くなる方向での影響が生じる可能性も否定できない．ただし，数のうえでは量刑を重くする方向での影響を問題とする事件の方が多いと予想されるので，本書においても，これらの制度が量刑を重くする方向での影響を主として念頭に置いて議論を進める．加えて，自動車事故に起因する致死事件を対象とした事件記録調査では，このような想定に基づいた議論を行うことの妥当性が示されている．その調査結果は，第3部第12章において紹介する．

[19] 逆に意見陳述が量刑判断に影響を与えないことで，かえって被害者が精神的に傷ついてしまうという点も問題視される（川崎 2000: 3; 斉藤豊治 2000a: 460; 2000b: 96）．

ことについて慎重な立場もある。瀬川（2000: 107）は，アメリカにおける実証研究に関して，それらはVIS導入から間もない時点でなされたものであるので，一定の結論を引き出すには時期尚早であるという点と，アメリカにおいては量刑ガイドラインによって量刑判断における裁判官の裁量が限定されているという点を挙げて，それらの研究結果に依拠することに慎重な立場を示している。

第2に，量刑実務においては，量刑判断に関する一定の基準であるところの量刑相場が存在するので，意見陳述制度を導入したことによって量刑判断に不当な影響が生じることはないとされる（川出 2002: 36; 椎橋 1999: 17; 2000: 47; 椎橋ほか 2001: 83 高橋執筆部分）。

第3に，意見陳述制度導入以前から，被害者が意見を表明する機会は十分に存在したので，意見陳述制度を新たに創設したからといって，量刑判断に影響が生じるわけではないということが指摘される（椎橋 1999: 17; 西田 2004: 46）。例えば，意見陳述制度導入以前にも，供述調書において被害者の処罰感情等が録取され，それが証拠として採用されることがあった（長島 1997: 18）。また，否認事件において，被害者が証人として喚問される場合には，ほぼ例外なく処罰感情についても供述が求められた（長島 1997: 18）。さらに，犯罪事実に争いがない事件であっても，重大事件であり被害者が希望する場合には，情状証人として法廷で意見を述べる機会が与えられることもあった（長島 1997: 18）。もっとも，自白事件において，被害者が情状証人として出廷することは少ないとされるが，その理由としては，第1に，弁護人が被害者等の供述調書に同意することが多いことと，第2に，早く事件を忘れたいと思う被害者も多く存在することが挙げられている（小坂 2010: 315）。いずれにせよ，このような実務状況を勘案すれば，意見陳述制度の導入が，直ちに量刑判断に影響を与えると予測することは妥当ではないとされるのである。

また，意見陳述制度による量刑判断への影響を否定することを超えて，より積極的に，意見陳述制度を導入することが，より適正な量刑判断につながるとの指摘がある（椎橋ほか 2001: 83-84 高橋執筆部分）。そして，この点につき，英米法圏におけるVISの導入は，むしろ量刑の均衡性と正確性とを高めているとの調査結果（Erez 2000: 173）が引用されている（椎橋 2000: 45-46）。意見陳述において示された被害者の量刑に関する意見がそのまま量刑判断に反映されることは適当で

ないとされるが（大谷ほか 2000: 30 大谷発言; 中島 2003; 原田 2008: 402），意見陳述制度の導入により量刑がより適正なものになるとの議論は，意見陳述を通して量刑判断に資する一定の情報がもたらされることを想定しており（椎橋（2000: 46），中島（2003），西田（2004: 46）を参照），そのようにしてもたらされた情報を通して意見陳述制度が量刑判断に影響を及ぼすという過程を前提としているようである．問題は，意見陳述制度が量刑判断に影響を及ぼしている場合に，果たしてこのような過程を経て影響が生じているのか否かである．

1-1-3-2. 被害者参加制度に関する議論状況

被害者参加制度導入に際しては，量刑判断に関する問題は意見陳述制度導入時ほどには論じられていないように思われる．むしろ，被害者参加制度については，それが事実認定に不当な影響を及ぼす可能性を懸念する意見が多いように思われる（例えば，岩田研二郎（2007: 88-89），川崎（2007: 93），フット（2007: 310），吉村（2009: 14）を参照）[20]．それでも，被害者参加制度が量刑判断に及ぼす影響を懸念する見解はあり（山下 2007: 83），とりわけ，この懸念は裁判員制度との関係で強く指摘されている（浅田ほか 2007: 99 山下発言; 岩田研二郎 2007: 89; 加藤 2010: 21-22; 川崎 2009: 29; 諏訪 2010: 77; 山下 2008: 20-21）[21]．また，日本弁護士連合会も2007年5月1日に出した意見書において，被害者参加制度が量刑判断に及ぼす影響について懸念を示したうえで，この問題は，とりわけ裁判員裁判において深刻である可能性を指摘している（日本弁護士連合会 2007: 4-5）[22]．

このような懸念に対して，被害者参加制度が量刑判断に及ぼす影響を否定する議論があるが，そこには大きく4つの論拠があると考えられる．第1に，意見陳述制度や，英米法圏におけるVISが量刑判断に影響を及ぼしていないという認識が，根拠として挙げられる（瀧川 2008a: 25）[23]．

---

[20] 事実認定にどのような影響が実際に生じるのかという実証的な問題だけでなく，無罪推定原則との関係で被害者参加制度が許容できるのかという法理論上の問題として議論されることもある．この点については，川出（2005; 2007），川崎（2007）を参照されたい．

[21] 特に死刑判断における問題を中心に懸念を示すものとして，吉村（2009: 13-14）を参照されたい．他方で，渕野（2009: 63-64）は，量刑判断の文脈ではないが，被害者参加制度が裁判官に及ぼす影響についても懸念を示している．

[22] 意見陳述制度における議論と同様，被害者参加制度が量刑判断に影響を及ぼさなければ，かえって，被害者の精神的回復という観点から問題が生じるのではないかという指摘がある（新屋 2009: 58; 吉村 2009: 15）．

第2の根拠は，量刑相場が存在する以上，被害者参加制度が導入されたとしても，量刑判断がそれによって大きく影響されることはないとするものである（椎橋 2009a: 33; 瀧川 2008a: 25）．しかし，このような論拠に依拠する限りは，量刑相場を習得していない裁判員であれば，被害者参加による影響を受ける可能性は残ることになる（例えば，瀧川（2008a: 25 n2）を参照）．前述したように，被害者参加制度が量刑判断に及ぼす影響については，裁判官による量刑判断以上に，裁判員の量刑判断への影響が懸念されているのも，このような問題意識によるものと推察される．もっとも，そうではあっても，過去の量刑傾向を根拠に，被害者参加制度によって裁判員の量刑判断が影響を受けることを否定しようとする議論もある．例えば，新屋（2009: 58）は，裁判員もある程度は他事件の量刑判断との均衡を意識するので，必ずしも被害者参加制度が裁判員の量刑判断に直ちに影響を与えるとは言い切れないとする[24]．いずれにせよ，裁判員は，量刑検索システムによって過去の量刑傾向に関する情報に接することとなっているので，裁判員の量刑判断について検討するにあたっては，このような情報の影響も考慮に入れる必要がある（椎橋（2009a: 33）を参照）．

第3に，すでに意見陳述制度が導入されている以上，被害者参加制度が導入されたことによって，追加的な影響が生じるとは考えにくいとの指摘がある（川出 2007: 21; 白木ほか 2008a: 3144）．

第4に，裁判員への影響を考える場合であっても，裁判員は被害者だけでなく，同じく生身の人間である被告人からも影響を受けるのであるから，被害者の陳述だけが影響を及ぼすと考えるのは妥当ではないという批判がある（川出 2007: 21; 瀬川ほか 2007: 42 髙橋発言; Kawaide 2010: 55-56）．もっとも，この指摘は，事実レベルにおいて，被害者参加制度が量刑判断に影響を及ぼさない根拠として述べられたものであるのか，規範的な言明であるのか判然としない．川出（2007: 21）が指摘するように，被害者参加制度が量刑に及ぼす影響について検討する際には，それによって量刑が影響を受けるかどうかという問題だけではなく，「それを不

---

23) もっとも，意見陳述制度の導入による量刑への影響に関する現状認識については，実務家内部でも意見が分かれているようである（横田 2011: 92）．
24) しかし，新屋（2009: 58）は，被害者参加制度が裁判員裁判における量刑に対して，短期的には劇的な変動をもたらさないかもしれないと述べる一方で，長期的には量刑は重罰化の方向に進むであろうと述べている．

当と考えるか否か」という問題も存在する．瀬川ほか（2007: 42 髙橋発言）は，「もし，被害者が与える影響は悪い影響で，被告人が与える影響は良い影響であるというのであればそれこそ偏見」であると述べたうえで，「やはり両方が対等に影響を与えてこそ，裁判員は適切に判断をすることができるはず」であるとしていることからすれば，その主張は規範的な観点からなされたものであると捉えることができよう．他方で，事実のレベルにおいて，被告人側からの量刑判断への影響もあるから，被害者参加制度が量刑判断に及ぼす影響を懸念する必要がないとするのであれば，そのような議論には問題があるように思われる．少なくとも実証的な観点から考えた場合に問題とすべきであるのは，そのような被告人側からの影響が存在することを前提としても，被害者参加制度が利用された事件と，そうでない事件とで，量刑判断に差があるか否かということである．したがって，被告人側の量刑への影響を根拠とする議論については，あくまで規範的なレベルでの議論として位置づけておくことが適切であるように思われる．したがって，被害者参加制度が量刑判断に及ぼす影響を否定する議論の論拠は，この4点目の指摘を除いた3つに限定して考察することが適当である．

1-1-3-3. 議論状況の要約と課題設定

　意見陳述制度と被害者参加制度とが量刑判断に及ぼす影響については，2つの次元での議論が存在する（川出 2007: 21）．第1が，事実に関する問題である．すなわち，意見陳述制度や被害者参加制度が量刑判断に影響を及ぼすか否かという問題であり，これは，まさに実証的な研究が要請される問題ということができる．第2が，規範的な問題である．これは，意見陳述制度や被害者参加制度が量刑判断に影響を及ぼしている場合に，そのような影響が規範的に正当化可能であるのか否かという問題である．このような問題自体は，実証的な問題に主眼を置く本書の射程の外にある．しかしながら，影響があった場合に，それらの影響を規範的に支持できるとするか，あるいは支持できないとするかという点に関する議論は，意見陳述制度や被害者参加制度がどのようにして量刑判断に影響を及ぼしているのかという点について，それぞれに一定の前提を置いているように思われる．そして，その前提の妥当性自体は，実証研究の対象となり得る．

　以下では，制度による影響の有無，およびその規範的評価をめぐる問題につい

て，本書が取り組むべき研究課題を整理することとする．なお，意見陳述制度と裁判員制度との関係が十分に論じられていなかったが，これは意見陳述制度導入の時期が裁判員制度導入以前であったからに過ぎないことに注意されたい．意見陳述制度が裁判員制度下での量刑判断に及ぼす影響について検討する意義が否定されているわけではないのである（瀬川ほか（2007: 41-42 加藤発言）も参照）．

まず，意見陳述制度に関する議論について整理する（意見陳述制度に関する課題には，課題1から始まるラベルを付す）．意見陳述制度が量刑判断に影響を及ぼさないとする議論は，大きく次の3点を根拠としていた．すなわち，①英米法圏における実証研究の結果，②量刑相場に基づく量刑実務の存在，そして③意見陳述制度導入以前から被害者関連情報を法廷に顕出させていた実務である．裁判員制度の問題も含めて，これらの主張の妥当性を検証するためには，さしあたり以下の問題を検討する必要がある．

（英米法圏における実証研究との関連についての課題）

課題1-1-1: 英米法圏の実証研究の結果から，VISが量刑判断に及ぼす影響は見出されていないという結論を引き出すことは妥当であるのか．

課題1-1-2: 英米法圏の実証研究の結果を，日本の意見陳述制度の問題に援用することは妥当であるのか．

（量刑相場との関連についての課題）

課題1-2-1: 量刑相場の存在は，意見陳述制度が量刑判断に及ぼす影響を抑制するのか．

課題1-2-2: 量刑相場等を習得していない裁判員は，意見陳述制度による影響を受けやすいのか．

（意見陳述制度導入以前の実務状況との関連についての課題）

課題1-3-1: 意見陳述制度導入以前の実務を視野に入れた場合に，意見陳述制度が独自に量刑判断に影響を及ぼしているのか．

これに加えて，規範的なレベルでの議論も存在する．すでに指摘したように，

意見陳述制度が量刑判断に及ぼす影響を正当化する議論は，意見陳述を通して明らかとなった何らかの情報を，量刑判断において考慮するというメカニズムを前提としているように思われる．他方で，意見陳述制度が量刑判断に及ぼす影響を批判する議論は，意見陳述において述べられた被害者の処罰意見等に量刑判断が左右されることを懸念しているように思われる．もちろん，規範的な主張として採用できる議論の範囲は，以上の2つの類型に限定されているわけではない．したがって，やや問題状況を単純化し過ぎてしまうかもしれないが，本書では，以下のように問題を整理したい．

（意見陳述制度が量刑判断に及ぼす影響についての規範的な意義に関連する課題）
　課題1-4-1：意見陳述制度が量刑判断に影響を及ぼしている場合，その影響は，意見陳述を通して明らかとなった何らかの情報を媒介したものなのであろうか．あるいは，被害者の処罰意思に左右されたものなのであろうか．
　課題1-4-2：仮に，意見陳述制度が量刑判断に影響を及ぼしており，かつその影響の発生プロセスが上記2つのいずれでもない場合，どのようにして影響が生じていると考えられるのか．

同様に，被害者参加制度についても，課題を明確化したい（被害者参加制度に関する課題には，課題2から始まるラベルを付す）．被害者参加制度が量刑判断に影響を及ぼさないとする議論の根拠を整理すると，以下の3点にまとめることができるように思われる．すなわち，①意見陳述制度や英米法圏でのVISに関する実証研究の結果，②量刑相場に基づく量刑実務の存在，③被害者参加制度導入以前から，意見陳述制度を含めて，被害者関連情報を法廷に顕出させる仕組みが存在したこと，の3つである．これらの主張の妥当性を検証するためには，さしあたり以下の問題を検討する必要がある．

（既存の実証研究との関連についての課題）
　課題2-1-1：英米法圏の実証研究の結果から，VISが量刑判断に及ぼす影響は見出されていないという結論を引き出すことは妥当であるのか（課題1-1-1と重複）．

課題2-1-2: 英米法圏の実証研究の結果を，日本の被害者参加制度の問題に援用することは妥当であるのか．

課題2-1-3: 意見陳述制度が量刑判断に影響を及ぼしていないとの認識は妥当であるのか．

課題2-1-4: 意見陳述制度が量刑判断に影響を及ぼしていないとの認識が妥当であるとして，そのことから被害者参加制度が量刑判断に影響を及ぼさないと結論づけることが可能であるのか．

(量刑相場との関連についての課題)

課題2-2-1: 量刑相場の存在は，被害者参加制度が量刑判断に及ぼす影響を抑制するのか．

課題2-2-2: 量刑相場等を習得していない裁判員は，被害者参加制度による影響を受けやすいのか．

(被害者参加制度導入以前の実務状況との関連についての課題)

課題2-3-1: 意見陳述制度も含めた被害者参加制度導入以前の実務を視野に入れた場合に，被害者参加制度が独自に量刑判断に影響を及ぼしているのか．

続いて，規範的な問題についても整理しておきたいが，被害者参加制度が量刑判断に影響を及ぼすことがいかなる意味で規範的に支持され得るのかについては，意見陳述制度の場合ほど，十分な議論はなされていないように思われる．そもそも，被害者参加制度は，公判期日への出席，証人尋問，被告人質問，および最終意見陳述等を含んでおり，被害者の刑事裁判への関与のあり方は多様である．そのため，被害者参加制度のどの部分が量刑判断に影響を及ぼすと考えて議論をするのかによって，議論すべき問題の所在も変わってくる可能性がある．例えば，被害者参加人による証人尋問と被告人質問とを，真実解明への寄与という点から基礎づけようとする見解（堀江 2008）がある．このような立場に立つならば，証人尋問や被告人質問における被害者参加人の関与は，それを通して明らかとされた事実を媒介してのみ，量刑判断に影響を及ぼすことが是認され得ることになるのかもしれない．他方で，証人尋問や被告人質問を検察官ではなくまさに被害者

参加人が行うことによって判断に影響が生じてしまう可能性や，検察官とは異なり被害者参加人が証人尋問や被告人質問を行うにあたって感情的になることが判断に影響を与えてしまう可能性を強調するのであれば，それらの影響は不当であると評価されるかもしれない（加藤 2010: 21-22）．

また，被害者参加制度と量刑判断との関係を問題とするとき，最終意見陳述を念頭に置いて論じられることが多いようである．そして，とりわけ裁判員裁判の判断を念頭に置きつつ，量刑判断は被害者側の影響だけでなく，被告人側からの影響も受けるのであると指摘されるのである（川出 2007: 21; 瀬川ほか 2007: 42 髙橋発言; Kawaide 2010: 55-56）．その指摘が，量刑判断においては被害者側からも一定の影響を受けなければ公平ではないというだけのものであれば，そのような主張の妥当性自体を議論することは可能であるが，実証的な知見によって検討することができる余地はほとんどないように思われる．しかし，注意すべきであるのは，「やはり両方が対等に影響を与えてこそ，裁判員は適切に判断をすることができるはずです」（瀬川ほか 2007: 42 髙橋発言）（傍点は，筆者による強調）と述べていることである．この「対等」という意味をどのように定義できるのかは不明であるが，さしあたり次のような規範的要請として定式化してみたいと思う．すなわち，本書では，「被害者参加制度が量刑判断に影響を及ぼすとしても，それは量刑判断において被告人側の事情を考慮することを妨げる方向では作用してはならない」ことが要請されていると考え，そのような観点から検討を加えたい．

被害者参加制度が量刑判断に及ぼす影響を規範的に評価する場合には，すぐ上で述べたよりも多くの視点があり得るであろうが，ここでは実証的な観点から扱えるように，検証課題を以下のように定式化することとする．

（被害者参加制度が量刑判断に及ぼす影響についての規範的な意義に関連する課題）
課題 2-4-1: 被害者参加制度が量刑判断に影響を及ぼしている場合，その影響は，被害者参加を通して明らかとなった何らかの情報を媒介したものなのであろうか．
課題 2-4-2: 仮に，被害者参加制度が量刑判断に影響を及ぼしており，かつその影響の発生プロセスが以上のようなものでない場合，どのようにして影響が生じていると考えられるのか．

課題 2-4-3: 被害者参加制度によって，被告人側の事情の量刑判断における考慮の仕方が何らかの影響を受けてはいないか．

以上の課題を検討するために，第 1 部においては，まず既存の研究をレビューすることとする．本章では，日本における先行研究等について紹介したうえで，一定の検討を加えることとする．

1-2. 日本における研究状況

1-2-1. 仲真紀子による実験研究

被害者の刑事裁判への関与が量刑判断に及ぼす影響を，心理実験の手法を用いて検証した研究として，仲（2009a; 2009b; 2010）を挙げることができる．もっとも，この研究では，被害者の刑事裁判への関与が事実認定に及ぼす影響が主たる問題関心とされているが，量刑判断への影響についても検証されているので，ここで紹介することとする．

実験には，法科大学院生 80 名と，法学部以外の学部学生 57 名が参加した．そして，法科大学院生の実験参加者[25]を法的知識が多い実験参加者（以下，法的知識あり群），法学部以外の学部学生の実験参加者を法的知識が少ない実験参加者（以下，法的知識なし群）と位置づけた．

実験参加者には，事案の概要と，検察官と弁護人による冒頭陳述とが書面によって提示された．実験で用いられた事案は，司法研修所（2003）を素材として作成されたものであり，正当防衛の成否が争われた殺人既遂事件であった．具体的には，被害者と被告人は双方とも暴力団組員であり，口論をしていた際に，被害

---

[25] かつては，被験者という呼び方が主流であったが，現在では実験参加者という呼び方が普及しつつある．英語圏では，従来用いられてきた subject という言葉が主従関係を暗示するということで，participant の語を用いることが推奨されるようになってきたようである（河原 2010: 5）．日本心理学会の倫理規定［第 3 版］においては，「日本語の「被験者」にはそのような含みはなく，中立的な意味で使用されていると思われる」としつつも，「より客観的な印象を与える「研究対象者」という用語を用いる」とされている（倫理委員会 2011: 7-8）．そのうえで，分野ごとに一般的である呼び方に違いがあることから，実験研究では「実験参加者」という用語を用い，フィールド研究では「研究協力者」という用語を用いている（倫理委員会 2011: 8）．もっとも，実験研究のなかでも，実験室実験では「実験参加者」の用語は適当であるが，フィールド実験では，必ずしも自分たちが実験に「参加」していると思われているわけではないことから，あえて被験者の語を選択するもの（飯田 2009: 256 n6）もある．本書では，フィールド実験でも，実験室実験でも，さしあたり「実験参加者」の語を用いることとする．

者が被告人の顔を叩き，被告人が持っていた包丁で被害者を刺殺したというものである．その後，目撃者に対する証人尋問の模様が，約20分程度の映像によって提示された．続いて，条件に応じて被害者の遺影や，遺族による手紙の読み上げが提示された．ここで，遺影は，コンピュータによって作成された男性の白黒合成写真に黒枠をつけ，パワーポイントにより提示された．他方で，遺族による手紙であるが，この手紙には，被害者の良き人柄，遺族の無念の気持ち，そして被告人に対する処罰意見といった情報が約350字程度で綴られていた．これを，50代の女性にゆっくり読み上げてもらい，それを録音したものを実験参加者に提示した．手紙の朗読音声は，約2分程度であった．これらの遺影，および手紙の朗読を提示するか否かが本実験において操作されており，2（遺影ありv.なし条件）×2（手紙ありv.なし条件）＝4条件が用意されていた．

　まず，被告人の殺意の有無に関する判断に対して，遺影の主効果[26]が統計的に有意[27]であった．遺影あり条件の方が，遺影なし条件よりも，実験参加者の判断は，被告人に殺意があったという方向に偏っていたのである．また，正当防衛の成否に関する判断については，法的知識と遺影の交互作用[28]が統計的に有意であった．つまり，法的知識なし群では，正当防衛の成否に関する判断は，遺影の有無によって影響を受けないが，法的知識あり群では，遺影あり条件において遺影なし条件よりも，正当防衛が成立しないという判断に偏っているのである．また，端的に被告人が有罪であるか無罪であるかについて判断を求めた質問項目に対しても，遺影の主効果は統計的に有意であった．ここでも，遺影あり条件における方が遺影なし条件におけるよりも，有罪になると思うという判断に偏っていた．また，手紙と性別の交互作用も統計的に有意であった．すなわち，男性の実験参

---

26) 主効果とは，心理実験等において，ある要因が従属変数に対して及ぼす効果のことを指す．ここでは，遺影という要因が，殺意の有無に関する判断という従属変数に及ぼしている効果が，遺影の主効果ということになる．
27) 本書において，統計的に有意な効果，あるいは統計的に有意な差があるといった場合には，特に断りのない限り5％水準で統計的に有意な効果や差があることを意味している．5％水準で統計的に有意であるとは，母集団において「何らかの効果がない」あるいは「差がない」と仮定した場合に，当該データが得られる確率が5％以下であることを意味している．効果がない，あるいは差がないという仮定に基づいた場合に当該データが得られる確率が5％以下という低い値であるので，その仮定が不当であると判断することが許されるのである．それゆえ，むしろ「何らかの効果がある」あるいは「差がある」と考えた方が適切であるということになる．
28) 交互作用とは，心理実験等において，ある要因と別の要因の組み合わせによって発生する効果のことを指す．ここでの交互作用とは，遺影という要因が，正当防衛の成否に関する判断に及ぼす影響の大きさが，法的知識の有無によって異なることを指している．

加者は，手紙の朗読がある場合に，より被告人が有罪になると思うと判断する傾向にあり，他方で，女性の実験参加者にはこのような傾向は見出されなかった．また，自分自身が判断を求められた場合に被告人を有罪とするか無罪とするかを尋ねたところ，無罪を選択した者は 7 名であり，圧倒的に有罪判断に偏っていたが，そのなかでも無罪を選択した実験参加者は，全員，遺影なし条件に割り当てられていた．このように，とりわけ遺影を提示されることで，事実認定が被告人に不利な方向に偏る傾向が確認されている．

続いて量刑判断への影響であるが，被告人は有罪であると判断した実験参加者のうち，無期懲役および死刑を選択した者は 9 名であり，これらは全て法的知識なし群の実験参加者であった．有期懲役を選択した実験参加者に限定して分析すると，法的知識あり群の平均刑期は 11.08 年であるのに対して，法的知識なし群の平均刑期は 14.11 年であり，法的知識なし群の平均刑期の方が有意に長かった[29]．そして，法的知識なし群に限定すれば，遺影あり・手紙あり条件において，平均刑期がほかの条件よりも有意に長かったとされる（仲 2009b: 145）．

ここで，被害者や遺族への気持ちについてみてみると，概して実験参加者は被害者や遺族を気の毒であると評価している．もっとも，7 件法によって尋ねたところ，回答の平均値は 5.10 であるので，そこまで強く「気の毒である」と思っているわけではないかもしれない．また，「無罪・有罪・量刑の判断をする際，被害者の存在・遺族の気持を考慮しましたか」という問いに対しては，「どちらでもない」に近い値ではあるが，どちらかといえば考慮していないという回答が多かった．また，遺影なし・手紙なし条件以外の条件に割り当てられた実験参加者には，被害者の感情にどの程度感情を動かされたかを尋ねている．これも，全体的に，感情を動かされなかったとの回答が多かったが，遺影あり・手紙なし条件における男性実験参加者のみ，多少動かされたという方向に回答がシフトしている．とはいえ，遺影あり・手紙なし条件における男性実験参加者の回答の平均値も 4.33 であり，「どちらでもない」に近い値である．

さらに，この実験においては，「無罪・有罪・量刑を判断するのに，あなたはどの程度理性に頼りましたか」という質問と，「無罪・有罪・量刑を判断するの

---

[29] 法的知識の有無による量刑判断の差は，遺影や手紙の有無，あるいは実験参加者の性別によってその大きさが異なる．詳しくは，仲（2009a: 412-413）を参照されたい．

に，あなたはどの程度感情に頼りましたか」という質問とがなされている．全体としての傾向は，有罪・無罪・量刑判断においては，主として理性に依拠しており，感情にはあまり依拠していないという回答が多かった．

以上において概観したように，仲（2009a; 2009b; 2010）においては，まず，遺影を提示することによって，被告人に不利な方向での心証形成がなされることが示されている．他方で，遺影や遺族による手紙の朗読が，量刑判断にどのような影響を及ぼしているのかについては，明確な結論は出ていない．法的知識なし群の実験参加者に限っていえば，遺影と手紙の両方がある場合に，ほかの条件と比べて量刑判断が重くなっているようであるが，遺影ないし手紙の主効果が示されているわけではない．この点につき，研究で用いられた事案の内容に注意しておく必要があるだろう．すなわち，この実験で用いられた事案では，被害者は被告人と同じく暴力団組織の一員であり，また正当防衛の成否が問題となるような事案であるので，被害者に一定の落度があったと感じられる事案であったかもしれない．そのような観点からは，実験参加者が，被害者や遺族についてある程度の同情は示すものの，それによって感情が動かされたわけではないと考えていたことは理解しやすい．したがって，このような事案においては，遺影の提示や遺族の手紙が量刑判断に影響を与えにくかった可能性が考えられる．

また，この実験において興味深い点として，実験参加者自身は，自分たちは被害者等の存在によって感情を動かされておらず，感情によって判断することもしていないと思っていることが挙げられる．これは，被害者の刑事裁判への参加が，判断者自身によっては意識されないレベルで判断に影響している可能性を示していると評価できよう（仲（2009a: 414-415）を参照）．

1-2-2. 松尾加代らによる実験研究

同じく心理実験の手法により被害者の刑事裁判への関与が裁判員の判断に及ぼす影響を検証しようとしたものとして，松尾加代らによる一連の実験（伊東ほか 2013; 松尾・伊東 2013a; 2013b; Matsuo & Itoh 2015）がある．ここでも，仲真紀子による実験研究（1-2-1）と同じく，量刑判断ではなく事実認定への影響を中心として検証が加えられているが，本書の問題意識に関連する知見も報告されているので，ここで紹介することとする．

まず，Matsuo & Itoh（2015）および松尾・伊東（2013a）は，学生127名を対象とした心理実験の結果について報告している[30]．実験参加者には，裁判のシナリオが音声とパワーポイントによって提示された．事案は，被告人が無罪を主張する殺人事件であり，被告人を有罪とする直接証拠がないものが用いられた．実験では，被害者の傷の状態等を特殊メイクによって再現した写真が提示される条件とされない条件があった[31]．また，遺族関与のあり方にも操作が加えられており，被害者の生前の写真とともに[32]，遺族の悲しみや，被告人への憤りの感情，被害者の学生生活や将来の夢が被害者の父親によって語られる条件と，それらがない条件とが用意された．このように，被害者の傷口に関する写真の有無と，遺族関与の有無とが組み合わされて操作され，あわせて4つの実験条件が用意された．

有罪判断率に対する影響についてみてみると，被害者の傷口の写真の主効果が10％水準で統計的に有意な傾向にあり，写真がある場合に有罪判断率が高まっていた．また，遺族関与の主効果は統計的に有意であり，遺族関与がある場合に有罪判断率が高まっていることが確認された．さらに，有罪と判断した場合に量刑についても尋ねているが，遺族関与がない場合には死刑選択率が16％であったのに対して，遺族関与があった場合の死刑選択率は33％となっていた．また，実験参加者の感情状態について調べたところ，遺族の関与によって，怒り等のネガティブな感情が喚起されていることが示されている[33]．

続いて，伊東ほか（2013）では，一般市民120名を対象とした心理実験の結果が報告されている．実験は，1回あたり1から4名の小集団を対象にして行われた．実験参加者には，実際の事件を参考に作成された裁判映像が提示された．事

---

[30] 回答が不十分であった実験参加者15名は，分析から除外されている（松尾・伊東 2013a: 70; Matsuo & Itoh 2015: 7）．

[31] 遺体写真等が判断に及ぼす影響は，心理学においてはGruesome Evidenceの問題として研究されてきている．Gruesome Evidenceに関する心理学的研究についてレビューしたものとして，綿村（2011）を参照されたい．

[32] 遺族の証言と被害者の生前の写真の影響が交絡している可能性があったため，遺族証言はあるが被害者の生前の写真の提示はなく，傷口の写真は提示しない条件を追加的に用意し，データが蒐集された．あくまで追加的実験に依拠するものであるため，遺族証言と被害者の生前の写真の効果の区別についてはさらなる研究が必要であるとしつつ，その条件を含めた分析によれば，後述する遺族関与による有罪判断促進効果は，被害者の生前の写真による効果とは評価しにくいことが指摘されている（Matsuo & Itoh 2015: 13-14）．

[33] この点に関する詳細な分析結果は，Matsuo & Itoh（2015: 8-10）を参照されたい．

案は，アパートの隣室に住んでいる姪の部屋に包丁を持って押し入った男を，叔父が男から包丁を奪って刺殺したというもので，実際の裁判では正当防衛が認められたものである．一方の映像には，被害者の母親が被害者の性格の良さや自身の悲しみの感情等を訴える遺族関与の場面があり，他方の映像には，そのような場面がなかった[34]．

　この実験では，有罪判断率に対して遺族関与の有無が与える影響は統計的に有意ではなかった．他方で，遺族関与がある場合には，被告人に対する怒りが高まる傾向が，10％水準で統計的に有意な傾向にあった．また，遺族関与は，被害者に対する嫌悪を統計的に有意に弱めていた．ただし，その一方で，遺族関与がある場合には，被害者の母親に対する嫌悪が強くなる傾向が統計的に有意であり，また被害者の母親に対する同情を弱める傾向が10％水準で統計的に有意であった．ここでは，そもそも被害者が包丁を持って押し入っているという事情があるためか，被害者の遺族による関与が，直接に有罪判断を促進する効果は確認されていない．しかしながら，遺族関与は被告人に対する怒りを喚起させ，被告人に対する怒りが，有罪判断への確信度を高めているという関係は確認されている．

　伊東ほか（2013）では，そこで用いた事案の性質のためか，遺族関与による判断への影響は十分に確認されていないが，上記2つの研究からは，遺族が意見陳述制度を利用するような形態で裁判に関与することは，被告人の有罪・無罪に関する判断，および量刑判断に影響を与えることがあるということ，および，そこでは怒り感情の喚起が作用している可能性が示されているといえよう[35]．

　このような遺族関与の影響を抑制する方策について検討しているのが，松尾・伊東（2013b）による心理実験である．実験参加者は，一般市民105名である．実験に利用された裁判シナリオは，Matsuo & Itoh（2015）および松尾・伊東（2013a）が紹介する実験で用いられたものとほぼ同様のものである．シナリオの最後には，遺族による意見陳述の場面が設けられていた．この実験では，実験参加者のマインドセットと，刑事裁判の原則に関する説明の有無が操作されていた．

---

[34] この実験では，刑事裁判の原則に関する説明方法についても操作が加えられているが，説明の便宜上，ここでは省略する．
[35] ただし，最初に紹介した学生を対象とした実験では，遺族関与が有罪・無罪判断に及ぼす影響が，ネガティブな感情状態を媒介して生じているものであることまでは示せなかった（Matsuo & Itoh 2015: 11）．

まず，マインドセットについての操作であるが，一方の条件では，最初に，現在実行するかどうか悩んでいる個人的な事柄を1つ選んでもらい，それを実行した場合の利点・不利な点を8分間のうちに箇条書きしてもらい，次に実行した場合に2年後どうなっているかを想像して7分間のうちに書き出してもらった（システマティック条件）．他方の条件では，最初に，10秒ごとに変化する白黒の風景写真を15分眺めていてもらった（ヒューリスティック条件）．また，刑事裁判に関する説明がある条件では，遺族の意見陳述は有罪・無罪の判断の根拠にしてはならないことを含め，いくつかの原則についての説明がなされたが（説明あり条件），他方の条件では，そのような説明がなされなかった（説明なし条件）．

実験の結果，マインドセットの操作，および説明に関する操作の主効果自体は統計的に有意ではなかった．しかし，両者の交互作用が有意であり，ヒューリスティック条件においては，説明あり条件に比較して説明なし条件で有罪判断率が高い傾向が統計的に有意であった．また，説示なし条件においては，システマティック条件と比較してヒューリスティック条件で有罪判断率が高い傾向が，10%水準で統計的に有意な傾向にあった．また，感情の喚起という点では，システマティック条件において，ヒューリスティック条件と比較してネガティブ感情の喚起，また怒り感情の喚起が抑制されていることが示された．先ほどまでの実験によれば，遺族関与は，怒り感情の喚起を伴い，そして被告人への不利益な判断につながっている可能性が示されていたので，ここでの知見は，そのような遺族関与による判断への影響を低減するうえで，システマティックなマインドセットを醸成することが有効である可能性を示しているとされる[36]．

1-2-3. 白岩祐子らによる実験研究

白岩ほか（2012）と白岩・唐沢（2013）は，被害者参加制度に対する個人の態度，および被害者参加人から受ける影響についての非対称な認知が量刑判断に及ぼす影響について，2つの心理実験に基づき考察を加えるものである．ここで，非対称な認知とは，ある情報によって自己が影響を受ける以上に，他者の方が強

---

[36] もちろん，松尾・伊東（2013b: 76）自身が認めるように，実験で行ったようなシステマティックなマインドセットの醸成方法を，実際の裁判に先立って行うことは適当ではなく，より実用的なシステマティックなマインドセットの活性化方法が考案されるべきであるとされている．

く影響を受けると評価しがちであるという現象を指す（白岩・唐沢 2013: 13; 白岩ほか 2012: 41）．

　まず，白岩・唐沢（2013）では，大学生・大学院生・卒業生 171 名を対象とした心理実験の結果が報告されている．実験参加者には，架空の傷害致死事件のシナリオが文書によって示されている．事案は，被告人が被害者に借金の返済を求めたところ，被害者は返せないと開き直ったために被告人がかっとなって被害者をナイフで刺したというものである．シナリオには，被害者側の立場で参加する者が登場するが，登場する人物は条件によって異なる．すなわち，被害者の父親が被害者参加人として登場する条件，被害者の母親が被害者参加人として登場する条件，および被害者参加弁護士が登場する条件の 3 つのパターンが用意されていた．また，この登場人物が表出する感情にも操作が加えられており，怒りの感情を表出している条件，悲しみの感情を表出している条件，および感情の表出がない条件の 3 つのパターンが用意されていた．ただし，登場人物が被害者参加弁護士である場合には，感情の表出がない条件のみが用いられている．したがって，あわせて 7 つの条件が用意されていることになる．実験の結果，条件間の違いが量刑判断に対して統計的に有意な影響を及ぼしていることは確認されなかった．他方で，被害者参加制度に反対の態度を有している者ほど，被害者参加人の発言によって自己が影響を受けること[37]を否定的に捉えるようになり，そして軽い量刑判断をするという関係が示されている．

　次に，白岩ほか（2012）では，大学生・大学院生 147 名を対象とした心理実験の結果が報告されている．実験参加者には，架空の殺人事件のシナリオが文書により示された．事案は，被告人が以前の会社の同僚から借金の返済を求められたが，腹を立てて同僚をレンチにより殴打し殺害したというものである[38]．白岩・

---

37) 被害者参加人の発言によって自己が影響を受ける程度（自己影響）と，自分以外の他者が影響を受ける程度（他者影響）とが別々に尋ねられている．両者の差が，「非対称な認知」として把握されることとなる．この実験でも，被害者参加人の発言よって自己が影響を受ける以上に，他者が影響を受けると評価されており，非対称な認知は確認されている．また，被害者参加制度に反対の立場の人ほど，認知の非対称性が大きいことも示されている
　ただし，被害者参加制度に対する態度と，被害者参加人からの影響についての評価，および量刑判断という 3 つの変数の関係を調べるにあたっては，非対称な認知そのものではなく，自己影響に関する評価が利用されている．これは，被害者参加制度に対する態度と他者影響の評価との間には関連がないことから，被害者参加制度に対する態度と非対称な認知との関係は，もっぱら被害者参加制度に対する態度と自己影響についての評価との関係によって規定されている（白岩・唐沢 2013: 16; 白岩ほか 2012: 44-45）と考えられたことによるものと思われる．

唐沢（2013）のシナリオと比較すると，借金をめぐる知人同士の口論の末の事件という点では同じだが，借金を返せなくなったのが被害者か被告人かという点が異なっている．シナリオには被害者の父親が被害者参加人として登場している．この被害者参加人が表出する感情が文章により操作されており，一方の条件では被害者参加人は感情を表出しておらず（感情表出なし条件），他方の条件では被害者参加人は悲しみの感情を表出している（感情表出あり条件）．また，被害者参加人の発言によって自分以外の他者が受ける影響を評価する質問にあたって，非対称な認知という現象があることを教示する条件（教示あり条件）と，そのような教示をしない条件（教示なし条件）とが用意された．ここでも，被害者参加制度に反対する者ほど，被害者参加人の発言によって自己が受ける影響を低く評価することが確認された．また，教示あり条件では，非対称な認知と量刑判断との関連は示されなかった．しかしながら，教示なし条件では，非対称な認知が大きくなるほど，すなわち，被害者参加人の発言によって他者が受ける影響の度合いと，自己が受ける影響の度合いの差を大きく評価するほど，軽い量刑判断がなされる傾向が，10％水準で統計的に有意であった．

　これらの心理実験では，被害者参加人がいる場合といない場合とが比較されているわけではないので，被害者参加制度が利用された場合とそうでない場合とで量刑判断が異なるかどうかといった問題が検証されているわけではない．しかしながら，被害者参加人の表出する感情が量刑判断に及ぼす影響という点について，否定的な結果が示されていることは注目に値する．すなわち，白岩・唐沢（2013: 15）によれば，参加する主体とその参加者が表出する感情がシナリオ上操作されていたが，それによる条件の違いが量刑判断の結果に統計的に有意な差をもたらしていなかったのである[39]．

---

38) 石崎ほか（2010）が作成したシナリオに基づいている．なお，第11章で紹介する心理実験も，この石崎ほか（2010）が作成した裁判映像を利用したものである．

39) ただし，白岩・唐沢（2013）において，被害者参加人の感情が量刑判断に及ぼす影響が観察されなかったのは，心理実験で利用したシナリオに特有の事情が作用していた可能性も否定できない．第1に，被害者が借金を返せないと開き直ったことが犯行の原因となっている点を指摘することができる．このことが，遺族の表出する感情が量刑判断に影響を与えなかった原因であると考えることもできよう（白岩・唐沢 2013: 17）．第2に，検察官の求刑は8年であったのに対し，被害者参加人あるいはその弁護士は20年の刑を求めていた点を指摘することができる．検察官求刑とあまりにも隔たりのある被害者参加人の量刑意見は，かえって実験参加者にとって考慮の対象から外されやすかった可能性が考えられる（この点につき，1-2-7-1で紹介する「船木悟事件」に関する模擬裁判の結果も参照されたい）．

また，被害者参加制度に対する態度が量刑判断に及ぼす影響に関する知見も重要である．白岩・唐沢 (2013) と白岩ほか (2012) は，非対称な認知という概念を紹介しているが，被害者参加制度に対する態度は，被害者参加人によって他者が受ける影響の評価ではなく，それによって自己が受ける影響の評価と関連があることから (白岩・唐沢 2013: 16; 白岩ほか 2012: 44-45)，両変数の関係を媒介する変数としては，被害者参加人によって自己が受ける影響の評価が重要であると考えられる．すなわち，被害者参加制度に対して否定的な態度を有している者ほど，被害者参加人によって自己が影響を受けることはないと評価している．そして，被害者参加人によって自己が影響を受けることはないと評価している者ほど，量刑判断が軽くなるのである．このような結果は，被害者参加制度をはじめとする被害者の刑事裁判への関与が量刑判断に対して与える影響が一様ではなく，影響の個人差があり得ることを示すものと評価することができよう (白岩ほか 2012: 47-48)．

1-2-4. 吉村真性の記録研究

吉村 (2007) は，函館地判平成 14 年 9 月 17 日の事件 (判時 1818 号 176 頁，判タ 1108 号 297 頁) の記録を閲覧することで，調査を行った．そこでは，意見陳述の内容を分析することで，意見陳述の意義を調査することと，その分析を通して，意見陳述が判決理由に及ぼす影響について考察することが意図されていた (吉村 2007: 729)．なお，この事件は，札幌高等裁判所に控訴されたが，すでに判決が確定しているとのことである (吉村 2007: 729-730)．

事件は，被告人が酒気帯び状態で制限時速 40 km の道路を，時速 100 km を超える速度で運転していたところ，道路右側の街路灯等に車を衝突させ，同乗者である被害者を車外へ放出させて即死させたという，道路交通法違反および危険運転致死被告事件である．この事件では，被害者の母親が意見陳述制度 (刑事訴訟法 292 条の 2) を利用しており，加えて，警察官作成による被害者の父親の供述調書も証拠として提出されていた．裁判の結果であるが，第 1 審では，危険運転致死の成立が認められ，被告人は 3 年 6 月の懲役刑に処された．しかしながら，控訴審は，遺族との示談の成立等の事実を認定し，原判決の量刑は重過ぎるとして，被告人を懲役 3 年とした．本件の第 1 審判決では，量刑理由のなかで遺族による

意見陳述に言及していること等から、当該陳述が量刑上考慮されることについて注目された事案であった（水谷 2003）.

　まず、被害者の父親の供述調書において述べられている事項を分析したところ、①被害者の人格的特徴、②被害遺族の受けた衝撃、③被害感情、および④量刑についての意見といった項目に分類された．他方で、被害者の母親による意見陳述においては、①被害遺族の受けた衝撃と②被害感情について、簡潔に記載されていた．吉村（2007: 733）によれば、両者を比較したところ、被害者の母親による意見陳述よりも、被害者の父親による供述調書の方が詳細なものであったとされている．このように意見陳述と供述調書において詳細度に違いが生じた理由として、吉村（2007: 733）は、それぞれの制度趣旨の違いを挙げる．すなわち、証拠資料としての性質が強い供述調書は、詳細な内容を記録したうえで提出することになる．他方で、主として被害者のカタルシス効果に主眼を置いた意見陳述では、そのような詳細な内容の証拠化は要求されないというのである．

　続いて、遺族の意見等が量刑理由においてどのように反映されているかという点であるが、第1審も控訴審も、量刑理由において意見陳述中に示された被害感情を指摘している．ここで、第1審および控訴審の量刑理由における意見陳述への言及を比較すると、後者の方が詳細であったので、遺族の意見を反映していると思われる控訴審の量刑理由の箇所について分析が加えられた．その結果、被害者の母親による意見陳述の内容よりも、被害者の父親の供述調書の内容の方が、量刑理由において反映されていることが指摘されている（吉村 2007: 735-736）.

　以上の分析を踏まえて、吉村（2007）は、意見陳述以上に、遺族の供述調書の内容が控訴審の量刑理由に反映されているとしている．また、意見陳述の内容は抽象的であるのに対して、供述調書においてはより具体的な内容が盛り込まれていることも指摘されている．

　このように、吉村（2007）は、意見陳述制度が量刑判断に及ぼす影響自体を検証しているわけではない．しかしながら、意見陳述の内容が抽象的であるのに対して、供述調書の内容はより具体的であると指摘されている点には注意しておく必要がある．すでに述べたように (1-1-3-1)、意見陳述制度を導入する以前から、供述調書等によって被害感情等が裁判所に顕出されていたことを根拠に、同制度が量刑判断に及ぼす影響を否定する議論があった．意見陳述の内容が供述調書に

おいて語られている内容以上のものではないというここでの知見は，従前の実務状況を根拠として，意見陳述制度による量刑への影響を否定する議論の説得力を高めることにつながり得るだろう．

　もっとも，本研究結果に対しては，以下の3点について留保する必要がある．第1に，この研究は1つの事例に基づくものであり，その知見を一般化することには慎重である必要がある．第2に，この研究では，意見陳述と供述調書とを，それぞれがどの程度詳細な内容を備えているかという観点から比較しているが，そのような比較で十分であるのかという問題も残る．量刑判断への影響を検討するという観点からは，内容の詳細さだけでなく，文章がどの程度情緒的なものであるかといった観点からの比較も必要であるかもしれない．第3に，すぐ上でも述べたように，本研究では，量刑判断の結果自体は従属変数として扱われていない．これは，本研究が1件を対象とした事例研究であることからするとやむを得ないことであるが，やはり留意しておく必要がある．

1-2-5. 司法研究の成果

　司法研修所（2007）は，殺人事件を素材として，種々の事情を量刑判断に際してどのように考慮するか，また具体的事案においてどのように量刑判断をするのかといった点について，国民と裁判官に対してほぼ同様の内容の質問票を用いて実施された調査研究について報告している．この研究の狙いは，裁判員制度のもとでの量刑実務のあり方を検討するための基礎資料の提供という点にある（司法研修所（2007）の「はじめに」を参照）．したがって，被害者の刑事裁判への参加が量刑判断に及ぼす影響が直接的に検証されているわけではない．しかしながら，この問題を検討するうえで有益な知見が含まれているので，本書の記述に必要な限りで紹介することとする．

　すぐ上で述べたように，この調査は，一般国民と現役の裁判官の両方を対象として，ほぼ同様の項目を含む質問票を用いて実施されたものである．以下では，一般国民に対する調査を国民調査，裁判官に対する調査を裁判官調査と呼ぶこととする．国民調査は，満20歳以上の選挙権のある日本国籍を持つ男女が母集団とされ，サンプルが抽出された（司法研修所 2007: 2）．裁判官調査は，全国の高等裁判所および地方裁判所において刑事事件の公判審理を担当する裁判官全員を

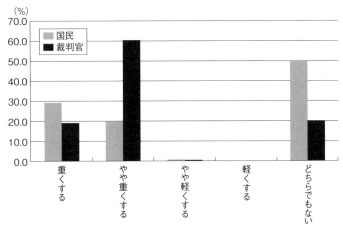

図1-2. 遺族の厳罰意見に関する量刑上の位置づけ

対象として行われた悉皆調査である（司法研修所 2007: 2）．国民調査では，有効回答数が1,000名分に達するまで調査を実施しているので，有効回答数は1,000である（司法研修所 2007: 7）．他方で，裁判官調査においては，対象裁判官のほぼ全数であると思われる768名（高等裁判所裁判官108名と地方裁判所裁判官660名）から回答が得られた．しかしながら，高等裁判所裁判官および地方裁判所裁判官のいずれについても1名分の回答が不十分なものであったので，分析から除外されているため，裁判官調査の有効回答数は766である（司法研修所 2007: 7）．

この調査では，あくまで殺人事件を念頭に置きつつも，具体的な事案とは関係なく，個々の事情について，それを量刑上どのように考慮するかが尋ねられている．遺族の処罰感情についていえば，遺族が「重い刑罰を望んでいる」という事情と，逆に「許している」という事情を，どのように量刑上考慮するかが尋ねられている．まず，遺族が「重い刑罰を望んでいる」という事情に対する国民と裁判官の位置づけをみてみると（図1-2[40]），国民も裁判官も，この事情を，量刑を重くする事由として捉えていることが分かる．もっとも，国民においては「どちらでもない」を選択した者が50.2％であるのに対して，裁判官においてそれを選択した者は20.1％にとどまる．

---

40) 司法研修所（2007: 25 図表24）に基づいて作成した．

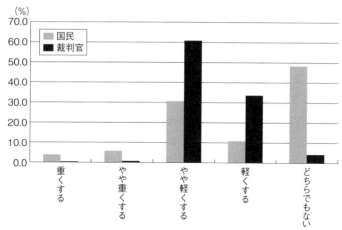

図1-3. 遺族の宥恕意見に関する量刑上の位置づけ

　逆に,「遺族が許している」という事情については,やはり国民も裁判官も,量刑を軽くする事由として捉える意見が多い点では一致しているが,「どちらでもない」を選択した国民が多いことが指摘できる(図1-3[41]).また,遺族が宥恕していることを,量刑を重くする方向で考慮すると答えた国民が,9.7%存在している.

　以上の結果からすると,裁判官も国民も,遺族の処罰感情を,量刑判断においてそれなりに尊重する意図があることがうかがえる.もっとも,国民調査においては「どちらでもない」の回答が,いずれの項目についても約半数を占めているため,裁判官の方が遺族の処罰感情を重視する傾向にあるということも可能かもしれない(司法研修所(2007: 138-139)を参照).しかし,このような解釈の当否は,「どちらでもない」という回答の意味をどのように捉えるかにもよる.裁判官は,様々な事情について,それを量刑上どのように位置づけるかについて普段から検討する機会があるので,遺族の処罰感情の位置づけについても,ある程度明確な意見を形成している可能性が高い.そうであるとすると,裁判官にとっての「どちらでもない」の回答は,遺族の処罰感情を量刑上重視しないという意見を意味するものであるかもしれない.他方で,そのような検討の機会がほとんどない国

---

41)　司法研修所(2007: 26 図表25)に基づいて作成した.

民の場合には,「どちらでもない」とは,どのように考慮すればよいのか分からないということを意味しているのかもしれない[42].したがって,国民よりも裁判官の方が遺族の処罰感情を重視しているということまでいえるかどうかは不明であるが,少なくとも,多くの裁判官は明確に遺族の処罰感情を量刑上考慮する事由として位置づけていることは,読み取れるであろう.

また,司法研修所(2007)では,具体的な事例を用いて,量刑上考慮した事由や具体的な量刑意見等を尋ねてもいる.そして,各事例のなかで一部分を操作することで,それに伴って量刑判断がどのように変化するかも調べられている[43].事例は全部で5つあるが,本書との関係で重要であるのは,遺族の処罰感情を操作している「事例Ⅰ 短絡激情型」である.この事例は,居酒屋で見知らぬ者同士が口論となって,その場にあった果物ナイフで一方が他方を刺殺してしまうという事案である.被告人には前科前歴はなく,罪を認め反省している.また,被害者には妻と小学生の子どもがいる.被告人は遺族に謝罪し,賠償もしている.ここで,遺族が被告人を宥恕している条件(宥恕条件)と,重い刑罰を求めている条件(厳罰条件)とが用意されている(司法研修所 2007: 40).

ここで,厳罰条件において,宥恕条件と比較して量刑を軽くするか,重くするか,あるいは同じとするかを尋ねたところ,国民は同じとするという回答が多く,他方で裁判官は重くするとの回答が多かった(図1-4[44]).ここでも,国民の同じとするという回答については,先述した「どちらでもない」の回答と同様の解釈上の問題を提起するが,いずれにせよ,裁判官は明確に遺族の処罰感情に反応して量刑を変更する意図があるようである.それでは,各条件での具体的な量刑意見はどのように変化しているであろうか.図1-5[45]をみると明らかなように,いずれの条件においても,裁判官の量刑判断の分散は,国民の量刑判断の分散より

---

42) ここで取り上げた質問項目とは異なるが関連する質問項目について,司法研修所(2007: 156-158)も,「どちらでもない」という国民調査の回答の意味について検討を加えており,これが「分からない」の意味に近い可能性があることを指摘している.
43) この調査では,基本設例における量刑判断を尋ねた後で,一部の事情を変化させた設例を提示して,その場合の量刑判断を尋ねている.この手法は,異なる事例を異なる対象者に提示して判断の差を比較する被験者間要因の方法ではなく,同一の対象者に異なる事例両方の回答を求めてその差を比較する被験者内要因の方法に近いものといえよう.もっとも,そのような方法を採用する場合には,事例を提示する順序による効果の問題があるので,事例の提示順序をランダムにする等の措置が採られることがあるが,ここでは,そのようなことはなされていない.
44) 司法研修所(2007: 177 図表184)のうち事例Ⅰに関する図に基づいて作成した.
45) 司法研修所(2007: 47 図表51; 48 図表52)に基づいて作成した.

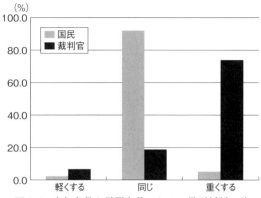
図1-4. 宥恕条件と厳罰条件における量刑判断の差

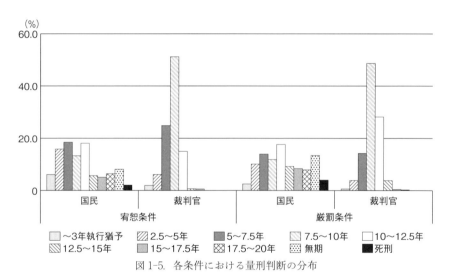
図1-5. 各条件における量刑判断の分布

も小さいことが分かる（司法研修所 2007: 46-47）．ここで，さしあたり無期と死刑の選択を除外してみても，国民の量刑意見の平均値は，厳罰条件では宥恕条件と比較して1.5年増加しているのに対して，裁判官の量刑意見の平均値の増加分は0.95年である（司法研修所 2007: 47）．

以上のように，司法研修所（2007）によれば，第1に，裁判官は，遺族の処罰感情を，明確に量刑上考慮すべき事由として位置づけていることが示された．他方で，国民も，基本的には遺族の処罰感情を量刑上考慮すると回答している一方

で,「どちらでもない」との回答も目立つ. 第2に, そうではあるが, 実際の量刑判断の結果を比較すると, 裁判官以上に国民の方が, 遺族の処罰感情に応じて量刑判断を大きく変更しているようである[46]. 本調査の実施は2005年であるので, 調査実施時において意見陳述制度はすでに導入されていた. しかしながら, もしここで示された裁判官の意識が, 意見陳述制度導入前と大きく変わらないものであると考えられるならば, 意見陳述制度や被害者参加制度が導入されても, 裁判官はそれらの導入以前から遺族の処罰感情を明確に量刑判断のなかで位置づけていたので, 新しく導入された制度によって量刑判断が影響を受けることはあまりないといえそうである[47]. もちろん, 意見陳述制度や被害者参加制度を通して裁判所に顕出される情報は遺族の処罰感情に限定されないので, これをもって, これらの制度が量刑判断に及ぼす影響を否定することは難しい. しかしながら, 裁判官においては遺族の処罰感情を量刑上どのように位置づけるかについて, ある程度明確な意見が形成されている可能性があることには注意しておく必要があるだろう. 他方で, 一般の国民は, 遺族の処罰感情が量刑判断において果たす役割について明確な意見を持っていない可能性があり, その一方で遺族の処罰感情によって大きく量刑意見を変動させている可能性がある. したがって, 裁判員制度を前提とした場合に, 被害者の刑事裁判への参加がどのような影響を有するかについては, 慎重な検討が必要となろう[48].

1-2-6. 読売新聞社の調査研究

読売新聞2010年1月5日付朝刊に「裁判員 厳罰化見られず 被害者参加制度 本社集計」との記事が掲載された. これは, 2009年中に実施された裁判員裁判138件を対象とする調査である. 138件中, 被害者参加制度が利用されたのは18件で, 21名の被告人に判決が言い渡された. このうち実刑となった被告人17名

---

[46] もっとも, 司法研修所 (2007) は, 各条件間の差や国民調査と裁判官調査との間の差について統計的な検定をしているわけではない.
[47] 裁判官の立場から, このような指摘を行うものとして, 西田 (2004: 46) を参照されたい.
[48] もっとも, 国民の量刑判断の変動については, より穿った見方も可能である. 先ほども述べたように, この研究では, 宥恕条件のシナリオで量刑判断をしてもらったうえで, さらに厳罰条件のシナリオについても量刑判断をしてもらっているのである. 国民は, そのようにシナリオの内容を変更した研究実施者の意図を推測して, その期待に添うように, 厳罰条件において量刑意見を重くした可能性も否定できない.

に下された宣告刑を，検察官求刑を 100% として計算すると，81.7% であった．他方で，被害者参加制度が利用されなかった裁判では，この値は 77.8% であった．読売新聞の記事においては，被害者参加があった事件におけるこの指標について，「被害者参加がなかった場合よりはやや高いものの，顕著な厳罰化の傾向は見られない」としている．

この記事の基本的な論調は，被害者参加によって裁判員裁判での量刑判断が厳罰化してはいないというものである．また，この新聞記事には，諸澤英道のコメントが掲載されており，それによれば，「裁判員はしっかりと被害者側の声に耳を傾け，その上で法律を考えてバランスのよい判断をしているように見える．量刑への影響は件数が増えないと分からないが，今のところ厳罰化の傾向は現れていない」とされている[49]．他方で，そもそも数値だけをみれば，被害者参加制度利用事件では宣告刑は求刑の 81.7% で，そうではない事件においては 77.8% であるので，両数値の差を無視することができるかどうかについて疑問を提起する意見もある（奥村回 2010b: 106）．

この調査については，2 点注意しておく必要があるだろう．第 1 に，被害者参加制度の有無によって量刑に関する指標が影響を受けているかどうかが統計的に検証されていない．もっとも，この点は，調査対象事件中，被害者参加制度が利用された裁判員裁判が 18 件しかなかったことからすると，やむを得ないであろう．その意味で，「量刑への影響は件数が増えないと分からない」との指摘は適切である．

第 2 に，この調査では宣告刑／求刑×100 の値が従属変数とされていることにも注意が必要であろう．このような従属変数を用いて被害者参加制度が量刑に及ぼす影響について検証しようとする場合，被害者参加制度利用事件と非利用事件とで求刑基準に差がないことが仮定されていることになるが，この仮定自体が検証課題となり得る[50]．

---

49) 青木（2013: 313）や椎橋（2010: 8）は，このコメントに賛同しているようである．
50) この点につき，被害者参加制度によって検察官求刑が影響を受けていることはないと指摘するものとして，奥村正雄（2013: 464 峰ひろみコメント部分）を参照されたい．

1-2-7. 個別ないし少数の事例に基づく考察

1-2-7-1. 裁判員制度実施前の模擬裁判に基づく考察

　裁判員裁判が実施される以前に，その運用のあり方を検討するために法曹三者の協力体制のもと模擬裁判が数多く行われた．そのなかで被害者参加制度を念頭に置いたものとして，いわゆる「船木悟事件」があった．そこでは危険運転致死傷被告事件が扱われていたが，この模擬裁判を観察した印象として，被害者参加によって裁判員裁判の量刑判断が重罰化するとの見方は妥当ではないとの指摘がなされている（佐藤・三村 2009: 40 n10）．また，この「船木悟事件」を用いた模擬裁判24件分の結果について，朝日新聞2008年11月4日付朝刊記事が報じている．そこで最高裁判所は「被害者が最高刑の懲役20年を求めても，被害者の求刑は，判決にほとんど影響していなかった」とコメントしている．このコメントの根拠としては，同種の危険運転致死事件の判決は懲役5〜6年であるのに対して，模擬裁判で最も多かった判決は懲役6年であり，「わずかに重めと言える程度」にとどまっていることが挙げられている．しかし，ここでは，被害者参加制度があった場合の模擬裁判の結果と，それがなかった場合の模擬裁判の結果とが比較されているわけではないことに注意されたい[51]．

　また，2008年12月には，大阪地方裁判所で傷害致死被告事件を素材とした5つの模擬裁判が行われた．このうち2つには遺族本人が参加し，別の2つには遺族の代わりに遺族の代理人である弁護士が参加し，残る1つでは遺族の調書を検察官が読み上げた．小規模ながら，実験的手法に即した方法が採用されている．これによると，遺族本人が参加した場合には，量刑が最も軽かったとのことである（朝日新聞2009年1月29日付朝刊）．この模擬裁判に弁護人役として参加した岩田研二郎（弁護士）は，裁判員の市民から「遺族が参加していると，必要以上に引きずられてはいけない，というバランスが働いた」と言われたと述べている．

　以上のとおり，模擬裁判によれば，被害者の刑事裁判への参加が量刑を重くしているという結果は示されていない（椎橋2009b: 101）．他方で，量刑判断についてではないが，被害者の刑事裁判への関与が裁判員に大きな影響を与えたと思われる事例も報告されている．これは，責任能力が問題となった「森一郎事件」で

51）「船木悟事件」のその後の記事としては，朝日新聞2009年1月29日付朝刊を参照されたい．

あり，この事件の模擬裁判を傍聴した印象として，裁判員の責任能力に関する判断が遺族による被害感情等によって大きく影響を受けていたと感じられたことが指摘されている（杉田 2013: 210-212; 351 n111)[52]．

1-2-7-2. 裁判員制度実施後の運用動向等に基づく考察

裁判員制度が実施されて以降，その運用動向等について，被害者の刑事裁判への関与との関係で考察がなされることがある．このような考察は，大きく2つの類型に分けることができる．1つは，実際の裁判員裁判での判決を踏まえて，被害者の刑事裁判への関与と裁判員裁判における判断との関連について考察するものである．初期の裁判員裁判の裁判例について，被害者が参加した一部の事件でやや重めの量刑判断がなされている事件があることは否定できないものの，現時点では，特に被害者の刑事裁判関与による厳罰化傾向はみられないとの評価をするものに青木（2013: 311-313）がある．また，椎橋（2010: 9-12）は，被害者参加制度が利用され，被害者が具体的な量刑意見を述べた7件の裁判員裁判について紹介している．ただし，その時点においては，まだ事例の集積が十分ではないとされ，被害者参加が量刑判断に及ぼす影響については結論が留保されている（椎橋 2010: 12)．その後も，2011年9月までに大阪地方裁判所において被害者参加人が求刑意見を述べた11件をもとに，「被害者求刑がされた事件の判決で，検察官の求刑を超えた事件は1件もなかった」（横田 2013: 419-420）として，被害者参加人の求刑意見自体によって裁判員が過度に影響を受けているわけではないことが横田（2013）によって指摘されている．また，峰（2013: 442-447）も，被害者参加人による求刑意見があった裁判員裁判3件を分析し，被害者参加人の処罰感情による重罰化は生じていないと指摘している．

以上は，裁判員裁判の運用状況を踏まえて，被害者の刑事裁判への関与，とりわけ被害者参加人による具体的な求刑意見による重罰化という現象を否定する，あるいは，少なくともそのような現象は現在までに確認されていないことを主張するものであるが，扱っている事件数は限られており，明確な結論を引き出すことは難しいであろう．加えて，被害者参加人による具体的求刑意見に注目が集ま

---

[52] 杉田（2013）は，この「森一郎事件」の傍聴を契機として，罪責認定の純粋性を確保するという観点から，手続二分論的運用を提唱している．

っているせいか，被害者参加制度が利用された事件のみが検討の対象となっている．本来的には，被害者参加制度の利用があった事件となかった事件との比較による検証が必要であるので，この点については注意をしておく必要がある．加えて，弁護士からは，被害者参加があったことで量刑が重くなっている可能性のある事件が報告されている（奥村回 2010a: 34; 2010b: 104; 諏訪 2010: 65-66）．もっとも，このような少数の事例報告から，被害者参加制度が量刑判断に影響を及ぼしているとの結論を引き出すことも難しい．

　裁判員裁判の運用状況等を踏まえた考察のもう 1 つの方法は，実際に裁判員を経験した者の感想に依拠するものである．とりわけ，被害者の感情等に流されることなく判断したとの経験者の声が取り上げられることが多いように思われる（例えば，Hans（2014: 103-105）や朝日新聞 2009 年 12 月 4 日付朝刊を参照）[53]．裁判員経験者の一人は，「（公判では）被害者のご親族が涙ながらに意見陳述をしましたが，みんな冷静に聞いていて，あまり影響は受けませんでした」（田口 2013: 96）と述べている[54]．他方で，あまり注目されないが，被害者からの影響を懸念する裁判員経験者の意見も存在する．ある裁判員経験者は，遺族の言動を審理中に見ていたが，いっそ裁判員からも見えないようにした方がよかったと述べている（田口 2013: 107）．また，量刑を決めるにあたって遺族の気持ちを重視したと述べる裁判員経験者もいた（田口 2013: 71）．このように，裁判員経験者の感想は，被害者の量刑判断への影響を否定する方向のものがよく取り上げられるが，必ずしもそのような意見だけではないようである．加えて，裁判員経験者の感想から得られる情報を解釈するにあたっては，以下の 2 点に注意しておく必要がある．第 1 に，仲（2009a: 414-415）も指摘するように，量刑判断者は，自身の量刑判断がどのように形成されたかについて，必ずしも明確に意識できているわけではないかもしれない．第 2 に，裁判員経験者の感想は，主として事件後の記者会見において述べられるものであるが，そのような場においては自身の判断を正当なものとして表現したいという欲求が働くことは否定できないであろう．あるいは，自

---

[53] 類似の知見は，1-2-7-1 で紹介した模擬裁判においても指摘されている（佐藤・三村（2009: 40）や朝日新聞 2008 年 11 月 4 日付朝刊，朝日新聞 2009 年 1 月 29 日付朝刊を参照）．もっとも，模擬裁判に希望して参加した市民は，そもそも冷静な判断を心がける傾向が強かったのかもしれない（番 2009: 46）．

[54] 田口（2013）は，裁判員経験者である田口真義が，ほかの裁判員経験者にインタビューを行ったものを主として取りまとめたものである．

分の判断が被害者側の事情によって影響を受けているのではないかと感じている裁判員経験者は，記者会見に臨むことを拒否する比率が高いかもしれない．

1-3. 小括

　本章においては，意見陳述制度および被害者参加制度の概要と運用状況とをみたうえで，それらの制度と量刑判断との関係についてどのような議論がなされているかを概観し，検討すべき課題を提示した．そのうえで，被害者の刑事裁判への参加が量刑判断に及ぼす影響について，これまでになされてきた実証研究等を紹介し，検討を加えた．

　本章では，意見陳述制度や被害者参加制度が量刑判断に及ぼす影響を否定する議論について整理したが (1-1-3)，そのような議論の根拠の1つとして，英米法圏での実証研究を援用するものがあった．ここで，英米法圏での実証研究が，果たして量刑判断への影響を見出していないものであると評価できるのか否か，そのように評価できたとして，それを日本の議論に援用することが妥当であるか否かについては，次章以降で検討する．

　また，被害者参加制度が量刑判断に及ぼす影響を否定する議論においては，意見陳述制度が量刑判断に影響を及ぼしているわけではないことが根拠として指摘されているが，これまでに紹介してきた実証研究の結果から，意見陳述制度が量刑判断に影響を及ぼしていないと結論づけることは困難であろう．確かに，意見陳述制度導入によって，「量刑が不当に重くなったとの実証結果は示されていない」（椎橋 2010: 8）ということは事実であるかもしれないが，同制度導入によって量刑が重くなっていないことを説得的に示す実証研究もまた存在しないのである．とりわけ，心理実験を採用した研究のなかには，意見陳述制度の利用が量刑判断に影響を及ぼしている可能性を示しているものがあることに注目する必要がある (1-2-1; 1-2-2)．

　裁判官の間で共有されているといわれる量刑相場も，被害者の刑事裁判への関与が量刑判断に及ぼす影響を否定する根拠として挙げられていた．確かに，司法研修所（2007）の調査結果によれば，裁判官が一定の量刑相場に基づいて量刑判断を下していることは確かなように思われる（フット (2007: 296-297) も参照）．また，少なくとも遺族感情については，それをどのように量刑上考慮するかについ

て，裁判官内部には一定の共通理解があるようである．しかしながら，裁判官の量刑相場に依拠する議論は，裁判員裁判での量刑を念頭に置くものではない．確かに司法研修所（2007: 170）によれば，多くの国民は量刑判断にあたって「類似した事件の裁判例」の情報が必要であると考えているようであるし，あくまで少数の事例検討にとどまるが，裁判員裁判の実施状況等を踏まえて，被害者の関与による量刑判断への影響はあまりみられないとの評価もなされているところではある（1-2-7）．そのことを踏まえるならば，裁判員裁判においても直ちにほかの類似事件との均衡が軽視されるわけではないとの主張（例えば，新屋（2009: 58）を参照）には首肯すべき点もある．しかしながら，ほかの事案とのバランスを重視する程度は，裁判官と比較すると国民の方が低いことや（司法研修所 2007: 38），自分の判断のあり方について語っていることと実際の判断過程のあり方とは異なっている可能性があることからすると（仲 2009a: 414-415），そのような主張に完全に同意することはできない．したがって，裁判員裁判での量刑判断については，被害者の刑事裁判への参加が及ぼす影響について実証的に研究する必要性が依然として残されている．さらに，裁判官の量刑判断についても，量刑相場によって被害者の刑事裁判への参加が及ぼす影響が抑制される可能性はあるが，それが被害者参加による影響を受けるか否かは，依然として実証的な検討課題として残されたままである．加えて，詳しくは後述するが（例えば，7-1-1），刑期の判断が問題となる場合は別としても，死刑か無期か，あるいは執行猶予を付すか否かといった二者択一的な判断の場合にも，量刑相場が，被害者の刑事裁判への参加がもたらし得る影響を抑制できるかどうかは明らかではない．

　最後に，意見陳述制度や被害者参加制度が導入される以前から，被害者関連の情報が量刑上考慮されていたのであるならば[55]，これらの制度が追加的に量刑判断に影響を及ぼすものではないとの議論があるが，この点についてはさらなる検証が必要であろう．吉村（2007）は，意見陳述において述べられる情報が被害者の供述調書に記載されている情報よりも詳細ではないことを指摘しているが，そのことを踏まえるならば，少なくとも意見陳述制度については，従前の実務を前提にして量刑判断への追加的な影響が発生するとは考えにくいとの指摘も成り立

---

55) 調査実施自体は意見陳述制度導入後であるが，司法研修所（2007: 25-26; 40-48）は，そのような可能性を示すものであると評価できるかもしれない（1-2-5）．

ち得るだろう．もっとも，調査対象事例が1件であることもあり，その知見の一般化は困難である．

　以上のとおり，意見陳述制度や被害者参加制度が量刑判断に及ぼす影響を考えるにあたって関連する先行研究がいくつかあることを確認した．そして，それらの知見が，意見陳述制度や被害者参加制度が量刑判断に及ぼす影響を否定する議論の根拠とどのように関連するかについても，すぐ上で考察を加えた．しかしながら，いくつかの重要な研究が報告されているものの，依然として意見陳述制度や被害者参加制度が量刑判断に及ぼす影響について検証するためには，十分な実証的知見の積み重ねがない状況にあるといえよう．

第2章 アメリカ

2-1. VIS の概要

2-1-1. VIS の導入と発展

　アメリカにおいて被害者の刑事裁判への参加を認める制度として，Victim Impact Statement（VIS）が挙げられる．そして，この VIS が，被害者の権利のなかでも，最も論争的なものの1つであることは，多くの論者が指摘するところである（Erez & Roberts 2013; Erez et al. 1994: 1; Kirchengast 2010: 94; 2011: 133-134; Roberts 2009: 348-349）．もっとも，VIS という用語を用いて議論がなされることが多いが，その言葉が意味するところは，必ずしも全ての法域で同一であるわけではない（McLeod 1986: 508; 1987: 162; Tobolowsky et al. 2010: 94-95）．Black's Law Dictionary の第10版によれば，「被害者やその家族が犯罪によって被った金銭的，身体的，および精神的損害を，裁判官や陪審に伝えるために量刑手続において記録に組み込まれる陳述書」とある（Garner 2014: 1798）．また，多くの場合に厳罰を求めて，量刑の前に被害者が陳述することは被害者陳述（victim allocution）と呼ばれている（Garner 2014: 1798）．また，被った損害だけでなく，被害者の意見を陳述する場合には，Victim Statement of Opinion（VSO）と呼ばれることがある（Erez & Globokar 2010: 974）．もっとも，これらをあまり区別せず，以上を一括りにして VIS と呼ぶこともある．ここでは，さしあたり VIS という用語を広く捉えて，アメリカにおけるその展開を概観することとする[1]．

　1976年にカリフォルニア州フレスノ郡の保護観察所長であった James Rowland が，被害状況について裁判所に情報を伝えるために，初めて VIS を利用し

---

[1] 本書の問題関心から，以下では量刑審理における VIS を取り上げるが，仮釈放審査における VIS についても視野に入れて検討したものとして，Roberts（2009）を参照されたい．

たといわれている（Office for Victims of Crime, U.S. Department of Justice 2011: 46）[2]．また，カリフォルニア州では，1982年6月8日の予備選挙にあわせて行われた人民発案手続[3]によって，被害者が量刑手続に出廷し，そこで意見等を陳述できる権利が設けられた[4]．もっとも，VISの導入が全米レベルで加速するのは，1982年に組織された犯罪被害者に関する大統領諮問委員会（President's Task Force on Victims of Crime）が同年12月に最終報告書を提出して以降である．この諮問委員会が組織された時点では，VISの規定を有するのは8州に過ぎなかったが，この数は1985年7月時点では39州にまで増えた（United States Department of Justice, Office of Justice Programs 1986: 4; 32）．1998年には，司法省の被害者支援室（Office for Victims of Crime: OVC）が，全ての州で何らかのVISの規定が導入されていると述べるに至っている（Office for Victims of Crime, U.S. Department of Justice 1998: 107）．もっとも，このことは，この時点において全ての州が量刑手続における被害者の口頭での陳述を認めていたことを意味するわけではない（Tobolowsky et al. 2010: 92）．そこでOVCは，書面および口頭の両方でVIS[5]を提出することを認めるべきであると提言し，加えて，被害者が子どもや老人，身体障害者であるとき，あるいは裁判所まで行くことが被害者にとって負担であるときに，録音テープやビデオテープ，その他の電子的な方法を用いた提出についても認めることを提唱している（Office for Victims of Crime, U.S. Department of Justice 1998: 108）[6]．ともあれ，死刑事件については後述するが，非死刑事件に関

---

2) 筆者が2010年2月16日にロサンゼルスのAirport Courthouseにおいて実施したインタビュー調査において，保護観察官のTom Jeanneret氏は，1970年代初頭から現在でいうところのVISの内容を判決前調査報告書において記載していたと述べている．明確にVISという用語が用いられるようになったのは，1976年からであるかもしれないが，実務レベルでは，それ以前から類似の内容を判決前調査報告書に記載していた可能性はある（Villmoare & Neto（1987: 21）も参照）．
3) 人民発案手続とは，市民の署名等を集めて，憲法修正案や法案等を提案し，投票によって可決されれば，その憲法修正や法律等を成立させるという制度である．カリフォルニア州の人民発案手続については，浅香吉幹（2009）を参照されたい．
4) Cal. Penal Code §1191.1 を参照されたい．なお，この権利が創設された直後の運用状況については，Villmoare & Neto（1987）による実態調査が参考となる．それによれば，この権利を行使する被害者は，権利を行使できる被害者全体の3%ほどに過ぎないと見積もられている．そして，利用率が低い理由として，被害者に対して権利があることが十分に伝えられていないことが指摘されていた．
　なお，Ranish & Shichor（1985: 51）は，1982年以前から，被害者が量刑審理において意見を述べることは非公式的なかたちではあるが認められており，裁判官が被害者の陳述の機会を認めないことは稀であったとしている．
5) Office for Victims of Crime, U.S. Department of Justice（1998: 108）はVictim Impact Evidenceの語を用いているが，ここでは便宜上VISの語を用いている．

していえば，現在までに50州全てが何らかのかたちで量刑段階におけるVISを導入している（隅田 2011: 496; Beloof et al. 2010: 597; Paternoster & Deise 2011: 131; Tobolowsky et al. 2010: 91）．

連邦レベルでは，先の犯罪被害者に関する大統領諮問委員会の最終報告書で，被害者の被った影響を明らかにするためにVISを判決前調査報告書に含めること（President's Task Force on Victims of Crime 1982: 33）と，暴力犯罪の被害者については，量刑手続において陳述する機会を与えるべきであること（President's Task Force on Victims of Crime 1982: 76-78）とが，提案されていた．連邦レベルでのVISに関する改正は，この提案が出されるよりわずかに早い1982年10月に成立した被害者および証人保護法（Victim and Witness Protection Act）においてなされた．これにより，連邦刑事訴訟規則（Federal Rules of Criminal Procedure）が改正され，量刑前調査報告書にVISが含められることが定められた[7]．口頭で陳述する権利については，1994年の暴力犯罪抑制および法執行法（Violent Crime Control and Law Enforcement Act）による連邦刑事訴訟規則改正によって認められることとなった．この陳述は，当初，暴力犯罪または性的虐待の罪の被害者に限定して認められていたが，現在では，そのような制限はなくなっている[8]．

また，前記大統領諮問委員会は，その最終報告書で，合衆国憲法の改正も提案していた．すなわち，合衆国憲法第6修正の最後に，「同様に，被害者は，すべての刑事上の訴追において，司法手続上のすべての重要な局面に立ち会い，聴聞を受ける権利を有する」との文言をつけ足すことが提案されていたのである（President's Task Force on Victims of Crime 1982: 114-115）．この憲法改正は，現在においても実現していないが[9]，2004年には，犯罪被害者権利法が制定された．この法律は，憲法改正が膠着状態に陥ったために，それに代替するものとして制

---

6) このような提出方法を認めるものとして，例えば，Cal. Penal Code §1191.15やIowa Code §915.21.1.c; dを参照されたい．
7) この規定は，当初Fed. R. Crim. P. 32 (c)(2)に置かれていたが，1994年の改正で同32 (b)(4)に移り，現在では同32 (d)(2)(B)にある（Wright et al. 2004: 98 n4）．
8) この規定は，当初はFed. R. Crim. P. 32 (c)(3)(E)に置かれていたが，2002年の改正で同32 (i)(4)(B)に移された．この2002年改正により児童ポルノに関する犯罪の被害者も，陳述が可能となった（Wright et al. 2006: 78 n18; 162 n2）．また，2008年には，後述する犯罪被害者権利法（Crime Victims' Rights Act）における被害者の定義を反映させるために，罪種による限定がなくなった（Tobolowsky et al. 2010: 93）．
9) この間の事情については，Tobolowsky et al. (2010: 12) が詳しい．

定されたものである（例えば，斉藤豊治（2010: 57），椎橋（2007b: 52; 2008: 9），隅田（2013: 87）を参照）[10]．これによって，被害者の権利として，①被疑者・被告人から，合理的に保護される権利，②公判手続，仮釈放手続，および被疑者・被告人の釈放ないし逃亡に関して，合理的で正確で，かつ適時の通知を受ける権利，③公判手続から排除されない権利，④地方裁判所の公判手続において合理的な聴聞を受ける権利，⑤検察官と協議する権利，⑥法律の定めに従って完全かつ適時の損害賠償を受ける権利，⑦手続が不当に遅延しない権利，および⑧公正で，被害者の尊厳とプライバシーが尊重された処遇を受ける権利が掲げられた[11]．本書の問題関心との関連で重要であるのは，このうち4つめの，合理的な聴聞を受ける権利である．ここでは，明示的に量刑審理の場面を挙げて，そこで被害者が合理的な聴聞を受ける権利があると規定されているのである．この規定が問題となった事件として，*Kenna v. United States District Court*, 435 F.3d 1011（9th Cir. 2006）がある．

この事件は，Moshe Leichner と Zvi Leichner の親子によって引き起こされた，巨額詐欺事件であり，60名を超える被害者が，書面にて VIS を提出していた（*Kenna v. United States District Court* 2006: 1013）[12]．被害者の一人である W. Patrick Kenna は，Moshe Leichner の量刑審理において，事件によって被った影響について陳述した．その量刑審理の3か月後に，Zvi Leichner に対する量刑審理が行われたが，そこで連邦地方裁判所は Kenna による法廷での陳述を認めなかった．Kenna は，すぐさま，18 U.S.C. §3771(d)(3) に基づいて，Zvi Leichner に対する判決を無効とし，量刑審理において陳述する機会が得られるように職務執行令状の発布を申し立てたのである（*Kenna v. United States District Court* 2006: 1013）．第9巡回区控訴裁判所は，18 U.S.C. §3771(a)(4) によって，被害者は量刑審理において口頭で陳述する権利を与えられており，以前に共犯者の量刑審理

---

10) *Kenna v. United States District Court*（2006: 1016）も参照されたい．
11) 18 U.S.C. §3771(a) を参照されたい．また，条文の訳出にあたっては，斉藤豊治（2010: 58-59）を参照した．もっとも，斉藤豊治（2010: 64）が指摘するように，条文の内容は漠然としており，具体的にどのような権利が被害者に認められるのかは，今後の判例の展開に依存すると思われる．なお，近時の改正で，2つの権利項目が追加されている．
12) 巨額詐欺事件等では，関係する被害者が多数に上ることも稀ではない．そのような多数被害者が関わる事件における VIS の問題点等について考察したものとして，さしあたり Barnard（2011）を参照されたい．

において陳述したことをもって，その権利を制約することはできないとした（*Kenna v. United States District Court*（2006: 1015-1017）を参照)[13]．このように，あくまで控訴裁判所の判決ではあるが，犯罪被害者権利法の制定を受けて，少なくとも連邦レベルでは，被害者が量刑審理において口頭の陳述を行う権利は強く保護されていることがうかがわれる．

2-1-2. 死刑事件における VIS の問題

2-1-2-1. 連邦最高裁判所の三部作——*Booth, Gathers, Payne*

以上において，アメリカで VIS が導入された経緯，およびその展開について記述したが，死刑事件における VIS の利用については，その合憲性について争いがあり，連邦最高裁判所は，短期間のうちに死刑事件における VIS の利用に関する三部作（trilogy)[14]とも呼ばれる 3 つの判決を出している．すなわち，この問題について，連邦最高裁判所は 1987 年の *Booth* 判決において違憲の判断を下し，1989 年の *Gathers* 判決ではその判決の射程を拡大し，さらに 1991 年の *Payne* 判決では合憲の判断へと転換するのである．以下では，この 3 判決の概要，および *Payne* 判決以後の状況について，簡単に紹介する[15]．

VIS の合憲性が最初に争われたのは，*Booth v. Maryland*, 482 U.S. 496（1987）である．この事件は，John Booth が，共犯者とともに強盗目的で老夫婦の暮らす住居に侵入し，口封じのために両名を殺害したというものである．Booth は 2 件の第 1 級謀殺等の罪で有罪とされた．この事件では，遺族から得た情報に基づいて州の仮釈放保護観察局が作成した VIS が，判決前調査報告書に記載されていた．検察側は，遺族を証人として尋問しようとしたが，弁護人の反対もあり，検察官がその VIS を読み上げることとなった．この VIS には，死亡した被害者

---

13) 第 9 巡回区控訴裁判所は，事件を第 1 審に差戻し，量刑審理を新たに開くか否かについて判断をさせることとした（*Kenna v. United States District Court*（2006: 1018）を参照）．第 1 審裁判所は，Kenna の請求を受け入れ，量刑審理をやり直し，最初と同じ量刑判断をした（Tobolowsky *et al.* 2010: 305 n99）．
　その後，Kenna は，被告人 Zvi Leichner の判決前調査報告書の開示を受けるために第 9 巡回区控訴裁判所に職務執行令状の請求をしているが，こちらの請求は認められなかった（*In re Kenna*, 453 F. 3d 1136（9th Cir. 2006））．
14) Tobolowsky *et al.*（2010: 96）を参照されたい．
15) なお，これらの判決を紹介する日本語の文献として，例えば，斉藤豊治（1999）がある．

の人となりや，被害者を喪った遺族の悲しみ，被告人に対する遺族の思い，遺族が事件によって被った種々の影響等に関する情報が含まれていた (*Booth v. Maryland* (1987: 509-515) を参照). 陪審は，2件の謀殺のうち，1件について死刑を，もう1件について終身刑をそれぞれ選択した.

この事件で問題となったのは，死刑事件の量刑手続において，陪審がVISを考慮することが，憲法に反するか否かという点であった. 連邦最高裁判所は，5対4の僅差で，死刑事件の量刑手続において陪審がVISを考慮することは合衆国憲法第8修正に反して違憲であるとした. Powell裁判官による法廷意見は，VISによって，陪審の注意が，被告人の背景事情や犯情等から逸らされてしまうことを問題点として指摘している (*Booth v. Maryland* 1987: 505). また，被害者がどのような人物であったかによって，死刑判断が左右されることは是認できない，ともしている (*Booth v. Maryland* 1987: 506). このように，法廷意見においてはVISによって陪審の死刑判断が恣意的になってしまうことを懸念している. これに対して，反対意見では，当該犯罪が及ぼした影響を死刑判断に際して考慮することはできるとして，VISを考慮することは合憲であるとされている (例えば，*Booth v. Maryland* (1987: 516-517; 520) を参照).

この*Booth*判決から2年後の*South Carolina v. Gathers*, 490 U.S. 805 (1989) において，連邦最高裁判所は，再び，死刑事件における量刑手続で，陪審が被害者関連の情報に触れることの合憲性について判断を下した. この事件は，Demetrius Gathersが，被害者を殺害後，その所持品を物色したというものであり，その所持品は第1審の有罪・無罪を判断するための事実審理において問題なく証拠採用されており，量刑審理においてもそのまま採用されていた. 問題は，その所持品に基づいて検察官が行った最終弁論 (closing argument) にあった. 被害者の所持品には，被害者自身が伝道しようとしていた宗教関連のパンフレットや，選挙人登録カード (voter's registration card) が含まれていたが，検察官はこれらに言及しつつ，被害者の人となりについて語ったのである (*South Carolina v. Gathers* (1989: 808-810) を参照). したがって，ここでは*Booth*事件のようにVISが問題となったというわけではなく，被害者の人となりに関する検察官の言及が問題となっていたわけである. しかし，このような違いは重要ではないとして，連邦最高裁判所は，被害者の人となりについて考慮に含めた死刑判断を破棄して，

量刑手続をやり直すことを命じたサウス・キャロライナ州最高裁判所の判断 (*State v. Gathers*, 295 S.C. 476 (S.C. 1988)) を支持したのである (*South Carolina v. Gathers* (1989: 811-812) を参照). もっとも, ここでも法廷意見と反対意見の差は5対4とわずかであった.

このように, 僅差ではあるものの, 連邦最高裁判所は, 死刑事件における量刑手続において被害者に関連する情報が提示されることに対して否定的な立場を採っていた. しかし, *Gathers* 判決からさらに2年後の *Payne v. Tennessee*, 501 U.S. 808 (1991) において, その立場は大きく転換する. この事件は, Pervis Tyrone Payne が, 性的関係を拒否されたことから女性を殺害し, さらにその近くにいた女性の2歳の娘も殺害し, 3歳の息子にも傷害を負わせたというものである. この事件で検察官は死亡した女性の母親を証人とし, 生き残った女性の息子 (証人である女性の母親にとっては孫) が被った精神的影響について証言をさせたことが問題となった (*Payne v. Tennessee* (1991: 814-815) を参照). さらに, 検察官は, 最終弁論において, 生き残った被害者の息子のためにも適切な刑罰が下されるべきであり, 加害者の関係者の心情だけでなく, 被害者の関係者の心情も察するべきであると述べた (*Payne v. Tennessee* (1991: 815-816) を参照). Rehnquist 首席裁判官が執筆した法廷意見は, このような被害者に関連する情報を死刑事件の量刑手続において顕出させることは, それ自体として合衆国憲法第8修正に違反するものではないとし, そのような情報を陪審に考慮させるか否かを決めるのは州政府の権限であるとした (*Payne v. Tennessee* 1991: 827).

もっとも, この事件で反対意見を執筆した1人である Stevens 裁判官は, そのような情報を陪審が考慮することで死刑判断が恣意的になるとの指摘を続けている (*Payne v. Tennessee* 1991: 856-867). *Booth* 判決, *Gathers* 判決, および *Payne* 判決においては, 前二者と後者との間で法廷意見と反対意見の入れ替わりはあるものの, 議論の内容自体が大きく進展しているようには思われない (例えば, Paternoster & Deise (2011: 132) を参照). 結局のところ, このような連邦最高裁判所の立場の変更は, その構成員の変更に起因するところが大きいように思われる (フット 2007: 258-259; Paternoster & Deise 2011: 132; Tobolowsky *et al.* 2010: 97)[16].

---

16) *Payne* 事件で反対意見を執筆した Marshall 裁判官も, 連邦最高裁判所裁判官の構成の変化が, このような連邦最高裁判所の立場の変更を引き起こしたと述べている (*Payne v. Tennessee* 1991:

本書の問題関心との関連でいえば，被害者に関連する情報を提示することが死刑判断にどのように影響するのかという点が実証的に明らかにされるべき課題であるところ，この点について連邦最高裁判所の意見は，各々の推測を述べるにとどまっている[17]．例えば，先ほど述べたように，Booth 判決において法廷意見を執筆した Powell 裁判官は，被害者に関連する情報によって，陪審の注意が被告人の背景事情や犯情等から逸らされてしまうことや，被害者がどのような人物であったかによって死刑判断が左右されてしまうことを懸念していた（Booth v. Maryland 1987: 505-506）．また，Payne 事件で反対意見を執筆した Stevens 裁判官は，そのような情報によって，陪審は理性ではなく感情によって死刑判断を選択してしまうことを懸念している（Payne v. Tennessee 1991: 856）．他方で，Booth 事件や Gathers 事件での反対意見，および Payne 事件での法廷意見は，これらの懸念を否定するような実証的根拠を示しているわけではない．

また，本書の記述を進めるうえで注意すべき点として，Booth 事件，Gathers 事件，および Payne 事件で問題となった被害者に関連する情報が，それぞれに異なっているということが挙げられる．Booth 事件においては，州の仮釈放保護観察局が遺族から得た情報をもとに作成した VIS を死刑事件の量刑手続で用いることの合憲性が争われていたが，Gathers 事件において問題となったのは検察官の最終弁論の内容である．また，Payne 事件で問題となったのは，主として証人として出廷した被害者の母親の証言であった．このように，死刑事件における量刑手続という文脈においては，VIS という制度自体ではなく，被害者に関連する情報の提示自体が論争の的になっている．したがって，ここでは VIS という用語を用いるよりも，被害者影響証拠（Victim Impact Evidence: VIE）という用語を用いた方が適切であるように思われる[18]．

このような，論争の対象の拡大は，単に用語の問題にとどまらず，実証研究の問題関心を理解するうえでも重要な意義を有する．すなわち，本書でレビューする実証研究には，裁判官の量刑判断を従属変数とするものと，陪審による死刑判

---

844)．
17) 他方で，これらの判決の各意見においては，被害者に関連する情報と死刑判断との関連性が問題とされている．本書は，この問題に立ち入らないが，詳しく検討した文献として，Talbert (1988) がある．なお，島田 (2009) も参照されたい．
18) Payne 判決においても，VIE という用語が用いられている．また，この論点に関連する最近の論文（Mullett 2011; Paternoster & Deise 2011）においても，VIE という用語が用いられている．

断を主として従属変数とするものとがあるが，前者においては主としてVISという制度を独立変数とした分析がなされているのに対して，後者においては制度の問題というよりも，VIEという情報が判断に及ぼす影響に関心が向けられている．このような問題関心の違い自体は，アメリカの制度を前提とする限り妥当であると思われるが，そこでの研究結果を日本の状況に当てはめようとする際には，留意しておく必要がある．

2-1-2-2. *Payne* 判決以後の状況

死刑事件における VIE について，連邦最高裁判所は短期間のうちに立場を変更し，1991 年の *Payne* 判決において，死刑事件の量刑審理において陪審が VIE を考慮すること自体は違憲ではないとの立場を採るに至った．しかしながら，*Payne* 判決の内容については，以下の2つの点で留保が必要である．

第1に，*Booth* 事件では，遺族が被った影響や被害者の人となりに関する情報だけでなく，事件や被告人，あるいは適当であると思われる刑罰についての遺族の意見も問題となっていたが，*Payne* 事件では，遺族の意見に関わる情報は問題となっていない．したがって，*Payne* 事件の法廷意見は，遺族の意見に関する VIE の合憲性については，何らの判断も示していないのである（*Payne v. Tennessee*（1991: 830 n2）を参照）．

ここで，*Payne* 判決以後の各州および連邦での死刑事件における VIE の利用状況をみる限り，基本的には広く利用が認められているといえそうである．Blume（2003: 267）によれば，その当時死刑を存置していた38州のうち33州と連邦および軍で死刑事件における VIE の利用が認められていた．そして，死刑を存置している残り5州では，この時点ではVIEの利用について判断が示されていないようである（Blume 2003: 267)[19]．ところで，*Payne* 事件では，*Booth* 判決のうち，遺族による意見等に関する VIE を死刑事件において利用することを違憲とした部分について問題となっていなかったので（*Payne v. Tennessee* 1991: 830 n2)，この部分について *Booth* 判決は覆されていないのだが，州によっては，

---

19) Blume（2003）論文公刊後に死刑を廃止した州もある．現在のアメリカにおける死刑存廃の状況については，Death Penalty Information Center のウェブページ（http://www.deathpenaltyinfo.org/）を参照されたい（2015年10月7日アクセス）．アメリカにおける死刑制度の動向については，司法研修所（2012: 130-131）も参照されたい．

そのような意見を含む VIE を認めているところもあるようである（Blume 2003: 272-273）[20]。

　第 2 に，Payne 事件の法廷意見は，VIE を陪審が考慮して死刑判断を下すこと自体が合衆国憲法第 8 修正に反するものではないとしたが，量刑審理を根本的に不公正とするほどに不当に偏見をもたらすような VIE が提出された場合には，合衆国憲法第 14 修正の適正手続条項違反に当たる可能性を指摘している（Payne v. Tennessee 1991: 825）．しかしながら，どのような VIE であれば適正手続条項違反に当たるのかについて明確な基準が示されていない（Levy 1993: 1029）．要するに，Payne 判決においては，死刑事件で利用することが合憲である VIE の範囲が明らかにされていなかったのである[21]．

　近年，連邦最高裁判所は，この点が問題となり得る事件で裁量上訴（certiorari）の申立てを受けたが，これを受理しなかった（Kelly v. California 2008）[22]．この事件において問題となったのは，幼少期から殺害される直前までの被害者の写真を主として用いたビデオ映像である．この映像の上映時間は約 20 分で，被害者の母親がナレーションを務め，BGM にはアイルランドの歌手 ENYA の曲が使われていた（Kelly v. California（2008: 1021），島田（2010: 257），平山（2009: 601-602）を参照）．Souter 裁判官は，Payne 判決において示された VIE の許容性に関する基準は曖昧であって，その後の下級審もこの点について明確な基準を打ち立てられずにいるとの認識を示している（Kelly v. California 2008: 1024）．そのうえで，連邦最高裁判所は，適正手続条項によって許容される VIE とされない VIE についての基準を示すべきであると述べている（Kelly v. California 2008: 1026）．また，Breyer 裁判官も，憲法上許容できる VIE とそうではない VIE の区別は難しいが，いくつかの事例判断を集積させることは基準の明確化に資するとして，裁量上訴を受理すべきであったと述べている（Kelly v. California 2008: 1027）．しかし

20）　Payne 判決後の，死刑事件における VIE の利用状況について，裁判例を対象に分析したものとしては，Blume（2003）のほかに，Logan（1999; 2006）がある．また，隅田（2000）も参照されたい．
21）　Payne 事件における検察官の最終弁論でさえ合衆国憲法第 14 修正違反とされていない点等を捉えて，適正手続条項によって許容されない VIE はほとんど存在しないのではないかとの指摘もなされている（Finn-DeLuca 1994: 422-423）．
22）　この事件を紹介したものとして，島田（2010）や平山（2009: 601-603）を参照されたい．なお，ここでは Kelly 事件と類似の争点を含む Zamudio 事件についても，あわせて裁量上訴が不受理とされている．

ながら，結論として，この裁量上訴は受理されなかった．

このように，*Payne* 判決以降の動向をみると，基本的には，*Payne* 事件で問題となった VIE よりも幅広い範囲の VIE が死刑事件において許容されているようである．*Payne* 判決では，*Booth* 判決のうち遺族の意見等に関する VIE を死刑事件で利用することを違憲とする部分は覆されなかったが，現在ではそのような VIE さえ許容する州が存在する（Blume 2003: 272-273）．また，量刑審理を根本的に不公正とするほどに不当に偏見をもたらすような VIE が提出された場合には，合衆国憲法第 14 修正の適正手続条項違反による救済があるとされていたが（*Payne v. Tennessee* 1991: 825），何が適正手続条項に違反する VIE であるのかに関する判断が求められた裁量上訴は受理されなかった（*Kelly v. California* 2008）[23]．VIE が今後どのように推移するかについて明確なことはいえないが，被害者の権利運動の影響力や，連邦最高裁判所の構成を踏まえると，VIE は今後も死刑事件において許容され続けるであろうとの Paternoster & Deise（2011: 156）の予測は適切であるように思われる[24]．

2-2. VIS が量刑に及ぼす影響に関する研究

以上までに，アメリカにおける VIS の概要，および死刑事件における VIE の利用をめぐる動向について紹介した．本書の問題関心は，これら VIS ないし VIE が量刑判断に対してどのような影響を及ぼすのかという点にある．ここまでの記述からも読み取れることではあるが，実証研究についても，死刑事件を対象とするものと，非死刑事件を対象とするものとを区別して記述することが適切であるように思われる．そこで，以下では，まず主として非死刑事件を対象とした実証研究について紹介し，続いて死刑事件を対象とした実証研究を紹介することとする．ここで，このような区別に関連して，3 点指摘しておきたい．

第 1 に，非死刑事件と死刑事件との区別は，量刑判断の主体の区別と関連する．アメリカにおいては，陪審の任務は事実認定であり，裁判官が量刑判断を担うと

---

[23] 死刑事件における VIE の利用に対して批判的な Minot（2012: 251）は，VIE の廃止が非現実的であるとしても，せめて VIE として許容できるものとそうでないものとの区別をする基準を明確にすべきであると主張している．

[24] もっとも，民主党 Obama 政権下で，すでに Sotomayor 裁判官と Kagan 裁判官という 2 名の裁判官が任命されていることには，留意しておく必要があるかもしれない．

説明されることが多いが,例外的に死刑事件では陪審が死刑とすべきか否かについて判断を下すこととなっている[25].もっとも,死刑事件において陪審が死刑判断をする州が大多数ではあるが,陪審の意見は勧告と位置づけられている州や,裁判官単独で判断することができる州も存在する（岩田太 2009: 30 n12).そのため,非死刑事件と死刑事件との区別と,量刑判断主体の区別とを同一のものとすることはできないが,以下での実証研究をみるうえでは,これら2つの区別を基本的には同一のものとみなしても支障はないであろう.

第2に,非死刑事件を主として対象とした実証研究と,死刑事件を対象とした実証研究とでは,問題関心に微妙な違いがあるように思われる.前者においては,主として VIS という制度を導入することの影響がどのようなものであるのかという点が問われていたが,後者においては,VIE として括られることもあるが,広く被害者に関連する情報が陪審の死刑判断にどのような影響を及ぼすのかという点が問題とされているのである.死刑事件においては制度の影響よりも,情報の影響が問題とされているのは,まさにそのような情報に陪審が触れることが憲法上の問題を提起していたからであろう.ひるがえって,日本での議論状況をみてみると (1-1-3),意見陳述制度や被害者参加制度を導入することの影響が主として問題視されており,被害者に関連する情報自体が量刑判断に及ぼす影響についてはあまり議論されていないように思われる[26].そのため,両制度が量刑判断に及ぼす影響を否定する議論においては,両制度導入以前においても被害者に関連する情報,とりわけ被害感情について立証されていたことが,根拠として挙げられるのである.したがって,アメリカの実証研究を日本の文脈にも援用しようとする場合には,そのような議論状況の違い,およびそれを背景とした実証研究の問題関心の違いにも留意しておく必要がある.

第3に,実証研究の実施時期の違いについても留意すべきである.非死刑事件においては,すでに述べたとおり VIS 導入の影響が問題とされていたので,制

---

25) もっとも,数は少ないものの,非死刑事件において陪審が量刑を決定する制度を維持している州も存在する.詳しくは,岩田太（2009: 30; 58-60）を参照されたい.なお,そのような州の1つであるテキサス州の状況については,リードほか (1987: 302-303) も参照されたい.
26) 例えば,先ほど触れた Kelly 判決にもあったように,アメリカでは被害者の生前の写真を提示することの合憲性が,少なくとも問題として提起されている.これに対して,日本においても被害者の生前の写真が法廷で顕出されることはあるが（例えば,朝日新聞 2009 年 1 月 26 日付朝刊),管見の限りでは,このことの合憲性等が議論されているということはないようである.

度導入前後の時期に関連した研究が多くなされたものの，その後は，積極的な研究はあまりなされていないようである（Roberts（2008: 3 n2）も参照）．他方で，死刑事件における VIE の利用に関する問題は，現在でも議論のあるところであり，現在でも実証研究が継続している．このような研究の実施時期を踏まえるならば，非死刑事件に関する実証研究が実施された時期の VIS の実態も問題となる．VIS が導入され始めた時期に保護観察局を対象に実施された質問票調査（McLeod 1987）によれば，VIS の提出方法に関しては，大きく①判決前調査報告書に書面を添付する方法と，②判決前調査報告書とは別に書面で提出する方法，③判決前調査報告書とは別に口頭で提出する方法があるとしたうえで，一般的な手続は①であるとする回答が多かったという（McLeod 1987: 163-164）．現在の VIS の運用状況がどのようなものであるかはさらに研究する必要があるが[27]，実証研究を評価するにあたっては，その研究がなされた当時において VIS がどのように用いられていたのかを念頭に置いておく必要があるだろう．とりわけ，日本の意見陳述は，書面で提出されるよりも，公判期日での陳述によることが多いようであるので（1-1-1），このような日米の制度内容の違いに注意しておくことは重要であると思われる．以上の点を踏まえつつ，以下では，アメリカにおいて行われた実証研究を紹介していくこととする[28]．

2-2-1. 非死刑事件における実証研究

2-2-1-1. Davis らによる研究

Davis *et al.*（1984）の研究は，VIS 自体を独立変数としたものではないが，被害者による刑事司法への関与を高めることを意図したプロジェクト（Victim Involvement Project: VIP）が量刑判断に及ぼす影響を，準実験的手法（quasi-experimental design）[29]によって検証したものである．VIP は，個々の被害者が抱える問

---

27) VIS のより最近の利用実態を知るうえで有益であると思われる最近の研究としては，テキサス州での調査研究（Yun *et al.* 2005）が挙げられる．
28) 以下で紹介する諸研究は，Rachlinski *et al.*（2013）を除き，佐伯（2010）でも紹介している．
29) 実験的手法とは，実験参加者を複数の条件にランダムに割り当て，条件間の従属変数の差異に着目し，実験において操作した変数と，従属変数との間の関係を調べる手法である．他方で，準実験的手法とは，実際上の制約から，実験参加者を各条件にランダムに割り振ることができないような研究を指す（例えば，南風原（2001: 125-126）を参照）．

題をブルックリン刑事裁判所に伝えること等を目的として，1978年4月にVera Institute of Justiceによって開始されたものである（Davis *et al.* 1984: 493-494 n9）[30]．VIPでは，被害者支援員（victim advocates）を法廷に配置することが予定されており，キングス郡地方検事局がVIPに協力してくれたため，被害者支援員は法廷内の検察官の机に座ることが認められた（Davis *et al.* 1984: 494）．

しかしながら，この検察官との協力体制は，いくつかの弊害をもたらすことになる．そもそも，VIPは被害者の心情等を刑事裁判所に伝えることを目的の1つとして掲げたプロジェクトであったのだが，実際にVIPに携わった被害者支援員が，被害者に関連する情報を伝えられたのは，検察官に対してのみであった．そのような情報が裁判官に伝わるか否かは，基本的に検察官の裁量に委ねられることとなってしまったのである（Davis *et al.* 1984: 494）．また，裁判の結果等の情報を被害者に伝えることもVIPの目的であったが，これも検察官との関係のために阻害されることがあったようである（Davis *et al.* 1984: 497）．さらに，VIPに携わった被害者支援員自身が，検察官と同じような立場で被害者に接するといった事態も発生したようである（Davis *et al.* 1984: 497-498）．以上のように，VIP自体に内在する限界にも注意しておく必要があるが，ともあれ，このプロジェクトの効果についてのDavis *et al.*（1984）による検証結果をみていくこととする．

まず，事前の調査によって，ブルックリン刑事裁判所内の2つの部（part）が調べられ，扱っている事件の種類や手続に対する被害者の印象が類似していることが確かめられた．そこで，その2つの部のうち，1方の部ではVIPを実施し（実験法廷），もう1方の部ではVIPを実施しないこととし（統制法廷），両部の量刑判断等を比較することでVIPの影響が調べられたのである．ここで，VIPが裁判所の判断に与えた影響を検証するために，1978年11月から1979年1月までに処理された1,108件についてデータが蒐集された．また，VIPが損害賠償命令（restitution order）に及ぼす影響を検証するために，1978年11月から1979年7月までに当該命令が出された頻度が調べられ，被害者への接近を禁じる警告（admonishment warning defendants to stay away from victims）に及ぼす影響を検証

---

30) VIPの実施は，1978年7月からは，Victim Services Agencyによって担われることとなった（Davis *et al.* 1984: 494 n9）．なお，このプロジェクトに関しては，河合（1989: 70）も参照されたい．

表2-1. 軽罪の被告人に科された刑罰の比較

		実験法廷	統制法廷
条件つき免責		41%	29%
罰金		21%	37%
保護観察		12%	12%
拘禁刑の期間	2か月以下	10%	11%
	2〜6か月	12%	9%
	6か月より長期	4%	2%
合計		100%（n=140）	100%（n=126）

するために，1979年の1月から6月までに当該警告が出された頻度が調べられた．また，上記データの分析結果を解釈するために，検察官や裁判官等へのインタビュー調査や，法廷等の観察も行われている．

実験法廷と統制法廷とで，その事件が棄却されたか，有罪の答弁によって処理されたか，あるいは大陪審に移送されたか等の点で事件処理形態に違いがあるかどうかを調べたところ，両者の間に大きな違いは見出されなかった．ところが，軽罪で有罪とされた被告人に科された刑罰を比較すると，実験法廷の方が統制法廷よりも，条件つき免責（conditional discharge）が出される割合が多くなっており，逆に，実験法廷の方が統制法廷よりも，罰金が科される割合が少なくなっている（表2-1[31]）．

実験法廷では，統制法廷と比べて条件つき免責が多く，罰金が少ないことは，両法廷における損害賠償命令や被害者への接近を禁じる警告が出された頻度の違いと整合的な結果である（Davis et al. 1984: 499）．実験法廷においては，損害賠償命令は1月あたり5.6件出されていたが，統制法廷では2.6件であった．また，被害者への接近を禁じる警告は，実験法廷では1月あたり6.3件出されていたが，統制法廷では0.7件であった（Davis et al. 1984: 499 n26; n27)[32]．

以上の結果を要約すると，VIPは裁判官の判断の大枠には影響を及ぼしていないが，損害賠償命令や被害者への接近を禁じる警告に関する判断，そしてそれゆえに条件つき免責に関する判断には影響を及ぼしている可能性がある．このよ

---

[31] Davis et al.（1984: 499 Table 1）に基づいて作成した．なお，χ^2検定の結果，両法廷における刑罰の分布の違いは5%水準で統計的に有意である．

[32] なお，損害賠償命令および被害者への接近を禁じる警告ともに，法廷間での頻度の違いは5%水準で統計的に有意であった．

うな影響が生じた理由であるが，VIP が検察官との協力体制によって運営されていたことと関係していると考えることもできるかもしれない．すでに述べたように，VIP に携わる被害者支援員は検察官と同じような立場で被害者に接することがあり，また，被害者側の意向のうちどの点を裁判所に伝えるかについては，検察官の意向が強く作用していたとされる．そうであれば，判断の大枠については従来の慣行を維持しつつ，被害者の希望のなかで実現可能な部分についてのみ裁判官に情報が伝えられた可能性も否定できない．あくまで推測の域を出ないが，そうであれば，VIP は検察官との関係ゆえに十分に機能しなかったといわれるが，従来の判断枠組みから大きく外れることなく満たすことのできる被害者のニーズについては，それを吸い上げる機能を果たしており，裁判所もそのようなニーズには一定程度応答していたと評価することもできるかもしれない[33]．

2-2-1-2. Walsh による研究

Walsh (1986) は，オハイオ州において，性犯罪事件を対象として VIS が量刑判断に及ぼす影響を検証した．調査は，オハイオ州内の都心部を含む郡において 1980 年から 1983 年の間に処理された 417 件の性犯罪事件を対象としている．独立変数は，被害者が量刑について述べた意見であり，248 件 (59.5%) で被害者は意見を述べており，169 件 (40.5%) で被害者は意見を述べていなかった[34]．被害者による量刑についての意見は，保護観察と拘禁刑のうちいずれを希望するかを判決前調査報告書に記載するかたちで裁判所に提出された．なお，被害者の意見のうち，71 件 (28.6%) では保護観察が求められており，177 件 (71.4%) では拘禁刑が求められていた．

被害者による量刑意見と，実際に被告人に科された刑罰とをクロス集計すると，被害者が保護観察を希望している場合には，被告人は拘禁刑となるよりも保護観

---

33) 実務家に対するインタビュー調査によれば，検察官は，VIP が事案の処理に影響することに否定的であり，約半数が，VIP の被害者支援員は，被害者の利益を考慮することを求め過ぎていると考えていたようである (Davis *et al.* 1984: 501-502)．それに対して，裁判官の多くは VIP を貴重な情報源と考えており，判断を下すにあたって役立つものと考えていたようである (Davis *et al.* 1984: 502)．
34) 量刑についての意見は，被害者自身のものであることもあれば，被害者が未成年である場合には，その両親のものである場合もあった (Walsh 1986: 1130)．いずれにせよ，この調査では，VIS のなかでも VSO に関わる部分が独立変数として取り上げられているということになる．

察に処される可能性の方が高かった．他方で，被害者が拘禁刑を希望している場合には，被告人が拘禁刑となる可能性と保護観察に処される可能性とは半々であった．

　被害者の量刑意見と実際に被告人に処された刑罰との関係を，被害者と被告人の関係ごとにみていくと，それぞれのカテゴリーごとに異なった影響があった．まず，被告人が被害者の父親，あるいは義父であった場合には，47件で被害者 (74.6%) が保護観察を求め，残り16件 (25.4%) では拘禁刑が求められていた[35]．このカテゴリーでは，被害者が保護観察を求めている事件において裁判官の判断がそれと一致した事件は55.4%であったが，被害者が拘禁刑を求めている事件において裁判官の判断がそれと一致した事件は12.5%に過ぎなかった．次に，被告人が，被害者の親族であり，かつ父親あるいは義父ではない場合には，8件で被害者 (24.2%) が保護観察を求めており，残り25件 (75.8%) で拘禁刑が求められていた．このうち，被害者が保護観察を求めている場合に裁判官の判断がそれと一致した事件は75.0%であるが，被害者が拘禁刑を求めている場合に裁判官の判断がそれと一致した事件は28.0%であった．被告人が被害者の知り合いである場合には，14件 (16.7%) で被害者が保護観察を求め，残り70件 (83.3%) で拘禁刑が求められていた．このうち，被害者が保護観察を求めている場合に裁判官の判断がそれと一致した事件は85.7%であるが，被害者が拘禁刑を求めている場合に裁判官の判断がそれと一致した事件は48.6%であった．最後に，被告人が被害者と知り合いではない場合には，2件の例外を除いて，ほとんど全て (66件) で被害者が拘禁刑を求めていた．被害者が保護観察を求めた事件では，実際の刑罰も全て保護観察とされており，被害者が拘禁刑を求めた場合には，そのうち71.2%で実際に拘禁刑が下されていた．

　続いてWalsh (1986) は，被害者が量刑に関する意見を述べていた事件を対象に，犯罪の重大さや被告人の前科等を統制して回帰分析を行った．その結果，被害者の希望は，量刑判断の結果に統計的に有意な影響を及ぼしてはいなかった．同様の回帰分析を，被告人が被害者の父親あるいは義父である事件に限定して行うと，被害者の刑罰の希望は，量刑判断に対して負の方向で影響を及ぼしている

---

[35] もっとも，この希望が被害者の本心からのものであるかどうかについてまで，この研究により確かめることはできなかった (Walsh 1986: 1140).

ようだが,それも統計的に有意ではなかった.他方で,被告人が被害者の父親あるいは義父ではない事件について分析すると,被害者の意見は,量刑判断に対して正の影響を及ぼしており,その影響は5%水準で統計的に有意であった.

さらに,拘禁刑の希望であるか保護観察の希望であるかを区別せずに,ともかく被害者が刑罰について意見を述べているか否かについてダミー変数を作成し,被害者が意見を述べていない事件も含めて回帰分析をしたところ,被害者が量刑に関する意見を述べることで,被告人は保護観察に処されやすくなる傾向が統計的に有意であった.被害者が意見を述べる場合,その大部分は拘禁刑を求めるものであることから,Walsh(1986: 1140)は,被害者の量刑に関する意見が量刑判断に影響を及ぼしているのは,それらの意見のうち保護観察を希望するものの影響によるところが大きいと述べている.また,確かに,被害者の意見が,量刑判断に対して一定の影響を及ぼしているようであるが,犯罪の重大さや前科といった要因が量刑判断を大きく規定しているので,保護観察とするか否かが微妙な事案において,被害者による保護観察の希望が判断に影響しているのではないかとも述べている(Walsh 1986: 1140-1141).もっとも,ここでの分析によって,被害者の意見が量刑判断に及ぼす影響は,もっぱら被害者が保護観察を求めているときに生じているとまで断定することは難しいように思われる.とりわけ,被告人が被害者の父親あるいは義父ではない事件で,かつ被害者が量刑について意見を述べている場合には,被害者の意見は,実際の量刑判断に正の影響を与えていることが示されていることには(Walsh(1986: 1136 TABLE 4)を参照),注意しておく必要があるだろう.

2-2-1-3. Erez と Tontodonato による研究

Erez & Tontodonato(1990)は,被害者の刑事裁判への参加が量刑判断に及ぼす影響について,オハイオ州で行った調査結果を紹介している[36].研究対象となったのは,1985年6月から1988年1月までの間にオハイオ州で起訴された500件の重罪事件である[37].セレクション・バイアスを避けるために,オハイオ州が

---

36) なお,量刑判断への影響を検証するだけでなく,この研究では,刑事司法への参加が被害者の精神的満足度等に影響を及ぼすかどうかについても研究がなされている.精神的満足度等への影響について検証した部分については,Erez & Tontodonato(1992)や Tontodonato & Erez(1994)を参照されたい.

VISの提出を認めている重罪事件全てを対象としてサンプリングが行われた．他方で，研究の目的から，被害者のない犯罪（victimless crime）や，組織が被害者であるような事件は対象から外された．

本研究においては，独立変数として被害者の刑事裁判への参加が，従属変数としては被告人に科された刑罰がそれぞれ取り上げられている．また，従来の量刑研究を参考として，犯罪の重大さや被告人の前科等が統制変数として用いられている．VISは500件中273件（54.6%）で提出されていた．これに対して，直接，あるいは検察官を通して法廷で被害者が陳述した事件は，500件中31件（6.2%）であった．事実審理あるいは量刑審理において被害者が法廷にいた事件は，500件中89件（17.8%）であった．また，VISが提出された273件のうち，拘禁刑を要求しているものは164件で60.1%を占めていた（以上につき，Erez & Tontodonato（1990: 457）を参照）．なお，ここで調査対象となったVISは，典型的には被害者支援プログラムのスタッフが大陪審での聴聞の時期，あるいはその前に必要な情報を集め，検察官が訴追を視野に入れた事件において検察官の記録の一部とされるものであった（Erez & Tontodonato（1990: 455）を参照）．

最初に，被告人が保護観察とされる確率に対して，被害者の刑事裁判への参加が及ぼす影響が検証されている．ここでは，従属変数は被告人が保護観察となるか拘禁刑となるかのダミー変数であるので，0か1の2値しかとらない[38]．そこで，ここではロジスティック回帰分析が利用されている．独立変数のうち，被害者の刑事裁判への参加に関連する変数の影響についてのみみてみると，VISの提出が，被告人が拘禁刑に処される確率を高める影響が10%水準で統計的に有意な傾向にある．他方で，それ以外の被害者の刑事裁判への参加に関連する変数は，この従属変数に対して統計的に有意な影響を及ぼしてはいなかった．

---

37) サンプル中のいくつかの事件は，軽罪として起訴されている．これは，予備審問（preliminary hearing）において重罪とされていたものの，大陪審において軽罪として起訴されることとなった事件が含まれていることによる（Erez & Tontodonato 1990: 455 n3）．ただし，その数は500件中8件と非常に少ない（Erez & Tontodonato 1990: 456 Table 1）．

38) 500件中，保護観察に付されたのは105件（21.0%），保護観察と罰金刑に処せられたのは7件（1.4%），分割刑（split sentence）に処されたのは68件（13.6%），拘禁刑に処せられたのは316件（63.2%），そして拘禁刑と罰金刑に処せられたのは4件（0.8%）であった（Erez & Tontodonato 1990: 457 Table1）．なお，保護観察か拘禁刑かという2値の変数を定義するにあたって，分割刑は保護観察として分類されている（Erez & Tontodonato 1990: 463）．分割刑とは，判決の時点で拘禁刑の期間と保護観察の期間とを組み合わせて科される刑罰である（例えば，太田達也（2010: 17）を参照）．

続いて，拘禁刑とされた場合の刑期判断に，被害者による刑事裁判への参加が影響を及ぼしているか否かが検証されている．それによれば，VIS の提出は刑期の長さに対して統計的に有意な影響を及ぼしてはいない．さらに，VIS において拘禁刑を希望する意見も，法廷で陳述することも，刑期の長さには統計的に有意な影響を及ぼしてはいない．他方で，被害者が事実審理あるいは量刑審理に存在することは，刑期を長くする方向で影響を及ぼしており，それは 5% 水準で統計的に有意である．

以上から，VIS の提出は，被告人を保護観察に付すか，あるいは拘禁刑とするかについて判断を下す際には影響を及ぼしているが，刑期の長さを決める段階では判断に影響を及ぼしてはないようである[39]．他方で，制度の問題ではないが，被害者が法廷にいることは，被告人の刑期の長さに影響を及ぼしているようである．もっとも，法廷での陳述，および VIS において拘禁刑を希望する意思を表示することは，どちらの判断にも影響を及ぼしてはいない．Erez & Tontodonato (1990: 469) によれば，法廷での陳述が量刑判断に影響を及ぼさないのは，その陳述がなされる段階では，すでに裁判官が量刑判断を終えてしまっているからであるとされる[40]．むしろ，被害者が法廷に存在することは，被害者の存在を量刑判断者の念頭に継続して置かせることになるので，量刑判断に影響を生じさせることにつながると考えられている (Erez & Tontodonato 1990: 468-469)．

2-2-1-4. Davis と Smith による研究

Davis & Smith (1994a) は，VIS が量刑判断に及ぼす影響について，実験的手法によって検証した研究である[41]．この実験研究は，ブロンクス郡にあるニュー

---

39) この点につき，Erez & Tontodonato (1990: 467-468) は，VIS が保護観察と拘禁刑との間の判断に影響を及ぼした理由について，加害者と被害者とが知り合いであるという事情を指摘している．すなわち，被害者が加害者と知り合いであるときに VIS が利用されやすく，そのようなときには，将来における再被害の不安等も VIS に含まれることになり，それが拘禁刑の判断を促進しているというのである．しかし，VIS の影響を検証する際に，被害者と加害者とが知り合いであるか否かは統制されており (Erez & Tontodonato (1990: 464 Table 4) を参照)，このような解釈の妥当性には疑問の余地がある．
40) このことを指摘するにあたって，Erez & Tontodonato (1990: 469) は，Villmoare & Neto (1987) を引用している．Villmoare & Neto (1987) は，カリフォルニア州における被害者陳述権に関して行われた調査研究であるが，それによれば，裁判官の多くは，被害者の陳述がなされる以前に VIS によって被害者に関する情報を得ているので，被害者の法廷での陳述が量刑判断に影響することはないとしている (Villmoare & Neto 1987: 55)．
41) Erez と Tontodonato による研究 (2-2-1-3) と同じく，この研究でも，量刑判断だけでなく，

ヨーク州の第1審裁判所において，裁判官とブロンクス地方検事局の協力を得て行われた．実験研究の実施期間は1988年7月から1989年4月で，実験参加者は最終的に293名であった．実験の対象となった事案は，強盗，性的ではない重罪の暴行（nonsexual felonious assault），および不法目的侵入であった．このように事案を限定したのは，第1に軽微過ぎる事案を排除するためであり，第2に重大な事案ではあるが件数が少ない事案を排除するためである．

実験参加者は，以下の3つの条件のうち1つにランダムに割り振られた．すなわち，①実験の実施に際して協力してくれたケースワーカーによるインタビューを受け，そこでの回答をもとに作成されたVISが裁判官や弁護人，検察官に配布される条件（以下，インタビュー＋VIS条件），②被害者に対してインタビューを実施するものの，VISは作成されないという条件（以下，インタビュー条件），および③インタビューは実施されず，ただ被害者の名前と住所のみが記録されるという条件（以下，統制条件）の3つである．ここで，VISを作成するためのインタビューは，概ね5分から10分程度で終了した．被害者は，身体的影響，直接的な経済的影響，付随的な経済的影響[42]，精神的影響，および行動上の影響[43]の5つについて質問された．そして，それぞれの項目に関する被害者の回答を踏まえて，「影響がない」（no impact），「影響がある」（some impact），あるいは「非常に影響を受けた」（major impact）の3つのカテゴリーのどれかに分類された．また，この3段階での評価をもとに，5つの項目の点数を足し合わせた尺度（以下，被害者影響尺度）が作成された．インタビュー＋VIS条件では，このインタビューを書き起こしたものの謄本が，当該事件を担当する検察官に渡され，さらに，インタビューに基づいて作成されたVISが，検察官，弁護人および裁判官に配布された．また，このインタビューの1か月後にVISの更新の要否について確認するために，被害者と連絡がとられるが，そこで新しい情報が入った場合には，

参加した被害者の精神的満足度等へのVISの影響も検証されている．精神的満足度等への影響について検証した部分については，Davis & Smith（1994b）を参照されたい．なお，ここでの調査研究の紹介にあたっては，Davis & Smith（1994b）における記述も参照している．

42）直接的な経済的影響とは，犯罪によって直接生じた財産的な損失のことである．他方で，付随的な経済的影響とは，犯罪に引き続いて生じた財産的な損失，例えば，治療費や，働けなかった期間に得られたはずの収入等が該当する（Davis & Smith 1994a: 459; 1994b: 5）．

43）行動上の影響としては，例えば，眠りにくくなったとか，仕事に行くのに以前とは違う道を通るようになったといったような影響が挙げられる（Davis & Smith 1994a: 459; 1994b: 5）．

VIS が更新され，その更新された VIS が裁判官に提出される．他方で，インタビュー条件では，インタビューの内容から VIS が作成され訴訟関係者に配布されることはなかったが，唯一，被害に関する影響5項目について3段階で評価した部分だけは，検察官に伝えられていたようである[44]．

実験の実施手順であるが，まず，実験参加者は，ほとんどの場合，大陪審での証言を終えた後に，事件を担当する検察官によって Victim Services Agency の研究プロジェクト事務所まで連れてこられた．そして，上記3条件のいずれの条件に割り振られるかは，ランダムに決められた．ただし，最初の32件は全てインタビュー＋VIS 条件に割り当てられていた．この最初の32件分は，当初，予備調査のために行われたものであった．しかしながら，予想していたよりもデータの集まりが悪かったため，最終的に分析の対象に含めることとされたのである．なお，起訴された罪名や，起訴内容の重大性，被害者の学歴，収入，および年齢に関して，この32件のデータと，それ以後にインタビュー＋VIS 群に割り当てられたデータとの間に，統計的に有意な差はなかった．

また，3つの条件間の違いを比較したところ，罪名，犯罪の重大さ，被害者と被告人の関係，被告人の前科，被害者の年齢，被害者の学歴，および被害者の収入の点で統計的に有意な差はなかった．唯一，インタビュー＋VIS 条件とインタビュー条件とで，身体的影響の点数の差が 10％ 水準で統計的に有意な傾向にあったが，各実験条件へのランダムな割り当ては概ね成功していると評価してよいであろう[45]．最後に，それぞれの条件に割り当てられた実験参加者の数であるが，インタビュー＋VIS 条件が 104 名，インタビュー条件が 100 名，そして統制条件が 89 名であった．

ここで，293 名の実験参加者のうち，69％ が強盗の被害者であり，21％ が重罪の暴行や殺人未遂（attempted homicide）の被害者，10％ が不法目的侵入の被害者であった．また，実験対象となった 293 件の事件のうち，有罪となったものは 229 件であった．その 229 件の事件について，3つの条件間で量刑判断の違いを

---

44) VIS が作成されないインタビューのみの条件が設定されたのは，インタビュー自体が何らかの治療的効果（therapeutic effect）を有していないかどうかを検証するためであった（Davis & Smith 1994b: 5）．
45) 他方で，この実験において，事案の性質等について条件間で偏りがあった可能性が否定できないと指摘するものとして，Salerno & Bottoms（2009: 280）がある．

調べたところ，統計的に有意な差はなかった．また，インタビュー条件と統制条件とをあわせて，インタビュー＋VIS条件と対置させることで，VISが訴訟関係者に提出されたか否かに関するダミー変数を作り，また拘禁刑となったものとならなかったものとでダミー変数を作り，前者を独立変数，後者を従属変数としてロジスティック回帰分析が行われたが[46]，拘禁刑に処されるか否かの判断に対してVIS提出の有無は統計的に有意な影響を及ぼしてはいなかった．

次に，VISが提出されることで，被害者が被った影響により依拠した量刑判断がなされるのではないかという仮説が検証されている．まず，量刑判断の結果を，条件つき免責から拘禁刑6年以上までの6つの段階によって構成される尺度（量刑判断尺度）として構成した．そして，この尺度を従属変数として，インタビュー＋VIS条件とインタビュー条件のそれぞれで回帰分析を行った．独立変数としては，被害者影響尺度のほか，犯罪の重大さや，被告人の前科等が投入された．もし，VISが提出されることで，量刑判断が被害者の被った影響をより反映したものになるのであれば，インタビュー＋VIS条件における回帰分析の方が，インタビュー条件における回帰分析よりも，被害者影響尺度と量刑判断尺度との関連を強く示すはずである（Davis & Smith 1994a: 464）．しかしながら，分析結果は，そのような予測を支持しなかった．犯罪の重大さや前科を統制すると，被害者影響尺度は，量刑判断尺度に統計的に有意な影響を及ぼしていなかったのである．また，被害者影響尺度をモデルに含めない場合と，それをモデルに含めた場合とで，説明力[47]は，ほとんど変わらなかった（Davis & Smith（1994a: 464-465）を参照）．

以上を要約すると，VISによって量刑判断が影響を受けるという仮説も，VISによって量刑判断が，被害者の被った影響をより反映したものになるという仮説も，いずれも支持されなかった．Davis & Smith（1994a: 467-468）は，犯罪の重大さと被告人の属性とで量刑判断を行うという慣行が存在し，それゆえ，VISが量刑判断に影響を及ぼすことがなかったのではないかと指摘している．

---

46) 犯罪の重大さや，被告人の前科，被害者影響尺度等が統制変数として加えられている．
47) 説明力とは，要するに，従属変数の変動のうち独立変数として投入した変数によって説明できる変動の割合を意味する．説明力が大きければ大きいほど，モデルに組み込まれた独立変数によって従属変数の変動を説明できる部分が大きいということになる．詳しくは，蓑谷（1997: 34-35; 78）を参照されたい．

2-2-1-5. Rachlinski らによる実験研究

　VIS が裁判官の量刑判断に及ぼす影響については，制度導入前後にいくつかの研究がなされたが，その後は，あまり活発になされていないようである．しかし，最近になって，直接的には VIS の効果を調べることを意図したものではないが，Rachlinski *et al.* (2013) が，興味深い研究結果を報告している．Rachlinski *et al.* (2013) は，これまでのように実際の刑事事件からデータを抽出する方法ではなく，いわゆる心理実験の方法を用いて VIS が量刑判断に及ぼす影響について検証している．このような心理実験の方法を用いた研究手法は第4章において紹介するが，そこでは裁判官ではなく陪審員の量刑判断への影響が検証課題となっている．そのような背景には，裁判官を対象とした心理実験を実施することが実際上困難であるという理由もあると考えられる[48]．しかし，Rachlinski *et al.* (2013) は，2010年に，ミネソタ州の裁判官244名[49]を対象に，架空の事案を用いた心理実験を実施している．

　実験の概要は次のとおりである[50]．まず，裁判官に対して，架空の強盗事件についてのシナリオを読んでもらった．シナリオは，2つの要因について操作が加えられていた．1つは，VIS に関するものである．これには3つの条件があり，1つめの条件では VIS についての情報が提示されない（統制条件）．2つめの条件では，事件によって被害者が被った影響や長期の拘禁刑を求める被害者の意見が VIS として提示される（影響情報条件）．最後の条件では，2つめの条件で提示された VIS の内容に加えて，被害者が被告人に対して謝罪を求めていることが語られている（影響情報・謝罪要求条件）．シナリオにおいて操作されたもう1つの要因は，被告人の謝罪の有無である．一方では，被告人が発言の機会が与えられたものの何も言わなかったという情報が提示され，他方では，被告人は発言の機会を与えられ，被害者に謝罪をしたという情報が提示された．以上の操作の結果，シナリオは3×2の合計6条件が用意された．裁判官にはほかの条件があることは伝えられず，ランダムにどれか1つの条件が割り当てられ，それぞれに割り当

---

[48] 司法研修所（2007）は，被験者内要因によるものではあるが，心理実験の手法により裁判官の量刑判断について検証した貴重な研究であるということができるが（1-2-5），これは，司法研究の一環として行われたからこそ可能であったという側面があるだろう．

[49] このうち3名は質問票に回答していなかった（Rachlinski *et al.* 2013: 1225 n182）．

[50] Rachlinski *et al.* (2013) は6つの実験結果を報告しているが，本書において紹介する実験はそのうちの最後のものである．

てられた条件のもとで量刑判断をするように求められた．なお，ミネソタ州における量刑ガイドライン[51]の定めによれば，この事件の推定刑（presumptive sentence）は33か月の拘禁刑であり，下限は29か月，上限は39か月とされていることがシナリオにおいても明示されていた．

　分析の結果，第1に，謝罪があることで量刑が軽くなる傾向が統計的に有意であった[52]．そして，第2に，VISに関する操作も量刑判断に及ぼす影響が統計的に有意であったことが確認されたのである．それによると，量刑判断の平均値は，統制条件では30.8か月であったものが，影響情報条件では33.4か月，影響情報・謝罪要求条件では33.2か月であった．多重比較の結果については報告されていないが，被害者の被った影響や被害者の刑罰に関する意見が提示されることで量刑が重くなっているものの，被害者が謝罪の要求をしたことによって追加的に量刑が重たくなっているわけではないとされている（Rachlinski *et al.* 2013: 1226）．

　最初に述べたようにRachlinski *et al.*（2013）は，VISの影響について主として取り組んだ研究ではないが，VISが裁判官の量刑判断に及ぼす影響を検討するうえで重要な先行研究として指摘することができるであろう．もちろん，心理実験という手法を利用したことによる限界もあるが（Rachlinski *et al.* 2013: 1229），VISによって提示された一定の情報が裁判官の量刑判断に影響を及ぼしていることが示されている．

2-2-1-6. 知見の総括

　以上までに，アメリカにおいて主として非死刑事件を対象に，被害者の刑事裁判への参加が量刑判断に及ぼす影響について検証した5つの研究を紹介した．それらの知見を総合すると，さしあたり以下の3点を指摘することができるように思われる．第1に，少なくとも，日本における意見陳述制度等の導入に際する議論において念頭に置かれていたと考えられる諸研究（2-2-1-1; 2-2-1-2; 2-2-1-3; 2-2-1-4）に依拠する限り，VIS等が量刑判断に大きな影響を及ぼしているわけではないという結論を引き出すことは可能であるかもしれない．第2に，しかしな

---

51) 量刑ガイドラインについては，7-1-2を参照されたい．
52) Rachlinski *et al.*（2013）の主たる研究関心は，謝罪が裁判官の判断に及ぼす影響であった．なお，謝罪の有無は量刑判断に統計的に有意な影響を及ぼしているが，Rachlinski *et al.*（2013: 1230）は，この影響はそこまで大きいものではないと評価している．

がら，上記諸研究の結果から，VIS が量刑判断に及ぼす影響は，およそ見出されていないと結論づけることもできないように思われる．Davis & Smith（1994a）では見出されなかったが，Erez & Tontodonato（1990）や Walsh（1986）は，被告人を保護観察とするか拘禁刑とするかの判断に，VIS が影響を及ぼしている可能性を示している．加えて，意見陳述制度や被害者参加制度導入時には公表されていなかったが，Rachlinski *et al.*（2013）は，心理実験の手法を用いて，裁判官の刑期判断にも VIS が影響を及ぼしている可能性を指摘している．第 3 に，VIS によって量刑判断において被害者の被った影響がより正確に反映されることにつながると主張されることがあるが，このような VIS の機能は十分に立証されていない．確かに，Davis *et al.*（1984）の研究によれば，VIP が被害者のニーズを裁判官に伝えることを促進した結果，損害賠償命令や被害者への接近を禁じる警告が出されやすくなったという可能性はある（2-2-1-1）．しかしながら，Davis & Smith（1994a）は，被害者の被った影響がより強く量刑判断に組み込まれるようになるという VIS の効果を見出してはいない[53]．

　それでは，このようなアメリカにおける先行研究の知見を，日本においてどのように援用することができるであろうか．すでに述べたように，VIS に関するアメリカの先行研究を根拠として，日本における意見陳述制度や被害者参加制度が量刑判断に影響を及ぼす可能性を否定する見解があったが（1-1-3），そのような主張は果たして妥当であろうか．そもそも，これらの研究結果を，VIS 等が量刑判断に及ぼす影響は見出されていないとして要約すること自体に疑問の余地があることは，すぐ上で指摘したとおりである．しかしながら，仮にこれらの研究から，「少なくとも VIS が量刑判断に大きく影響することはない」との結論を読み取ったとしても，その結論を日本の意見陳述制度や被害者参加制度の文脈にそのまま当てはめることは適当ではないだろう．

　その根拠は大きく 2 つある（佐伯（2010: 470）も参照）．第 1 に，これらの研究で独立変数とされた VIS や VIP と，日本における意見陳述制度や被害者参加制

---

[53] なお，Rachlinski *et al.*（2013）は，VIS が量刑判断に及ぼす影響を示したわけであるが，そこで VIS の内容として提示されているものは，事件によって被害者が受けた影響や，量刑に関する被害者の意見であった（2-2-1-5）．VIS として提示された情報のうち，裁判官がどの側面を考慮して量刑を重くしたのかは不明であるが，もし事件によって被害者が受けた影響に関する情報が考慮された結果であるとしたら，このような VIS の影響は，被害結果に応じた量刑を促進したものと評価する余地があるかもしれない．

度とは，かなり性格を異にするものである．VIPは，基本的に被害者と刑事司法機関の橋渡しをするプロジェクトであり，被害者自身が刑事裁判に直接参加していくプロジェクトではなかった．また，Davis & Smith（1994a）やErez & Tontodonato（1990），Walsh（1986）が問題としたVISは，主として書面を裁判所に提示するものであり，被害者が法廷で陳述するような意見陳述制度とは性質が異なる．もっとも，Erez & Tontodonato（1990）では，被害者本人あるいは検察官による法廷での陳述も独立変数とされていたが，その利用件数は全体の6.2％と極めて少ない[54]．

第2に，利用の対象となる事件が，大きく異なっている．Walsh（1986）は，性犯罪事件に限定した調査であった．Davis *et al.*（1984）の研究は，そもそも軽罪で有罪となった事件が多く存在することから，比較的軽微な事案がサンプルに多く含まれていたといえよう．Davis & Smith（1994a）は，一定の件数を確保するために，事案を，強盗や性的ではない重罪の暴行，および不法目的侵入としている．また，Erez & Tontodonato（1990）の研究においては，具体的罪名は明らかではないが，調査対象である500件のうち財産犯が326件（65.2％），身体犯が124件（24.8％），性犯罪が36件（7.2％），そしてその他が14件（2.8％）であった（Erez & Tontodonato 1990: 456）．Rachlinski *et al.*（2013）が実験で用いた事案は，強盗事件であった．このような状況は，そもそも遺族の利用が多数を占める意見陳述制度や被害者参加制度の利用状況と大きく異なっているように思われる．このような違いが生じた理由としては，Erez & Tontodonato（1990）において独立変数とされた法廷での陳述等は例外であろうが，主として上記諸研究で研究対象となったVIPやVISは，研究実施者や刑事司法機関のイニシアティブによって利用される仕組みであったことが指摘できるように思われる．これに対して，日本の意見陳述制度や被害者参加制度は，それらを利用するか否かは，主として被害者の選択に委ねられているのである．

2-2-2. 死刑事件における実証研究

以上までに，主として非死刑事件を対象にした実証研究を紹介してきたが，以

---

54) 他方で，Rachlinski *et al.*（2013）において用いられた事案のシナリオを読む限り，そこでのVISとは，被害者が法廷で直接陳述するものを指しているようである．

下では死刑事件を対象とした実証研究について紹介する．先ほども述べたとおり，ここでは，判断の主体として，主として裁判官ではなく陪審が念頭に置かれている．

2-2-2-1. Cassellによる前後研究

Cassell（1999）は，その補遺においてではあるが，VIE[55]が死刑判決に影響を及ぼしているか否かを，死刑宣告数に関する経年データを用いて検討している（Cassell 1999: 540-544）．Cassell（1999: 540）自らが認めているように，この検討はあくまで試験的なものではあるが，念のため，ここで紹介しておく．

Cassell（1999）は，VIEを違憲とした*Booth*判決の後で死刑宣告数が減少しているかどうかと，VIEの利用自体が違憲となるわけではないとした*Payne*判決の後で死刑宣告数が増加しているかどうかを，死刑宣告数の経年変化から確認しようとした．そこで，司法省統計局から入手したデータに基づいて，1973年から1997年までの各年の死刑宣告数の経年変化に関する図が作成された．図2-1は，Snell（2010: 20 Table 19）を利用してCassell（1999: 541 FIGURE 1）を再現したものである．

ここで，*Booth*判決や*Payne*判決の影響を受けていない最後の年を，それぞれ1986年と1990年とし，それらの年が分かるよう補助線が入れられているが[56]，それらを参照すると，確かに両判決は死刑の宣告数に影響を及ぼしているようにもみえる（Cassell（1999: 542）を参照）．すなわち，1986年の死刑宣告数は300件であるが，*Booth*判決の影響が発生している1987年には287件，1988年には289件，1989年には256件，そして1990年には251件と概ね減少傾向にある[57]．他方で，1990年の死刑宣告数251件に対して，*Payne*判決の影響が発生してい

55） この部分の記述にあたってCassell（1999）は，VISの語を用いているが，本書では，死刑事件の文脈ではVIEという語を用いている（2-1-2-1）．
56） もっとも，比較検討をする際に1986年と1990年を境とすることが適切であるかどうかについては，議論の余地が残されている（Cassell 1999: 542）．
57） 以前にCassell（1999）の研究を紹介した際（佐伯 2010: 443-445），Snell（2006）を用いて死刑宣告数の経年変化を再現したが，今回はSnell（2010）を用いた．Snell（2006: 14 Appendix table 2）によれば，1988年の死刑宣告数は291件で，1989年のそれは258件であるのに対して，Snell（2010: 20 Table 19）においては，1988年の死刑宣告数は289件で，1989年のそれは256件となっている．ここではSnell（2010）の数値を採用したので，佐伯（2010: 444）の記述と，数値に齟齬が生じているが，全体の記述に影響を及ぼすようなものではない．

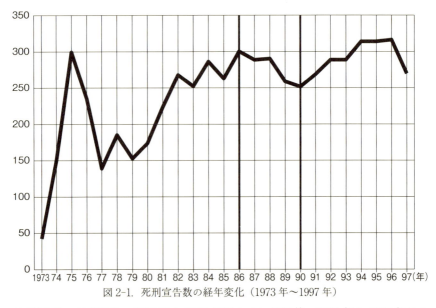

図 2-1. 死刑宣告数の経年変化（1973 年〜1997 年）

る 1991 年には 268 件，1992 年と 1993 年はともに 287 件，1994 年と 1995 年はともに 315 件と概ね増加傾向にある．

しかしながら，Cassell（1999: 543）は，この結果のみをもって VIE が死刑を促進していると結論づけることはできないとしている．すなわち，死刑宣告数に影響を及ぼし得る VIE 以外の変数についても調べる必要があるというのである．Cassell（1999: 543）によれば，そのような変数の候補としては，①殺人事件の発生件数，②死刑判決の大部分を担っている州における量刑手続の変化，および③ *Booth* 判決および *Payne* 判決以外の連邦最高裁判所の判決が考えられるという．加えて，以上に挙げた3つの変数が，死刑宣告数の変化の原因ではないことが明らかになったとしても，Cassell（1999: 544）は，VIE が死刑宣告数に及ぼしている影響はわずかなものであると述べる．

2-2-2-2. Aguirre らによる研究

Aguirre *et al.*（1999）は，カリフォルニア州の死刑事件についてデータを蒐集し，VIE が死刑判断に及ぼす影響を検証している．Aguirre *et al.*（1999）は，まず，カリフォルニア州矯正局から 1989 年 1 月以降に死刑か仮釈放なしの終身刑

を科された被告人940名のリストを，そして死刑廃止に取り組むNPO団体である Death Penalty Focus から139件分の死刑事件のリストを入手した．このリストをもとに，州の検察官や矯正局の関係者へのインタビュー調査や，事件記録の調査を行うことによって，1989年1月から1994年3月までの死刑事件151件分について必要なデータを蒐集した[58]．この期間は *Payne* 判決の前後を同程度に含むものであり，そのため *Payne* 判決の影響の検証が可能となっている．すなわち，この研究では，*Payne* 判決以前の時期と *Payne* 判決以後の時期における，死刑と仮釈放なしの終身刑の割合を比較することで，VIEが死刑判断に及ぼす影響を検証しようとしているのである．もっとも，*Payne* 判決が下されたのは1991年6月であるが，カリフォルニア州では1992年になるまで検察官がVIEの提出に消極的であったため，分析においては，*Payne* 判決以後の時期は1992年1月以降とされている．

前後比較の結果であるが，まず *Payne* 判決以前の時期の事件は76件あったが，このうち死刑となった事件が46件（60.5%）であるのに対して，仮釈放なしの終身刑となった事件が30件（39.5%）であった．他方で，*Payne* 判決以後の時期では，VIEの利用があった44件のうち死刑となった事件は31件（70.5%）であるのに対して，VIEがなかった31件のうち死刑となった事件は15件（48.4%）に過ぎなかった．

以上の結果を踏まえて，Aguirre *et al.* (1999) は，VIEがある場合に死刑判断が下されやすいと述べている（例えば，Aguirre *et al.* (1999: 305) を参照）．しかしながら，この結果から，VIEによって死刑判断が促進されているという結論まで引き出すことはできないであろう．特に注意すべき点は，*Payne* 判決以後の時期にVIEがある場合には，*Payne* 判決以前の時期に比べて死刑判決が下される割合が大きくなっているが，他方で，*Payne* 判決以後の時期にVIEがない場合には，*Payne* 判決以前の時期に比べて死刑判決が下される割合が小さくなってもいるということである．実際，VIEがある場合もない場合もあわせてみると，*Payne* 判決以後の時期の事件75件中，仮釈放なしの終身刑となった事件は29件（38.7%）で，死刑となった事件は46件（61.3%）であった．この比率は，*Payne*

---

58) リストに含まれているものの，必要なデータが蒐集できなかったために，分析の対象から外した事件もあった（Aguirre *et al.* 1999: 300）．

判決以前の時期における比率とほぼ同じである．したがって，死刑事件のうち，より死刑となる確率が高そうな事件において VIE が提出されやすい傾向があり，他方で，死刑事件のうち，仮釈放なしの終身刑となる確率が高そうな事件においては VIE が提出されにくい傾向があるという解釈も十分説得的であるように思われる[59]．

2-2-2-3. 死刑陪審プロジェクトからの知見

1990 年に，William J. Bowers を中心とした，死刑陪審プロジェクト（Capital Jury Project: CJP）が開始した（Bowers 1995: 1043 n1）．このプロジェクトは，死刑事件を経験した陪審員に対してインタビュー調査を行うことでデータを蒐集しているが，その主たる目的は以下の 3 点である．すなわち，第 1 に，死刑事件における量刑裁量を陪審員がどのように行使しているのかを調査し，これを体系的に記述すること，第 2 に，死刑事件における量刑裁量を陪審員が行使する際の恣意性の原因を特定し，その程度を査定すること，そして第 3 に，死刑事件における量刑判断の恣意性を統制するために制定された死刑事件に関するルールが，その目的を達成するうえでどの程度有効であるかを検証することの 3 つである（Bowers 1995: 1077）．CJP の成果は，すでに多くの論文において公表されているが[60]，ここでは，CJP で得られたデータを主として分析の対象として，VIE が死刑判断に及ぼす影響の検証を試みている研究について紹介することとする．

2-2-2-3-1. Eisenberg らによる研究

Eisenberg *et al.*（2003）は，CJP の一環としてサウス・キャロライナ州で蒐集されたデータに主として依拠し，VIE が死刑判断に及ぼす影響について検討し

---

59) なお，Aguirre *et al.*（1999）は，VIE が死刑判断に及ぼす影響について，人種差別の観点からも検討を加えている．例えば，ヒスパニック系の被告人に対して，VIE が特に不利に作用していると述べている（例えば Aguirre *et al.*（1999: 306）を参照）．しかし，データをみると，被告人がヒスパニックであるときに，*Payne* 判決以前の時期と比べて *Payne* 判決以後の時期に死刑判断の割合が増加しているのは，VIE がある場合だけでなく，VIE がない場合でもそうなのである．このように，Aguirre *et al.*（1999）のデータの解釈には，やや無理があるように思われる点が少なからず含まれている．加えて，Aguirre *et al.*（1999）においては，統計的検定がなされておらず，このことも，本研究を評価することを難しくしている（Hans 2014: 109）．
60) 岩田太（2009: 274-275 n117）に，文献のリストがある．また，http://www.albany.edu/scj/13194.php においても，文献のリストがあるので，参照されたい（2015 年 10 月 8 日アクセス）．

ている.ここでの,インタビュー調査は,基本的に1986年から2001年の夏までに審理された死刑事件を対象としたものであるが,1985年に審理された死刑事件も1件だけ対象に含まれている.インタビュー調査の対象となった事件は63件で,原則として1件につき4名の陪審員をランダムに抽出して,インタビュー調査を行うことが目標とされた.もっとも,事件後の陪審員の引っ越しや,調査の拒否等の理由から,全ての事件において4名の陪審員に対してインタビュー調査ができたわけではないが,最終的に214名にインタビューを行った.なお,63件のうち33件が死刑判決となり,30件が終身刑となっている.インタビュー調査によって非常に多くの項目に関してデータが蒐集されており,このうちのいくつかはVIEについて分析を加えるうえで役に立つものであった.とはいえ,被害者に関連する質問項目は数個あるのみで,VIEの利用の有無を直接尋ねる項目はなかった.そこで,サウス・キャロライナ州では,2000年の夏より,CJPのインタビュー調査の質問項目に,VIEの利用状況に関する項目を含めることとした[61].具体的には,①量刑審理において被害者の家族や友人が何人証言しましたか,②誰が証言しましたか,③彼らは,主として何について証言しましたか,④そのような証言に対して陪審員は,感情面ではどのような反応をしましたか,⑤量刑評議において,そのような証言はどの程度重要でしたか,といった項目が追加された.これらの項目を追加してから,27名の陪審員に対してインタビュー調査が実施された.以下で紹介する分析は,部分的にはこの新規項目追加後のインタビュー調査により得られたデータに限定してなされたものであるが,概ね,全データセットを用いて行われている.

また,前述したように(2-1-2-1),1991年に出された*Payne*判決は,VIEが合衆国憲法第8修正によって一律違憲とされるわけではなく,それを認めるか否かについては基本的に各州に裁量があると述べていた(*Payne v. Tennessee* 1991: 825).サウス・キャロライナ州では,同年10月にVIEを採用する方針が示されたが(*State v. Johnson* 1991: 555),本研究で調査の対象となった214名の陪審員のうち,1991年10月以降に陪審員を務めた者は103名であった.

まず,死刑事件におけるVIEの利用状況であるが,Eisenberg *et al.* (2003:

---

61) 調査実施の過程で調査実施者が独自の質問項目を追加することは,CJPにおいてももともと計画されていたことであった(Bowers 1995: 1077).

313）によれば，それは頻繁に利用されているようである．2000年以降に導入された VIE に直接関連する質問項目を尋ねられた陪審員27名中，1名を除いて全員が，被害者の家族または友人の少なくとも誰か1人は証言をしていたと答えている．VIE を提出する者としては，被害者の配偶者，子ども，両親が通常で，それに次いで兄弟姉妹や友人であることが多いようである．具体的には，VIE があったという26名の陪審員のうち，配偶者，子ども，両親が証言したと答えた者は，それぞれ10名ずつであり，兄弟姉妹と答えた者は8名，友人と答えた者は3名であった．彼らは全員，口頭で証言をしていたとのことである．VIE に含まれる内容としては，被害者の人となりに関する情報や，被害者の死によって彼らが受けた精神的影響，被害者がいなくなって，彼らがどれほどさびしいと思っているかといったことが挙げられていた．また，*Payne* 判決を経ても，被害者による適当な刑罰に関する意見を死刑事件において顕出させることは依然として違憲とされているが，少数の陪審員は，そのような意見を証人が述べていたと答えている．もっとも，遺族らの刑罰に関する希望は，量刑判断に際してあまり重要でないと，多くの陪審員は捉えていた．

　また，VIE に関する特別の質問項目を導入する以前から，評議において何がトピックになったかを尋ねていたが，そのうち被害者に関連する項目について *Payne* 判決の前後での比較がなされている．*Booth* 判決による VIE の違憲判断が維持されていた時期である1988年から1991年の時期には86名の回答があり，1991年以後の時期の回答は96名分があった．項目としては，①被害者の評判や人となり，②遺族の喪失感や哀しみ，③遺族の望む刑罰，④犯罪における被害者の役割ないし責任，⑤被害者の無辜性や無力さ，⑥死亡に至る前の被害者の痛みや苦しみ，および⑦被害者が殺された態様がある．このうち，④犯罪における被害者の役割ないし責任以外の6つの項目では，*Payne* 判決以後，議論の対象として選ばれる程度が大きくなっている．もっとも，*Payne* 判決前後で議論の対象とされる程度の違いが統計的に有意に異なるのは，②遺族の喪失や哀しみ（10%水準）と，⑥死亡に至る前の被害者の痛みや苦しみ（5%水準）の2つのみである．ここで，7つの項目のうち，最も議論の焦点とならなかった項目は，*Payne* 判決以前も以後も③遺族の望む刑罰であった．これは，量刑判断に際してどの程度各項目を考慮に入れるかという質問においても，同様の結果であった．すなわち，

陪審員は，遺族の望む刑罰を，量刑判断に際して最も考慮に入れるべきではないと考えていたのである．

続いて，VIE が陪審員に及ぼす影響であるが，まずは，VIE が被害者に対する尊敬の程度等にどのような変化をもたらすのかをみておくこととする．もっとも，1991 年以降 VIE は死刑事件で一般的に利用されているようなので，同時期の事件のうち VIE のある事件とない事件とを比較する研究の実施は困難である (Eisenberg et al. 2003: 322)．しかしながら，Eisenberg et al. (2003: 322) は，① 1991 年以前は VIE が法的に禁じられていたことと，② 1991 年以後，検察側は VIE の利用法を改善させてきていることから，時系列的な分析を加えることは可能であると指摘する．

ここで，被害者に対する望ましさや尊敬の程度をどのようにして測定するかであるが，2つの質問項目が分析の対象として用いられている．第1の質問項目は，被害者がコミュニティのなかで称賛され，あるいは尊敬されていたと思うかどうかというものであり，4件法により尋ねられていた．ここでは，全くそのように思わないが1に対応し，とてもそう思うが4に対応している．この変数を，便宜上，「コミュニティレベルの被害者敬意」と呼ぶこととする．第2の質問項目は，陪審員自身が被害者を称賛する，あるいは尊敬するかを尋ねたもので，回答は「はい」か「いいえ」の2択であった．この変数を，便宜上，「陪審員レベルの被害者敬意」と呼ぶこととする．「コミュニティレベルの被害者敬意」については，これに回答した 199 名の陪審員の回答の平均値は 3.38 であった．「陪審員レベルの被害者敬意」については，これに回答した 195 名の陪審員のうち 59％ が「はい」と答えていた．

次に，これらの回答の時系列的な変化が調べられている．まず，「コミュニティレベルの被害者敬意」については，1991 年までの傾向ははっきりしないが，1991 年以降は，基本的に上昇傾向にある．このような回答傾向は，「陪審員レベルの被害者敬意」についても同様である．この傾向を確かめるために，被害者の年齢や性別，人種を統制して回帰分析を行ったところ，「コミュニティレベルの被害者敬意」を従属変数とした場合でも，「陪審員レベルの被害者敬意」を従属変数とした場合でも，裁判が行われた年による影響が統計的に有意であった[62]．もちろん，この結果から，VIE によって陪審員は被害者に対して敬意を抱きや

すくなるようになったと述べることはできないが，このような被害者への敬意に関する経年傾向は，検察官による VIE の利用増大およびその利用法の改善と完全に一致した傾向であるとされる（Eisenberg et al.（2003: 325）を参照）．

続いて Eisenberg et al.（2003）は，被害者への敬意と，犯罪の重大さに関する認知との関係を検討している．ここで，犯罪の重大さであるが，犯罪がどの程度「悪質」（vicious）であったかに関する質問の回答が代理変数として用いられている．これは4件法により尋ねられており，回答の平均値は 3.70 であった．したがって，ほとんどの事件で陪審員は犯罪が悪質であると考えていたようである（Eisenberg et al. 2003: 326-327）．「コミュニティレベルの被害者敬意」が高いほど，犯罪は悪質であると評価される傾向にあったが，これは統計的に有意ではなかった．もっとも，「コミュニティレベルの被害者敬意」について最も低い評価をした7名全員が，犯罪の悪質性に関しては最も悪質であるとの評価をしていた．この7名を分析から除外すると，犯罪の悪質性と，「コミュニティレベルの被害者敬意」との相関は5％水準で統計的に有意となった．また，「陪審員レベルの被害者敬意」との関係を調べると，犯罪の悪質性評価の平均値は，被害者に敬意を示した場合には 3.73 で，被害者に敬意を示していない場合には 3.66 であった．したがって，被害者に敬意を示している場合の方が，犯罪が悪質であると評価されるという方向性は見出されたが，その差は統計的に有意ではなかった．

さらに，Eisenberg et al.（2003）は，被害者への敬意が，減軽事由と加重事由の考慮のあり方に影響を及ぼすか否かについても調べている．まず，減軽事由になり得ると考えられる事由について，死刑を支持するものとしてそれを考慮するか，それとも終身刑を支持するものとして考慮するかが尋ねられた．回答は3件法で求められ，値が大きいほど終身刑を支持するものとして考慮していることを意味する．1つの項目を除いて平均値は全て2より大きいので，陪審員は，これらの事由を減軽事由とみなしていると評価できる（Eisenberg et al. 2003: 328-329）．これと，被害者への敬意との関連を調べたところ，統計的に有意な関連はみられなかった．また，加重事由の考慮のあり方についても，被害者への敬意は影響を与えていなかった．

62）もっとも，1998 年以降のデータを除外すると，回帰分析における裁判が行われた年数による影響が統計的に有意ではなくなる点には，留意しておく必要がある（Eisenberg et al. 2003: 325）．

最後に，VIE が死刑判断に及ぼす影響について検証している部分についてみていくこととする．Eisenberg *et al.*（2003）はこの点を検証するために，2つの分析を行っている．第1の分析は，死刑判断を従属変数とした回帰分析に，被害者への敬意を投入するというものである．第2の分析は，死刑宣告数の時系列的な変化を調べるというものである．

まず，第1の方法を用いた分析であるが，これまでのサウス・キャロライナ州における CJP のデータを用いた研究によって，死刑事件における量刑評議での最初の票を規定する要因のいくつかが特定されている．したがって，被害者への敬意が死刑判断に及ぼす影響を検証するためには，これらの要因を統制する必要がある（Eisenberg *et al.* 2003: 332）[63]．それらの要因を統制して行った回帰分析の結果によれば，「コミュニティレベルの被害者敬意」も「陪審員レベルの被害者敬意」も，死刑判断に対して統計的に有意な影響を及ぼしてはいなかった．また，1991年（*Payne* 判決）以前と以後とを分けるダミー変数も投入したが，これも死刑判断に対して統計的に有意な影響を及ぼしてはいなかった．

次に，第2の方法を用いた分析であるが，VIE に対する連邦最高裁判所判決の経緯からすると，仮に VIE が死刑判断に影響を及ぼしているとするならば，1987年から1991年までは死刑判決数が減少し，1991年以降は増大すると予測されることになる（Eisenberg *et al.* 2003: 331）．もっとも，死刑事件として審理がなされた事件のみをサンプルとした場合には，セレクション・バイアスが発生している可能性を否定できない（Eisenberg *et al.* 2003: 335）．例えば，1991年の *Payne* 判決を受けて，検察官は死刑を請求することにより積極的になったかもしれない（Eisenberg *et al.* 2003: 335）．そこで，サウス・キャロライナ州における死刑宣告数と，謀殺罪の発生件数に関するデータをもとに，分析が行われた．死刑宣告数については，司法省統計局のデータが用いられ，謀殺罪の発生件数については，連

---

[63] 陪審員の死刑判断に影響を及ぼす要因として，犯罪の悪質性や，被告人の反省の度合い，終身刑とされた場合に被告人が刑務所にいると予測される年数が挙げられる（Eisenberg *et al.* 2003: 332）．このうち，犯罪の悪質性については，先にみたように，被害者への敬意に関する変数との相関があり得るので，回帰分析をする際には注意が必要だが，この点について Eisenberg *et al.*（2003: 333-334）は，犯罪の悪質性をモデルから外した分析も行っている．
　また，陪審員の属性に関しても，先行研究において，人種と宗教が判断に影響を及ぼす要因として挙げられているので，それらについても統制変数とすることとされた（Eisenberg *et al.* 2003: 323-333）．また，死刑を支持する態度も，統制変数とされた（Eisenberg *et al.* 2003: 333）．

邦捜査局 (Federal Bureau of Investigation: FBI) のデータが用いられた．ここで，FBI のデータには未解決の殺人事件も記載されているので，被告人の性別について記載のない事件については，それが未解決の事件であるとみなして分析から除外した．また，事件発生から死刑宣告までの期間が問題となるが，さしあたり，事件発生から 2 年以内に死刑の宣告が下されると仮定することとし，ある年の死刑宣告数を，それ以前の 2 年間の謀殺事件発生件数の平均値で除すことで，死刑獲得率が算出された (Eisenberg et al. 2003: 338)．その死刑獲得率の経年変化を踏まえて，Eisenberg et al. (2003: 338-339) は，1988 年以降変化の傾向は一貫しておらず，VIE が死刑判断に及ぼす影響を看取することは難しいと述べている．

ともあれ，Eisenberg et al. (2003: 340) は，被害者への敬意と 1991 年以前と以後とを分けるダミー変数とが，死刑判断を従属変数とした回帰分析において統計的に有意な影響を及ぼしていなかった点を捉えて，VIE が量刑判断の結果に影響を与えていたとしても，その影響はわずかであると結論づけている．

2-2-2-3-2. Karp と Warshaw による研究

Karp & Warshaw (2009) は，殺人事件の遺族の証言が，陪審による死刑判断にどのような影響を及ぼすのかを，CJP によって蒐集したデータを分析することで検証している．ここで分析の対象となったのは，14 州で行われた CJP のインタビュー調査により得られたデータであり，陪審員を基準とすれば 1,198 名分，事件を基準とすれば 353 件分のデータである．分析の内容に応じて，陪審員を単位としたデータを使用するか，事件を単位としたデータを使用するかが使い分けられている．事件を単位として分析する場合には，1 つの事件につき 1 名の陪審員を選んで，同一事件で選任されたほかの陪審員の回答を代表させている．これは，インタビュー調査に参加した陪審員の数が事件によって異なるために，多くの陪審員がインタビュー調査に参加した事件が過大に評価されることを防ぐためである (Karp & Warshaw 2009: 106)．また，量刑の結果，遺族の裁判への出席の有無，および検察官請求の遺族の証言の有無については，客観的な情報ではあるが，陪審員からのインタビュー調査によっているため，同一事件の陪審員間で回答に齟齬がある場合がある．そのような場合には，同一事件の陪審員の回答のうち過半数を占める回答を当該事件におけるデータとして採用することとし，意見

が半々で割れた場合には,その事件を分析対象から除外している.

まず,遺族がどの程度刑事裁判に関与していたかであるが,ほとんどの場合,遺族は審理に出席していたようである.すなわち,331件中304件（91.8％）の事件で,遺族は審理に出席していた.他方で,量刑審理において遺族が証言をしていることは,267件中102件（38.2％）で確認されている.ここで,分析の対象となった事件は,*Booth* 判決以前の事件,*Booth* 判決から *Payne* 判決までの期間の事件,および *Payne* 判決以降の事件を全て含んでいる.*Payne* 判決以降,遺族の証言のある事件数が増えており,このことは連邦最高裁判所の判決の内容に沿うものである[64].他方で *Booth* 判決以降 *Payne* 判決以前の時期においても,103件中37件（35.9％）で遺族の証言がなされたとの報告があることが注目される（Karp & Warshaw 2009: 107）.これは,実務において *Booth* 判決の違反があったためであるかもしれないし,あるいは,有罪・無罪の認定段階における遺族の証言を,陪審員が誤って量刑審理での出来事であると記憶してしまっていたからかもしれない（Karp & Warshaw 2009: 107）.いずれにせよ,以下では,VIE が提出されたということを,遺族が量刑審理において証言をしていたと陪審員が報告しているという意味で用いることとする.

続いて,陪審員が遺族に対してどのような態度を示しているのか,そして遺族に関連する事情を,量刑判断においてどのように位置づけているのかという点についてみていくこととする.まず,遺族への態度であるが,概して陪審員は,遺族に対して肯定的な態度を示しているようである.多くの陪審員が,被害者は愛情に満ちた家庭で育ったと答えており,また,被害者は自身の家族に愛情を注ぐ人物であったと答えていた.もっとも,遺族と自分自身とを同一視することはあまりないようであるが,多くの陪審員は,遺族の置かれた状況に自分自身が置かれた場合について想像できると答え,また,遺族の喪失感や哀しみを意識しているようである.このように,もともと陪審員の多くは遺族に対して同情的であるので,VIE が陪審員の遺族に対する態度に大きな影響を与えるとは考えにくい.しかし,VIE があることで,陪審員はより遺族の喪失感や哀しみを感じるようになり,被害者が家族を愛するような人物であったと思うようになり,また,遺

---

64) *Payne* 判決以降の時期においては,約52％の事件で遺族の証言が確認されている（Karp & Warshaw 2009: 107）.

族の状況に自分自身が置かれた場合を想像するようになっていた．

また，338件中229件（67.8％）で，遺族の喪失感や哀しみは，量刑判断に影響を与える要因であったと述べられている（Karp & Warshaw 2009: 110）．さらに，遺族の喪失感や哀しみが量刑判断に影響を与える要因であったとする回答は，VIEが提出されなかった事件に比べてVIEが提出された事件において多い．他方で，遺族による量刑意見[65]は，多くの事件で，量刑判断に影響を及ぼしていないと認識されている．遺族の量刑意見が量刑判断に影響を与えたとする回答は，336件中57件（17.0％）に過ぎない．もっとも，遺族の量刑意見が，量刑判断に影響を与えたとする回答の割合は，VIEがない場合に比べてVIEがある場合に大きく，その差は10％水準で統計的に有意な傾向にある．さらに，VIEがある場合に，検察官が遺族の量刑意見を重視しているとの認識が高くなっており，検察官が遺族の量刑意見を重視しているとの認識がある場合に，遺族の量刑意見が量刑判断上の考慮要素になるとの回答が多くなるという関係がみられた．

最後に，VIEが実際の量刑判断に影響を与えているか否かであるが，ここでは267件が分析対象となっており，このうち102件でVIEが提出されており，165件でVIEが提出されていなかった．分析の結果，VIEがある場合に死刑判決が多く出される傾向はみられるものの，その違いは大きくなく，また統計的に有意でもない．よって，VIEが陪審員の量刑判断に与える影響は，この研究においては実証できなかったし，仮にあったとしてもその影響は非常に小さいものであるといえそうである（Karp & Warshaw 2009: 116）．

2-2-2-4．知見の総括

以上において，死刑事件を対象とした4つの実証研究を紹介した．このうち，Cassell（1999）の研究は，各年の死刑宣告数の経年変化を調べたものであった．しかし，Cassell（1999: 543）自身が指摘するとおり，VIEの利用と交絡する要因が複数存在するため，ここでの前後研究によりVIEの影響を検証することは難

---

[65] ここで，遺族自らが量刑に関する意見を直接的に述べたかどうかまでは分からない．ここでは，遺族がどのような量刑意見を抱いているかに関する陪審員の認識が，遺族の量刑意見という変数が意味する内容であるとされている（例えば，Karp & Warshaw（2009: 113）を参照）．したがって，例えば，遺族自身が死刑を求めるとの意見を述べなくても，遺族の証言から，陪審員が，遺族は死刑を求めていると認識するようなことも考えられるかもしれない．

しい.また,この前後比較の方法を用いた場合の問題点として,もう1点挙げることができる.Cassell（1999）の分析では,*Booth* 判決によって VIE の利用が制限され,*Payne* 判決によって VIE の利用が増大したことを仮定してデータが解釈されている.しかし,両判決が VIE の利用率にどのような影響を及ぼしたのかについては,依然として明らかでない部分がある.例えば,Karp & Warshaw（2009: 107）によれば,確かに *Payne* 判決が出された後は,多くの事件で VIE が利用されているようであるが,*Booth* 判決から *Payne* 判決までの時期においても,一定の事件で VIE の利用があったことが陪審員によって報告されていることは,留意しておく必要があるだろう.ともあれ,Cassell（1999: 540）が述べるとおり,この分析は試験的なものとして捉えるべきであろう.

次に,Aguirre *et al.*（1999）の研究を紹介したが,この分析結果からは,VIE によって死刑判決が促進されたのか,あるいは死刑判決が下される確率の高い事件で VIE の利用率が高かったのかが判然としない（2-2-2-2）.確かに,変数間の相関関係を超えた因果関係まで統計的分析によって特定することは困難である.しかしながら,少なくとも蒐集されたサンプルにおいては,*Payne* 判決以前の時期と以後の時期とで,死刑判決が下された事件と仮釈放なしの終身刑の判決が下された事件の比率が大きく変わらないことからすると,VIE の影響によって死刑判決が促進されたとの解釈を採用する根拠は薄弱であるように思われる.

次に紹介した Eisenberg *et al.*（2003）と Karp & Warshaw（2009）の研究は,いずれも CJP において蒐集されたデータを分析したものであった.したがって,そこでのデータは,あくまで陪審員の記憶に依拠したものであることに留意する必要があるが,実際に死刑事件を経験した陪審員に対するインタビュー調査であり,重要な知見を含んでいる.本書との関係で重要と思われる知見として,以下の7点を挙げることができる.

第1に,CJP による研究結果から,死刑事件における VIE の利用実態が部分的にではあるが明らかにされた.それによれば,少なくとも *Payne* 判決以降は,VIE は頻繁に利用されているようである.もっとも,Eisenberg *et al.*（2003: 313）によれば,サウス・キャロライナ州で2000年以降に行ったインタビュー調査では,調査対象者の陪審員経験者27名中1名を除いて全員が,VIE が提出されていたと答えていたのに対して,Karp & Warshaw（2009: 107）によれば *Payne* 判

決以降の時期にVIEが提出された割合は約52%であり,数値にずれがある.したがって,死刑事件におけるVIEの利用頻度は州によって異なるのかもしれないが,この点はあくまで推測にとどまる.また,VIEの利用状況に関して興味深い点としては,*Booth*判決のうち被害者の意見に関するVIEを違憲とした部分は*Payne*判決によっても覆されていなかったが,現在ではそのような意見に関するVIEも死刑事件において顕出されることがあるということと(Eisenberg *et al.* 2003: 313; Karp & Warshaw 2009: 113),VIEが違憲とされていた*Booth*判決から*Payne*判決の時期にも,VIEが一定程度利用されていたことが示唆されていること(Karp & Warshaw 2009: 107)とが挙げられる.

第2に,遺族の被った精神的被害等の事情は,VIEが提出された場合に,VIEが提出されなかった場合と比較して,陪審員が量刑判断を考慮するうえで重視される度合いが高いことが示されている.例えば,Eisenberg *et al.*(2003: 315)は,*Payne*判決以降,それ以前の時期と比較して,陪審評議において遺族の喪失感や哀しみが重視されている傾向にあることを指摘している[66].Karp & Warshaw(2009: 112)も,VIEが提出されなかった事件に比べて,VIEが提出された事件において,遺族の喪失感や哀しみが量刑判断に影響を与える要因であるとの回答が多くなっていることを指摘している.また,そもそも,遺族の喪失感や哀しみを,量刑判断において考慮していると,多くの陪審員が答えている点(Karp & Warshaw 2009: 110)も重要な知見である.

第3に,他方で,遺族の量刑意見は,陪審員によってあまり重要な情報であるとは捉えられていないようである.確かに,VIEがある場合には,そうでない場合に比べて,遺族の量刑意見を量刑判断に際して重視する傾向にあるようだが(Karp & Warshaw 2009: 115),そもそも,多くの陪審員は遺族の量刑意見を量刑上重視すべき情報と捉えていないようである(Eisenberg *et al.* 2003: 313-316; Karp & Warshaw 2009: 113).

第4に,VIEの利用は,被害者や遺族に対する陪審員の印象に影響を与えているようである.例えば,Eisenberg *et al.*(2003: 323-325)によれば,陪審員レベルの被害者敬意も,コミュニティレベルの被害者敬意も,*Payne*判決の出され

---

66) 同様に,死亡に至る前の被害者の痛みや苦しみも,*Payne*判決以降,陪審評議において重視されるようになっている(Eisenberg *et al.* 2003: 315).

た1991年以降では，それ以前の時期よりも，被害者に対して肯定的な回答が増えている．また，Karp & Warshaw (2009: 110) によれば，VIE があることで，陪審員はより遺族の喪失感や哀しみを感じるようになり，被害者が家族を愛するような人物であったと思うようになり，さらに，遺族の状況に自分自身が置かれた場合を想像するようにもなっていた．

　第5に，VIE の利用は，被害の重大性の認知を高めることにつながっている可能性がある．あくまで相関関係を示しているだけであるので，因果の方向性について断定できないことはもちろんであるが，「コミュニティレベルの被害者敬意」に関して最も低い評価をした7名を分析から除外すると，この変数と犯罪が悪質であるとの認識との相関は統計的に有意であった (Eisenberg et al. 2003: 328)．また，すぐ上で指摘したばかりだが，Karp & Warshaw (2009: 108) によれば，VIE が提出された場合の方が，遺族の喪失感や哀しみを意識する陪審員が多かった．

　第6に，このように VIE は，被害者や遺族への印象や，被害の重大性に関する認知に影響を及ぼしている可能性が示されているが，量刑判断自体に影響を及ぼしていることは示されていない．ここで，Eisenberg et al. (2003) が採用した検証方法は，被害者への敬意の程度を独立変数として死刑判断への影響を調べるという方法と，1991年以降の謀殺事件に占める死刑宣告数の割合の変化を調べるという方法の2つであり，いずれも直接的に VIE を独立変数とした検証方法ではないことに注意が必要である．そうではあるが，いずれの検証によっても，VIE が量刑判断に影響を及ぼしている可能性が示されなかったことは (Eisenberg et al. 2003: 332-339)，やはり重視すべき知見であろう．さらに，Karp & Warshaw (2009: 115-116) は，より直接的に，遺族が量刑審理において証言したか否かと判決の結果との関係を調べたが，遺族による証言が死刑判決を促進しているという統計的に有意な効果を見出すことはできなかった[67]．

　第7に，Eisenberg et al. (2003: 328-329) によれば，被害者に対する敬意は，減軽事由を量刑判断においてどのように位置づけるかという点に関する陪審員の意見に影響を及ぼしていないようである．すなわち，減軽事由であると思われる

---

67) もっとも，この分析はあくまで2変数間の関係を調べたものであり，ほかの変数の統制はなされていないことに注意が必要である．

項目を列挙して，それらを量刑判断に際してどのように考慮するかを尋ねたところ，陪審員は，量刑を軽くする方向でそれらの項目を考慮すると概ね答え，そのような回答の傾向は，被害者に対する敬意の程度によって統計的に有意に異なることはなかったのである．

そうすると，少なくとも死刑判断自体へのVIEの効果は，これらの研究によって十分に示されているわけではないと評価することができそうである．しかしながら，このことについて1点留保を付しておく必要がある．すなわち，ここでの研究は，基本的にVIEが死刑判断に及ぼす影響を，どの事件においても同程度であることを前提として分析がなされているということに注意する必要があるのである．例えば，Sundby（2003: 371）は，*Payne*判決後に多くの論者が想定していたほどに，VIEが量刑判断の結果に対して一律に影響を及ぼすわけではないと述べつつも，VIEが量刑判断に影響を及ぼす可能性として，次の2つの場合を指摘している．第1に，加重事由と減軽事由とが釣り合っているような事件では，VIEが量刑判断に影響を及ぼす可能性が残されている（Sundby 2003: 372-373）．第2に，陪審員からの共感を得にくいような被害者が巻き込まれた事件において，VIEがあることで，陪審員が被害者に対して共感を抱くようになる可能性もある（Sundby 2003: 373-374）．Sundby（2003）が指摘するように，有罪・無罪を認定するための審理の段階で明らかになった被害者関連の情報が量刑判断に及ぼす影響とは区別されたかたちで，量刑審理において顕出されたVIEが量刑判断に影響を及ぼす可能性を観念することは可能であるが，そのような影響が発生する事件は，死刑事件全体のうちのごく一部であるかもしれない．そうであるとすると，そもそもVIEが量刑判断に及ぼす影響があったとしても，それを統計的に検出することは困難である．

2-3. 小括

以上までに，アメリカにおけるVISの概要を紹介したうえで，主として非死刑事件を対象とした実証研究と，死刑事件を対象とした実証研究について紹介し，一定の検討を加えてきた．さしあたり，本章における検討結果を以下に要約しておく．

まず，非死刑事件に関するVISの実証研究は，日本においても意見陳述制度

等が量刑判断に及ぼす影響を否定する論者によって援用されていた．しかしながら，これらの研究結果を，意見陳述制度等が量刑判断に及ぼす影響を否定することの論拠として用いることが妥当であるかどうかについては，疑問が残る．問題は，大きく2つある（佐伯 2010: 470）．第1に，VIS が量刑判断に及ぼす影響はほとんど見出されていないとの主張は，実証研究の結果を単純化し過ぎているように思われる（斉藤豊治（2009: 12）も参照）．確かに，椎橋（1999）が引用するエレツ（1995）によれば，「被害者が手続へ参加することの量刑結果への影響を調べた調査研究の示すところによれば，被害者の参加は量刑にわずかな効果を及ぼしているだけである」（エレツ 1995: 255）との指摘がなされている．しかしながら，例えば，被告人を保護観察とするか拘禁刑とするかの判断に対しては，VIS や被害者の意見が影響を及ぼしている可能性が示されている（Erez & Tontodonato 1990; Walsh 1986）．また，最近の研究（Rachlinski *et al.* 2013）では，VIS が裁判官の刑期判断にも影響を及ぼし得ることが示されている．第2に，アメリカの実証研究が独立変数とした VIS と，日本における意見陳述制度あるいは被害者参加制度とは，主として利用されている事件および利用形態の点で大きな違いがある．これらの違いを超えて，以上の実証研究の知見を日本の文脈に当てはめることには，慎重でなくてはならないだろう（佐伯 2010: 440-441）．

　続いて死刑事件を対象とした実証研究を4つ紹介したが，これらの研究によって，VIE が死刑判断に及ぼす影響が示されていると評価することはできない．ただし，Sundby（2003）が指摘するように，そもそも VIE が死刑判断に影響を及ぼし得る事件は，加重事由や減軽事由が均衡しているような事件等に限定されている可能性には注意しておく必要がある．

第3章　オーストラリア，イギリス

3-1. オーストラリアにおける状況

3-1-1. VIS の導入状況

オーストラリアでは，1980年代後半の連邦および各州のVictim Impact State-ment（VIS）に対する反応は，概して否定的であったとされる（Erez *et al.* 1994: 2）．しかし，1988年に南オーストラリア州が初めてVISを法制化し（隅田 2011: 497），現在では，クィーンズランド州を除く全ての州で，VISに関する規定が存在する．また，クィーンズランド州においても，実務上はVISの利用が認められているようである（Booth & Carrington 2007: 390-391; 410 n5）．

VISが量刑判断に及ぼす影響という観点から注目されるのは，南オーストラリア州において実施されたVISの評価研究である．この評価研究には，2-2-1-3で紹介したオハイオ州での調査研究（Erez & Tontodonato 1990）を行ったEdna Erezも参加している．研究結果は，南オーストラリア州政府への報告書としてまとめられているほか（Erez *et al.* 1994），学術誌上においても報告されている（Erez & Laster 1999; Erez & Roeger 1995; Erez & Rogers 1999）．以下では，これらの資料に基づき，南オーストラリア州における調査研究の結果について紹介する．

3-1-2. Erez らによる研究

3-1-2-1. 研究対象となった VIS の特徴

南オーストラリア州では，1988年にVISを導入する法律が制定され，これが翌年1月より施行されている（Erez & Roeger 1995: 365; Erez *et al.* 1994: 3）[1]．この制度に対して評価研究が行われたわけであるが，ここでのVISの特徴について，

4点指摘しておく.

　第1に,ここでのVISは書面によって提出するものとされており,被害者が法廷において口頭で陳述することまで認めるものではない.第2に,VISに含めることができる内容は,被害者が被った影響に限定されており,被害者が意見を述べることは認められていない.第3に,VISは,主として警察官が被害者から情報を集めて,それに基づいて作成されていた.第4に,このVISは検察官が裁判所に提出するために作成するものであるとされており,その意味で,ここでのVISは被害者自身が選択して作成するものではなく,捜査機関あるいは訴追機関の主導により情報が集められ,作成されるものであったといえよう[2].

3-1-2-2. 調査方法

　Erezらは,本研究のために,南オーストラリア州の最高裁判所と地方裁判所における量刑動向に関する統計資料を蒐集した.この統計資料から得られたデータは,あくまで各年の量刑動向を示すマクロデータであったが,個別の事件を単位としたミクロデータについても,データが蒐集された.ミクロデータを蒐集するための対象に選定された犯罪類型は,「実際に身体的被害をもたらした暴行」(assault occasioning actual bodily harm)(以下では,単に「暴行」と呼ぶ)である.この「暴行」罪は,調査が実施された当時は,南オーストラリア州のCriminal Law Consolidation Act 1935 §40に規定されており,法定刑の上限は5年の拘禁刑であった.もっとも,被害者が12歳未満の場合には,法定刑の上限は8年の拘禁刑とされていた.性別による影響を回避するために,被告人が男性である事件に限定してデータが蒐集された.南オーストラリア州の最高裁判所と地方裁判所で1988年から1992年までに男性被告人が「暴行」罪で有罪とされた155件のうち,当該事件記録の所在が明らかであった98件についてデータが蒐集された.このうちVIS導入以前の事件が21件,導入後の事件が77件あった.VIS導入後の事件のうち,VISが記録内に存在したものは53件(69%)あった.他方で,VIS導入以前の事件の記録内にVISが存在するものは0件であった.また,こ

---

[1] Criminal Law (Sentencing) Act 1988 §7を参照されたい.
[2] 現在では,Criminal Law (Sentencing) Act 1988 §7Aに別途 Victim Impact Statementsに関する規定が置かれている.そこでは,被害者自身がVISを提出するか否かについて第1次的に判断することができ,法廷での読み上げ等も認められている.

の98件のうち，被告人が拘禁刑に処されたものは46%であった．

以上の記録調査に加えて，実務家に対するインタビュー調査も行われた．これは，1994年2月から4月までに南オーストラリア州アデレードにて実施された．インタビューの対象者は，検察官，裁判官，および弁護士の全てから選ばれている．より厳密にいえば，検察官は軽罪を担当する検察官（police prosecutor）と，重罪を担当する検察官（crown prosecutor）とに分かれており，裁判官は，最高裁判所の裁判官と，地方裁判所の裁判官，および治安判事裁判所（Magistrates Court）において軽罪を担当する治安判事（magistrate）とに分かれているが，これら全ての者がインタビュー調査の対象とされた．地方裁判所の裁判官と治安判事のうち，刑事事件に職務時間の半分以上を費やしている者は，全て調査の対象に含まれた．検察官については，この法域で働いている者の85%が調査対象に含められた．最後に，弁護士については，南オーストラリア州の法律家協会（Law Society）から，刑事事件に対して豊富な経験を持つ者として推薦を受けた者を対象に調査を行った．最終的に42名の実務家を対象としてインタビュー調査が行われた．ここでの，インタビュー調査は構造化されたものであり[3]，概ね1時間から1時間50分かけて実施された．

3-1-2-3. 分析と結果

3-1-2-3-1. マクロデータを用いた分析結果

最初に，南オーストラリア州の最高裁判所および地方裁判所の量刑動向に関するマクロデータを分析した結果について紹介する．ここでは，まず，拘禁刑を科すか否かに関する判断に対してVISが影響を及ぼしていないかどうかが調べられた．被告人に拘禁刑が科された各年の割合を1987年から1993年までみてみると（表3-1[4]），VISが導入された1989年の前後で拘禁刑が科される割合に大きな変化が生じていることは確認できない（Erez & Roeger 1995: 367; Erez et al. 1994:

---

[3] 構造化面接とは，あらかじめ準備した質問項目を逐一聞き出していくという面接手法のことである．質問項目自体は事前に準備しておくが，インタビューの流れに応じて柔軟に質問項目を変えるような場合には，半構造化面接といわれる．なお，質問項目を明確に定めずに，話の流れに応じて自然と面接者が期待する内容が語られるような面接を行う場合には，その手法は非構造化面接と呼ばれる（以上につき，澤田・南（2001: 31）を参照されたい）．

[4] Erez & Roeger（1995: 367）に基づいて作成した．

表 3-1. 拘禁刑が科された割合

1987 年	1988 年	1989 年	1990 年	1991 年	1992 年	1993 年
39%	36%	38%	34%	36%	37%	41%

61).

　続いて，VIS が刑期の長さに及ぼす影響であるが，最高裁判所と地方裁判所において拘禁刑が科された事件の刑期の平均値が調べられた．それによると，この期間中，刑期の上限および下限（刑期のうち仮釈放が認められない期間の長さ）のいずれもが上昇傾向を示している．刑期の上限は，1981 年の平均値が 23.1 か月であったところ，1993 年にはその値が 47.6 か月となっていた．また，刑期の下限は，1981 年の平均値が 9.9 か月であったところ，1993 年にはその値が 32.1 か月となっていた．しかしながら，このような刑期の平均値の変化を，VIS 導入の効果であると評価することは難しいとされる．むしろ，この期間中に発生した仮釈放の運用の変化や，免除制度（remission）に関する規定の理解の変化が，刑期の平均値に影響を及ぼしたと解釈されている（Erez & Roeger 1995: 368-369）．

　まず，仮釈放制度の運用の変化についてであるが，南オーストラリア州は 1983 年 12 月に，それ以前よりも定期刑に近い制度へ移行しようとしたようである（Erez & Roeger 1995: 368; Erez et al. 1994: 61）．すなわち，それ以前であれば，刑期の下限を経過した後で受刑者が釈放されるか否かは，仮釈放委員会の裁量によって決められていた．しかし，1983 年の変更を受けて，受刑者は刑期の下限を終えた段階で自動的に釈放されることとなった．VIS が施行される 1989 年以前の 1984 年から 1987 年に刑期の下限が上昇傾向にあることがうかがわれるが，これは，このような仮釈放制度の運用の変化に対応したものであると考えられる（Erez & Roeger 1995: 368）．

　次に，免除制度に関する規定の理解の変化であるが，ここでの免除制度とは，アメリカ等で善時法として呼ばれている内容のものである．すなわち，服役中の行状が良い場合に，その報奨として一定の範囲で刑期を短縮できるというものである．南オーストラリア州では，刑期の下限が設定されている場合に，この免除は刑期の下限に対して作用し得た．したがって，服役期間と免除された期間の合計が，刑期の下限に至った場合には，その受刑者は仮釈放の対象となる．裁判官

は，量刑判断を下す際に，このような免除制度が存在することを考慮すべきであると規定されていたが，この規定の意味について争いがあったようである．当初，この規定は，免除制度が存在する以上，適当であると思われる刑期よりも重い刑期を選択することを裁判官に要求する規定であると解されていた．しかし，1989年にオーストラリア連邦最高裁判所（High Court of Australia）は，問題とされている規定について，免除制度が存在することを量刑判断において考慮するというのは，免除制度があるために量刑判断を重くするということを意味しているわけではないという判断を下した（Hoare v. The Queen and Easton v. The Queen, 63 ALJR 505（1989））．しかし，南オーストラリア州議会は，すぐに，オーストラリア連邦最高裁判所の判断以前の解釈を復権させる法改正を行った（Erez & Roeger 1995: 368）．刑期の下限に関する変動をみてみると，1990年に一時的に刑期の下限の平均値が下がっているが，翌年には1989年の水準に戻っている．このような刑期の平均値の変動は，ここで述べたような免除制度に関する規定の理解の変化に対応しているようである（Erez & Roeger 1995: 368）．

3-1-2-3-2. ミクロデータを用いた分析結果

次に，1988年から1992年までに「暴行」罪で男性の被告人が有罪となった事件98件を対象とした記録調査の結果についてみていくこととしたい．ここでは，被告人が拘禁刑に処されたか，あるいは社会内処遇の処罰（community based sanction）に処されたかに関するダミー変数を従属変数とした分析と，刑期の長さを従属変数とした分析とが行われている．他方で，独立変数としては，VISが記録内に存在するか否かと，VISが量刑理由において言及されているか否かの2つが用いられている．すでに述べたように，VISが記録中に存在することが確認されたのは，VIS導入後の事件77件中53件であり，VIS導入以前の事件21件中0件であった．また，VISが量刑理由において言及されていた事件は，VISが記録中に存在することが確認された事件53件中9件であった．

まず，被告人に科された刑罰の種類を従属変数としたロジスティック回帰分析の結果であるが，犯罪に関する特徴や被告人の属性等について統制したうえで分析を行ったところ，VISが記録中に存在したか否か，あるいはVISが量刑理由において言及されているか否かは，いずれも統計的に有意な影響を従属変数に対

して及ぼしていなかった.

続いて,被告人に科された刑期の長さを従属変数とした分析についてであるが,ここでは,刑期の下限,すなわち,仮釈放が認められるようになるまでに服役しなくてはならない期間の平均値が,VIS が記録中にある事件とない事件とで比較されている.VIS が記録中にある場合は,刑期の下限の平均値は 14 か月で,VIS が記録中にない場合のそれは 17 か月であった.この 2 つの平均値の差は,統計的に有意ではなかった.もっとも,先述した仮釈放の運用の変化や免除制度に関する規定の理解の変化を分析モデルに組み込むことは困難であり,またサンプル数もあまり多くないことから,刑期の長さを従属変数として多変量解析を行うことはなされていないようである(Erez & Roeger 1995: 373; Erez et al. 1994: 68).

3-1-2-3-3. インタビュー調査の結果

VIS が,量刑判断に影響を及ぼしていないとの結果は,実務家に対するインタビュー調査の知見とも整合的である.インタビュー結果を分析した Erez & Rogers(1999)によれば,そもそも検察官や裁判官は,多くの事件を処理するなかで,典型的な事件から発生し得る典型的な被害の程度について知識を蓄積しているという(特に,Erez & Rogers(1999: 223-225)を参照).そして,このような通常の被害程度に関する知識は,VIS の内容を評価する場合にも用いられているようである.つまり,事件の内容から予測される以上の被害が申告された場合には,その部分は被害者の誇張である等として捉えられるのである(Erez & Rogers(1999: 226)を参照).そのような誇張された部分を無視する手法の 1 つとして,「客観性」を重視する姿勢が挙げられる.実務家自身は,彼らの日常的な事務処理は「客観的」になされていると主張し,通常想定される被害程度を超える被害の申告に対しては,そのような主張は「主観的」であるとして退けるのである(Erez & Rogers 1999: 226-227).弁護士も,被害者の主張に対して懐疑的であるが,他方で,誇張された部分とそうでない部分とを裁判官が見分けてくれると信頼していることがうかがわれる(Erez & Rogers 1999: 227-228).このような知見からは,VIS の内容が必ずしも額面どおり受け止められているわけではなく,実務家の既存の知識体系と沿うようにして VIS の情報が選別されている可能性が示されている.

また，そもそも VIS を検察官や警察官が作成する場合には，被害内容についても客観的に記述されるため，叙述は平坦なものになるし，被害者による語りの迫力が削がれることにつながるとも考えられる．実際，VIS の内容に目新しい情報がほとんど含まれていないこともあるということが，インタビュー調査の回答からも読み取れる（Erez & Rogers（1999: 228）を参照）．このほかにも，上訴審で量刑不当とされることを避けるために，当該事案において通常下されるよりも重い量刑判断をすることを控えるとする裁判官もいた（Erez & Rogers（1999: 228-229）を参照）．

ただし，実際に VIS が量刑判断に影響を及ぼしたと思った事例を挙げてもらうよう尋ねたところ，多くの実務家がそのような事例を挙げていた．そして，そこで挙げられた事例には，VIS によって量刑が重くなったとされる事例と，それとは逆に，VIS によって量刑が軽くなったとされる事例とが含まれていた．もっとも，VIS が量刑判断に影響を及ぼすのは，ある裁判官の印象によれば，ごくわずかな事例においてであるようだ．ともあれ，Erez & Rogers（1999: 235）は，少数の事例でVISが量刑を重くする方向だけでなく，軽くする方向でも作用しているとの実務家の報告から，VIS は量刑判断の正確性や罪刑の均衡を高めていると評価している．

3-1-3. Erez らによる研究のまとめ

南オーストラリア州において行われた調査研究によれば，少なくとも，マクロデータおよびミクロデータを用いた分析の結果からは，VIS が量刑判断に及ぼす影響は見出されていない．もっとも，マクロデータの経年比較による分析では，VIS の導入以外にも量刑判断に影響を与え得る政策の変化が調査期間中に生じており，VIS が量刑判断に及ぼす影響について検証することは困難であったとされている．また，ミクロデータによる調査研究でも，サンプル数の問題もあり，十分な分析ができていなかったことは否定できない（Erez *et al.*（1994: 68）を参照）．このような分析上の問題を抱えていることに留意する必要はあるが，少なくとも，ここでの分析によって VIS が量刑判断に及ぼす影響は示せていない．

なぜVISが量刑判断に及ぼす影響が見出されなかったかについては，いくつかの説明が考えられる．第1に，VISに含まれる情報は，有責性（culpability）や

前科等の情報に比べて重要ではないと受け止められていることが考えられる (Erez & Roeger 1995: 374; Erez et al. 1994: 69). 第2に, VIS に含まれる情報は重要であると受け止められてはいるが, そこで提示される情報とは, VIS 導入以前から裁判所に提示されていたか, あるいは様々な情報から裁判官が推測していたものであった可能性がある (Erez & Roeger 1995: 374; Erez et al. 1994: 69). そうであれば, VIS の導入以前と以後とで, 裁判官が量刑判断に際して用いる情報の内容に違いはないと考えられるのである.

しかし, 実務家に対するインタビュー調査の結果を踏まえるならば, 以上とは異なる第3の解釈が考えられるようになるという. すなわち, VIS は量刑判断を重くする方向で作用する場合もあるが, 量刑判断を軽くする方向で作用することもある. したがって, 端的に VIS の有無を独立変数とした分析では, それが量刑判断に及ぼす影響を検出することが難しいかもしれないのである (Erez & Roeger 1995: 374; Erez et al. 1994: 69). もっとも, VIS が量刑判断に及ぼす影響が双方向的である可能性が, 実務家に対するインタビュー調査からも示されていたが, そこでは VIS が量刑判断に影響を及ぼしたと感じられる事例は例外的に存在するのみであるとされていたことにも, 留意しておく必要があるだろう (Erez & Roeger 1995: 374; Erez et al. 1994: 69).

ともあれ, ここでの研究結果は, 意見陳述制度が量刑判断に影響を及ぼさないという議論の根拠として, 日本において援用されることがあった (例えば, 椎橋 (2000: 47) を参照). 確かに, 分析上の問題は残るとしても, ここでの分析結果による限り, VIS が量刑判断に及ぼす影響が十分に示されているということはできない. さらに, 実務家に対するインタビュー調査でも, VIS が量刑判断に影響を及ぼしたと感じられる事例は例外的に存在するだけであった. ただし, ここで注意すべきは, アメリカにおける非死刑事件を対象とした実証研究について述べたことの繰り返しになるが (2-2-1-6), 2つの理由から, この研究結果を日本の意見陳述制度等の文脈にそのまま援用することは適当ではないということである. 第1に, ここで紹介した研究が対象とした制度は, 主として警察官が被害者から得た情報をもとに作成した VIS を裁判所に提示するというものである. これは, 被害者が法廷で陳述するような意見陳述制度とは異なるものである. また, この調査研究が対象とした制度のもとでは, VIS に含まれる内容は被害者の被った損

害の点に限定されており，被害者の意見を含ませることはできなかった．他方で，意見陳述制度においては，被害者は「被害に関する心情その他の被告事件に関する意見」を陳述できることとなっており（刑事訴訟法292条の2第1項），情報の内容という点でも，ここでの調査対象となった制度と，日本の意見陳述制度との間には差異がみられる．第2に，事件単位の記録調査は，「暴行」罪を対象として行われていたが，これは，日本において意見陳述制度や被害者参加制度の利用が集中している事件類型とは異なっている．

3-2. イングランドおよびウェールズにおける状況

イングランドとウェールズでは，1996年の被害者憲章を受けて，Victim Statement（VS）に関するパイロット事業が1997年から1998年にかけて行われた（Sanders *et al.*（2010: 738）を参照）．これは2001年10月1日から正式に導入され，名称はVictim Personal Statement（VPS）とされた[5]．しかし，ここで導入された制度のもとでは，口頭での陳述は許されていなかった．そこで，2006年4月24日から2008年4月23日までの期間に実施されたパイロット事業の一環として，殺人事件の遺族について，口頭での陳述を認めるFamily Impact Statement（FIS）が試験的に導入され，2007年6月には一定の変更を加えたうえでイングランドおよびウェールズ全域での導入が宣言された（Kirchengast 2011: 158-159）．

以下では，1997年から1998年にかけて行われたVSのパイロット事業の評価報告書（Hoyle *et al.* 1998; Morgan & Sanders 1999）のうち，VSが量刑判断に及ぼす影響について検討している部分を中心に紹介し[6]，そのパイロット事業後の展開，およびFISのパイロット事業の評価報告書（Sweeting *et al.* 2008）についても簡単に紹介することとする．

---

5) VISの語が用いられなかった理由としては，VISには被害者の手続上の権利というニュアンスが強く，そのような概念とは距離を置くためであるということが指摘されている（Hoyle *et al.* 1998: 6）．
6) 評価報告書のほかにも，あわせて，Hoyle *et al.*（1999）やSanders *et al.*（2001）も参照されたい．

3-2-1. VSに関するパイロット事業

3-2-1-1. VSに関するパイロット事業の概要

　VSのパイロット事業は，警察官が一元的に事件の処理状況について被害者に通知するOne Stop Shop（OSS）のパイロット事業とあわせて行われた[7]．パイロット事業が実施された警察管轄区（police area）は，マージーサイド州のセフトン，サセックスのクローリー，首都警察管区（Metropolitan Police District）のペッカムとサザーク，ハンプシャー州のオールダーショット，およびランカシャー州のチョーリーである．なお，ベッドフォードシャー州でも，OSSのパイロット事業は実施されなかったが，VSのパイロット事業は実施された．

　パイロット事業の対象となった犯罪類型は，不法目的住居侵入（domestic burglary），家庭内暴力，重大な身体的傷害をもたらした暴行（assault occasioning grievous bodily harm），性的暴行，強盗，5,000ポンドを超える被害の器物損壊（criminal damage over £5,000），人種差別を動機とする犯罪（racially motivated offences），およびこれらの未遂と共謀である．また，1997年初頭のうちに，以上に加えて，実際に身体的傷害をもたらした暴行（assault occasioning actual bodily harm）もパイロット事業の対象事案に加えられた．

　VSとOSSのパイロット事業については，被疑者が起訴される予定であることを被害者に伝える際に，書面で案内が送られる．ただし，実施地区によって多少の運用の違いもみられた．例えば，マージーサイド州セフトンではVSの記入票がVSの案内状に同封されていた．首都警察管区やサセックスのクローリーでは，VSの利用を決めた被害者にVSの記入票が送付された．ランカシャー州チョーリーとハンプシャー州オールダーショットでは，警察官が被害者宅を訪問し，記入票を作成したり，あるいは記入票には拘束されないで陳述書を作成したりしていた．

　VSに記入できる内容は，被害の程度や，それが補償された程度等に限定されていた．したがって，あくまで被害に関する情報についての陳述書（*victim-information* statement）であって，意見を述べる陳述書（*victim-opinion* statement）では

---

7) OSSの評価研究については，Hoyle *et al.*（1998）を参照されたい．

ない．なお，VSの内容は，最初にVSを作成した後で更新することも可能であったが，その機会を利用した被害者はいなかったようである．

3-2-1-2. VSに関するパイロット事業の評価研究の調査方法

3-2-1-2-1. 被害者に対するインタビュー調査

　VSあるいはOSSのパイロット事業について案内がなされた全ての被害者を対象として，調査が行われた．パイロット事業を実施している警察官には，案内をした被害者に関して，あらかじめ与えられた書式に従ってデータを蒐集してもらい，大体2週間間隔でパイロット事業の評価研究チームに，記入を終えたものを送付してもらうよう依頼した．

　ここで，被害者を対象としたインタビュー調査は，パイロット事業の案内がなされた被害者全員を対象に実施されたわけではない．警察から事件記録等が送られてきたのが，インタビュー調査を実施するには遅過ぎた場合や，被害者が18歳未満である場合，電話に出なかった等の理由で被害者に接触することができなかった場合，言語等の問題でコミュニケーションを図ることが困難であった場合等は，インタビューが行われなかった．最終的に216件が，被害者に対するインタビュー調査の対象から除外された．

　インタビュー調査が実施された時期は，1997年5月から1998年1月にかけてである．被害者には，OSSおよびVSのパイロット事業の案内を渡した段階で，インタビュー調査への協力をお願いする案内も渡されていた．さらに，インタビュー調査の協力に同意してもらえるか否かについては，電話でも確認を取った．事件記録等から特に慎重に扱うべき事案であると判断されなければ，インタビュー調査は電話調査の形式で実施された．他方で，慎重に扱う必要のある事案であると判断された場合には，電話調査と面接調査のいずれを採用するかについて，被害者に選択してもらった．なお，電話を所有していない被害者7名が手紙で回答をした．

　被害者へのインタビューは，2回に分けて行われた．「始期インタビュー」(start interview)は，OSSあるいはVSの利用を決めた直後に実施され，主として，利用しようと思った理由や，利用したプロジェクトに対する期待等について

データを蒐集した．そして，刑事裁判が確定した段階（when cases had reached a conclusion）で，「終期インタビュー」(*end* interview）が実施された．こちらのインタビュー調査では，OSS や VS を経験して，それが自身の期待に沿ったものであったか否かといった点を中心にデータが蒐集された．ただし，調査実施期間終了段階になっても，未だに係属中の事件が多く存在したため，始期インタビューを行った被害者全員に対して終期インタビューを行うことはできなかった．他方で，OSS も VS も利用しなかった被害者には，刑事裁判が確定した段階（when their cases had ended)[8]でインタビュー調査が実施された．そこでは，参加しなかった理由や，刑事司法に対する印象等を中心にデータが蒐集された．

インタビュー調査は564名の被害者に対して試みられ，このうち250名とは接触することができず，25名からは調査への協力を断られた．したがって，最終的にインタビュー調査を実施できたのは，289名の被害者に対してである（回収率は51.2%)[9]．この289名のうち，OSS か VS の一方あるいは両方を利用した被害者は226名で，52名はいずれも利用しなかった．残りの11名は，そもそもOSS や VS への参加を誘われなかったと主張している[10]．

3-2-1-2-2. 実務家に対するインタビュー調査

VS の運用に関わっている実務家に対するインタビュー調査が，ベッドフォードシャー州，マージーサイド州，首都警察管区，およびサセックスの4地点を対象に行われた．調査対象となった実務家は，VS を蒐集する任務を負っている警察官や，公訴局（Crown Prosecution Service）の検察官，治安判事裁判所の書記官，治安判事，裁判官，弁護士である．

次に述べるとおり，この評価研究では，インタビュー調査を実施したのと同じ4地点から VS の利用された事件の記録についてデータを蒐集している．その事

---

8) OSS あるいは VS を利用した被害者の終期インタビューの実施時期を説明したところとは，調査実施時期を説明する文章の文言が若干異なっているが（Hoyle *et al.* 1998: 10），ここでの記述にあたっては，等しく「刑事裁判が確定した段階」としている．
9) Chalmers *et al.* (2007: 370) が指摘するように，終期インタビューを実施できなかった被害者が存在したのであるから，その人数も報告されるべきであった．
10) 他方で，警察官は，その11名は OSS や VS の利用を断ったものと認識していた．あり得る解釈としては，引越しや一時的に住居から離れていたために，OSS や VS に関する案内がうまく届かなかったことが考えられる（Hoyle *et al.* 1998: 10）．

件記録から，当該事件を担当した検察官の名前を特定したうえで，インタビュー調査を依頼した．可能であれば面接調査を行い，その調整が難しい場合には電話調査が行われた．4地点で合計すると，31件分の特定の事件に関連して検察官とのインタビュー調査が行われた．その検察官とのインタビュー調査から，当該事件を担当した裁判官を特定してインタビュー調査をすることが試みられたが，これは上手くいかなかった．そこで，裁判所を訪ねて，何名かの治安判事や裁判官を対象として集団でのインタビュー調査を実施するという方法が採用された．その過程で，裁判所書記官や弁護士とも話をすることができたという．

3-2-1-2-3. 記録調査

1998年の秋にベッドフォードシャー州，マージーサイド州，首都警察管区，およびサセックスの4地点の関係当局に対して，1998年1月1日から蒐集したVSの謄本と，事件記録の詳細をあわせて送付するよう依頼がなされた．最終的にVSの含まれた記録が評価研究チームのもとに送付された事件数は，ベッドフォードシャー州で12件，マージーサイド州で41件，首都警察管轄区で37件，サセックスで32件であった．

3-2-1-3. VSに関するパイロット事業の評価研究の調査結果

3-2-1-3-1. VSの利用率

パイロット事業においてVSを利用することが可能であった被害者1,292名のうち，実際にVSを利用した被害者は381名（29.5%）であった．利用率について地域別にみてみると，首都警察管区の327名中29名（8.9%）が最低であった．ハンプシャー州は120名中23名（19.2%）で，ランカシャー州は79名中15名（19.0%）であり，両州はほぼ同程度の利用率であった．また，サセックスでは250名中85名（34.0%）が利用しており，マージーサイド州では516名中229名（44.4%）が利用していた．マージーサイド州では，VSの記入票と案内状を同封していたので，Hoyle et al. (1998: 25) は，このことが利用率を上げた可能性があると述べている[11]．

3-2-1-3-2. VSに含まれる内容

　VSの基本的な理念は，被害者に対して，調書において通常記載されるよりも広い範囲の犯罪の影響について述べる機会を与えることにあるとされている（例えば，Morgan & Sanders（1999: 1）を参照）．そうであるならば，実際に，調書に記載されているよりも広い範囲の情報がVSに記載されているか否かが，問題となってくる．この点につき，被害者に対するインタビュー調査では，VSを利用した被害者に対して，調書に記載した内容以外の情報をVSに記載したか否かが尋ねられていた．この質問に対して，約3分の2の被害者が，特に何もつけ加えていないと回答していた．他方で，何らかの情報をつけ加えたと答えた被害者が3分の1ほどいた．被害者へのインタビュー調査の結果からは，調書作成時においては十分に明らかとなっていなかった犯罪の影響に関する情報をVSに記載した被害者が，一定程度いたことが示されている（Hoyle et al. 1998: 27-28）．

　他方で，警察官から送付された調書とVSとを，任意に選択した20件について評価研究グループが詳細に検討したところ，VSにおいて，調書にはない情報が記載されていることは，ほとんどなかったとされている．VSにおいて新しい情報があまり記載されていない理由としては，いくつかのことが考えられる（Hoyle et al. 1998: 29）．まず，VSを作成する段階に至っても，被害者は長期的な犯罪の影響がどの程度のものであるのか，十分に分かっていなかったことが考えられる．また，被害について自分自身で語ること自体が嫌であった被害者もいたと考えられる．あるいは，警察官の態度が，被害者が語ることを抑制したとの事例も報告されている．さらに，VSの記入票のフォーマット自体が，被害者の多様な語りを抑制している可能性もあるという．原因については複数考えられるものの，いずれにせよ，調書に記載されていない情報がVSにおいて記載されるということは，あまりないようである．

　このような結果は，実務家に対するインタビュー調査によっても示されている．例えば，インタビュー調査の対象となった検察官は，概して，VSが新しい情報を含んでいることはないと考えていたようである．また，仮にVSが新しい情報

11）ただし，被害者に対して行われたインタビュー調査によれば，VSへの記入を強制されていると勘違いしていた人もいたため，VSの記入票を最初に同封したことが利用率を高めたのは，それがVSの記入が強制であるとの認知を促進したからではないかとも述べられている（Hoyle et al. 1998: 26）．

を含んでいるとみなされた場合には，検察官は，警察官がさらに調書を作成することが適切であると考えていた．もっとも，いくつかの事例では，さらなる証拠調べをするまでもなく，VSが新しい情報を提供してくれることがあったとの指摘もあったようであるが，全体的にVSはそれ以前に作成された調書と比較して追加的な情報を含んでいるとは考えられていなかったようである．

また，Morgan & Sanders（1999: 10）は，いくつかのVSの記載を読んだうえで，そこには，事実か否かを確認することが困難な情報が含まれていることがあると指摘する．そのような情報としては，恐怖や不安等のために何らかの行動を取ることができなくなってしまったといったようなものが挙げられる．また，犯罪と被害の因果関係について確認することが難しい情報も，VSに含まれることがあった．ただし，検察官や弁護士は，裁判官が重要な情報のみに着目することについて信頼を置いているようである．例えば，あるマージーサイド州の検察官が，「夜間に外を出歩くのが不安であるという陳述を，どうして裁判官が考慮に入れるだろうか」（Morgan & Sanders 1999: 17）と述べていることや，ある弁護士の発言が，裁判所による情報の取捨選択能力に対する信頼を示すものであったこと（Morgan & Sanders 1999: 22）が報告されている．

3-2-1-3-3. VSが量刑判断に及ぼす影響

記録調査において蒐集された事件のなかで，VSが量刑判断に影響を及ぼしていると考えられる事件があるかどうかを，公訴局の検察官に尋ねたところ，ごく少数の事件については，VSが量刑判断に影響を及ぼしている可能性があるとの指摘がなされた．また，記録調査の対象に含まれてはいないものの，VSが量刑判断に影響を及ぼしたと考えられる具体的事例について，検察官1名とマージーサイド州の裁判所書記官1名とがインタビュー調査中に言及していた．

ともあれ，いくつかの具体的事例において，VSが量刑判断に影響を与えている可能性が指摘されたが，全体としてみれば，検察官は，VSに含まれる具体的な情報のみが量刑判断に影響を与える可能性があり，そのような具体的情報がVSに含まれていることは滅多にないと考えているようであった（Morgan & Sanders 1999: 17）．このような考え方は，少数の裁判官や治安判事においても表明されていたとされている．

裁判官は，被害者が被った影響自体については，そのような情報が量刑判断に影響を与えることは認識しており，VSの内容が量刑判断に影響を与えることはあると指摘していた．しかし，治安判事は，VSの内容が影響を与えるのは，刑罰の量に関する判断に対してであって，非常に微妙な事案ではない限り刑種の選択に際してVSの内容が影響を及ぼすことはないと述べていた．他方で，少数ではあるが，そのような微妙な事案であっても，VSの内容が刑種の選択に影響を及ぼすことはないと述べる裁判官や治安判事もいた（Morgan & Sanders 1999: 17）．

ここで，先ほど紹介した南オーストラリア州での調査研究においては，VISは量刑を重くする方向で作用する可能性がある一方で，量刑を軽くする方向にも作用する可能性があることが，一部の実務家によって指摘されていた（3-1-2-3-3）．このような可能性について尋ねたところ，裁判官や治安判事は，VSが量刑を重くすることはあっても，それを軽くすることはないであろうと述べていた．ともあれ，以上のインタビュー調査の結果を踏まえて，Morgan & Sanders（1999: 18）は，VSが量刑判断に影響を与えることは，滅多にないであろうと結論づけている．

3-2-1-3-4．VSに対する量刑判断者の意識

治安判事は，被害者の被った影響を量刑判断に際して考慮することは良いことであり，VSはそのような考慮を達成する手段となり得るという考えに賛同していた．しかし，インタビュー調査が進むにつれて，一部の治安判事は，VSを量刑判断において考慮することに懐疑的な意見を述べ始めた．彼らは，特定の犯罪から受ける影響には個人差があり，また，それは主観的なものであると述べた．そして，そのような影響の差によって，犯罪の重大性が異なるということにはならないし，そうなってはならないとも述べていた．また，治安判事からは，「相場」（going rate）等も存在するために，自分たちが量刑判断に際して有している裁量の余地は，そもそも小さいという指摘があった（Morgan & Sanders 1999: 21）．

裁判官も，その多くが，原則としてVSを歓迎していた．しかし，何名かは，それが量刑判断に影響を与えることに対して懸念を示していた．VSについて歓迎するものの，VSの情報のうち具体的であり，証拠によっても支持されている情報についてのみ考慮に入れるというのが，多数の裁判官の見方であるようだ

(Morgan & Sanders（1999: 22）を参照）．

このように，治安判事も裁判官も，VS のような制度自体には賛意を示しているが，VS の提出と，そこに含まれる情報については，より体系的かつ証明可能なものにすることを望んでいるようである（Morgan & Sanders 1999: 22）．

3-2-2. VS に関するパイロット事業後の状況

VS に関するパイロット事業が終了した後，2001 年 10 月 1 日より，この制度は VPS と名称を変えて，正式に施行されることとなった．正式に導入された VPS は，いくつかの違いはあるものの，概ねパイロット事業において実施された VS と類似したものである．まず，VPS に記載できる内容は，あくまで犯罪によって被った影響に限定されており，適当であると思う量刑に関する意見は記載できないとされている（Sanders *et al.* 2010: 738）[12]．VPS は，基本的に書面，あるいはビデオ録画によって作成される．警察官は，調書作成後に，被害者に対して VPS を作成するか否かについて意向を尋ねることとなっている．もし，その場ですぐに VPS を作成しようとする場合には，警察官がその援助をする．もちろん，その場ですぐに VPS を作成する必要はなく，後で作成したいと考えた場合には，警察官に連絡を取ることが指示されている．一度提出した VPS の変更や撤回は認められていない．しかし，VPS の内容を修正する旨の追加的な陳述書の提出は認められている．また，最初の VPS を作成した段階では明らかとなっていなかった被害の状況について記載するために，さらに VPS を作成することが認められている．

量刑判断に際して VPS がどのように考慮されるかについてであるが，被害者向けのパンフレットにおいては，あくまで量刑判断は裁判所が行うものであるとの断りを入れたうえで，しかしながら，裁判官や治安判事は，犯罪が被害者に与えた影響を量刑判断に際して考慮するであろうと述べている．ただし，被害者の意見については，量刑判断に際して考慮されないことが明記されている．

ここで，VPS は，犯罪行為によって影響を被った者であれば誰でも利用でき

---

12) 被害者向けのパンフレット *Making a Victim Personal Statement* の 4 頁においても，このことは明記されている．なお，以下の VPS の記述は，2009 年発行のパンフレット（Office for Criminal Justice Reform 2009）や，Roberts & Manikis（2011）を参考にしている．なお，2013 年に発行されたパンフレット（Ministry of Justice & Green 2013）も参照されたい．

るとされている．したがって，遺族等による利用も認められている[13]．しかしながら，依然としてVPSは書面による提出が基本となっており，被害者自身が直接的に法廷で陳述する機会は提供されていなかった[14]．そこで，殺人（謀殺および故殺）事件の遺族を対象として，犯罪により被った影響について口頭で陳述する機会を提供する仕組みとしてFISが提案され，2006年4月24日から2008年4月23日までの期間，パイロット事業として実施された[15]．パイロット事業が実施された地域は，5つの刑事法院の管轄区であり，具体的には，マンチェスター，バーミンガム，カーディフ，ウィンチェスター，ロンドンである．

　FISを裁判所に提出する方法は，これまでどおり公訴局の検察官を通して書面等で提出する方法と，被害者の支援者が提出する方法，遺族が読み上げる方法，友人が読み上げる方法，および裁判官が個人的に読む方法等があった（吉村 (2010: 157) を参照）．あくまで2007年12月までの集計であるが，VASを利用することが可能であった家族は392世帯あった．このうちFISを提出したのは124世帯であった．遺族自身が法廷で直接陳述できる点が，FISとVPSの大きな違いであったが，実際に遺族自らが法廷で陳述をしたのは，124世帯中19世帯にとどまった．

　また，VPSと同じく，FISにおいても，被害者が被った影響の陳述が中心となっている．他方で，量刑に関する意見については，FISの内容に含めないようにとの注意書きが，被害者向けのパンフレット（Office for Criminal Justice Reform 2006）に記載されていた．

　FISが量刑判断に及ぼす影響についてであるが，Sweeting *et al.* (2008: 33) は実務家へのインタビュー調査について簡単に触れている[16]．それによれば，何名

---

[13] VPS利用者の範囲に関する詳細については，吉村 (2010: 149)，Wolhuter *et al.* (2009: 179) を参照されたい．

[14] もっとも，2013年発行のパンフレットでは，被害者自身が法廷で陳述することもオプションの1つとして示されている（Ministry of Justice & Green 2013）．

[15] より正確にいえば，ここで実施されたパイロット事業は，Victims' Advocate Scheme (VAS) に関するものであり，このVASは，FISのほかに，もう2つの内容を含んでいる．1つは，Pre-trial Supportで，公訴局の検察官が事実審理前に被害者と面会し，検察官の役割や，事実審理の手続等について事前説明を行うというものである．もう1つは，Personal and social legal adviceと呼ばれるもので，被害者が，15時間だけ無料で法的サーヴィスの提供を受けられるようにするシステムである．これら3つの内容を含むVASのパイロット事業に関して評価を加えた研究として，Sweeting *et al.* (2008) がある．以下の記述は，主としてこのSweeting *et al.* (2008) に基づいている．

かの実務家は，量刑判断に際して裁判官には従うべきガイドラインがあるため，FISが量刑判断に影響を及ぼしているとは考えられないとの意見を述べていたようである．他方で，1名の裁判官は，被害者の特殊な属性が，判断に影響した可能性があると述べていた．さらに，別の1名の裁判官は，FISが判断に影響を与えていないとは思うとしつつも，そのように断言する自信はないとしている．

ともあれ，このVASのパイロット事業は，2007年2月にさらに12か月間延長することとされ，同年6月には一定の修正を加えたうえで，イングランドおよびウェールズ全域で実施されることが決定された（Kirchengast 2011: 158-159）．

3-2-3. イングランドおよびウェールズの状況に関するまとめ

以上までに，イングランドおよびウェールズの状況を紹介してきたが，VSあるいはFISが量刑判断に及ぼす影響について，最後にまとめておくこととする．イングランドおよびウェールズにおいては，VSに関してもFISに関してもパイロット事業として試験的に実施され，その評価研究の結果が公表されている．そこでは，量刑判断自体を従属変数とするわけではなく，実務家の認識としてVSやFISが量刑判断に影響を及ぼしていたか否かが調べられていた．しかしながら，インタビュー調査の対象となった実務家の数は比較的少ないうえに，いずれの報告書（Morgan & Sanders 1999; Sweeting et al. 2008）においても，一定の回答をした者の内訳が十分に記載されていなかった．そのような問題点は残されているものの，本書の問題関心からは以下の5つの知見が注目に値する．

第1に，一部の事件においてVSやFISが量刑判断に対して影響を及ぼしている可能性が指摘されていたが，少なくとも，それらが量刑判断に影響を及ぼしていないとの認識の方が，実務家のなかでは優勢であるようである．

第2に，VSは量刑を重くする方向で作用するかもしれないが，量刑を軽くする方向で作用することはないであろうというのが，実務家の意見であった．これは，南オーストラリア州における調査結果（Erez & Rogers 1999）とは整合しない．もちろん，Morgan & Sanders（1999: 18）が指摘するように，いずれの研究もサ

16）パイロット事業が実施された5地点で，合計40名の実務家に対して，インタビュー調査が実施された．実務家のなかには，裁判官や検察官，弁護士，裁判所職員等が含まれている（Sweeting et al. 2008: 4）．

ンプル数が少ないので，明確な知見を得るためにさらなる検証が必要であることは，論を待たない．しかし，この結果を評価するうえでも，南オーストラリア州で調査対象となった制度と，ここで評価研究の対象となった制度の違いを意識しておくことは重要かもしれない．すでに述べたように，南オーストラリア州で評価研究の対象となった制度は，検察官が主導して裁判官に被害実態に関する情報を提供するものであった（3-1-2-1）．他方で，イングランドおよびウェールズにおいて評価研究の対象となった VS は，それを利用するか否かについて被害者が選択して決めるというものであった．前者のような仕組みであれば，被害の程度が予想以上に軽微であったとの情報がもたらされる可能性もあるが，後者のような仕組みの場合，自分の被害が軽微であることを述べる目的で VS を作成する被害者は少ないかもしれない（Morgan & Sanders（1999: 18）を参照）[17]．

第3に，これは主として治安判事の発言に依拠するものであるが，VS が刑罰の量に影響を与えることについては，一部の実務家によってあり得ることとされているが，刑種の選択に影響を与えていることについては否定的な意見が多かった．VS が刑罰の量に影響することについては是認するものの，刑罰の種類を決定する判断にそれが影響してはならないという規範意識が，少なくともイングランドおよびウェールズにおける治安判事にはあるようである．

第4に，量刑判断における相場やガイドラインがあることを，VS あるいは FIS が量刑判断に影響を及ぼさないことの根拠として指摘する意見がみられた．日本においても，量刑相場があるために意見陳述制度や被害者参加制度が量刑判断に影響を及ぼすことは考えにくいとの指摘がなされることがあるが（1-1-3），イングランドおよびウェールズの一部の量刑判断者においてもそのような認識があることがうかがわれる．

第5に，VS に含まれる情報のうち，証拠によっても支持されており，また十分に具体的である情報のみを裁判官が選別して考慮に入れている可能性がある[18]．

---

17) もちろん，いずれの仕組みのもとであっても，被害者と被告人が知り合いであり，被告人の刑が軽くなることを被害者が望んでいるような場合等には，影響が軽微であることを被害者が申告する可能性はある．ここでの指摘は，被害が軽微であるとの申告は，イングランドおよびウェールズにおいて評価対象となった仕組みのもとでよりも，南オーストラリア州において評価対象となった仕組みのもとにおいて，より多く提出される可能性があることを述べているにとどまる．

18) また，裁判官は，ある被害状況のもとで被害者がどのような影響を被るかについて，一定の予測を持っているようである．例えば，あるマージーサイド州の治安判事は，「我々はみな，泥棒に

南オーストラリア州でも，裁判官が VIS に含まれる情報のうち，何を考慮に入れるかについて選択していることが指摘されており (3-1-2-3-3)，ここでの知見は，そのような知見とも整合的である．

ただし，ここでも，調査対象となった VS あるいは FIS と日本における制度との違いには留意しておく必要がある．日本の意見陳述制度や被害者参加制度は，被害者が法廷で直接裁判に関与する機会の多いものであり，また，遺族による利用が多数を占めている (1-1-1; 1-1-2)．それに対して，VS のパイロット事業において利用対象となった事件は，不法目的住居侵入，家庭内暴力，重大な身体的傷害をもたらした暴行，性的暴行，強盗，5,000 ポンドを超える被害の器物損壊，人種差別を動機とする犯罪，実際に身体的傷害をもたらした暴行，およびこれらの未遂と共謀に限定されていた．また，VS の提出方法は，被害者自身が記入するか警察官が作成するかといった点については地域差があったが，書面として作成し提出するという点では共通していた．このようなことから，VS における調査結果を日本の意見陳述制度や被害者参加制度の文脈において援用することには，慎重でなくてはならない．

他方で，FIS においては，殺人事件の遺族が利用対象者となっており，加えて直接法廷で FIS を読み上げることも認められていた．このような点からすると，FIS は，日本の意見陳述制度とある程度類似した制度であると位置づけることが可能であるかもしれない．しかし，すでに紹介したように，FIS においても，意見の陳述は適当であると考えられていない．もっとも，被害者に向けて配布されたパンフレットでは，あくまで，「被告人が刑務所でどのくらいの期間を過ごすべきかに関するあなたの意見を，裁判官に言わないようにして下さい」(Office for Criminal Justice Reform 2006: 11) と書かれているだけであり，被害者が実際に FIS にどのような情報を含ませたかは詳らかではない．したがって，仮に FIS を通して遺族が，心情面に重きを置いた陳述をしていたような場合には，ここでのパイロット事業の内容は，日本の制度状況を考えるうえで，より重要な意義を有してくるとも考えられる．ただし，実際に遺族自らが法廷で FIS を読み上げた

入られるということがどういうことか知っている」と述べているし，サセックスの裁判官は，「例えば不法目的侵入の被害者が，その経験によって動揺するであろうことは，疑いの余地なく明らかである」と述べている (Morgan & Sanders 1999: 17)．

のは，FIS を利用した 124 世帯中 19 世帯に過ぎなかった．したがって，実際の運用状況まで視野に入れれば，FIS と日本の制度との差異が大きいと評価することもできるかもしれない[19]．いずれにせよ，その利用形態および利用対象となる事件類型の点からすれば，FIS に関する実証研究は日本の制度を検討するうえで引用価値が高い可能性があるように思われる．FIS に関してさらなる実証研究が進展することが望まれる．

3-3. スコットランドにおける状況

3-3-1. VS の導入とパイロット事業

スコットランドでは，Criminal Justice (Scotland) Act 2003 §14 によって，Victim Statement (VS) に関する規定が導入された．もっとも，全国的に導入するか否かはパイロット事業の成果を踏まえて決められるとされていた．そこで，2003 年 11 月 25 日から 2 年間，一部地域に限定して VS に関するパイロット事業が実施された．パイロット事業が実施されたのは，エア，エディンバラ，キルマーノックのシェリフ裁判所 (Sheriff Court) と，エディンバラとキルマーノックにある最高刑事裁判所 (High Court of Judiciary) である[20]．この VS は，2009 年 4 月 1 日より，正式に導入されることが決まったが[21]，その内容は，パイロット事業において実施されたものと大きく変わってはいない[22]．以下では，パイロット事業の内容やその評価研究の知見を，主として評価研究報告書（Leverick *et al.* 2007) に基づき紹介していくこととする．

---

[19] 遺族自身が法廷で FIS を読み上げる方法があまり選択されていない理由は，十分に明らかではない．Sweeting *et al.* (2008: 20) は，感情的になってうまく朗読できないことを心配して，自分で読み上げることを断念した遺族がいることを報告している．また，遺族が口頭で陳述する場合には，その内容が「謀殺や故殺の影響またはインパクトを超える」場合には裁判官が介入することがあり，また被告人側に反対尋問の権利があることが，遺族に知らされるので（吉村 2010: 157)，この点に関する通知が，遺族にとってプレッシャーとなった可能性もあるかもしれない．

[20] Victim Statements (Prescribed Courts) (Scotland) Order 2003 を参照されたい．
なお，スコットランドの司法制度については，角田 (2003) を参照されたい．裁判所等の訳語については，これに依拠している．

[21] Victim Statements (Prescribed Courts) (Scotland) Order 2009 および Victim Statements (Prescribed Offences) (No. 2) (Scotland) Order 2009 を参照されたい．

[22] スコットランドにおける VS については，隅田 (2011: 502-510) が詳しい．

3-3-2. パイロット事業の概要

VS を利用することのできる被害者には，その説明書や，VS の記入票等を封入した陳述書パック（statement pack）が，検察官から送付された．この陳述書パックが被害者に対して送付されるのは，検察官が起訴を行った後であるとされている．記入された VS が被害者から返送されてきた場合には，検察官が，それを関係するファイルに綴り，適当な時期に裁判所に提出した．被害者が VS を提出した場合，その更新は認められていたが，撤回は認められていなかった．

VS の利用が可能となる犯罪類型は，原則として人に対する犯罪であり，性的犯罪や住居侵入窃盗（theft by housebreaking）も含まれる．また，殺人や自動車運転事故に起因する致死事件等も対象に含まれている（Chalmers et al.（2007；365；368）を参照）[23]．イングランドおよびウェールズにおける VS と同じく，ここでも，VS に記載できる内容は，被害者が被った影響の点に限定されており，被害者の意見については記載が認められていない．

3-3-3. パイロット事業の評価研究

3-3-3-1. パイロット事業の評価研究の方法

ここでのパイロット事業の評価研究は，大きく 3 つの方法を採用している．すなわち，パイロット事業の利用対象となった被害者に対するインタビュー調査，パイロット事業期間中に処理された事件の記録から抽出したデータの分析，および実務家に対するインタビュー調査の 3 つである．このうち，本書が紹介する知見との関連では，記録調査と実務家に対するインタビュー調査が重要であるので，まずはそれらの実施方法について説明したうえで，そこから得られた知見について紹介していくこととする[24]．

---

[23] 対象事案の網羅的リストについては，Victim Statements（Prescribed Offences）（Scotland）Order 2003 を参照されたい．なお，2003 年 11 月 24 日からは，そのリストに強盗が加えられた（Victim Statements（Prescribed Offences）（Scotland）Amendment Order 2003）．

[24] なお，被害者のインタビュー調査の結果については，Leverick et al.（2007: Chapter 6）を参照されたい．また，VS に対する被害者の評価に関する分析としては，Chalmers et al.（2007）を参照されたい．

3-3-3-1-1. 記録調査

　パイロット事業の実施地から，発送された陳述書パックの詳細や，VS が返送されたか否か，当該事件の基本的な情報について，評価研究チームにデータが送られた．また，VS が量刑判断に及ぼす影響を検証するためには，判決の内容についてもデータを蒐集することが重要である．しかしながら，この評価研究においては，この点について3つの限界があった（Leverick *et al.* 2007: 12）．第1に，調査終了時点（2005年12月）までに，調査対象となった事件の裁判が全て確定したわけではないので，その時点までに確定しなかった事件については判決内容についてデータが蒐集できていない．第2に，電子媒体によりデータを蒐集する方法では，利用しているシステムの関係上，下された処分の種類に関してしかデータを蒐集することができず，例えば刑期や罰金額等の処分の大きさに関するデータは蒐集できなかった．第3に，エディンバラでは，判決の結果についてもデータを手動で入力することとなっており，この地域での記録調査は，陳述書パックを送付した全ての事件を対象に行うことはできず，サンプルを抽出して行うこととせざるを得なかった．なお，複数の訴因を含む事件の場合には，最も重いもののみをデータとして入力することとした．

　被害者が記入した VS に関していえば，全部で160部をサンプルとして入手することができた．地域別にみると，エアからは40部，エディンバラからは65部，そしてキルマーノックからは55部を入手することができた．

3-3-3-1-2. 実務家に対するインタビュー調査

　最高刑事裁判所裁判官（high court judge）2名，シェリフ（sheriff）11名，検察官5名，Victim Information and Advice（VIA）[25]の代表者3名，弁護士4名，被害者支援団体である Victim Support Scotland の代表者4名に対して，インタビュー調査が行われた．インタビューはインフォーマルに行われ，通常1名に対して複数回実施された．

25）VIA とは，エディンバラでパイロット事業の実施を担当した検察内の部局名である（Chalmers *et al.* 2007: 367 n56）．

3-3-3-2. パイロット事業の評価研究の結果

3-3-3-2-1. VS の利用率

2003年11月から2005年10月までの間に，4,993通の陳述書パックが送付され，そのうちVSが返送されたのは743件（14.9%）であった．VSの利用率自体は，パイロット事業の実施地間で大きな違いはなかった．すなわち，エアが15.0%，キルマーノックが14.1%，そしてエディンバラが15.5%であった．なお，事案との関係でいえば，被害が重大であると考えられる事案ほど，VSの利用率が高かった（Leverick *et al.*（2007: 23-24）を参照）．

3-3-3-2-2. VS に含まれる内容

VSの記入票は，大きく4つのパートに分かれている．すなわち，①身体的影響，②精神的影響，③金銭的影響，および④それらの分類に収まらない影響の4つである．VS作成マニュアルには，被告人に対する評価や，量刑に対する意見については記載しないようにとの注意書きが添えられていた．この注意書きは，さらにVSの記入票の表紙と，「④それらの分類に収まらない影響」について記入する箇所にも添えられていた．問題は，VSの作成者が，この注意書きをどの程度遵守していたかである．サンプルとして蒐集した160部のVSの内容を分析したところ，45部（28.1%）において，被告人への評価等に関する記述が含まれていた．このことは，逆にいえば，大多数（71.9%）のVS作成者は，注意書きを遵守していたことを意味している（Leverick *et al.* 2007: 72）．

しかしながら，Leverick *et al.*（2007: 76）によれば，VSの内容を調べたところ，VSの記入票において例示的に示された表現をそのまま繰り返したような記述が頻出していたようである．そうであるとすると，VSがどの程度の情報を量刑判断者に提供できているのかが問題となり得るであろう．この点について，シェリフの意見は，概ね肯定的であるようだ．すなわち，VS自体に対して否定的な評価を下していた1名を除いて，シェリフ全員が，量刑判断者に対して重要な情報をVSがもたらしてくれたと答えている．ただし，2名のシェリフは，このパイロット事業が行われる前から，とりわけ重大な暴行事件の場合には，犯罪が被害者に及ぼした影響について情報を得るために，量刑審理を一時休止していたこと

があったと述べていた．他方で，別の1名のシェリフは，このパイロット事業実施以前には，被害者の被った影響について情報を得ることはなかったと述べていた．このことは，パイロット事業実施以前には，被害者が被った影響についてどの程度の情報を検察官に要求するかは量刑判断者によって異なっていたという，検察官の証言とも一致する（Leverick et al. 2007: 63）．ただし，VS の内容の正確さについては，11名のシェリフのうち3名から懸念が提起されていた[26]．

3-3-3-2-3．VS が量刑判断に及ぼす影響

VS が量刑判断に対して及ぼす影響を検証するために，Leverick et al.（2007）は，実際の判決の内容を従属変数とした分析と，量刑判断者の認識を検討した分析の2つの研究を行っている．もっとも，実際の判決内容に基づく調査には前述したような問題があるため（3-3-3-1-1），Leverick et al.（2007: 27）は，量刑判断者の認識に依拠した研究の方が重要であると述べている．ともあれ，実際の判決内容を従属変数とした分析と，量刑判断者の認識を検討した分析について，この順で紹介していくこととする．

まず，有罪となり最終的な処分結果の内容に関してデータが蒐集できた1,501件について，VS の有無で処分内容に違いがあるか否かが調べられた．なお，複数の処分が言い渡された場合には，そのうちで最も重たい処分を，その事件での処分であるとして分析がなされた．その結果，VS が提出されていない事件と比較して VS が提出された事件では，わずかに拘禁刑となる割合が大きく，罰金刑や保護観察となる割合が小さい傾向がみられた（Leverick et al. 2007: 30）．また，VS が提出された事件では，損害賠償命令が出されやすくなっている（Leverick et al. 2007: 30）．もっとも，ここでは統計的な検定が加えられておらず，その点には留意しておく必要がある．

26）この点に関しては，弁護士も，懸念を示していたことが報告されている．他方で，検察官の評価は，調査実施地ごとに差があったとされる．すなわち，VS が提供してくれる情報は有益であると評価したところもあれば，身体的および精神的影響に関しては有益な情報を付加してくれるが，金銭的影響については，あまり有益な情報を付加してくれないと評価するところもあった．さらに，VS は，警察官が作成した報告書には含まれていない有益な情報を提供してくれるものではないと評価するところもあった．

表3-2. 事案ごとの拘禁刑の割合

	VS あり	VS なし
暴行（n=576）	20%	15%
加重暴行（n=430）	37%	35%
強盗（n=53）	80%	74%
住居侵入窃盗（n=161）	61%	76%

しかしながら，重大な事件であればあるほどVSが提出されやすい傾向にあることからすれば（3-3-3-2-1），ここでの結果をあまり重視することはできない．要するに，重大な事件ほどVSが提出されやすく，かつ重大な事件ほど拘禁刑となりやすいのであれば，VSが提出された事件で拘禁刑が出されやすいことから，VSが量刑判断に影響を及ぼしていると評価することは困難だからである（Leverick *et al.* 2007: 30）．そこで，VSによる影響を少しでも正確に見極めるために，暴行，加重暴行，強盗，および住居侵入窃盗の4類型に関して，それぞれVSが提示された事件とそうでない事件について，拘禁刑の出された割合が比較されている（表3-2[27]）．その結果，程度の差こそあれ，住居侵入窃盗以外の類型では，VSがある場合に拘禁刑となりやすいという傾向が見出された．他方で，住居侵入窃盗では，逆の結果が生じていた．ここで，住居侵入窃盗では，ほかの類型よりも，そもそも拘禁刑となる確率が高いが，これは，この種の事案で有罪となる被告人は，たいてい前科を持っているからであると考えられる（Leverick *et al.* 2007: 31）．このように事案ごとに分析を加えたのは，犯罪の重大性をある程度統制したうえでVSが量刑判断に及ぼす影響がみられるか否かを調べようとしたからであるが，Leverick *et al.*（2007: 29）自身が認めているように，このような統制は非常に粗いものである．また，ここでも，VSが提出された場合と提出されなかった場合とで，拘禁刑の割合が統計的に有意に異なっているか否かの検定はなされていない．Leverick *et al.*（2007: 31）がまとめているように，量刑判断の結果とVSとの間に一定の関連はみられたが，それをVSによる量刑判断への影響であると評価できるかは依然として不明である．

次に，量刑判断者に対するインタビュー調査の結果であるが，調査に協力した

---

[27] Leverick *et al.*（2007: 30 Table 5.4）に基づいて作成した．

シェリフは全員，VS を量刑判断に際して考慮に入れたと答えていた．もっとも，Criminal Justice（Scotland）Act 2003 §14(5) において，関連性が認められる限りにおいて，裁判所は量刑判断にあたって VS を考慮することが規定されており，この回答はある意味で法律に書かれていることをそのまま繰り返したものともいえよう（Leverick *et al.*（2007: 64）を参照）[28]．

他方で，VS が量刑を重くしているか否かについてシェリフがどのように認識しているかであるが，全てのシェリフの見方は，VS が量刑に対して及ぼしている影響のみを独立して取り出して，それがあるか否かを考えることは不可能であるというものであった．もっとも，VS に含まれる情報から，量刑判断が影響を受けた，あるいは VS がなければ考えなかったような量刑についても，VS があったために選択肢として検討したという事例が，少数ではあるが報告されている．

なお，ここで調査対象となった VS は，犯罪によって被った影響が記載の対象とされており，被害者の意見は記載の対象とされていなかった．被害者の意見によって量刑判断が影響を受けることについては，全てのシェリフと検察官が，望ましいことではないとの評価を下していた．

3-3-4. スコットランドにおけるパイロット事業評価研究のまとめ

スコットランドにおけるパイロット事業の評価研究によって得られた知見のうち，本書との関係で重要と思われるものとして，以下の5点を指摘しておく．

第1に，VS の利用率は，重大な犯罪において高くなる傾向にあった．第2に，VS に含まれる情報は，量刑判断者であるシェリフによって概ね有益であると評価されていた．第3に，しかしながら，量刑判断者自身の認識としては，VS が量刑判断に影響を及ぼしているかどうかについては明確な知見が得られなかった．第4に，量刑判断の結果を，VS が提示された事件とそうでない事件とで比較すると，前者において拘禁刑とされる被告人の割合が高いことが，部分的にではあるが示された．もっとも，この知見は，統計的検定が加えられたものではなく，また，VS 以外に量刑判断に影響を及ぼし得る要因について十分な統制がなされ

---

[28] 量刑判断において VIS が重要であると裁判官が述べていることは，裁判官を対象としたほかの法域での質問票調査でも示されている．例えば，オーストラリアのヴィクトリア州における調査結果については，Victim Support Agency（2009: 37-39）を，カナダにおける調査結果については，Roberts & Edgar（2006: 11-14）を参照されたい．

ていない分析に依拠するものであることには留意する必要がある．第5に，量刑判断者の視点からすると，被害者の量刑に関する意見が量刑判断に影響を与えることは望ましいことではないと考えられているようである．

スコットランドにおけるパイロット事業の知見を以上のように要約したが，これらの知見を日本の意見陳述制度や被害者参加制度の問題を検討する際に援用する場合には，日本における制度とスコットランドにおける制度の違いについて踏まえておく必要がある．ここでのパイロット事業として実施されたVSは，送付された記入票に，被害者自身が被害状況を記入し，それを検察官に返送するというものであった（3-3-2）．対象事案に殺人事件や自動車運転事故に起因する致死事件も含まれているので，遺族が利用する事案もあったが，大多数の利用者は暴行に関連する事件の被害者であった（Leverick et al. (2007: 24 Table 4.6) を参照）．したがって，ここで紹介した調査結果を日本の文脈に当てはめて考えようとする場合には，以上のような制度の違いに留意する必要がある．

3-4. 小括

本章では，南オーストラリア州のVISに関する実証研究の知見と，イングランドおよびウェールズとスコットランドにおいて実施されたVSのパイロット事業に関する評価研究の知見を中心に紹介した．南オーストラリア州での実証研究は，日本においても，意見陳述制度が量刑判断に及ぼす影響を否定する根拠として紹介されたものであったため（椎橋 2000），ここで紹介することとした．イギリスにおけるパイロット事業については，英米法圏においてVISと呼ばれる制度を導入することの影響を，一部地域で試験的に実施することで検証しようという大規模な試みであったために，ここで紹介することとした．しかし，これらの研究で調査の対象となった制度は，日本における意見陳述制度や被害者参加制度とは大きく異なる内容のものであったことは，まず指摘しておく必要があるだろう（3-1-3; 3-2-3; 3-3-4）．この点で，イングランドおよびウェールズにおいて施行されたFISは，遺族が法廷で陳述することを認める制度であり，日本の意見陳述制度との類似性は比較的高い．したがって，FISの評価研究から得られる知見は，日本においてもそれなりに重要な意義を有するものと思われるが，管見の限りでは，現在までに十分な検証作業が進んでいるとはいい難い．

このような限界はあるものの，本章において紹介した実証研究から得られた知見は，概ね，アメリカにおいて非死刑事件を対象に行われた実証研究から得られた知見（2-2-1-6）と類似しているように思われる．第1に，VIS ないし VS が，量刑判断に対して大きな影響を及ぼしていることは，いずれの研究においても実証されていない（Roberts & Manikis（2011: 30-33）や Victim Support Agency（2009: 34）も参照）．第2に，しかしながら，スコットランドにおける VS のパイロット事業の評価研究においては，VS が，被告人を拘禁刑とするか否かに関する判断に一定の影響を与えている可能性が否定されてはいなかった．そこでの分析は大変粗いものであったことに注意する必要があるが，アメリカにおける非死刑事件を対象とした実証研究においても，このような場面では VIS が量刑判断に及ぼす影響が否定されていなかったことからすると，この知見は注目に値する．第3に，VIS が量刑判断の正確性を向上させている可能性があることは，南オーストラリア州におけるインタビュー調査の結果を分析した Erez & Rogers（1999: 235）によって言及されているものの，そのような結果は，VS のパイロット事業に関する評価研究では十分に再現されているわけではない（Roberts & Manikis（2011: 33 n57）も参照）．すなわち，VIS 等に含まれる情報に基づいて量刑を重くするだけでなく，軽くすることもあるとの実務家からの自己報告は，南オーストラリア州での調査研究では得られたが，イングランドおよびウェールズにおける調査研究では得られなかったのである（Morgan & Sanders（1999: 18）を参照）．

　また，ここで紹介した諸研究は，アメリカにおいて非死刑事件を主として対象とした諸研究（2-2-1）以上に，量刑判断者自身の認識について踏み込んだ検討がなされていることが注目される．もちろん，量刑判断者の認識と実際の量刑判断のあり様とが一致している保証はない．したがって，量刑判断者自身の認識に依拠した分析には限界もあるが，そこで得られた知見は，VIS 等が量刑判断に及ぼす影響を検討するうえで重要な情報となり得る．本書との関係で重要であると思われるのは，以下の3点である．第1に，量刑判断者は，VIS 等のうち，重視すべき情報と重視すべきではない情報とを選別している可能性がある．第2に，いわゆる「量刑相場」を理由として，VIS 等が量刑判断に影響を及ぼしていないとの指摘を行う量刑判断者がいたことが報告されている．第3に，インタビュー調査を通して，VIS 等と量刑判断との関係性について，量刑判断者の規範的見解が

多少なりとも明らかになった．例えば，イングランドおよびウェールズの治安判事は，VSが刑罰の量に影響を与えることは認めても，刑種の選択に影響を及ぼすことには否定的であるようである（Morgan & Sanders（1999: 17）を参照）．また，スコットランドにおける調査によれば，量刑判断者であるシェリフは，VSにおいて記載された影響に関する情報は量刑判断に際して有益であると考えていたが，被害者の意見が量刑判断に対して影響を及ぼすことは望ましいことではないとも考えていた（Leverick *et al.* 2007: 65）．

第4章　模擬裁判研究

4-1. 導入

　第2章および第3章では，主として実際の刑事司法の運用状況に基づいてデータを蒐集した実証研究を紹介し，検討を加えた．本章では，模擬裁判研究と呼ばれる手法によって，被害者影響証拠（Victim Impact Evidence: VIE）や，Victim Impact Statement（VIS）の影響について検証を試みている研究についてレビューする．

　ここで模擬裁判研究とは，裁判に関するシナリオを提示したうえで，実験参加者に仮想的に判断者の役を演じてもらう研究手法を指している．これは，実験的手法に基づいて計画されることが多く，そのような場合には，実験参加者に提示されるシナリオの一部が実験実施者によって操作されている．この操作によっていくつかの条件が設定され，そのような条件の違いが実験参加者の判断にどのように影響しているのかが検証されるのである．例えば，事件の内容自体は同一にしておいて，唯一 VIE を提示するか否かという点だけを操作することで，VIE がある条件のシナリオと，VIE がない条件のシナリオを用意する．そのうえで，実験参加者をランダムにこの2条件のうちのどちらかに割り振る．実験参加者には，それぞれの条件のために用意されたシナリオをみてもらい，そのうえで当該シナリオ中の被告人に対して適当であると思う刑罰を答えてもらう．このとき条件間で量刑判断に統計的に有意な差が見出されたとすれば，その差はシナリオ中唯一操作した VIE の有無に帰属できると考えられるのである．アメリカ等では，このような心理実験の手法を用いた陪審研究は，模擬陪審研究（mock jury study）と呼ばれることが一般的であるように思われるが，すでに紹介したように（1-2-1; 1-2-2; 1-2-3），日本においてもこのような研究手法を採用して被害者の刑事裁

判への参加が市民の判断に及ぼす影響について検討され始めている．そこで，本書では，アメリカだけでなく日本における類似の研究も含む趣旨で，模擬裁判研究という用語を用いている．

本章では，主としてアメリカで行われた模擬裁判研究について紹介するが，研究数が多いために，それらを個別に紹介することはしない．また，模擬裁判研究については，すでに佐伯（2010: 448-464）で紹介したことがあるが，その後もいくつかの模擬裁判研究が報告されているため，ここでは，その後の研究動向も踏まえて考察を進める．まず，以下で紹介する模擬裁判研究の手法について，いくつかの側面に関して紹介した後で，それらの研究から得られた知見を，テーマに沿って要約していくこととする．そのうえで，模擬裁判研究という手法に対して向けられる批判について検討しつつ，模擬裁判研究から得られた知見をまとめることとする．

4-2. 模擬裁判研究実施方法の特徴

本章では，主としてアメリカで実施された模擬裁判研究 19 件をレビューの対象とするが[1]，ここでは，その実験の具体的実施方法のいくつかの側面について紹介することとする．まず，模擬裁判研究に参加する者の属性であるが，心理実

---

1) VIE や VIS に言及している研究をレビューの対象としている．具体的には，Luginbuhl & Burkhead (1995), Greene et al. (1998), Tsoudis & Smith-Lovin (1998), Greene (1999), Myers & Arbuthnot (1999), Hills & Thomson (1999), Myers et al. (2002), Nadler & Rose (2003), Myers et al. (2004), McGowan & Myers (2004), ForsterLee et al. (2004), Platania & Berman (2006), Rose et al. (2006), Gordon & Brodsky (2007), Butler (2008), Blumenthal (2009), Paternoster & Deise (2011), Myers et al. (2013), Wevodau et al. (2014) が対象となっている．Blumenthal (2009) と Rose et al. (2006) は，2つの模擬裁判研究を報告しているが，大まかな枠組みは共通しているので，それぞれ1件としてカウントしている．また，Hills & Thomson (1999) と ForsterLee et al. (2004) は，アメリカではなくオーストラリアで行われた研究である．
　なお，ここで紹介した研究以外に，VIE に言及する模擬裁判研究として Platania & Moran (1999) がある．この研究では，検察官による不適切な最終弁論が，死刑判断に及ぼす影響が検証されており，実際に，不適切な最終弁論がなされた条件において，死刑が選択される確率が高まっていることが示されていた．この実験では，検察官の最終弁論のなかに，実際の事件で問題となった12の不適切な言及を含ませる条件と，それを含ませない条件を用意していたのである．そして，12 の不適切な言及のうち，1つが，被害者の人となりに関する内容で，もう1つが遺族の被った影響に関する内容であった．しかしながら，残り10の不適切な言及は VIE とは性質を異にするものであった．そのため，この結果を，純粋に VIE の問題として解釈することができない．そのような理由で，Platania & Moran (1999) は，ここでの検討対象から外した．また，Blumenthal (2009) で紹介される模擬裁判研究は，Blumenthal (2008) でも分析の対象とされているが，そこでは VIE の影響について報告されていないので，Blumenthal (2008) も，ここでの検討対象からは除外する．ただし，Blumenthal (2009) の実験概要を理解する限りで参照している．

験では大学生が実験参加者となることが多い．しかし，19件中8件は大学生を実験参加者とするものであったが[2]，それよりも広い範囲の市民を実験参加者とする研究も8件あった[3]．残り3件（Blumenthal 2009; Nadler & Rose 2003; Rose et al. 2006）は，両者の中間に位置づけられる．まず，Nadler & Rose（2003）は，大学内のロビーを通りかかった人に実験への参加を呼びかけ，最終的に302名の実験参加者を集めているが，このうち大学生が占める割合は36％であった．Rose et al.（2006）は，大学職員を主として対象としているものの，大学生のデータも一部で利用されている．Blumenthal（2009）は，ロースクール生を含む大学生を主として対象に実験を行っているが，大学職員を対象とした実験もあわせて行っている．

実験参加者に事案の概要等を提示する方法は，19件中14件が書面によるものであり[4]，残りの5件では映像が用いられている[5]．なお，映像でシナリオを提示する場合，ほとんどが架空の裁判映像を作成して，それを実験参加者に見せるという手法を採っているが，Paternoster & Deise（2011）は，実際の裁判の映像を編集したものを用いて実験を行っていることが注目される．

また，実験参加者に提示するシナリオを作成するために依拠した事案も，実験によって異なっている．いくつかの実験では，被害者が死亡していない事案が用いられているが[6]，多くの実験では死刑事件を念頭に置いているので，殺人事件

---

[2] Gordon & Brodsky（2007），Greene（1999），Luginbuhl & Burkhead（1995），Myers & Arbuthnot（1999），Myers et al.（2002），Myers et al.（2013），Platania & Berman（2006），Tsoudis & Smith-Lovin（1998）が該当する．

[3] Butler（2008），ForsterLee et al.（2004），Greene et al.（1998），Hills & Thomson（1999），McGowan & Myers（2004），Myers et al.（2004），Paternoster & Deise（2011），Wevodau et al.（2014）が該当する．

[4] Butler（2008），Blumenthal（2009），ForsterLee et al.（2004），Gordon & Brodsky（2007），Greene（1999），Hills & Thomson（1999），Luginbuhl & Burkhead（1995），McGowan & Myers（2004），Myers et al.（2004），Myers et al.（2013），Nadler & Rose（2003），Rose et al.（2006），Tsoudis & Smith-Lovin（1998），Wevodau et al.（2014）が該当する．

[5] Greene et al.（1998），Myers & Arbuthnot（1999），Myers et al.（2002），Paternoster & Deise（2011），Platania & Berman（2006）が該当する．

[6] Hills & Thomson（1999），Nadler & Rose（2003），Rose et al.（2006），Tsoudis & Smith-Lovin（1998），Wevodau et al.（2014）では，死刑の適用が問題とならないような事案が用いられている．これらを検討の対象から外すことも考えられたが，日本の制度を前提とする限り，被害者本人が刑事裁判に関与することが量刑判断に及ぼす影響を検討する研究課題となるので，ここでの検討対象に含めることとした．なお，あくまでアメリカの研究に限定してはいるものの，遺族によるVIEの提示を問題とした模擬裁判研究に限定して検討を加えたものとして，佐伯（2012）も参照されたい．また，ForsterLee et al.（2004）は，殺人事件の事案を用いた研究ではあるが，調査実施地が死刑廃止国のオーストラリアであることもあって，量刑判断の選択肢の上限は仮釈放なしの終身刑とさ

のなかでも凶悪であると思われる部類の事件を参考にしてシナリオが作成されているようである．以下では，被害者が死亡している事案を用いた実験の文脈ではVIEの用語を，被害者が死亡していない事案を用いた実験の文脈ではVISの用語を，便宜的に区別して用いることとし (2-1-2-1 も参照)，前者を主軸に据えながら記述を進めることとする．

4-3. 模擬裁判研究の知見

4-3-1. VIE の有無が量刑判断に及ぼす影響

4-3-1-1. VIE の有無が量刑判断に及ぼす影響を示す研究

　VIE の有無が量刑判断に及ぼす影響について，模擬裁判研究の手法を用いて最初に検証を試みたのは，Luginbuhl & Burkhead (1995) である．この実験では，2種類の強盗殺人事件の事案が用いられている．1つは，強盗中に発砲した銃弾が近くの人に当たり，その人が死亡したという事案である．この事案の記述からは，殺害が意図的であったかどうかは明確ではないとされている．もう1つの事案では，被告人は，被害者を椅子に縛りつけて，繰り返し刺して死亡させたとされている．これは，先の事案に比べて，殺害の意図がより明確である．いずれの事案についても，VIE が提示される条件と提示されない条件とが用意された．ここでの VIE の内容は，*Booth* 事件 (2-1-2-1) において提出された VIS をもとに作成されている．すなわち，保護観察官が作成したVISで，内容としては遺族が被った影響，被害者の人となり，および被告人に対する遺族の評価を含んでいる．VIE の内容は，2つの事案いずれにおいても同一である．分析の結果，VIE がある場合に，実験参加者は死刑を選択しやすい傾向にあることが示された．このような VIE の死刑選択促進効果は，2つの事案いずれにおいても観察された[7]．

　このような VIE の死刑選択促進効果は，Myers & Arbuthnot (1999) の実験で

れている．
7) なお，この VIE による死刑促進効果は，死刑をある程度支持している実験参加者においてのみ統計的に有意であり，死刑に対する態度が極端な実験参加者では統計的に有意でなかった (Luginbuhl & Burkhead 1995: 10)．しかしながら，死刑に対する態度が「ある程度支持」以外である実験参加者の数が少ない点には，留意しておく必要がある．

も示された．この実験では，量刑審理だけでなく有罪・無罪を判断する審理も視野に入れて実験計画が立てられた．実験参加者には，Payne 事件（2-1-2-1）を参考とした架空の裁判の再現映像を 60 分ほど見てもらった．被害者に関連する情報が有罪・無罪の判断に及ぼす影響についても検証するために，実験の操作は，この有罪・無罪を判断するための審理の映像に対して加えられていた．この映像を見た後で，実験参加者には評議前質問票を配布し，記入をしてもらった．評議前質問票に記入した後，実験参加者には被告人が有罪か無罪かについて評議をしてもらった．評議は 45 分を上限としており，それまでに全員一致の判断が下されなかった場合には評決不成立とした．有罪の評決を下した評議体を構成する実験参加者には，量刑審理の映像を 12 分ほど見てもらった．この追加映像を見てもらった後で，10 分を上限として量刑について評議してもらった．10 分経過した段階で全員一致の判断が形成されていない場合には，多数決で量刑を決定してもらった．最後に，全ての実験参加者に評議後質問票への記入を求めた．すぐ上で述べたとおり，この実験の操作は，被告人の有罪・無罪を判断するための審理に関する映像において加えられていた．VIE に関しては，児童心理学者による証言と，被害者の母親による証言とが含まれていた条件（VIE あり条件）と，それらの証言が含まれていない条件（VIE なし条件）とが用意された．加えて，有罪のための証拠が強固である条件（強有罪証拠条件）と，有罪のための証拠が強固ではない条件（弱有罪証拠条件）とが用意された．

　評議体を単位として分析すると，有罪の評決を下したのは，48 のうち 4 つに過ぎなかった．39 の評議体が無罪の評決を下し，5 つが評決不成立となっていた．強有罪証拠条件では，弱有罪証拠条件と比べて無罪の評決が出される確率は低かったが，VIE あり条件と VIE なし条件とでは評決の違いに統計的に有意な差はみられなかった．また，有罪の評決を下した評議体が 4 つしかなかったため，評議体を単位として量刑判断について分析することはできなかった．そこで，評議体ではなく実験参加者個人を単位とした分析が行われた．評議後質問票の結果によれば，強有罪証拠条件の場合の方が，弱有罪証拠条件に比べて有罪の認定が下されやすいことが示された．VIE の効果についても同じく分析をしたところ，評議後質問票の回答結果によれば，むしろ VIE なし条件の方が，VIE あり条件よりも有罪の認定が下されやすかった．また，VIE あり条件における方が，証

拠の有益性についての評価が下がっていた．Myers & Arbuthnot（1999: 108-109）は，有罪認定に際してVIEは関連性のある情報ではないと実験参加者が考えたため，そのような情報を持ち出した検察官に対して実験参加者が反発したことが，このような結果が生じた原因ではないかと推測している．

　さて，ここで本書との関係で問題となるのは，量刑判断である．評議後質問票において被告人は有罪であると回答した実験参加者65名に限定して分析したところ，VIEあり条件の方がVIEなし条件と比較して量刑が重くなる傾向にあった．また，死刑が選択された確率も，VIEあり条件における方が，VIEなし条件と比較して高かった．被告人を有罪であると判断した実験参加者が少なかったために分析対象が限定されてしまったが，VIEによる死刑選択促進効果が示されていると，Myer & Arbuthnot（1999）は評価している[8]．

　また，VIEによる死刑選択促進効果を示した近時の実験研究としては，Paternoster & Deise（2011）が注目される．Paternoster & Deise（2011: 134）は，VIEによって被害者に対する肯定的感情と，被告人に対する否定的感情とが喚起され，これらの喚起された感情が，被告人に対して死刑を科すことを促進する方向で作用すると予測し，その検証を試みている（Paternoster & Deise 2011: 141）．この研究では，第1に，実際に裁判所が利用している陪審員登録簿（juror registration list）から実験参加者が抽出されていることが，第2に，実験参加者に実際の裁判の映像を見てもらっていることが，特徴的な点として指摘できる．この実際の裁判映像は編集され，VIEの有無が操作されている．VIEがある条件では，映像は3時間半ほどで，このうち20分がVIEに関わる場面であった．ここでのVIEは，被害者の妹が，被害者の人となり，事件が遺族に及ぼした影響，および適当な刑に関する意見の示唆を含む内容の証言をするというものであった．被害者は，ときに冷静さを失いながら，感情的になって証言をしていたとされる．

　結果であるが，VIEがある条件の実験参加者は，VIEがない条件の実験参加者と比べて，動揺や敵対的な感情が喚起されていた．また，事件に対する印象と

8）もっとも，この分析結果には留意が必要である．すぐ上で述べたように，VIEあり条件では，VIEなし条件と比較して，被告人を有罪と認定する実験参加者が少なかった．もしVIEが有罪判断を抑制したのであれば，VIEあり条件においてもなお被告人を有罪と判断した実験参加者は，VIEなし条件の実験参加者よりも懲罰的な志向が強い者に偏っている可能性がある．そうすると，条件間の量刑判断の差の原因は，VIEの有無というよりも，そのような実験参加者の属性の違いに求められるかもしれない．

して,「怒り」(angry) や「報復的」(vengeful) といった言葉が当てはまると答えた実験参加者の割合が, VIE がある条件で統計的に有意に高かった. また, VIE を見ることで, 被害者や遺族に対する同情と共感が高まり, 被害者や遺族に対する肯定的な印象が強まり, 他面で, 被告人に対する否定的な印象が強まっていた. そして, 死刑を選択する実験参加者の割合も, VIE がある条件の方が, VIE がない条件に比べて, 統計的に有意に高かった. 以上を踏まえて, VIE の有無が量刑判断に影響を及ぼす過程で, どのような感情が媒介変数として作用しているのかが調べられている. その結果, 怒りや報復といった感情の喚起は, 媒介変数として作用している可能性はあったが, その媒介効果は統計的に有意ではなかった[9]. VIE は, 被告人に対する否定的な印象を媒介して量刑判断に影響を与えているわけではなく, 被害者や遺族に対する同情や共感を媒介して量刑判断に影響を与えていることが示されていたのである[10]. もっとも, Paternoster & Deise (2011: 155) も指摘するように, この実験では感情自体を操作しているわけではないので, 感情が量刑判断に影響を与えているという因果関係が実証できているわけではない.

以上に加えて, 後でも触れるが (4-3-2-1), Myers *et al.* (2002) では, VIE を提示しない条件と, VIE において遺族の被った影響が重大であることを示す条件と, VIE において遺族の被った影響がそこまで重大ではないことを示す条件を用いて, 各条件での量刑判断を比較している. その分析によれば, VIE を提示しない条件と, VIE において遺族の被った影響がそこまで重大ではないことを示す条件とでは, 量刑判断の点で統計的に有意な差はみられなかった. しかし, VIE において遺族の被った影響が重大であることを示す条件では, ほかの2つの条件と比べて量刑判断が重くなっていた. さらに, Blumenthal (2009) の結果

---

9) 媒介変数の意味を単純化して述べれば, 以下のとおりである. まず, 独立変数 X が, 従属変数 Y に対して影響を及ぼしているとする. この X が Y に及ぼす影響が, 部分的にではあれ, 変数 M を経由している場合に, 当該変数 M は媒介変数となる. ある変数が媒介変数であるかどうかを検証する方法としては, Baron & Kenny (1986) を参照されたい. また, Paternoster & Deise (2011) が利用した具体的な検証方法については, Preacher & Hayes (2004) を参照されたい.

10) VIE の有無と死刑判断との間で媒介変数として作用している要因としては, 被害者や遺族への同情や共感のみが指摘されたが, 死刑判断との関係だけでいえば, 多くの感情が死刑判断と統計的に有意な関係にあった. すなわち, 怒りや報復が喚起された人ほど, 敵対的な感情を喚起された人ほど, 被害者や遺族に対して共感や同情を抱いている人ほど, 被害者や遺族に対して好意的な印象を抱いている人ほど, そして被告人に対して否定的な印象を抱いている人ほど, 死刑を選択する確率が高かった (Paternoster & Deise 2011: 150).

も，概ね VIE が死刑判断を促進する効果を示していると評価することができよう[11]．また，Myers et al. (2013) も，VIE による死刑選択促進効果を確認している．さらに，性的暴行事件を素材とする Wevodau et al. (2014) でも，VIS が量刑判断を重くしていることが確認されている[12]．

やや特殊な研究としては，VIE の有無だけでなく，事件に登場する被告人と被害者の性別についても操作した ForsterLee et al. (2004) がある．これによれば，VIE によって量刑が重くなるのは，被告人が女性である場合に限られていた．VIE の効果がみられた一方で，そのような効果が生じる条件を示すものでもあり興味深い．このような性差との交互作用が生じた理由については，実験で利用された事案の内容を踏まえてさらに検討する必要があるが[13]，ここでは，少なくとも一定の場合に VIE が量刑判断を重くしているという点に注目しておきたい．

また，VIE の有無が陪審の死刑判断に及ぼす影響は，死刑に対する態度，とりわけ死刑事件適格性（death-qualification）[14]の違いによって異なってくるかもしれない．死刑に対する態度によって VIE の死刑選択促進効果の有無が変わってくる可能性については，Luginbuhl & Burkhead (1995: 10) も指摘していたが，死刑事件適格性と VIE の効果について直接的に検証を加えた研究として Butler (2008) がある．そこでは，店員1名を射殺し，300ドルをレジから奪ったという架空の強盗殺人事件を用いた模擬裁判研究が行われている．VIE の有無につい

---

11) ただし，この点に関する Blumenthal (2009) の結果は，十分に一貫したものであるわけではない (4-3-6)．
12) この研究では，VIS の内容として，精神的被害等に力点を置いたものと，経済的被害等に力点を置いたものの2つが用意されていたが，いずれのタイプの VIS も量刑判断を重くする効果があった．また，VIS の内容の違いが量刑判断に影響を及ぼしていることは，認められなかった．
13) また，ForsterLee et al. (2004) は，VIE がない場合には，女性被告人に対する量刑が，男性被告人のそれと比較して軽い傾向にあるが，VIE によって，女性被告人にも男性被告人と同じような量刑がなされるようになるとして，被告人の性別による量刑較差を低減するという VIE の効果を評価していることにも留意されたい．
14) 死刑事件の陪審裁判では，死刑制度に対して強い意見を有している一定の市民が陪審員から排除されている．これは，死刑を存置するほとんどの法域で，陪審による死刑判断は全員一致によることとされていることに起因する．そのようなルールのもとでは，死刑に反対する市民が陪審員に選任されたならば，その者にある種の拒否権を与えてしまうことにつながるためである（岩田太 (2009: 192-193) を参照）．現在，死刑制度に対して強い意見を有している市民を排除するための基準は，「死刑についての陪審員自身の見解が，法の説示および自らの宣誓に従い，陪審員としての義務を履行することを『妨げ，もしくは，実質的に阻害する』か否か」（Wainwright v. Witt, 469 U.S. 412 (1984)）であるとされている（岩田太 2009: 249）．

て操作が加えられており，VIE なし条件では，被害者には両親と妻，そして 18 か月の息子がいたことのみが記されていた．他方で，VIE あり条件では，遺族および友人が事件によって被った精神的影響や，被害者が素晴らしい人であったことに関する遺族や友人からの陳述が提示された．死刑事件適格な実験参加者の方が，死刑事件不適格な実験参加者に比べて，遺族に対して同情しており，また死刑を選択しやすい傾向にあった．VIE の有無によって量刑判断に差が生じていることは確認されなかったが，10% 水準ではあるものの，VIE の有無と死刑事件適格性とで交互作用があった．すなわち，死刑事件適格な市民が，死刑事件不適格な市民と比べて，より多く死刑を選択する傾向は，VIE なし条件よりも VIE あり条件において顕著であったのである．この結果からは，死刑事件適格性を基準に陪審員を選択的に選任すると，VIE の影響を受けやすい市民が陪審員として選ばれやすくなる可能性が示されていると考えることができる（Butler 2008: 140）．日本でも，裁判員選任手続において死刑に関する態度は一定程度尋ねられ得ることとなっているので[15]，日本の制度について考えるうえでそれ自体として重要な知見であるだけでなく，VIE による影響を受けやすい者と受けにくい者がいること，すなわち VIE の効果の個人差を示しているという意味でも重要な知見であろう[16]．

4-3-1-2. VIE の有無が量刑判断に及ぼす影響を見出していない研究

以上において紹介した実験は，その影響が限定的な場合もあるが，VIE によって陪審員による量刑判断が影響を受ける可能性を示すものであった．これに対して，VIE が量刑判断に及ぼす影響を見出せなかった研究もある．

まず，McGowan & Myers（2004）は，VIE の有無，および VIE の提出主体を操作した研究であるが，VIE が提出されなかった条件と VIE を遺族が提出した

---

15) 最高裁判所刑事規則制定諮問委員会で提示された「不公平な裁判をするおそれに関する質問の具体的イメージ」(http://www.courts.go.jp/saikosai/vcms_lf/80101020.pdf 2015 年 10 月 10 日アクセス）では，死刑の適用が問題となる事件において，当事者の求めがある場合には，死刑に対する態度について質問がなされることとされている．もっとも，弁護人の立場からは，検察官によるこのような質問要求があった場合には反対すべきであるとされている（西村 2013: 150-151).
16) 被害者が死亡していない事案を用いた Wevodau *et al.*（2014）でも，VIS の効果の個人差が示されている．それによれば，VIS で被害状況を示すことは量刑判断に影響を与えているが，判断に際して感情的側面を重視しようとする感情欲求（Need for Affect）が高い人ほど，VIS の影響を受けやすいとされている．

条件とで,実験参加者の死刑選択率に統計的に有意な差を見出していない.しかし,この研究では,遺族以外に被害者の同僚や消防署職員が VIE を提出する条件を用意しているため[17],これまでに紹介した実験で用いられていたような,遺族が事件によって被った影響や被害者の人となりに関する情報を含む VIE は用いられていなかった.提出主体にかかわらず VIE の内容を同一にするために,この実験では,事件現場に駆けつけて被害者が死亡しているのを発見した際の衝撃を叙述するものとなっている.加えて,VIE が提出されなかった統制条件でも,遺族が現場に駆けつけて被害者が死亡しているのを発見したとの情報は示されているようである[18].先行研究との VIE の内容の違いが,実験結果の差異をもたらしたのかどうかは不明であるが,McGowan & Myers (2004) において用いられた VIE の内容が,これまでに紹介した実験で用いられていたそれとは異なる内容であったことには,留意しておく必要があるだろう.

また,Myers et al. (2004) は,遺族が被った影響や被害者の人となり,被告人の人となりに関する情報を VIE の内容として用いてその影響を検証しているが,VIE が死刑判断に及ぼす影響を見出せていない.ただし,この研究では,条件にかかわらず,遺族の被った苦しみに関する評価は一様に高く,被告人に向けられた同情の程度は一様に低かったことに注意する必要がある.つまり,VIE によって情報が提示されていない条件でも,遺族の被った苦しみや,被告人への同情の程度については,極端な評価が下されており,そのために,追加的に提示された情報があまり意味を持たなかった可能性がある (Myers et al. (2004: 49) を参照).この研究については,後でより詳細に触れるところで言及するが,死刑事件適格な市民が含まれる割合が,条件間で大きく違っているように見受けられる点にも注意が必要である (4-3-2-3).

---

17) アメリカでは,VIE の提出主体は,必ずしも被害者や遺族に限定されておらず,被害者の友人や事件現場にいた消防署職員等が量刑審理で証言することも,VIE の文脈で議論されている(例えば,Blume (2003: 270-271) を参照).そのため,VIE の提出主体が量刑判断に及ぼす影響を検証することが実際的課題となり得るが (Myers & Greene 2004: 510),日本の意見陳述制度や被害者参加制度は,その利用者が被害者やその家族に限定されているので(刑事訴訟法290条の2第1項,292条の2第1項,316条の33第1項),ここでは,VIE の提出主体に着目した分析結果については立ち入らない.
18) 実験で用いられたシナリオは,McGowan & Myers (2004: 371-374) に掲載されている.

4-3-2. VIE の内容と量刑判断

4-3-2-1. 被害程度が量刑判断に及ぼす影響

4-3-1-1 でも紹介したとおり，Myers *et al.* (2002) は，VIE が提示された場合に，そこで示される遺族の被った影響の程度を操作することで，その違いが量刑判断に影響を及ぼすか否かを検証している．この実験では，*Payne* 事件をもとに作成された模擬裁判の映像が実験参加者に提示され，実験参加者には，被告人が有罪であるか無罪であるかについての判断，および適当であると思う刑罰についての判断をしてもらっている．まず，有罪・無罪を判断するための審理に関する1時間程度の映像を見てもらい，被告人が有罪であるか無罪であるかを判断してもらい，続いて量刑審理に関する映像を見てもらい，量刑判断をしてもらった．実験の操作が加えられたのは，量刑審理に関する映像においてであり，この映像の長さは条件によって多少異なるが，15 分から 20 分程度であった．まず，VIE として遺族の被った精神的および経済的影響に関する情報が提示される条件と，提示されない条件（統制条件）とが用意された．さらに VIE が提示された条件では，遺族が受けた影響が深刻である条件（影響重大条件）と，そこまで深刻ではない条件（影響軽微条件）とが用意された．加えて，VIE が提示された条件では，遺族が証言する様子についても操作が加えられており，遺族が感情的に証言する条件と，あまり感情的にならず証言する条件とが用意された[19]．この実験では，293 名中 182 名の実験参加者が，被告人は有罪であると判断していた．この 182 名に限定して分析したところ，影響重大条件に割り当てられた実験参加者の方が，統制条件や影響軽微条件に割り当てられた実験参加者よりも，重い刑罰を選択する傾向にあった．

被害者が死亡していない事案を用いた実験でも，被害程度と量刑判断との関連は示されている．Hills & Thomson (1999) は，強盗と強姦の 2 つの事案それぞれにおいて，被害者が被った影響が深刻な条件，影響が深刻ではない条件，および被害者が被った影響についての記述がない条件の 3 つを用意したが，強盗事案でも強姦事案でも，被害者の受けた影響が大きいほど量刑が重くなる傾向にある

---

[19] 遺族の被った影響および，遺族の証言態度に関する実験上の操作は，いずれも想定どおりの印象を実験参加者に与えることに成功していた（Myers *et al.* 2002: 2402）．

ことを示している．また，不法目的侵入事件と強盗事件を素材とした Nadler & Rose (2003) は，精神的影響が深刻な条件（影響重大条件）と，一時的に深刻な精神的影響を被ったが，現在では回復しつつあるとの情報が提示される条件（影響軽微条件），被害者の精神的影響に関する情報を提示しない条件（統制条件）の3条件を用意して実験を行った．その結果，影響重大条件と統制条件との間で，量刑判断に統計的に有意な差はなかったが，影響重大条件と影響軽微条件とを比較すると，前者において量刑判断が重たくなる傾向が統計的に有意であった．Wevodau *et al.* (2014) は，性的暴行事件を素材として，精神的被害を中心に示す VIS と経済的被害を中心に示す VIS の影響を調べたが，いずれの VIS も量刑判断に影響を及ぼすことを示している．他方で，Rose *et al.* (2006) では，被害者の被った精神的影響の程度が量刑判断に及ぼす影響が確認されていない．これは，提示した事案においては，十分に量刑判断のばらつきが出なかったことや，量刑判断が概ね低い値に集中したことに起因しているかもしれない（Rose *et al.* 2006）．もっとも，この研究の主たる関心は，被害者の反応の強弱が事案の重大性の程度との関係で第三者の視点からどのように評価されるかという点にあった．そして，10% 水準ではあるが，被害者の反応が不自然であると評価されるほど，量刑が短くなるという関連が見出されている（Rose *et al.* 2006: 216）．あくまで断片的な結果ではあるが，被害者の精神状態と量刑判断との関係を示す結果と評価することもできよう．

4-3-2-2. 証言態度が量刑判断に及ぼす影響

Myers *et al.* (2002) では，VIE において示される遺族の被った影響の程度だけでなく，それを証言する遺族の証言態度も，映像刺激を用いて操作されていた（4-3-2-1 も参照）．しかしながら，遺族が感情的に証言しているか，あるいは冷静に証言しているかは，量刑判断に対して統計的に有意な影響を及ぼしてはいなかった．

遺族の証言態度が量刑判断に及ぼす影響については，Platania & Berman (2006) も，映像刺激を用いて検証している．この実験では，実際に発生した誘拐や持兇器強盗，強姦，第1級謀殺罪で被告人が有罪となった事件を参考にして映像が作成されている．VIE は被害者の母親によって提示されており，事件が

自分や家族に及ぼした影響について語られている．ここで，被害者の母親が証言する様子が操作されており，一方では，被害者の母親は泣きながら証言をしており，他方では，被害者の母親は冷静に証言をしている．ここでも，遺族の証言態度の違いは，量刑判断に対して統計的に有意な影響を及ぼしていることは示されなかった．

　遺族の感情とは異なるが，被害者が負傷した強盗事件の事案を用いて，被告人や被害者の証言態度が量刑判断に及ぼす影響を検証した研究として，Tsoudis & Smith-Lovin（1998）がある．この実験では被告人が自らの罪を認めている場面と，被害者が証言する場面における両者の感情が操作されている．あくまで文章による記述であるが，被告人の反省がうかがわれるような記述とそうでない記述とが用意された．また，被害者が動揺していることがうかがわれるような記述と，そうでない記述とが用意された．被告人の反省がうかがわれるような記述をした場合には，被告人が悲しんでいるとの評価が高まり，また，被害者が動揺していることがうかがわれるような記述をした場合には，被害者が悲しんでいるとの評価が高まった．そして，被害者や被告人が悲しんでいるとの印象が強いほど，それぞれの人物に対する印象は良くなっていた．そして，被害者の印象が良いほど量刑は重くなり，被告人の印象が良いほど量刑は軽くなった．また，被害者の印象が良いほど犯罪は深刻であると評価され，被告人の印象が悪いほど犯罪が深刻であると評価されていた．そして，犯罪が深刻であると評価されるほど，量刑は重くなっていた．この実験では遺族ではなく被害者本人の証言態度に関する記述が操作されているが，そこでの態度の違いが，被害者に対する評価等を通して最終的な量刑判断に影響を与えることが示されている．

　以上をまとめると，遺族の証言態度を映像において操作した実験（Myers et al. 2002; Platania & Berman 2006）では，遺族の証言態度が量刑判断に及ぼす影響は見出されていないが，被害者の証言態度を書面において操作した実験（Tsoudis & Smith-Lovin 1998）では，被害者の証言態度は量刑判断に影響を及ぼしているとの結果が示されている．この結果をどのように理解すればよいのかについては，さしあたり2つの可能性を考えることができる（佐伯（2010: 464-465）も参照）．第1の可能性は，証言態度の影響は，それが遺族のものであるか被害者のものであるかによって異なってくるというものである．遺族の証言態度も被害者の証言態度

も，それぞれが被った影響について情報を与えてくれるものであるが，犯罪の悪質性等を評価する局面では，前者よりも後者の方が関連性の強い情報として意識されている可能性がある．その結果，遺族の証言態度は最終的な量刑判断とはあまり結びつかず，他方で，被害者の証言態度は最終的な量刑判断と結びつきやすいのかもしれない．第2の可能性は，提示方法の違いによって，効果が異なる可能性である．映像刺激で提示された証言態度に関する情報に比べて，書面で提示された証言態度に関する情報の方が，証言をしている者の心理的影響について明確な印象を与えやすいかもしれない．例えば，辛そうに証言をしている人の映像を見るよりも，証言をしている人は辛そうであると記述した文章を読んだ方が，証言をしている人は辛いのであると実験参加者は考えやすいかもしれない[20]．

4-3-2-3. 被害者の人となりに関する情報が量刑判断に及ぼす影響

　VIE のなかで被害者の人となりに関する情報を操作し，それと量刑判断との関係を調べたものとして Myers *et al.* (2004) がある．これは，*Payne* 事件を参考に作成した事案を用いた実験である．設定された条件は，次の5つである．すなわち，①遺族の証言に関する記述のない統制条件，②遺族の被った影響に関する遺族の証言のみを提示した中立条件，③遺族の被った影響に加えて，被害者の優しさ等に関する情報が組み込まれた被害者情報条件，④遺族の被った影響に加えて，被告人の残虐性に関する情報が組み込まれた被告人情報条件，および⑤遺族の被った影響に加えて，被害者の優しさに関する情報と被告人の残虐性に関する情報の両方が組み込まれた複合条件の5つである．結果は，表 4-1[21]に示したとおりである．統制条件以外の4つの条件で比較すると，被告人情報条件において死刑が選択される確率が最も高く，この傾向はサンプル全体でも，死刑事件適格な実験参加者に限定した場合でも妥当する．しかしながら，全条件間での死刑選択率の違いは，サンプル全体で分析した場合には 10% 水準で統計的に有意な傾向にあるものの，死刑事件適格な実験参加者に限定して分析した場合には統計的に有意でなかった．また，そもそもサンプル全体で分析した場合には，統制条

---

20) 文章によって遺族の感情を操作した白岩・唐沢 (2013) では，遺族感情による量刑判断への影響は見出されていなかった (1-2-3)．そうすると，第1の可能性の方が有力であると評価できるかもしれないが，現時点でいずれの仮説がより妥当であるかを判断することは難しい．
21) Myers *et al.* (2004: 48 Table 1) に基づいて作成した．

表4-1. Myers *et al.* (2004) の分析結果

	サンプル全体		死刑事件適格者に限定	
	仮釈放なしの終身刑	死刑 (死刑選択率)	仮釈放なしの終身刑	死刑 (死刑選択率)
統制条件	24名	36名 (60.0%)	16名	35名 (68.6%)
中立条件	21名	21名 (50.0%)	15名	17名 (53.1%)
被害者情報条件	24名	25名 (51.0%)	16名	23名 (59.0%)
被告人情報条件	22名	31名 (58.5%)	10名	31名 (75.6%)
複合条件	31名	16名 (34.0%)	16名	16名 (50.0%)

件において死刑選択率が最も高い.

ただし,先ほども触れたが (4-3-1-2),この実験では,どの条件でも被告人への同情の程度や,遺族の被った影響に関する評価は一方の極に偏っていた.さらに,表4-1から読み取れることであるが,死刑事件適格者にデータを限定した場合のサンプル数の減少率が条件間で異なっていることにも注意が必要であるように思われる.死刑事件不適格者は,統制条件では60名中9名 (15.0%),中立条件では42名中10名 (23.8%),被害者情報条件では49名中10名 (20.4%),被告人情報条件では53名中12名 (22.6%),そして複合条件では47名中15名 (31.9%) である.中立条件と被害者情報条件,被告人情報条件では,死刑事件不適格者が含まれる割合の点で大きな違いはないが,統制条件と複合条件との間に15%以上の開きがある.サンプル全体で分析した場合の死刑選択率の条件間の差が10%水準で統計的に有意な傾向にあったという点については,それが条件の違いによってもたらされたわけではなく,各条件に含まれていた死刑事件不適格者の割合の違いによってもたらされていた可能性も排除できないように思われる.

4-3-3. 量刑判断以外の評価に及ぼす影響

4-3-3-1. 被害者や遺族に対する評価への影響

　Greene *et al.*（1998）は，実際の量刑判断を実験で再現することは困難であると考え，量刑判断自体を従属変数とすることはせず，被害者や遺族，被告人に対する印象等を従属変数として採用した．実験で用いられた事案は，*Booth* 事件を参考にして作成されたものであり，実験参加者には被告人が第１級謀殺等の罪で有罪となったことが告げられ，続いて量刑審理の模様を再現した１時間程度の映像が提示された．この実験では，被害者夫妻の人となりについて操作が加えられた．すなわち，一方の VIE には，被害者夫妻に対して好意的な印象を抱かせるような情報が含まれており（好印象条件），他方の VIE には，被害者夫妻に対してあまり好ましい印象を抱かせないような情報が含まれていた（非好印象条件）．実際，好印象条件における実験参加者の方が，非好印象条件における実験参加者よりも，被害者が好ましく，品が良く，また地域において価値のある人物であると評価していた．また，被害者の人となりに関する情報の違いは，遺族が被った精神的影響の評価にも影響を与えていた．すなわち，好印象条件における実験参加者の方が，非好印象条件における実験参加者と比べて，遺族が被った精神的影響が大きなものであると評価する傾向にあった．他方で，遺族が被った経済的影響の評価については，被害者の人となりに関する情報の違いによる影響はみられなかった．なお，好印象条件における実験参加者の方が，非好印象条件における実験参加者に比べて，遺族に同情する傾向があった．

　もっとも，Greene *et al.*（1998）は，VIE を提示しない統制条件を実験に組み込んでいなかった（Myers *et al.* 2006: 15）．しかし，続く Greene（1999）では，VIE を提示しない統制条件も組み込んだ研究がなされている．この研究では，VIE に含まれる情報を，①被害者の人となりに関する情報（人となり情報）と，②遺族が受けた種々の影響に関する情報（影響情報），③遺族が犯罪や量刑に関して抱く意見に関する情報（意見情報）の３つに分け，それらの情報のうちいずれか１つしか提示しない条件と，それらの情報全てを提示する条件，そしていずれの情報も提示しない条件が用意された．また，死亡した被害者は，半分の条件では写真家であるが（写真家条件），残り半分の条件ではバイクを乗り回している暴走集

団 (motorcycle gang) の一員とされている (バイク条件). VIE に含まれる人となり情報の内容は, 写真家条件とバイク条件とで異なっている. 写真家条件では, 被害者と家族の仲の良さや, 被害者の地域活動への積極的な貢献等が人となり情報として提示されたが, バイク条件では, 被害者が家族と離れて住んでいることや, 前科があるものの粗暴な人間ではないこと等が人となり情報として提示された. 影響情報としては, 表現の差はあるものの, 写真家条件およびバイク条件のいずれにおいても, 事件によって家族が受けた影響や, 一家の支えを失ったために生じた経済的困難について被害者の息子が語った情報が提示されていた. 意見情報としては, 事件が無差別に行われたものであり, 被告人は厳罰に処されるべきであるという遺族の意見が示された.

被害者の印象であるが, バイク条件に割り当てられた実験参加者に比べて, 写真家条件に割り当てられた実験参加者の方が, 被害者に対して好ましい印象を抱く傾向にあった. また, 人となり情報を受け取っている場合に, 被害者に対する印象が好ましくなっている. 他方で, 遺族に対する印象は, VIE に関する全ての情報を与えられた場合に最も好ましいものとなり, VIE が全く与えられない場合に最も悪いものとなる[22]. また, 写真家条件に割り当てられた実験参加者の方が, バイク条件に割り当てられた実験参加者に比べて, 遺族に対して同情する傾向にあり, また遺族の被った影響が大きいと評価する傾向にあった[23].

このように, Greene *et al.* (1998) と Greene (1999) によれば, VIE によって被害者や遺族に対する評価に一定の影響が生じることが示された. これまでに紹介してきた研究の多くが, このような知見と整合的な結果を示している. Butler (2008) は, VIE が提示されることで, 被害者や遺族に対して実験参加者が同情を向けやすくなることを示している. また, VIE がある場合の方が, 被害者は尊敬できる人物であると考えられるようになっていた. さらに, VIE があると, 被害者の苦しみや, 遺族の被った精神的損害が重く見積もられる傾向にあった[24].

---

22) 影響情報の提示の効果は, 写真家条件とバイク条件とで異なっていた. すなわち, 写真家条件では, 影響情報が提示されることで, 遺族の被った経済的影響が大きいと評価されるようになるが, バイク条件においてはそのような効果はみられなかった (Greene 1999: 345).
23) 他方で, 遺族への同情や, 遺族の被った影響の大きさに関する評価に対して, VIE 自体は統計的に有意な影響を及ぼしていることが確認されていないこと (Greene 1999: 341) には注意しておく必要がある.
24) 死刑事件適格性と VIE の有無との交互作用もみられた. すなわち, 死刑事件適格な市民の方が,

McGowan & Myers（2004）は，VIE が提出されない条件に加えて，VIE の提出主体が遺族である条件と同僚である条件，そして消防署職員である条件を用いた研究であったが（4-3-1-2），それによれば，証人がどの程度苦しんでいたかに関する評価の値が最も高かったのは，遺族が VIE を提出した条件で，次いで同僚が提出した条件，そして消防署職員が提出した条件の順であった．Paternoster & Deise（2011）は，VIE が提示されることで，被害者や遺族に対する同情と共感が高まっていることを示しており，Myers et al.（2013）も，VIE によって遺族が受けた影響の評価が高まることを示している．以上の結果に反して，Myers et al.（2004）では，VIE の有無，およびそこで示される情報の内容が，遺族の受ける苦しみに関する評価に影響を及ぼしていることが確認できなかった．もっとも，この研究については，4-3-1-2 でも指摘したように，この点に関する評価はどの条件でも一様に高い値を示していたという問題がある．もっとも，断片的な知見ではあるが，被害者の優しさに関する情報を追加した条件では，遺族の被った影響に関する情報を提示しなかった条件と比較して，遺族が受けた苦しみの程度は，ほかの殺人事件で生じる苦しみと比較して大きいものであると強く評価されるようになっていた．

また，被害者が死亡していない事案を用いた研究についてみると，被害者の証言態度を書面において操作した Tsoudis & Smith-Lovin（1998）は，被害者が悲しんでいるとの認識が強まると，被害者に対する印象が良くなるという効果を示している．また，Nadler & Rose（2003: 435-436）は，被害者の被った影響が大きい条件に割り当てられた実験参加者の方が，被害者の被った影響がそれほど大きくはない条件に割り当てられた実験参加者よりも，被害者に対する同情を強く感じる傾向があることを示している[25]．また，Wevodau et al.（2014）は，VIS の提示により被害者への非難の程度が軽減することを確認している．

十分に示されていない部分もあるが，ここで検討対象とした模擬裁判研究全体をみれば，VIE は被害者や遺族に対する評価に対して一定の影響を及ぼしていると評価することができそうである．

　　死刑事件不適格な市民に比べて，被害者や遺族に対して同情を示す傾向があるが，この傾向は VIE がある場合に一層顕著となっている（Butler 2008: 138-139）．

[25] 不法目的侵入の事案では 1% 水準で統計的に有意であり，強盗の事案では 10% 水準で統計的に有意な傾向にあった（Nadler & Rose 2003: 436 n98; 99）．

4-3-3-2. 被告人に対する評価への影響

 すぐ上で示したとおり，VIE は被害者や遺族の評価に影響を及ぼしているようであるが，被告人に対する評価にも影響を及ぼしているであろうか．この点につき Greene et al. (1998) では，被害者の人となりに関する情報が，被告人の好ましさや，危険性，更生の見込みに関する評価に及ぼす影響を確認できていない．もっとも，被告人に対する評価は，尺度の一方の端に回答が集中しており，被害者の人となりの違いによってこれらの評価が影響を受けなかったのは，天井効果あるいは床効果のためであるかもしれない (Greene et al. 1998: 154)．同様に，Greene (1999) でも，VIE に含まれる情報の違いや，被害者が写真家であるか暴走集団の一員であるかの違いが，被告人の評価に及ぼす影響は見出されなかった．また，Myers et al. (2004) でも，VIE の有無，およびその内容が，被告人に対する同情の程度に影響を及ぼすことは確認されていない．ただし，繰り返しになるが，いずれの条件でも被告人に対する同情の程度が一様に低かったことには注意を要する (4-3-1-2)．Myers et al. (2013: 137) でも，VIE が被告人への怒りを促進する効果はみられなかった．他方で，Paternoster & Deise (2011) では，VIE によって被告人の印象が否定的になっており，ForsterLee et al. (2004) でも VIE によって女性被告人の犯行意図の程度が高く評価されるようになっていた．また，被害者が死亡していない事案を用いた Wevodau et al. (2014: 57) では，VIS が被告人に対する非難の程度に及ぼす影響は見出されていない．

 以上の結果からすると，VIE と被告人の評価との関連について一貫した知見は示されていないようである．これは，利用した事案の性質上，被告人の評価がもともと低いという事情によるところもあるかもしれない．被害者が死亡していない事案を用いた研究でも，同様に VIS と被告人評価との関連は示されていない．

4-3-3-3. 犯罪に対する評価への影響

 Paternoster & Deise (2011: 147) によれば，事件に対する印象として，「怒り」や「報復的」といった言葉が当てはまると答えた実験参加者の割合は，VIE がある条件で統計的に有意に高かった (4-3-1-1)．さらに，Greene et al. (1998) は，被害者に対して好ましい印象を抱かせるような情報が VIE に含まれていると，

犯罪がより深刻であると評価されるようになることを示している．また，被害者が死亡していない事案を素材とする Tsoudis & Smith-Lovin（1998: 710-711）は，被害者に対する印象が良い実験参加者ほど，犯罪が深刻であると評価していたことを報告している（4-3-2-2）．

このように，対象となる研究は多くないが，VIE は犯罪に対する評価に影響を及ぼしているかもしれない．VIE が，怒り等の感情を喚起している点，および被害者に対する印象が犯罪の深刻さに影響を及ぼしている可能性が示されていることには，注意しておく必要があるだろう．とりわけ，後者の知見は，VIE によって被害者が経験した苦しみや，遺族が被った影響の評価が影響を受けるという知見（4-3-3-1）と整合的であるようにも思われる．

4-3-4. VIE が量刑事由の考慮のあり方に及ぼす影響

VIE の有無によって，減軽事由の考慮のあり方に違いが生じるか否かを検証した模擬裁判研究として，Gordon & Brodsky（2007）がある．この実験では，*Payne* 事件を参考に作成した事案が用いられた．設定された条件は，VIE において遺族が多大な影響を被っていることが示されるものと，VIE において遺族が被った影響がそこまで多大なものではないことが示されているものと，VIE が提示されないものの3つである．本研究では，被告人に前科がないことや，身体的あるいは性的な虐待を受けた経験があることといった減軽事由の考慮のされ方が，VIE の有無，およびその内容によって異なるか否かが検証された．具体的には，10個の減軽事由が列挙され，それぞれの事由を量刑上どのように考慮するかについて，「刑を軽くする方向で考慮する」，「それによって刑が変わることはない」，「刑を重くする方向で考慮する」，および「どのように考慮してよいか分からない」の4つから1つを選択してもらっている．分析の結果，減軽事由がどのように考慮されるかという点について，3つの条件間で統計的に有意な差はみられなかった[26]．

これに対して，Greene *et al.*（1998）は，被害者の人となりに関する情報を操

---

26) あわせて，Gordon & Brodsky（2007）では，量刑上の考慮のあり方について尋ねた減軽事由とは異なる，VIE を含む10個の量刑事由のリストを示し，それらの量刑判断への影響力の大きさを実験参加者に評価してもらっている．そのような方法でなされた量刑事由の評価に関しても，条件間で大きく異なる部分があったことは報告されていない．

作し，好印象条件と非好印象条件とを用意していたが（4-3-3-1），それぞれの条件において減軽事由と加重事由の考慮のあり方に違いがあるかどうかも検証していた．これらの条件が加重事由の考慮のあり方に影響することは見出されなかったが，減軽事由として用意した2つの事情（①被告人の生育環境が悪かったこと，②被告人に前科がないこと）のうち，生育環境の悪さに関する評価については，条件間の差が統計的に有意であった．すなわち，非好印象条件に割り当てられた実験参加者の方が，好印象条件に割り当てられた実験参加者よりも，被告人の生育環境の悪さを考慮に入れる傾向にあったのである．

また，被害者が死亡していない事案を用いた Hills & Thomson (1999) では，量刑判断に際して何を考慮したかについて自由回答の形式で尋ねられている．そのコーディングに際して，被告人にとっての減軽事由という分類項目が設けられた．この分類項目について分析を加えたところ，強盗事件の事案では，この項目が量刑判断に際して考慮された事由であると言及される頻度は，被害者の受けた影響の違いによって統計的に有意な影響を受けていなかった．しかしながら，強姦事件では，被害者の被った影響が深刻である条件よりも，むしろ被害者の被った影響が深刻ではない条件，あるいは被害者の被った影響について情報が提示されなかった条件で減軽事由が割り引いて考慮される傾向にあった．この結果は直感に反するようにも思われるが，ここでは自由回答をコーディングして分析する手法を採用しているため，ここからどのような結論を引き出せるのかは，判然としない[27]．

いずれにせよ，VIE ないし VIS が量刑事由の位置づけに及ぼす影響については，あまり研究の蓄積が進んでいない．そして，減軽事由の位置づけについていうならば，そこでの結果はあまり一貫していないようにもみえる．しかし，これらの研究結果の解釈には，それぞれの研究で扱われている変数の違いに留意する必要がある．まず，Gordon & Brodsky (2007) で示されているのは，減軽事由を量刑上どのように考慮するかという点に対して VIE が及ぼす影響は確認できないということである．他方で，Greene *et al.* (1998) が示しているのは，VIE に関する条件の違いによって，量刑判断における減軽事由の考慮の重みに違いがあ

---

27) 減軽事由を考慮すると答えた人の割合に着目するならば，情報が提示されなかった条件において最も大きかったことにも留意する必要があるだろう．

り得るということである．要するに，ある事由を考慮する際に，それが作用するベクトルの方向性に関する評価の点では VIE による影響はみられないが，そのベクトルの大きさについては VIE による影響を受ける可能性が，一部の事由について示されていると考えることができる[28]．死刑事件での VIE の利用に関して，それが被告人側の提示する減軽事由の考慮を妨げると批判されることがあるが（Bandes 1996; Minot 2012），ここでの知見は，そのような問題が実際に生じている可能性が皆無ではないことを示している．

4-3-5. VIE の考慮のあり方に関する意識

以上までに，量刑判断あるいは種々の評価に VIE が及ぼす影響について先行研究を整理してきたが，次に，実験参加者本人が VIE を量刑判断上どのように位置づけているのかについてみていきたい．この点につき，いくつかの模擬裁判研究では，実験参加者は VIE を量刑判断上あまり重視していないと述べていることが報告されている．例えば，Myers & Arbuthnot（1999: 106-107）によれば，VIE あり条件に割り当てられた実験参加者に対して，VIE が有罪・無罪の判断や量刑判断にどの程度影響を及ぼしたかを尋ねたところ，それらの情報はあまり判断に影響を与えていないとのことであった．もっとも，VIE の提示される条件に割り当てられ，かつ評議後質問票において被告人は有罪であると判断した実験参加者 18 名に限定して分析したところ，VIE は有罪・無罪の判断には影響を与えていないが，量刑判断に対しては一定の影響があったとの回答がみられた．また，Myers *et al.*（2002）も，VIE を量刑判断においてどの程度考慮したか尋ねているが，全体的に VIE はあまり重要な情報ではないとされていた．Gordon & Brodsky（2007: 50）によれば，VIE が量刑判断に対して多少影響したと答えた実験参加者は，89 名のうち 33％ であった．

ただし，VIE を提示されることは，遺族の被った影響等を量刑判断に際して考慮することを促進している可能性がある．Luginbuhl & Burkhead（1995）は，量刑判断に影響を及ぼした要素を自由回答で尋ねている．その結果，16 名の実

---

[28] この点について，かつて，全体的にみれば，VIE によって減軽事由の考慮が抑制されるということも，加重事由の考慮が促進されるということも，あまり生じていないようであると述べたことがある（佐伯 2010: 465）．しかし，変数の意味するところの違いを強調するならば，ここで述べたような評価も可能であると考える．

験参加者が，被害者が死亡したことの影響について言及しているが，そのうちの15名は VIE がある条件に割り当てられていた（Luginbuhl & Burkhead 1995: 9）．また，Myers et al.（2002: 2404-2405）でも，VIE において遺族の被った影響の重大さが示された条件では，VIE において示された遺族の影響がそこまで重大ではなかった条件と比較して，そのような影響に関する情報を含む VIE を量刑上考慮するとの回答が多くなっていた．被害者が死亡していない事案を用いた Hills & Thomson（1999）では，量刑判断に際して何を考慮したかについて自由回答の形式で尋ねているが，被害者の被った損害として括られた項目について分析すると，この項目が量刑判断に際して考慮された事由であるとして言及される頻度は，被害者の受けた影響の大きさと関連があった．すなわち，強盗の事案でも，強姦の事案でも，被害者の被った影響が深刻である条件では，ほかの条件と比べて被害者の被った影響が量刑上考慮した事由として言及されやすかった．

このように，VIE を量刑上考慮したとの意識を有する者の割合はそこまで大きくないかもしれないが，遺族の影響を量刑判断に際して考慮する要因であると意識する割合は，VIE によって増えている可能性がある．被害者が死亡していない事案でも，被害の大きさに関する情報は，それを量刑上考慮するとの意識を高めているようである．ただし，VIE を量刑上考慮したとの認識と，量刑判断との関係については，知見が一貫していない．Luginbuhl & Burkhead（1995）によれば，量刑判断に影響を及ぼした事由として，被害者が死亡したことの影響について言及したかどうかは，最終的な量刑判断とは関連がなかったとされている．他方で，Platania & Berman（2006）によれば，VIE に含まれる情報が重要であると評価する実験参加者ほど，死刑を選択しやすい傾向にあった．

以上までの質問項目は，基本的に VIE を量刑上どの程度考慮したかを尋ねるものであったが，被害者に関連する情報を陪審に知らせることが妥当であるかどうかという，人々の規範意識について尋ねた実験もある．例えば，Greene（1999）では，被害者に関連する種々の情報が陪審に提示されること，あるいは提示されないことについて，どの程度賛成するかが尋ねられている．全体的に，その項目について陪審が知ることに対して強い賛成，あるいは強い反対がなされた項目はなかったが，遺族の被った影響に関する情報は，被告人が引き起こした損害に関連するので陪審に提示されるべきであるとの意見が強かったのに対して，

社会において尊敬できる人物を殺害した者は，犯罪者を殺害した者よりも悪いので，被害者の人となりに関する情報は陪審に提示されるべきであるとの意見には，反対の意を示す者が多かった．また，このような規範意識には個人差があるかもしれない．Butler (2008: 139) によれば，死刑事件適格な市民の方が，死刑事件不適格な市民に比べて，遺族の被った影響が陪審に知られるべきであると考える傾向が強いようである．

4-3-6. VIE の効果を抑制する方策

VIE が量刑判断に及ぼす影響を実証的な観点から明らかにしても，そのことから，そのような影響の規範的評価についての結論が出るわけではない．しかしながら，VIE が量刑判断に及ぼす影響は望ましくないものであるとして議論されることが多いようである[29]．もっとも，VIE が量刑判断に及ぼす影響が望ましいものではなく，かつそのような影響があることを示す実証研究が十分に存在したとしても，そのことから直ちに VIE を排除することが正しい政策的判断だと結論づけることもできない．被害者が刑事裁判へ関与することは，量刑判断の点で多少の問題を生じさせたとしても，国民による刑事裁判への信頼や被害者の公正感の点でポジティブな効果を生じさせているかもしれない．そうであるとすると，それらのもたらすメリットとデメリットの比較衡量が必要となる．

もちろん，そのようなメリットとデメリットの比較衡量は容易ではなく[30]，本書の射程を超えるものである．しかし，メリットについてはそのまま維持し，デメリットを抑制することができるのであれば，そのような方策を採用することを否定する者はいないであろう[31]．そこで，さしあたり VIE が量刑判断に及ぼす

---

29) 他方で，VIS を導入することで，量刑判断の均衡性や正確性が高められるとして，その影響を肯定的に捉える議論もあり（例えば，Erez (2000) を参照），このような議論は日本の意見陳述制度に関してもなされていたところである（1-1-3-1）．
30) 制度評価に際して問題となる種々の価値を比較衡量するためには，種々の価値を同一尺度で評価する必要がある．このような問題については，太田勝造（2011）を参照されたい．
31) このような考え方は，パレート効率性を基準とした評価方法と一致する．これは，構成員の誰も不利益を被ることなく，誰かが利益を得られるならば，そのような変化を肯定するという評価基準である．この基準自体に対して異を唱えることは難しいが，それゆえ，このような基準でもって是認することのできる変化は，現実にはあまり多くないということになる．パレート効率性については，例えば，太田勝造（1994）を参照されたい．
　　VIE に関していえば，量刑判断への影響を回避しつつ VIE を維持する方策として，判決が宣告された後に遺族らが証言することを認める判決後被害者陳述（post-sentence victim allocution）が提唱されることがある（Mullett (2011) を参照）．しかし，当然予測されることではあるが，この

影響は望ましくないとしたうえで，その影響を抑制する方策について検討するという方向性が考えられるわけだが，そのような検討を行った模擬裁判研究が2つある．

1つは，Platania & Berman（2006）である．この実験では，VIEによる死刑判断への影響を抑制する方策として，VIEのための特別な説示の効果を検証している．VIEのための特別な説示には，被害者の人となりや，被害者の死が遺族に及ぼした影響に関する証拠をVIEと定義したうえで，それが死刑判断に際して加重事由とはならないことや，VIEを必ずしも考慮しなくてもよいこと等が含まれている．ここで，死刑を選択した実験参加者の方が，終身刑を選択した実験参加者よりも，VIEに含まれる情報が重要であると評価していたが，この特別な説示があることで，VIEに含まれる情報の重要性に関する評価が抑制されていた．そのうえ，VIEのための特別な説示がある条件では，死刑を選択した実験参加者が少なくなっていた（表4-2[32]）．

表4-2. Platania & Berman（2006）の分析結果

	終身刑	死刑	合計
VIEのための特別説示なし	19.1%	80.9%	100%（n=68）
VIEのための特別説示あり	41.0%	59.0%	100%（n=61）

もう1つの研究は，Blumenthal（2009）であり，ここでは，VIEが死刑判断に及ぼす影響を抑制する方策として，感情予測（affective forecasting）[33]に関する専門家証言に着目し，その効果が模擬裁判研究によって検証されている．Blumen-

---

ような方策を採用した場合，国民の司法への信頼や，被害者の公正感の点でデメリットが生じる可能性は否定し難いようにも思われる．加えて，そもそも，量刑判断のあり方についての規範的評価自体も人によって異なるかもしれない．そうすると，被害者の刑事裁判への関与が量刑判断に及ぼす影響がデメリットではないと考える人もいるかもしれず，そのような人からすれば，そのような量刑への影響を抑制する方法を採用すること自体が問題であると感じられるかもしれない．このように，パレート最適基準に依拠しつつ制度設計を考えることの困難性は否定できない．

32) Platania & Berman（2006: 93）に基づいて作成された．なお，この分析においては，死刑事件不適格な実験参加者のデータは，分析対象から外されている（Platania & Berman 2006: 92）．

33) 感情予測に関する心理学的な研究によれば，ある出来事によって引き起こされる感情的影響について，人々は過大評価しがちであることが指摘されている（例えば，Gilbert *et al.*（1998）を参照）．要するに，遺族は，VIEにおいて様々なことを述べるが，感情予測において生じるこのようなバイアスを踏まえることで，VIEが量刑判断に及ぼす影響を一定程度抑制できるとBlumenthal（2009）は予測しているものと思われる．

表 4-3. Blumentahl(2009)の第 2 実験における死刑選択率に関する結果

	大学生(136 名)	ロースクール生(72 名)	市民(62 名)
統制条件	45 名中 12 名(26.7%)	23 名中 7 名(30.4%)	19 名中 3 名(15.8%)
VIE 条件	46 名中 11 名(23.9%)	25 名中 11 名(44.0%)	19 名中 6 名(31.6%)
感情予測条件	45 名中 20 名(44.4%)	24 名中 15 名(62.5%)	24 名中 9 名(37.5%)

thal(2009)は,大きく 2 つの実験を行っている.第 1 実験では,事件の概要のみを提示する条件(統制条件)と,事件の概要に加えて VIE も提示する条件(VIE 条件),事件の概要と VIE に加えて感情予測に関する専門家証言も提示する条件(感情予測条件)の 3 つが用意された.死刑を選択した者の人数は,統制条件で 30 名中 7 名,VIE 条件で 30 名中 13 名,そして感情予測条件で 29 名中 8 名となっていた.この結果は,VIE が死刑判断を促進し,感情予測に関する専門家証言がそのような促進効果を抑制するであろうという Blumenthal(2009)の予測に合致するものであった.

次に Blumenthal(2009)は,3 つの異なる属性の実験参加者を対象に,第 2 実験を行った.すなわち,大学生 136 名,同大学のロースクール生 72 名,およびニューヨーク州の陪審資格のある市民[34]62 名を対象とした実験を行ったのである.この第 2 実験の実施方法は第 1 実験とほぼ同じであるが,VIE や感情予測に関する専門家証言をどの程度信頼するかを測定する質問項目が追加された点が,第 1 実験とは異なっている.この第 2 実験の結果は,第 1 実験ほど単純ではない.表 4-3[35]にあるように,ロースクール生を対象とした実験と市民を対象とした実験では,VIE による死刑選択促進効果を読み取ることができるが,大学生を対象にした実験では,そのような効果を読み取ることはできない.また,全ての実験で感情予測に関する専門家証言は VIE による死刑選択促進効果を抑制しているようにはみられず,むしろ大学生を対象とした実験と,ロースクール生を対象とした実験では,感情予測に関する専門家証言が死刑判断を促進しているようにさえみえる(Blumenthal 2009: 122-123).

この第 2 実験の結果を解釈するために,Blumenthal(2009)は,実験参加者が

---

34) 陪審資格のある市民は,大学の職員から選ばれており,実験に参加することの報酬として 10 ドルが支払われている(Blumenthal 2008: 22).
35) Blumenthal(2009: 123 Table 4)に基づいて作成した.

感情予測に関する専門家証言をどの程度信頼したかに着目した．Blumenthal (2009: 122-123) によれば，感情予測に関する専門家証言が信頼できないと感じた実験参加者ほど死刑を選択しているようである．もちろん，第1実験では感情予測に関する専門家証言の信頼性に関する質問項目を設けていなかったので，第1実験で示された当該専門家証言による死刑抑制効果が，本当にそれが信頼されていたがゆえに生じたものであるかどうかは，厳密には分からない．したがって，この専門家証言がVIEの死刑選択抑制効果を発揮する条件として，当該証言が信頼されることが要求されているのか否かについては，現時点では不明である．また，仮に当該証言がどの程度信頼されているかによって，当該証言がもたらす影響が異なるとしても，感情予測条件において死刑判断が最も多くなっていることをどのように説明するのかという問題が残る．もし，感情予測に関する専門家証言が信頼できないと感じられた場合に，かえってVIEが実験参加者によって意識されやすくなり，その結果として死刑判断が増加したのだとすると，VIEの死刑選択促進効果を抑制するために感情予測に関する専門家証言を提出することは，実践的にも諸刃の剣であるということになるかもしれない．

4-4. 模擬裁判研究の問題点とそれへの対応

4-4-1. 模擬裁判研究の問題点の指摘

　以上までに，VIEが，あるいは死刑の適用が問題とならない事案を採用した研究ではVISが，量刑判断に及ぼす影響について検証した模擬裁判研究を紹介してきたが，そもそも模擬裁判研究という手法に対しては批判もある．模擬裁判研究の問題点として，Diamond (1997) および Weiten & Diamond (1979) は，大きく6点を指摘していた．1点目は，不適当なサンプリングの問題である．これは，模擬裁判研究の実験参加者は大学生であることが多いので，そこで得られた知見を，それとは異なる属性の市民についてまで一般化できるのかどうかという問題である（綿村 (2011: 51) も参照）．

　2点目は，模擬裁判の不適当性の問題である．模擬裁判研究では，裁判の状況について実験参加者に伝えるために，簡便な方法として，書面による提示という方法が用いられることが多い．しかし，このような手法によった場合，実際の裁判に立ち会った場合と比較して，得られる情報量が限られてしまうといった問題

が生じ得る．本来であれば，より多くの情報に依拠して判断すべきところ，書面で裁判状況を提示した場合には，実験実施者が着目している要因の情報量が全体の情報量に占める割合が大きくなってしまい，実験参加者の判断が，その要因によって大きく左右されてしまうかもしれない．また，そもそも実験において提示された裁判のリアリティも問題となってくるであろう．

　3点目は，評議の省略という問題である．模擬裁判研究の枠組みで評議まで実施することは，実験参加者の拘束時間や，必要となる実験参加者の人数を考えると，実際上困難であることが多い．したがって，多くの模擬裁判研究では，実験参加者個々人の判断を従属変数としており，評議体の判断を従属変数とすることは稀である．確かに，評議開始前の多数派の意見が最終的な評決と一致することが多いことが指摘されているが（例えば，藤田（2008: 232-233）を参照），個々人の判断と評議体の判断とは区別して検討されるべきである（大坪・藤田 2001）．例えば，それに反する結果を示すものもあるが（Hans & Doob 1976），法的に適切ではないと考えられる判断上のバイアスが個人レベルの判断ではみられるものの，評議を経験することでそのようなバイアスがみられなくなる，あるいは低減することを示す研究（Kaplan & Miller 1978a; Kerwin & Shaffer 1994; London & Nunez 2000）があり，VIE が判断に及ぼす影響も，個人の判断の場合と評議体の判断の場合とで異なるかもしれない（仲 2009b: 147-148）．したがって，評議を踏まえた模擬裁判研究がなされることが望ましいことは否定できない（Paternoster & Deise（2009: 154-155）も参照）．

　4点目は，模擬裁判研究において実験参加者に行ってもらう判断は，実際上の影響を持たないという点である（Myers *et al.*（2006: 17）も参照）．例えば，架空の殺人事件の被告人に対して，ある実験参加者が，「死刑」が適当であると回答したとしよう．しかし，この実験参加者が，実際に陪審員に選任され，模擬裁判研究で提示された事件と全く同じ事件を担当したとしても，そこで死刑の評決に賛成するかどうかは保証の限りではない．要するに，模擬裁判研究では，実験参加者が死刑を選択しても，その結果として現実に何らかの帰結が生じるわけではなく，そこでの判断は，何らかの帰結を現実にもたらすような判断と同一ではないかもしれないのである[36]．

　5点目は，従属変数として，有罪・無罪判断と刑期の長さを組み合わせた尺度

が用いられることがあるということである．アメリカにおける陪審任務は，主として事実認定および死刑判断に限定されているところ[37]，このような尺度は，実際の陪審員の任務と対応していない．また，有罪・無罪判断の規定要因と量刑判断の規定要因を区別できないという問題もある．ここで，実際に陪審員が担うことの稀である刑期の長さに関する判断が従属変数に組み込まれる理由には，以下のような事情がある．つまり，有罪か無罪，あるいは死刑か終身刑かの二択の判断よりも，例えば，「無罪，1年の自由刑，3年の自由刑，……，20年の自由刑，終身刑，死刑」といった尺度を用いる方が，実験参加者の判断の微妙な変化を捉えやすくなると考えられるため（例えば，Myers & Arbuthnot（1999: 102）や Myers et al.（2002: 2399 n4）を参照），あえて後者の尺度が従属変数として用いられるのである．もっとも，これまでに紹介した研究は，そもそも VIE が死刑判断に及ぼす影響を検討しようとするものであるので，死刑か終身刑かの二択の判断を従属変数とする研究が多い．もちろん，そうではない研究もあるが[38]，本書が紹介する模擬裁判研究に限っていえば，ここで指摘されている問題点はあまり重要ではないであろう[39]．特に，日本の文脈で問題を検討する場合には，有罪・無罪判断と量刑判断とを変数として区別すべきであるとの指摘は重要であるが，刑期の長さに関する判断を従属変数とすることには，実際的な価値がある．

 6点目は，実際の事件からデータを抽出した研究（以下では，便宜的にフィールド研究と呼ぶ）に基づく確証が欠如しているという問題である．ただし，この問題は模擬裁判研究という手法に内在する問題というわけではない．フィールド研

---

36) とりわけ，陪審員が死刑事件において判断を下すことに関しては，陪審員の精神的負担の問題が指摘されているところであり（例えば，岩田太（2010）を参照），そのような実際の判断場面と架空の裁判についての判断場面との間に異なる側面があることは，当然ながら否定できない．

37) もっとも，例外があることには留意する必要がある（2-2）．

38) Hills & Thomson（1999），Nadler & Rose（2003），Rose et al.（2006），および Tsoudis & Smith-Lovin（1998）は，そもそも死刑が問題となるような事案を扱っていないために，死刑判断は選択肢に含められていない．ForsterLee et al.（2004）は，死刑廃止国であるオーストラリアで行われた研究であるためか，死刑を選択肢に含めない尺度を用いて量刑判断を測定している．さらに，Greene（1999）と Greene et al.（1998）では，量刑判断自体は従属変数として採用されていない．Gordon & Brodsky（2007）でも，量刑判断に関する記述はない．

　また，Myers & Arbuthnot（1999）や Myers et al.（2002）は，死刑判断も選択肢に含めているが，終身刑との二者択一ではなく，拘禁刑等も含めた順序尺度を用いている（Myers & Arbuthnot（1999: 102）や Myers et al.（2002: 2399）を参照されたい）．

39) また，Weiten & Diamond（1979: 79）は，このような従属変数の操作的定義の不適切性を指摘していたが，それから18年経過して，そのような従属変数を用いる研究は少なくなったと Diamond（1997: 566）は評価している．

究に基づく確証が欠如しているとの指摘は，上記に掲げた内在的問題を抱える模擬裁判研究によって得られた知見が，現実の裁判に関わった市民の行動を予測するうえでどの程度有効であるかを，フィールド研究によって得られたデータを分析した結果と比較対照することで評価していく必要があることを述べたものであるといえよう（Costanzo & Costanzo（1992: 191-192）も参照）．もっとも，フィールド研究によって得られたデータが，必ずしも模擬裁判研究によって得られたデータよりも優れているというわけではない．例えば，2-2-2-3で紹介した研究の基礎となった死刑陪審プロジェクト（Capital Jury Project: CJP）では，死刑事件の陪審裁判を経験した市民へのインタビュー調査が行われていたが，そのようなインタビュー調査では，陪審員自身が自分の判断に影響を及ぼした要因について無意識である可能性や，自分を望ましく見せるように話そうとする可能性，記憶の欠如や歪み，あるいは自分の経験した複雑な認知過程を表現する能力の欠如といった点が問題となり得ることが指摘されている（例えば，Costanzo & Costanzo（1992: 190）を参照）[40]．

このように，大きく6つの問題が模擬裁判研究に関して指摘されているが（Diamond 1997; Weiten & Diamond 1979），すでに述べたように，従属変数が不適切であるとの5点目の指摘は，本書の議論の文脈ではあまり重要ではない．また，フィールド研究によって得られたデータによる比較検証がなされていないという6点目の指摘は，模擬裁判研究に内在する問題とは区別した方がよいであろう．そこで，以下では，まず1点目から4点目までの問題について，本書が対象とする研究領域の文脈に即して検討し，続いて，模擬裁判研究の利点について述べる．最後に，6点目の指摘を受けて，模擬裁判研究の知見と，CJPを基礎とする研究から得られた知見（2-2-2-3）との比較検討をすることとする．

---

40) CJPを主導したWilliam J. Bowers自身，事後的なインタビュー調査では，VIEの影響に関する陪審員の認識を引き出すことは難しいであろうと述べているようである（Myers & Greene 2004: 506 n6）．

4-4-2. 模擬裁判研究に内在する問題点の検討

4-4-2-1. 不適当なサンプリングの問題

まず，不適当なサンプリングの問題についてであるが，これは，主として実験参加者が大学生に限られているという問題を指す．このような問題が指摘される背景には，ある実験操作，例えばVIEの有無に関する操作に対して，大学生とそうではない市民とでは反応のあり方が異なるかもしれないという問題意識がある．この問題に応答するためには，大学生よりも広い範囲の市民を対象とした実験もあわせて行い，それと大学生を対象とした実験の結果を比較対照することで，大学生を対象とした実験の結果が妥当する範囲について確定していく必要がある．もっとも，VIEに関する模擬裁判研究に関していえば，大学生を対象とした研究と同数の研究が，それよりも広い範囲の市民を対象としていた（4-2）．そこで，以下では，模擬裁判研究によって得られた知見について，それが大学生を対象とした実験であるか，あるいは，より広い範囲の市民（以下，単に市民とする）を対象とした実験であるのかという区別を意識しながら，評価を加えていくこととする[41]．

まず，VIEが量刑判断に及ぼす影響についてであるが，大学生を対象とした実験では，VIEが量刑判断を重くする影響がある程度一貫してみられる[42]．他方で，市民を対象とした実験の結果をみてみると，McGowan & Myers（2004）やMyers *et al.*（2004）では，VIEが量刑判断を重くする効果は見出されていない．加えて，Butler（2008）も，VIEが量刑判断に及ぼす効果自体を示しているわけではない．ただし，Butler（2008）は，死刑事件適格な市民が死刑事件適格ではない市民に比べて重い刑罰を科す傾向が，VIEがある場合により顕著となることを示している．以上に対して，ForsterLee *et al.*（2004）は，被告人が女性の場合に限定されてはいるものの，VIEが量刑判断に及ぼす影響を示している．さらに，実際の陪審員登録簿を用いてサンプリングを行ったPaternoster & Deise（2011）は，VIEが量刑判断に及ぼす影響を示している．以上の結果から

---

41) この点については，Myers & Greene（2004: 505）による評価も参照されたい．
42) Luginbuhl & Berkhead（1995）とMyers & Arbuthnot（1999）では，VIEが量刑判断を重くする効果が示されている．他方で，市民の実験参加者も一部に含むBlumenthal（2009）の実験結果はややはっきりしないが，VIEが死刑判断を促進する可能性を示している部分がある（4-3-6）．

すれば，大学生を対象とした実験では，ある程度一貫してVIEが量刑判断に及ぼす影響が見出されているが，市民を対象とした実験では，そのような影響の有無について知見がやや一貫していない部分があるといえそうである．ただし，VIEの有無が量刑判断に及ぼす影響を観察できなかったMcGowan ＆ Myers (2004) やMyers *et al.* (2004) の問題点についてはすでに指摘したとおりであるので（4-3-1-2; 4-3-2-3），それらを考慮に入れるならば，全体としてVIEは量刑判断に影響を及ぼしていると評価することも可能であるように思われる．

　続いて，VIEにおいて示された影響の大きさが量刑判断に影響を及ぼしている点については，Myers *et al.* (2002) が，そのような影響を示していたが，これは大学生を対象とした実験であった．市民を対象とした，あるいは大学生と市民を組み合わせて対照とした実験（Hills ＆ Thomson 1999; Nadler ＆ Rose 2003; Rose *et al.* 2006; Wevodau *et al.* 2014）では，被害者が死亡していない事案が素材とされ，VISにおいて示された影響の大きさが量刑判断に及ぼす影響が検証されている．それによれば，Rose *et al.* (2006) では十分に示されていないものの，概ねVISに示された影響の大きさは量刑判断に影響を及ぼしていることが示されていた．

　証言態度が量刑判断に及ぼす影響については，本書で紹介した限りでは，大学生を対象とした実験しか存在しなかった．それによれば，遺族の証言態度が量刑判断に影響を及ぼすことは確認されておらず（Myers *et al.* 2002; Platania ＆ Berman 2006），他方で，被害者の証言態度が量刑判断に影響を及ぼす可能性は示されている（Tsoudis ＆ Smith-Lovin 1998）．

　被害者の人となりに関する情報が量刑判断に及ぼす影響は，市民を対象としてMyers *et al.* (2004) によって検証されているが，そこでは，被害者に関する肯定的な情報を提示した条件において死刑判断が促進されていることは確認されていない．

　被害者の評価については，大学生を対象とした実験において，VIEが被害者の評価を肯定的にすることが確認されており（Greene 1999），そのような被害者の評価および被害者への同情や共感の高まりは，市民を対象とした実験でも示されている（Butler 2008; Greene *et al.* 1998; Paternoster ＆ Deise 2011）．他方で，遺族の評価については，大学生を対象とする実験では判然としていないが[43]，市民を対象とした実験では，比較的一貫してVIEが，遺族の被った影響の評価や，遺

族への同情の程度に影響していることが確認されている（Butler 2008; Greene et al. 1998; McGowan & Myers 2004; Paternoster & Deise 2011）．全体として評価するならば，VIE は被害者や遺族に関する評価に影響を及ぼしていると考えることができそうである．また，被害者が死亡していない事案を用いた実験（Tsoudis & Smith-Lovin 1998; Nadler & Rose 2003; Wevodau et al. 2014）からは，実験参加者が大学生であれ市民であれ，被害者の裁判関与，あるいはそこで示される被害者関連の情報によって，被害者の印象や被害者への同情の程度が影響を受けるという方向性を読み取ることができそうである．

他方で，被告人に対する評価への影響であるが，大学生を対象とした実験では，VIE が及ぼす影響は観察されていない（Greene 1999; Myers et al. 2013）．市民を対象とした実験結果は一貫しておらず，そのような影響を示す実験と（ForsterLee et al. 2004; Paternoster & Deise 2011），そのような影響を示せなかった実験とがある（Myers et al. 2004; Greene et al. 1998）．また，市民を対象とし，被害者が死亡していない事案を用いた実験でも，VIS と被告人の評価との関連は示されていない（Wevodau et al. 2014）．被告人に対する評価が一様に低いという事情が作用している可能性もありそうだが，VIE ないし VIS と被告人評価との関連は十分に示されているとはいい難い状況にある．

犯罪に対する印象については，いずれも市民を対象とした実験において，VIE が怒り等の感情を喚起することと（Paternoster & Deise 2011），被害者の人となりが犯罪の深刻さに関する評価に影響することが示されていた（Greene et al. 1998）．また，被害者が死亡していない事案を用いた Tsoudis & Smith-Lovin（1998）は，大学生を対象としたものであるが，被害者の印象と犯罪の深刻さに関する評価との関連を示していた．このように，該当すると考えられる研究は多くないが，VIE ないし VIS と犯罪に関する評価との関連を示す研究があることには注意しておく必要があるだろう．

量刑事由の位置づけと VIE の関係については，研究例が少なく，現時点でサンプル特性の違いを超えた評価をすることは難しい．しかし，市民を対象とした

---

43) Greene（1999）では，VIE によって遺族の好ましさが高まるものの，遺族への同情や被った影響に関する評価に及ぼす影響は示されていない．他方で，Myers et al.（2013）は，VIE によって遺族の被った影響が大きいと評価されるようになることを示している．

Greene et al. (1998) において，VIE が一定の減軽事由の考慮の程度に影響を及ぼしていることを示していることには，注意しておく必要があるだろう．

最後に，VIE がどのように考慮されているかについての意識であるが，この点を明確に取り上げる研究は，基本的に大学生を対象とした実験に限られているようである．それによれば，VIE は量刑判断における考慮要素とあまり認識されていないようだが（Gordon & Brodsky 2007; Myers & Arbuthnot 1999; Myers et al. 2002），VIE の有無ないし VIE において示された影響の程度の違いが，VIE やそこで示された遺族の影響を量刑判断に際してどの程度考慮するかという点に影響を及ぼしていることを示す実験がある（Luginbuhl & Burkhead 1995; Myers et al. 2002）．また，被害者が死亡していない事案を用いたものではあるが，VIS に示された影響が大きいときに，それが量刑上考慮された事由として言及されやすくなることを，市民を対象とした実験によって示すものとして，Hills & Thomson (1999) がある．ただし，VIE やそこで示された遺族の影響を考慮した程度と量刑判断との関連は，明確に示されていない．いずれも大学生を対象とするものであるが，関連を見出せていない実験（Luginbuhl & Burkhead 1995）と，それを肯定する実験（Platania & Berman 2006）とがある．

以上のとおり，項目ごとに実験参加者が大学生であるか，それとも市民であるかという点の区別に留意しながら，現在までの知見の状況を整理した．もちろん，検討対象となる実験数は多くなく，質問項目のワーディングは研究ごとに異なっているため，明確な結論を引き出すことは難しい．しかしながら，例えば，VIE が量刑判断に影響を及ぼすことや，それが被害者や遺族の評価に影響を及ぼしていることは，実験参加者が大学生であれ市民であれ，ある程度一貫してみられる知見であると評価できることは，本書の問題関心に即して重要であろう．

4-4-2-2. 不適当な模擬裁判の問題についての検討

不適当な模擬裁判の問題としては，主として，書面によるシナリオの提示という方法で実験を行うことが指摘されていた．書面によって裁判状況等を提示する場合には，実験参加者に提示される情報が制限されるし，そもそも実際の審理状況をうまくイメージしてもらうことが困難であろう（綿村（2011: 51）も参照）[44]．もっとも，本章で検討した模擬裁判研究のなかでは，映像を用いたものが5つあ

った.加えて,そのうち4つはあくまで審理状況を再現した映像を用いたものであったが,残る1つ(Paternoster & Deise 2011)は実際の量刑審理の映像を用いていた.以下では,実験参加者に対する事案の提示方法に注目しつつ,模擬裁判研究の知見の状況について整理していきたい[45].

まず,VIE が量刑判断に及ぼす影響であるが,映像によって事案を提示した Myers & Arbuthnot(1999)も Paternoster & Deise(2011)も,VIE が量刑判断に影響を及ぼすことを報告している.他方で,書面によって事案を提示した実験のうち Luginbuhl & Burkhead(1995)は,そのような影響を報告しているし,Blumenthal(2009)も部分的に否定されてはいるが,概ね VIE が量刑判断に影響を及ぼすことを報告している.また,ForsterLee et al.(2004)は,被告人が女性の場合に限定されてはいるものの,VIE が量刑判断に及ぼす影響を示している.Butler(2008)は,VIE が量刑判断に及ぼす主効果の点では否定的な結果を報告しているが,死刑事件適格性との交互作用を報告している.他方で,VIE が量刑判断に及ぼす影響について否定的な結果を報告している McGowan & Myers(2004)と Myers et al.(2004)は,いずれも書面によるシナリオ提示の方法で実験を行っていた.このように,映像で事案を提示した場合には VIE が量刑判断に影響を及ぼしていることが読み取れるが,書面で事案を提示した場合の結論は一貫していない.ただし,VIE の有無が量刑判断に及ぼす影響を観察できなかった McGowan & Myers(2004)や Myers et al.(2004)の抱える問題点を踏まえるならば(4-3-1-2; 4-3-2-3),全体として VIE は量刑判断に影響を及ぼしていると評価することも可能であるように思われる[46].

続いて,VIE において示された影響の大きさが量刑判断に影響を及ぼしている点であるが,これは,Myers et al.(2002)が映像を用いて示している.他方で,書面によってシナリオを提示した実験としては,Hills & Thomson(1999)や Nadler & Rose(2003),Wevodau et al.(2014)が,VIS において示された影響の程度が量刑判断に影響を及ぼすことを示しているが,これらは,被害者が死亡し

---

44) 実際の裁判ではなされるであろう法律に関する様々な説明が,模擬裁判研究では省略されてしまうことがあるという問題も(伊東 2011: 58),このような問題の一類型として捉えることができるであろう.
45) この点については,Myers & Greene(2004: 505)による評価も参照されたい.
46) 検討対象としている研究に違いはあるが,同様の評価を下すものとして,Myers & Greene(2004: 505)や Myers et al.(2013: 131)がある.

ていない事案を実験において用いている[47]．

　また，証言態度が量刑判断に及ぼす影響については，書面で事案を提示した場合と，映像で事案を提示した場合とで結果が異なっていたが，このような結果の違いを，事案の提示の仕方の違いに還元できるか否かは不明である（4-3-2-2）．事案を書面で提示した実験では，被害者の証言態度が操作されており，態度と量刑判断との関連が示されていたが（Tsoudis & Smith-Lovin 1998），事案を映像で提示した実験では，遺族の証言態度が操作されており，これが量刑判断に及ぼす影響は見出されていなかった（Myers et al. 2002; Platania & Berman 2006）．

　被害者の人となりに関する情報が量刑判断に及ぼす影響は，書面による刺激提示を行った Myers et al.（2004）の実験によって検証されているが，そこでは，被害者に関する肯定的な情報を提示した条件において死刑判断が促進されていることは確認されていない．

　VIE が被害者に対する印象を良くし，また被害者への同情を高めるといった効果は，書面による実験（Butler 2008; Greene 1999）でも，映像を用いた実験（Greene et al. 1998; Paternoster & Deise 2011）でも，比較的一貫した方向性として確認できるように思われる．他方で，VIE が遺族の印象に及ぼす影響については，書面による実験では，Greene（1999）において部分的に VIE の影響が示されていないところがあるが，概ね VIE によって，遺族の印象や遺族の被った影響，遺族への同情が影響を受けているようである（Butler 2008; McGowan & Myers 2004; Myers et al. 2013）．また，映像による実験（Greene et al. 1998; Paternoster & Deise 2011）では，遺族の印象や遺族の被った影響，遺族への同情に対して，VIE が影響を及ぼしていることが示されている．さらに，被害者が死亡していない事案を用いた実験（Tsoudis & Smith-Lovin 1998; Nadler & Rose 2003; Wevodau et al. 2014）でも，被害者の裁判関与，あるいはそこで示される被害者関連の情報によって，被害者の印象や被害者への同情の程度が影響を受けるという方向性を読み取ることができそうであるが，これらの研究は書面提示の方法によったものであった．

　これに対して，被告人の評価への印象は十分に示されていない．書面を用いた

47）なお，Rose et al.（2006）の実験結果については，4-3-2-1 を参照されたい．

実験では，ForsterLee et al.（2004）が断片的な影響を確認しているが，それ以外では，VIEと被告人評価との関連は示されていない（Greene 1999; Myers et al. 2004; 2013）．映像を用いた実験でも，Paternoster & Deise（2011）はVIEと被告人評価との関連を示しているが，Greene et al.（1998）ではそのような関連は示されていない．また，被害者が死亡していない事案を用いたWevodau et al.（2014）では，書面により事案を提示した実験において，VISと被告人評価との関連が見出されなかったことが報告されている．被告人評価が一様に低いという事情が作用しているのかもしれないが，現在のところ，VIEないしVISと被告人評価との関連は十分に示されているとはいい難い．

　VIEが犯罪に対する印象に及ぼす影響については，いずれも映像を用いた実験において，VIEが怒り等の感情を喚起することと（Paternoster & Deise 2011），被害者の人となりが犯罪の深刻さに関する評価に影響することが示されていた（Greene et al. 1998）．また，被害者が死亡していない事案を用いたTsoudis & Smith-Lovin（1998）は，書面を用いた実験であるが，被害者の印象と犯罪の深刻さに関する評価との関連を示していた．このように，該当すると考えられる研究は多くないが，VIEないしVISと犯罪に関する評価との関連を示す研究があることには注意しておく必要があるだろう．

　量刑事由の位置づけとVIEの関係については，研究例が少なく，現時点でシナリオの提示方法の違いを超えた評価をすることは難しい．しかし，映像を用いて実験を行ったGreene et al.（1998）において，VIEが一定の減軽事由の考慮の程度に影響を及ぼしていることを示していることには，注意しておく必要があるだろう．

　最後に，VIEがどのように考慮されているかについての意識であるが，書面による実験でも（Gordon & Brodsky 2007），映像を用いた実験（Myers & Arbuthnot 1999; Myers et al. 2002）でも，VIEは量刑判断における考慮要素として明確には認識されていない可能性が指摘されていると考えることができるかもしれない．しかし，VIEの有無ないしVIEにおいて示された影響の程度の違いが，VIEやそこで示された遺族の影響を量刑判断に際してどの程度考慮するかという点に影響を及ぼしていることは，書面を用いた実験（Luginbuhl & Burkhead 1995）でも映像を用いた実験（Myers et al. 2002）でも示されている．また，被害者が死亡して

いない事案を用いたものではあるが，VISに示された影響が大きいときに，それが量刑上考慮された事由として言及されやすくなること書面を用いた実験によって示すものとして，Hills & Thomson（1999）がある．ただし，VIEやそこで示された遺族の影響を考慮した程度と量刑判断との関連は，明確に示されていない．一方で，映像による実験でこの関連を示すものがあるが（Platania & Berman 2006），他方で，書面による実験（Luginbuhl & Burkhead 1995）では，この関連は示されていない．

　以上のとおり，項目ごとに書面による実験か，映像を用いた実験かという点の区別に留意しながら，現在までの知見の状況を整理した．もちろん，先にも触れたとおり，検討対象となる実験数は多くなく，質問項目のワーディングは研究ごとに異なっているため，明確な結論を引き出すことは難しい（4-4-2-1）．しかしながら，ここでも，例えば，VIEが量刑判断に影響を及ぼすことや，それが被害者や遺族の評価に影響を及ぼしていることは，書面による実験であれ映像を用いた実験であれ，ある程度一貫してみられる知見であると評価できることは，本書の問題関心に即して重要である．

4-4-2-3. 評議の欠如の問題についての検討

　模擬裁判研究では，実験参加者の拘束時間等を考慮して評議が省略されることが多い．また，評議体の判断を従属変数とする場合，統計的分析に耐えるだけのデータを蒐集するためには，大量の実験参加者を集める必要がある．また，実験研究の枠組みからすると，評議過程を組み込むことで，厳密な条件間の統制が困難になることが懸念される（綿村 2011: 51）．加えて，守秘義務の問題等から，実際の評議のあり方に関する情報が十分に入手可能でないために，評議過程も取り込んだ実験を行うことが研究者にとって難しいという事情もある（伊東 2011: 59）．

　本章で検討した模擬裁判研究のうち評議まで含めた実験研究は，Myers & Arbuthnot（1999）のみであった．しかしながら，ここでは有罪評決に至った評議体が少なかったため，評議体の量刑判断を従属変数とした分析はなされていない．そのため，評議体の量刑判断を従属変数としてVIEの影響を検証した模擬裁判研究は，管見の限りないようである．したがって，この点については，今後の研究の発展が望まれる．

評議の欠如の問題に関連して，日本における裁判員制度への含意を考える場合，さらに留意しておくべき点がある．それは，陪審裁判では，陪審員として選任された市民のみが評議体を構成するが，日本の裁判員裁判では，裁判員は裁判官と一緒に評議をするということである．したがって，日本において評議研究を行う場合には，裁判官に相当するような人にも実験に参加してもらうことが望まれるのである．このような問題に対応するためには，法曹関係者の協力を仰ぐことが考えられる．もちろん，実験研究のために法曹関係者の協力を仰ぐことは簡単なことではないが，そのような研究が皆無というわけではない（例えば，荒川・菅原（2010）や藤田（2008: 203-222））．また，法的知識の格差に着目して法学部の専門課程以上の学生と教養課程の学生の評議を観察する手法や（藤田 2008: 223-238），法学教育を受けた学生と一般市民の評議を観察する手法（小宮 2013），法科大学院卒業生や司法試験合格者を裁判官役にする手法（荒川 2013a; 2013b; 村山ほか 2012）も利用されている．また，裁判員制度が実際に開始される以前に，全国の地方裁判所で法曹三者による模擬裁判が実施されていたが．その模擬裁判で得られたデータを2次分析する手法は，確かに研究者が実験的に要因を操作できるわけではないが，有意義な研究手法である（例えば，藤田（2009）や堀田（2010）を参照）．

4-4-2-4. 判断の実際的帰結の欠如の問題

模擬裁判研究では，そこで下された判断が実際的な帰結を伴わず，その点で現実の裁判とは大きく異なると指摘される．これは，模擬裁判研究があくまで「模擬」である以上，不可避の問題である[48]．しかし，ここで注意しておきたいのは，模擬裁判研究において注目しているのは，絶対的な量刑判断の値ではなく，条件間における量刑判断の相対的な差異であるということである．確かに，実際的な帰結を持たない模擬裁判研究では，実際に陪審員に選任されたならば選択しないような重い刑罰を，実験参加者が選択するということはあり得そうなことである．しかしながら，模擬裁判研究における関心事は，選択された量刑判断の値そのものではなく，条件を変化させることでどのように量刑判断が変化するのかという

---

[48] そのため，量刑判断を従属変数として用いることを意図的に避ける研究（Greene 1999; Greene et al. 1998）もあった．

点であることが多い．このような条件間の差異に着目している限りにおいては，実際的な帰結を持たない実験参加者の量刑判断を分析対象とすることにも，一定の意義は認められると思われる．しかしながら，この問題が模擬裁判研究の限界であることは否定できず，ほかの研究との協働を求めることが重要であろう（Myers & Greene 2004: 505-506）．そうであるとすると，ここでの問題は，フィールド研究に基づく確証の欠如という問題（4-4-1）と重なってくる．模擬裁判研究とフィールド研究との比較検討については，すぐ後（4-4-4）で述べることとする．

4-4-3. 模擬裁判研究の利点

以上までに模擬裁判研究の問題点について検討してきたが，他方で，模擬裁判研究には，ほかの研究手法にはない利点がある．すなわち，実験的手法では，実験実施者が着目した変数以外をなるべく統制し，問題とすべき独立変数の値のみを変化させることが可能となる．したがって，各条件に実験参加者がランダムに割り当てられたならば，実験実施者が操作した変数以外に，各条件で異なっているところは最小限に抑えられており，それゆえに操作した変数と，測定した従属変数の因果関係について，相対的に信頼性の高い推測が可能となるのである（例えば，南風原・市川（2001: 97）を参照）．

このことを本書の問題関心に則して具体的に述べてみよう．実際の事件を対象にデータを蒐集して研究する場合，VIEが提出されたか否かを独立変数として，量刑判断との関係を調べることになる．しかし，VIEが提出されるか否かは，必ずしもランダムに決まるわけではない．例えば，被害が深刻であった事件ほどVIEが提出されやすいかもしれない．そうすると，VIEが提出された事件における量刑判断が，VIEが提出されなかった事件における量刑判断よりも統計的に有意に重かったとしても，VIEが量刑判断に影響を及ぼしているとの結論を引き出すことはできない．ここでは，被害が深刻である事件ほどVIEが提出されやすく，また量刑判断も重くなりやすい傾向にあり，VIEと量刑判断との関係は擬似的なものに過ぎないかもしれない．このような問題があるために，多くの場合，VIEの有無と量刑判断の2値の関係ではなく，量刑判断に影響を及ぼし得るほかの要因についても分析モデルに組み込んだ多変量解析の手法を採用することが要請される．しかし，ここで統制される変数は，測定可能な変数に限定

されることはもちろん，量刑判断に影響を及ぼし，かつ VIE の有無にも影響を及ぼすであろうと研究者が考え，かつ着目した変数に限定される．したがって，条件間の差異を，着目した独立変数の差異に限定することを最初から試みている実験研究の方が，因果的推測の点では強みがある．

以上に加えて，もう1点，実験的手法の利点を挙げておく．それは，多くの場合，多変量解析の手法では，VIE が量刑判断に及ぼす影響が，どの事件でも同等であるとの仮定に立って分析がなされることと関係している．つまり，モデルに組み込んだ統制変数の値が一定である場合に，VIE がある場合とない場合とで量刑判断にどの程度の差があるのかが推定されることになる．もちろん，例えば交互作用項を用いることで，VIE が量刑判断に及ぼす影響が事案によって異なる可能性を検証することはできるが，そのようなことは，あまりなされていない[49]．このことは，2-2-2-4 で紹介した Sundby（2003）の指摘とあわせて考えると，問題があるように思われる．つまり，VIE が提出された事件の全てで等しく VIE が量刑判断に影響を及ぼしているわけではなく，VIE が提出された事件の一部でのみ VIE が量刑判断に影響を及ぼしているのであれば，単純に VIE の有無のみを問題とした分析では，その効果を検出することは難しいであろう．しかし，実験研究であれば，VIE の影響が出やすいと予測されている事件類型を用いて実験を実施することで，そのような事件類型において VIE が量刑判断に及ぼす影響を検出することが，相対的に容易となる[50]．

---

[49] 例えば，Erez & Tontodonato（1990）や，Davis & Smith（1994a）の回帰分析では，交互作用項は用いられていなかった．もっとも，回帰分析ではないが，Walsh（1986）が，被害者と加害者の関係性を分類し，それぞれの関係ごとに，VIS に示された被害者の量刑意見と，最終的な量刑判断との関係を調べていたことは，注目される．

[50] この点で，Paternoster & Deise（2009: 154）は，自身が実験で用いた事案は，Sundby（2003）が指摘するような，VIE が量刑判断に影響を及ぼす蓋然性が高そうな事案であることを強調している．

このことと関連して，Payne 判決において，O'Connor 裁判官は，死刑事件においては事案の性質自体が悪質であるため，本件での VIE が陪審員の感情をそのうえさらに高めたり，陪審の量刑判断に影響を与えたりすることはないと指摘していた（Payne v. Tennessee 1991: 831-832）．これは，非常に悪質な事件における VIE の効果を否定する仮説であるとして，Myers et al.（2013）が検証している．実験では VIE の有無と事件の悪質性が操作されているが，両要因の交互作用は確認されず，悪質な事件でも依然として VIE が影響を持ち続ける可能性が示されている．もっとも，本実験のみから，悪質な事件でも VIE の効果が薄れることはないといい切ることは難しいだろう．とりわけ，本実験において悪質な事件として用意されたシナリオが，実験参加者にとって VIE が考慮に入ってこなくなるほどに悪質なものであったか否かという点を，1つの実験結果のみによって確認することは困難であろう．

以上のように，模擬裁判研究の利点を指摘することはできるが，そのことから，これまでに検討してきた模擬裁判研究の問題点を打ち消すことができるというわけではない．模擬裁判研究の抱える問題点を意識しつつも，その有用性を完全に否定しないというのが穏当な立場であるように思われる（例えば，菅原（1998: 65 n8），Myers et al.（2006: 17）を参照）．

4-4-4. 模擬裁判研究と現実の裁判に関する研究との比較検討

すでに指摘したように（4-4-1），模擬裁判研究の知見は，フィールド研究における知見と比較検討されることが求められている．そこで，もちろん双方において知見が示されている点に限定されるが，2-2-2-3で紹介したCJPのデータに依拠した研究（Eisenberg et al. 2003; Karp & Warshaw 2009）と，本章で検討した模擬裁判研究の結果とを比較検討することで，模擬裁判研究から得られた知見の妥当性について評価することを試みたい．

まず，VIE が被害者や遺族の印象に影響を及ぼしていることについては，実験参加者の属性の違いや実験における事案の提示方法の違いにもかかわらず，模擬裁判研究において，ほぼ一貫して示されていた評価することができそうである（4-4-2-1; 4-4-2-2）．この点について，CJPのデータに依拠した研究の結果をみてみると，まず，VIE は被害者の印象に影響を及ぼしているようである（Eisenberg et al. 2003; Karp & Warshaw 2009）．他方で，VIE が遺族の印象に影響を及ぼすか否かについては，CJPのデータに依拠した研究では十分に検証されていないようだが，例えば，VIE が提示されることで，遺族の喪失感や哀しみを感じるようになり，また，遺族の状況に自分自身が置かれた場合を想像することにつながることが指摘されていた（Karp & Warshaw 2009）．このように，VIE が被害者の評価に及ぼす影響，およびVIE が遺族に関する認識や遺族に対して向ける感情に影響を与えていることは，少なくともそのような方向性が模擬裁判研究でもフィールド研究でも示されているとさしあたり評価することはできるのではないかと考える．

また，VIE が犯罪に対する評価に影響を及ぼしていることは，市民を対象とし，かつ映像によって事案を提示した研究によって示されていた（Greene et al. 1998; Paternoster & Deise 2011）．限定的な知見であるが，実験参加者の属性の点

でも，事案の提示方法の点でも，現実の裁判場面により近い方法を採用した実験に基づいており，その意味で重要な知見であると評価できるであろう．このような結果は，VIE によって被害の重大性の認知が高まることを，CJP のデータを用いて示した Eisenberg et al. (2003: 326-328) の知見と整合的である．もっとも，Eisenberg et al. (2003) の分析結果をより正確に述べるならば，そこでは，被害者がコミュニティにおいて称賛あるいは尊敬されていたと評価する陪審員ほど，犯罪が悪質であると評価しているという関連が示されていた．そして，このような知見は，死亡した被害者の尊敬されるべき人となりが提示された条件において，犯罪が重大であるとの評価が高まることを見出している Greene et al. (1998: 153) の知見と，とりわけ整合的であるということができるかもしれない．

　減軽事由の考慮のあり方については，CJP のデータを用いて Eisenberg et al. (2003) が分析を加えていた．それによれば，減軽事由を量刑判断においてどのように位置づけるのかという点について，VIE の影響はみられなかったという．この結果は，Gordon & Brodsky (2007) の実験研究の知見と整合的である．ただし，これらの研究は，列挙された減軽事由を，量刑を重くする方向で考慮するのか，あるいは軽くする方向で考慮するのかを尋ねた質問項目への回答を分析したものであることに留意する必要がある．つまり，VIE が，ある減軽事由をどのような方向で考慮すべきであるのかという点について影響を与えないことは，フィールド研究と模擬裁判研究の両方で示されていると考えることができるかもしれないが，どの程度の重みをもって減軽事由を量刑判断に際して考慮するかという点に対する VIE の影響の有無は，十分に明らかではない．フィールド研究との対応は確認できないが，減軽事由の考慮の程度に VIE が影響を及ぼしている可能性を指摘する模擬裁判研究 (Greene et al. 1998) があることに留意する必要があるだろう．

　また，VIE やそこで示された遺族の影響を，どの程度量刑判断において考慮するかであるが，模擬裁判研究によれば，あくまで大学生を対象とした研究に限定されているが，それらの要因は量刑判断に際してあまり重視されていないようであった (4-4-2-1)．他方で，これも大学生を対象とした模擬裁判研究に限定された知見ではあるが，VIE の有無，あるいは VIE において示された被害の程度は，VIE ないし，遺族の被った影響を量刑判断に際して考慮する程度に影響を

及ぼしていることが示されていた (4-4-2-1).このような知見は,フィールド研究の知見と整合しているように思われる.Eisenberg et al. (2013) は,Payne 判決後に,遺族の喪失や哀しみや,死亡に至る前の被害者の痛みや苦しみが評議において議論の対象となった程度が高まっていることを指摘している.また,Karp & Warshaw (2009: 112) は,VIE が提示された事件で,遺族の喪失感や悲しみが量刑判断に際して重要な要因であると指摘する陪審員が多いことを報告している.

このように,模擬裁判研究とフィールド研究とで整合的な結果を示している部分は,確かに存在する.しかし,VIE がまさに量刑判断に影響を及ぼすのか否かという点について,両者の知見は異なっている (Hans (2014) も参照).ここで紹介した模擬裁判研究の結果を総合するならば,VIE が量刑判断に及ぼす影響が示されていると評価してもよいように思われる (4-4-2-1; 4-4-2-2)[51].他方で,CJP によって得られたデータをもとに分析を行った研究 (Eisenberg et al. 2003; Karp & Warshaw 2009) では,VIE が死刑判断に及ぼす影響を検出できていない.

VIE が量刑判断に及ぼす影響に関する,模擬裁判研究とフィールド研究との間のこのような結果の違いは,どのように解釈されるべきであろうか.大きく2つの解釈があり得るように思われる.第1の解釈は,実際の死刑事件においては,確かに VIE は量刑判断に影響を及ぼしてはいないかもしれないというものである.つまり,実験的状況では VIE が判断に対して影響を及ぼし得たが,実際の裁判という場面では,そのような影響が抑制されていたのかもしれない[52].もう1つの解釈は,VIE が死刑判断に影響を及ぼす事案は限定されているため,実際の死刑事件を対象とした研究においては,影響を検知することができなかったと

---

51) 検討対象に含まれる実験研究の内容に違いはあるものの,同様の評価を下すものとして,Myers & Greene (2004) および Myers et al. (2006) がある.
　　もっとも,より根源的な問題として,VIE が量刑判断に影響を及ぼしていることを示した模擬裁判研究と,そのような影響を示すことができなかった模擬裁判研究とでは,前者の方が公表される可能性が高いという問題を否定することは難しい (Salerno & Bottoms 2009: 280).しかしながら,未公刊の研究まで網羅的にレビューの対象に含めることはほぼ不可能であり,さしあたり公刊された研究を前提にレビューするほかない.
52) 例えば,実際の陪審員は,量刑審理段階よりも前から被害者の情報に接しているので,量刑審理段階で VIE に触れても,それによる追加的影響が生じにくいことが考えられる (Hans 2014: 111).あるいは,CJP による研究でも模擬裁判研究でも,VIE によって一定の感情の生起があり得ることからすれば,実際の陪審員においてはそのようにして生起した感情を抑制する心理的対応がなされているが,模擬陪審においてはそのような抑制が働きにくい可能性も考えられよう (Hans 2014: 112).

いうものである (Hans (2014) も参照). Sundby (2003) が指摘していたように，VIE が提出された事件のうち，それが全ての事件において量刑判断に影響を及ぼしていると想定することは適当ではなく，そのうちの限定された範囲の事件において，VIE は量刑判断に影響を及ぼしていると想定する方が適切であるかもしれない．そうすると，VIE が量刑判断に及ぼす影響は，そのような影響が生じていない事件の存在によって検知されにくくなっているかもしれない[53]．このように2つの解釈がさしあたり考えられるが，いずれにせよ，VIE が陪審の死刑判断に影響を与えていたとしても，Karp & Warshaw (2009: 116) が指摘するように，死刑事件全体でみれば顕著なものではないのかもしれない．他方で，VIE が提出された事件の一部において VIE が死刑判断に影響を及ぼしていることは否定されておらず，そのような点にこそ注目すべきであるという考え方もあり得よう．

4-5. 小括

本章では VIE や VIS を扱った模擬裁判研究をレビューし，現在までに集積された知見の整理を試みた．また，模擬裁判研究に対しては，その研究に内在する問題点が指摘されており，ここでは，そのような研究手法上の問題点も踏まえつつ知見を評価することを試みた (4-4-2)．そこでの検討を踏まえると，これまでの模擬裁判研究の知見は，以下のように整理できるのではないかと考えている．

第1に，VIE ないし VIS において示される影響の大きさは，量刑判断に影響を及ぼしている可能性があるものの，このような知見を示す研究は十分に多くない．VIE についてこの点を示す実験 (Myers *et al.* 2002) は，映像提示によるという点で実際の裁判場面に接近しようと試みているものの，その実験参加者は大学生に限られている．また，被害者が死亡していない事件についてこの点を示す実験は，実験参加者に広く市民を含めているものの，あくまで書面提示による研究に限られている (4-3-2-1; 4-4-2-1; 4-4-2-2)．また，この点はフィールド研究の知見による確証もできていない．その意味で十分に確立した知見とまで評価することは難しいかもしれない．しかしながら，それに反する知見も十分にはみられな

---

[53] 陪審員の数の違いが評決に及ぼす影響を検証することを問題とした文脈で，Lempert (1975) が，同様の指摘を行っている．

いところ[54]，被害程度が量刑判断に影響を及ぼす可能性が先行研究によって示されている点には注意しておく必要があるだろう．

第2に，VIE は，被害者や遺族に関する評価に一定の影響を及ぼしているようである．この知見は，CJP のデータに依拠した研究の結果とも整合的であり，その限りでそれなりに頑健な知見であると評価できると考える（4-4-4）．加えて，映像を用いた実験はなかったものの，VIS が被害者に関する評価に影響を及ぼすことは，大学生を対象とした実験でも，市民を対象とした実験でも示されていた（4-4-2-1）．

第3に，VIE が被告人の評価に影響を及ぼしていることは，模擬裁判研究の結果に依拠する限り，明確に示されていたわけではない（4-4-2-1；4-4-2-2）．この点は，事案における被告人評価がもともと低かったためである可能性も否定できないが，さしあたり，現時点において，VIE が被告人の評価に影響を及ぼしているという点については，十分に示されていないと評価しておく．

第4に，VIE が犯罪に対する評価に影響を及ぼしている可能性は，模擬裁判研究の知見の蓄積が十分ではないが，CJP のデータに依拠した研究と整合的な知見が示されているように思われる（4-4-4）．とりわけ，この点について注意する必要があるのは，被害者への肯定的評価と犯罪の重大性評価とが関連しているという知見が，いずれの研究手法においても示されているということである（Greene et al. 1998; Eisenberg et al. 2013）[55]．

第5に，VIE が量刑事由，とりわけ減軽事由に及ぼす影響であるが，研究数は少ないものの，VIE が減軽事由の考慮の方向性に影響を及ぼす可能性は，模

---

54) VIE の提出主体を操作した McGowan & Myers（2004）の研究では，証人がどの程度苦しんでいたかを尋ねたところ，遺族が VIE を提出した条件で最も証人が苦しんでいたと評価され，次いで同僚が VIE を提出した条件，消防署職員が VIE を提出した条件で，証人が苦しんでいたと評価されていた（McGowan & Myers 2004: 364）．それにもかかわらず，この研究では，同僚が提示した VIE のみ量刑判断を重くしていた．このことから，Myers et al.（2006: 18）は，遺族がどの程度苦しんでいるのかに関する評価と，量刑判断とは関連していないのかもしれないと述べている．しかし，この指摘には留保が必要であろう．なぜならば，ここで比較されているのは，遺族と同僚，消防署職員の苦しみの程度であるが，彼らの苦しみに関する評価を同一尺度で比較することが可能かどうかについては疑問が残るからである．つまり，遺族の苦しみと同僚の苦しみを比較して，遺族の苦しみの方が大きいと評価されているにもかかわらず，同僚が VIE を提出した場合に量刑判断が重くなることをもって，量刑判断は，遺族の苦しみの程度を媒介して規定されるわけではないと指摘することには飛躍があるだろう．

55) また，Tsoudis & Smith-Lovin（1998）も，被害者が死亡していない事案を扱ったものであるが，被害者の印象と犯罪の深刻さの評価の関連を示している．

擬裁判研究でも CJP のデータに依拠した研究でも，今のところ確認されていない（4-4-4）．しかし，他方で，あくまで模擬裁判研究の知見に限定されるが，VIE によって減軽事由の考慮の程度に影響が生じ得る可能性が指摘されている点（Greene et al. 1998）には留意が必要である（4-3-4）．

　第 6 に，VIE は，VIE やそこで示された遺族の影響を量刑判断において考慮することを促進している可能性がある．この点は，模擬裁判研究でも CJP のデータに依拠した研究でも示されていたと評価することが可能そうである（4-4-4）．ただし，このような考慮の高まりが量刑判断に結びついているかどうかという点は，判然としない．少なくとも，模擬裁判研究においては，そのような結びつきを示す研究と，そうでない研究とがあった（4-3-5）．また，CJP のデータに依拠した研究は，VIE が遺族の影響を考慮する程度を高めていることを示しているものの，VIE が量刑判断に影響を及ぼしていることは示していないことからすれば，VIE は遺族の影響を考慮する意識を高めるものの，それが量刑判断には結びついていない可能性を示す結果として評価できるかもしれない．いずれにせよ，VIE は，遺族の影響を評価することを促進するが，そのような考慮の促進が量刑判断に結びつくかどうかは，十分に明らかではない．

　第 7 に，VIE が量刑判断に及ぼす影響は，必ずしも全ての研究で見出されているわけではないが，全体としてみれば，模擬裁判研究によってそのような影響が示されていると評価することができるであろう（4-3-1; 4-4-2-1; 4-4-2-2）．しかし，この結果は，CJP のデータに依拠した研究結果とは整合していない（4-4-4）．VIE が量刑判断，とりわけ死刑判断に影響を及ぼしている可能性を重視して検討を進めるとしても，そのような影響が生じる事件は限定的であると考えるべきであろう（4-4-4）．

　ここで，VIE が陪審員の量刑判断に影響を及ぼしている可能性を重視したときに，ではどのような心理的過程によりそのような影響が生じているのかということが問題となる．この問題を考える際には，以上の知見の整理がさしあたり参考になると考える．この点は第 2 部において詳述するが，ここではさらに，模擬裁判研究の結果に依拠しつつ，感情の作用について若干の指摘をしておきたい．Paternoster & Deise（2011）は，VIE の死刑選択促進効果は，被害者や遺族に対する同情や共感を媒介して発生している可能性を指摘していた．また，このこと

と関連して，いくつかの研究で VIE が被害者や遺族への肯定的な印象の形成を促進することが示されていた (4-3-3-1)．

他方で，VIE が，被告人や犯罪に対する評価に影響を与え，それが量刑判断に影響を及ぼしているという可能性も考えられよう．そして，そのような影響が生じる過程においては，怒り等の感情が一定の役割を果たしている可能性がある[56]．確かに，統計的に有意ではなかったが，Paternoster & Deise (2011) では，そのような方向性も見出されていた．また，ForsterLee *et al.* (2004) は，VIE がないときには，女性の被告人の方が軽い刑を受けていたが，VIE がある場合には被告人の男女差に基づく量刑判断の違いはみられなかったことを報告している．これは，被告人の将来の危険性に関する評価や，被告人の殺意の強さに関する認知，あるいは被告人に対して向けられた怒りの水準の変化を媒介しているようにも思われる (例えば，Myers *et al.* (2006: 15) を参照)[57][58]．

このように，VIE が一定の事件において量刑判断に影響を及ぼしていたとして，その影響が生じるメカニズムとしては，被害者や遺族への同情，あるいは被告人に対する怒りといった感情を媒介していることが可能性として考えられる．すでに指摘したように (2-1-2-1)，*Payne* 事件で反対意見を執筆した Stevens 裁判官は，VIE が陪審の理性ではなく感情に働きかけ，その結果として死刑判断が選択されることを懸念していた (例えば，*Payne v. Tennessee* (1991: 856) を参照)．しかし，ここで注意したいのは，一定の感情が喚起することと，判断が理性的でなくなることはイコールではないということである (Bandes 1996: 366; Myers & Greene 2004: 502-503; Myers *et al.* 2006: 16)．道徳判断に際しては，感情が強く作用していることが指摘されているが (例えば，Greene (2013) や Haidt (2001; 2012) を参照)，心理学において，感情が理性よりも何らかの意味で劣っているとの考え

---

56) 被害者の刑事裁判への関与が，法的判断に及ぼす影響を考える際に，その中間項として怒り感情の重要性を指摘するものとして，松尾加代らの研究がある (1-2-2)．
57) ただし，ForsterLee *et al.* (2004: 63-64) では，怒り感情自体が量刑判断に対して影響を与えていることは見出されていないことに留意する必要がある．
58) なお，Myers *et al.* (2002) は，負の感情が判断に及ぼす影響を見出せていないが，ここでの負の感情の内容が怒りであるのか，それとも悲しみであるのかといった点を区別できていないことに注意する必要がある (Myers *et al.* 2006: 15)．Myers *et al.* (2002) が，負の感情を経験している程度を測定するために用いた尺度は，Watson *et al.* (1988) が作成した PANAS という尺度である．ここでは，負の感情を表す10個の単語を用いて，負の感情を経験している程度が測定されるのだが，その単語には種々雑多なものが含まれており，負の感情であることを超えて，より特定された感情がどの程度喚起されたのかまで知るには不適切な尺度である．

方は，少なくとも現在ではほとんど採用されていない（唐沢穣 2014；余語 2010）．法的な判断場面においても，一定の感情が発生していることは不可避であろう（Rose *et al.* 2006: 218; Sarelno & Bottoms 2009: 276; 289）．したがって，VIE によって感情が喚起されるかどうかではなく，VIE によって喚起された感情が，具体的にどのように判断に作用しているのかという点が重要であり，個々の感情の作用に注目した検討が求められる（佐伯 2013: 163-164）[59]．この点については，6-3 において改めて触れることとする．

---

59) また，Bandes（1996: 371-372）は，ある感情の作用を評価するにあたっても，それがどのような法的文脈において作用しているかという点に配慮して検討する必要があることを指摘している．なお，Feigenson & Park（2006: 156-158）も参照されたい．

第5章 先行研究の知見とその含意

　これまでに，被害者の刑事裁判への参加が量刑判断に及ぼす影響を検証する先行研究について，日本におけるものだけではなく，アメリカ，オーストラリア，およびイギリスの研究状況についても紹介してきた．また，模擬裁判研究の結果についても，第4章で特に取り上げて検討を加えた．ここでは，これまでに紹介した先行研究の知見を総括し，それらが日本における意見陳述制度や被害者参加制度に関する議論に対してどのような含意を有しているのかを整理することとする．

5-1. 英米法圏における実証研究の知見の総括

　これまでに，アメリカ，オーストラリア，およびイギリスという英米法圏に属する国々の実証研究を紹介してきた．これらの国々の実証研究を紹介したのは，日本の意見陳述制度や被害者参加制度が量刑判断に及ぼす影響を否定する議論のなかに，英米法圏において利用されている Victim Impact Statement（VIS）に関する実証研究を根拠として援用するものがあったからである（1-1-3）．そこで本書は，VIS が量刑判断に及ぼす影響を実証的に検証した英米法圏の諸研究をレビューすることで，そのような主張の妥当性について検討を加えることとした．

　以下では，まず，裁判官の量刑判断への影響を検証した実証研究の知見を整理するために，非死刑事件を主として対象としたアメリカの実証研究（2-2-1）と，オーストラリアとイギリスの実証研究（第3章）とをみていくこととする．続いて，陪審の量刑判断への影響を検証した実証研究の知見を整理するために，死刑事件を対象としたアメリカの実証研究（2-2-2）と，模擬裁判研究の知見（第4章）とをみていくこととする．

5-1-1. 裁判官の量刑判断への影響

　意見陳述制度等が量刑判断に及ぼす影響を否定する議論の根拠として，英米法圏の実証研究が援用される際には，それらの研究において VIS が量刑判断に及ぼす影響は見出されていないとの認識が前提とされている．少なくとも，VIS が量刑判断に大きな影響を及ぼしてはいないことを示すものとして，それらの研究が位置づけられている．確かに，日本において参照されていると考えられる実証研究の知見に即して評価するならば，VIS が量刑判断に大きな影響を及ぼしていないと評価することも可能である．アメリカの研究例でいえば，VIS ではないが，Victim Involvement Project（VIP）の効果を検証した Davis *et al.*（1984）は，事件処理の結果に VIP がもたらす影響を検出できていない（2-2-1-1）．また，Davis & Smith（1994a）の実験研究でも，VIS が量刑判断に及ぼす影響は見出されていない（2-2-1-4）．さらに，Erez & Tontodonato（1990）による相関研究でも，VIS が刑期の長さに関する裁判官の判断に影響を及ぼしていることは確認されなかった（2-2-1-3）．同じく，南オーストラリア州で導入された VIS の効果検証を行った調査研究でも，VIS が量刑判断に及ぼす影響は見出されなかった（3-1-2）．

　このような結果は，実務家の認識とある程度符合している．例えば，南オーストラリア州での調査研究の一環として行われた実務家に対するインタビュー調査によれば，少数の事件で VIS の内容が量刑判断に影響した可能性はあるものの，多くの事件では VIS が量刑判断に影響を及ぼしていないとの実務家の見方が示されていた（3-1-2-3-3）．同様に，イングランドおよびウェールズにおける Victim Statement（VS）のパイロット事業の評価研究の一環として行われた実務家に対するインタビュー調査を踏まえて，Morgan & Sanders（1999: 18）は，VS が量刑判断に影響を与えることは滅多にないであろうと結論づけている（3-2-1-3-3）．

　このように，VIS 等が量刑判断に対して大きな影響を及ぼしているわけではないことを示す研究結果は多いものの，一定の留保が必要である．第1に，VIS 等が被告人を拘禁刑とするか保護観察とするかという二者択一的な判断に対して影響を及ぼしているか否かという点については，先行研究の知見が一貫していない．例えば，Erez & Tontodonato（1990）は，VIS が提出された事件で被告人が拘禁刑となりやすい可能性を示している（2-2-1-3）．また，同じくオハイオ州で性犯

罪事件に限定して調査を行った Walsh（1986）は，特に，被告人が被害者の父親あるいは義父ではない事件において，VIS に記載された被害者の量刑に関する希望が，被告人を保護観察とするか拘禁刑とするかの判断に影響していることを示している（2-2-1-2）．また，分析自体は粗いものであるが，スコットランドにおけるパイロット事業の評価研究においても，VS が利用された事件では被告人が拘禁刑となる割合が，VS が利用されなかった事件と比較して大きいことが部分的に示されていた（3-3-3-2-3）．もちろん，全ての研究において，拘禁刑とするか保護観察とするかという二者択一的な判断に対して VIS 等が影響を及ぼしていることが示されているわけではない．Davis & Smith（1994a）は，被告人を保護観察とするか拘禁刑とするかの判断に対して，VIS が影響を及ぼしていることは見出されなかったとしている（2-2-1-4）．また，南オーストラリア州における調査研究でも，VIS が導入された 1989 年の前後で拘禁刑が科される割合に大きな変化が生じていることは確認できていない（3-1-2-3-1）．このように，いくつかの研究では示されていないものの，VIS 等が，拘禁刑と保護観察の二者択一的な判断に対して影響を及ぼしている可能性が残されている点には注意しておく必要がある．第 2 に，日本において意見陳述制度や被害者参加制度が量刑判断に及ぼす影響について議論がなされていた時期よりも後に公表された研究（Rachlinski et al. 2013）では，裁判官の刑期判断に対しても VIS が影響を及ぼし得る可能性が示されている（2-2-1-5）．したがって，英米法圏における実証研究の知見を，VIS 等が量刑判断に対して大きな影響を及ぼしていることを示していないものとしてのみ理解することは，そこでの知見を単純化し過ぎているように思われる．

　また，英米法圏の実証研究の知見を根拠として，意見陳述制度が量刑判断に及ぼす影響を否定するだけでなく，量刑判断の正確性が増すことを指摘する見解もある（1-1-3-1）[1]．例えば，椎橋（2000）が引用する Erez（2000: 172-173）は，南オーストラリア州における実務家へのインタビュー調査において VIS が量刑判断に影響を与えたと思う事例を挙げてもらったところ，量刑を重くする方向で作用したと考えられる事例だけでなく，量刑を軽くする方向で作用したと考えられ

---

1) アメリカにおいて，量刑審理への被害者関与を推奨した大統領諮問委員会の提言も，これによって量刑判断がより適正なものになる可能性があるとしていた（President's Task Force on Victims of Crime 1982: 76-77）．

る事例も挙げられていたことから，VIS は量刑判断の正確性や均衡性を高めているとの評価を下している（3-1-2-3-3）．しかし，この結果は，イングランドおよびウェールズで行われたインタビュー調査では，再現されていない（3-2-1-3-3）．加えて，Davis & Smith（1994a）が量刑判断の結果自体を従属変数として行った分析によれば，VIS がある場合に，被害者の被った影響が量刑判断とより強い関連を示すようになることは実証されていない（2-2-1-4）．このような結果からすると，英米法圏の実証研究から，VIS 等が量刑判断の正確性や均衡性の向上に資するとの知見が示されていると結論づけることは難しい．

　以上までに，日本において英米法圏の実証研究の知見が引用される場合に，そこでの実証研究の知見の理解が適当ではない可能性について指摘したが，それに加えて，これらの英米法圏の実証研究の知見を日本の制度の文脈で援用することが，果たしてどの程度妥当であるのかについても検討しておく必要がある．詳しい検討は，すでに各実証研究を紹介した箇所で行っているが（2-2-1-6; 3-1-3; 3-2-3; 3-3-4），要するに，これらの実証研究において検証の対象となった制度と，日本における意見陳述制度や被害者参加制度との間には無視することのできない違いがあるということである．したがって，英米法圏の実証研究の知見を，日本の文脈で援用する際には，一定の留保が必要であろう．

　このような量刑判断を従属変数とした調査研究に対して，裁判官の主観的認識にアプローチした研究が，オーストラリアやイギリスで行われていた．そこから得られる知見は，その手法の性質上，VIS 等が量刑判断に及ぼす影響を直接的に検証したものではないが，職業的に訓練された裁判官の認識を知るうえで重要な資料となるであろう．例えば，法実務家は，VIS や VS の内容のうち，何が考慮されるべきで，何が考慮されるべきでないかを適切に判断できていると考えていた（3-1-2-3-3; 3-2-1-3-4）．また，犯罪から受ける影響の個人差を根拠に，犯罪の重大性について異なる考慮を与えることは適当ではないとされていた（3-2-1-3-4）．被害者の意見によって量刑判断が影響を受けることも望ましいことではないとされていた（3-3-3-2-3）．量刑の相場ということが指摘されていたし（3-2-1-3-4），上訴審における量刑不当を避けるために，通常下される程度の量刑判断を超えることを控えるとする裁判官もいた（3-1-2-3-3）．また，VS が刑罰の量に影響してもよいが，刑種の選択に影響してはならないとする治安判事がいた（3-2-1-3-

3）．これらの知見を総合すると，要するに，量刑判断に職業的に関わっている専門家は，一定の枠組みをもって量刑判断に臨んでおり，VISやVSが導入されても従前の判断枠組みに基づいて適切に情報を処理するし，それを量刑判断に組み込む際にも，そのような枠組みに照らして適当な範囲での考慮にとどめることができると考えていることが示されていると評価できるように思われる．これは，あくまで量刑判断を行う法実務家の主観的な認識であるため，実際の量刑判断が本当にこの認識どおりに行われているかどうかについては，別途の検証を要する．しかし，少なくとも，法実務家が量刑判断を行う際には，一定の枠組みが認識されており，その枠内で判断がなされている可能性があることには，やはり注意をしておく必要があるであろう．このような裁判官等の主観的認識は，量刑相場を根拠として意見陳述制度や被害者参加制度の影響を否定する議論（1-1-3）と重なるものがある．

5-1-2. 陪審員の量刑判断への影響

アメリカでは，被害者影響証拠（Victim Impact Evidence: VIE）を，死刑事件の量刑審理において陪審に提示することの是非については，とりわけ論争が大きかった．その論争は，端的に連邦最高裁判所における一連の判決（*Booth*判決，*Gathers*判決，および*Payne*判決）にあらわれている．そして，この死刑事件における文脈では，VISという制度に限らず，被害者に関連する情報が提示されることの是非が問題とされていた（2-1-2-1）．

死刑事件においてVIEが量刑判断に及ぼす影響を検証した実証研究としては，実際の事件等からデータを抽出したもの（2-2-2）と，模擬裁判研究（第4章）[2]とがあった．実際の事件等からデータを抽出した研究としては，死刑陪審プロジェクト（Capital Jury Project: CJP）に依拠した2つの研究が重要であろう[3]．もっとも，CJPに依拠した研究には，そのデータが実際に死刑判断に関わった陪審員による事後的な自己報告に基づくものであるという限界がある．他方で，模擬裁

---

[2] もっとも，いくつかの模擬裁判研究は，被害者が死亡していない事案を扱っており，その限りで，死刑事件の陪審員の判断を問題とする多くの研究とは異なっている面があることに注意する必要がある（4-2）．

[3] Cassell（1999）およびAguirre *et al.*（1999）の抱える限界や問題点等については，2-2-2-4で検討した．

判研究にも，その方法論に固有の限界がある（4-4-1）．そこで，両研究の知見を比較対照することで，現時点までに示されている知見を評価することを試みた（4-4-4）．その評価の詳細をここでは繰り返さないが，模擬裁判研究と CJP のデータに依拠した研究は，いくつかの点で類似の知見を示す部分があったが，VIE が量刑判断に影響を及ぼすか否かという重大な点について異なる結果を示していた．すなわち，CJP のデータを分析した Eisenberg et al.（2003）と Karp & Warshaw（2009）においては，VIE が死刑判断を促進する効果は検出されなかった（2-2-2-3）．他方で，多くの模擬裁判研究は，VIE によって死刑判断が促進されていることが示していた．この結果の不一致には，さしあたり 2 つの解釈があり得る（4-4-4）．1 つは，心理実験のような場面では，VIE によって死刑判断が左右され得るが，実際の死刑事件を務める陪審員は，VIE によって判断が左右されることはあまりないという解釈である．もう 1 つは，VIE は必ずしも全ての死刑事件で判断に影響を与えているわけではないために，広く死刑事件を対象とした調査研究では，VIE が判断に及ぼす影響は検出しにくいかもしれないという解釈である．いずれの解釈が妥当であるかを決めることは困難であるが，さしあたり，死刑事件全般において VIE が判断に影響を及ぼしていることはなく，VIE が判断に影響を与えているとしても，そのような影響が生じている事件は一定の類型に限定されていると考えておく方が穏当であると考える．逆にいえば，一定の事件において VIE が死刑判断に影響を与えていることは，なおあり得ることと考えられ，そのような可能性は模擬裁判研究によって支持されていると評価することも可能かもしれない．

5-2．これまでの議論の取りまとめ

以上の検討の要点をまとめると，次のとおりである．まず，裁判官の量刑判断に関する研究については，以下の 3 点を指摘することができる．第 1 に，意見陳述制度や被害者参加制度が量刑判断に及ぼす影響を否定する議論の根拠として，英米法圏における実証研究が援用されることがあるが（1-1-3），それらの研究で検証の対象となった制度と日本の制度との違いを踏まえるならば，日本の制度の影響を否定する根拠としてそれらの研究結果を援用することは適当ではない．また，そもそも，英米法圏における実証研究によれば VIS 等が量刑判断に影響を

及ぼすことは示されていないと要約すること自体，適当ではないように思われる．とりわけ，VIS 等が被告人を保護観察とするか拘禁刑とするかという二者択一的な判断に対しては影響を及ぼしている可能性が否定されていないという点には注意をすべきである[4]．第 2 に，英米法圏の実証研究を援用して，VIS 等が量刑判断の正確性や均衡性の向上に資するとの指摘がなされることがあるが（1-1-3-1），英米法圏の実証研究の結果から，そこまでの結論が引き出されていると評価することは難しい．第 3 に，量刑判断に際して一定の枠組みが機能しており，それゆえに VIS 等によって量刑判断が従前のものと比べて大きく変わることはないとの法実務家の主観的認識が示されているが，これは，日本の裁判官が有する量刑相場を根拠として意見陳述制度や被害者参加制度による影響を否定する議論（1-1-3）と通じるものがある．

次に，陪審員の量刑判断を扱った研究については，以下の 3 点を指摘することができる．第 1 に，VIE と陪審の判断との関係について検証した実証研究は，意見陳述制度や被害者参加制度に関する法的な議論の文脈のなかでは十分に言及されていないように思われるが，日本においてもこれらの実証研究を参照する意義は高まってきている．第 2 に，そこでは，部分的にではあるが，陪審員が VIE によって影響を受ける可能性が示されていることに注意する必要がある．日本の文脈に置き換えるならば，意見陳述制度や被害者参加制度によって裁判員の量刑判断が影響を受ける可能性が考えられるということである．第 3 に，他方で，一部の例外はあるものの，ここで紹介した陪審員の量刑判断に関する研究は，主として死刑事件を対象とするものであり，日本における意見陳述制度や被害者参加制度が対象とする事件のごく一部を主として取り上げたものになっている．

英米法圏における実証研究の知見を日本の議論の文脈に引き寄せつつ整理をしたが，いずれにせよ明らかであるのは，日本の意見陳述制度や被害者参加制度が量刑判断に及ぼす影響を検証するためには，これらの諸研究を援用するだけでは不十分であり，日本における文脈に即した実証研究が必要であるということである．日本における実証研究の状況については 1-2 で紹介したとおりであり，一定

---

[4] また，意見陳述制度や被害者参加制度に関する議論が活発になされた時期よりも後に公表された Rachlinski et al.（2013）は，VIS が裁判官の量刑判断に影響していることを，裁判官を対象とした実験研究によって指摘している（2-2-1-5）．

の研究が蓄積されつつある．しかしながら，なおその知見は断片的であり，十分であるとはいい難い（1-3）．日本において，さらなる実証研究の蓄積が必要であると考える．

　第3部では，日本における実証的知見の蓄積に資するべく筆者が行った研究結果を紹介するが，その前に，第2部において，被害者の刑事裁判への参加が量刑判断に影響を与える心理的過程について理論的な検討を加える．このような理論的検討は，これまでの実証研究の知見を整理するうえでも有益であるし，本書が直接的に扱うわけではないが，被害者の刑事裁判への参加が量刑判断に及ぼす影響の規範的な意義を検討するうえでも有益である．

第2部　理論的検討

第6章 心理学の視点から

　第1部では，日本および英米法圏の実証研究について知見を整理し，そのうえで日本におけるさらなる実証研究の必要性を指摘した．独自に行った実証研究の結果は第3部で紹介するが，その前に理論的な検討を行う．すなわち，第2部では，人々の量刑判断過程について理論的な視座を獲得し，その判断過程において被害者の刑事裁判への参加がどのように位置づけられ得るかを検討する．理論的考察にあたっては，主として心理学における先行研究を援用する．

　ここで，量刑判断の構造がどのようなものであるのかについて，まずは，法的な専門家ではない市民の心理構造に即して検討したい．すなわち，以下では，法的な専門家ではない市民が，何らかの事件に触れたとき，どのような心理的過程を経て量刑判断に至るのかという点について，心理学の諸理論を援用しながら考察することとする．これは，現実の裁判場面に即して考えるならば，裁判員の量刑判断構造を明らかにしようとする作業であるといえる．最初に，心理学の諸研究のうち，公正の心理学，帰属研究，そして感情に関する心理学的知見を取り上げることとする．これらに続いて，身元の分かる被害者効果（identifiable victim effect）を紹介する．もっとも，詳しくは後述するが，本書が問題としている文脈において，この身元の分かる被害者効果を理論的視座として用いることは適当ではないと考える．最後に，以上の心理学的諸理論を進化心理学の観点から捉え直す作業を行う．

6-1. 公正の心理学の視点から

　何が公正（justice）[1]であるのか，といった問いは哲学的にも重要な問題である

---

[1] 法律学の分野では，justice は「正義」と訳すのが通常であろうが，心理学においてはこれを「公正」と訳し，justice と fairness とを区別せずに用いるのが通常である（松村 1994: 296）．また，

が，そのような問題について検討することは本書の射程をはるかに超えている．しかし，多くの人々は何が公正であるのかについて明確な定義を持っていないが，それでも公正さを知覚するし，公正さに関する判断に基づいて一定の行動を取るように動機づけられることがある．公正の心理学においては，何が公正であるかという規範的な議論ではなく，我々にとっての公正がいかなるものであるのか，そして公正に関する知覚がどのような反応を促進するのか，といった公正の「事実的側面」に関心が向けられる（大渕 2013: 74-75; 松村 1994: 297）．量刑判断の心理的過程も，公正さに関する認知と，それに基づく反応であると捉えることができるならば，公正の心理学を理論的な手がかりとすることには意義がある．

ここで，公正の心理学には，大きく2つの分野が存在する．1つは様々な資源の分配の結果に焦点を当てる分配的公正（distributive justice）であり，もう1つは，そのような分配がなされる過程に着目する手続的公正（procedural justice）である（福野 2009: 227）．本書の問題関心から，ここでは特に分配的公正を取り上げて検討する[2]．また，それに続いて，比較的新しい公正に関する研究領域である応報的公正（retributive justice）[3]を取り上げて検討する．

6-1-1. 分配的公正の心理学

分配的公正を判断する基準としては，大きく3つのものが知られている（福野 2009: 227-230）．第1が衡平（equity）であり，貢献度等に応じて分配がなされるべきであるとの基準である．第2が平等（equality）であり，分配は平等になされるべきであるとの基準である．第3が必要性（need）であり，必要さの度合いに応じて分配がなされるべきであるとの基準である．これらの基準のうち，どの基準を採用して分配的公正を判断するかは，場面に応じて変わってくるが，本書と

心理学においては，正義と比べると公正の語が用いられることが多いとされるので（大渕 2013: 76），ここでは，justice を公正と訳すことにする．
2) 手続的公正については，例えば，Lind & Tyler (1988), Thibaut & Walker (1975), Tyler & Lind (2000) を参照されたい．簡潔な解説としては，今在（2005: 84-88），福野（2009: 232-233），松村（1994: 299-306）がある．法社会学の領域における手続的公正の研究については，例えば，菅原（1998; 2010），松村（1996）を参照されたい．また，被害者の刑事裁判への参加について，手続的公正の観点から検討したものとして，佐伯（2011）や白岩・唐沢（2014）を参照されたい．
3) 今在（2005: 88）やタイラーほか（1997＝2000: 123-157）では，retributive justice について「報復的公正」という訳語をあてている．ここでは，松村（2004; 2006; 2007）にならい，「応報的公正」の訳語を用いることとする．

の関係では，第1の基準に着目した衡平理論が重要である．

分配的公正における衡平の基準について理論的に整理したのは，Adams（1965）である．ここでは便宜上の理由で多少の修正を加えて説明するが，Adams（1965: 281）は，衡平な状態を，ある関係における「投入」（input）と「結果」（outcome）との比率が，自分と他者とで釣り合っている状態と定義した．ここで，ある者 p の衡平が問題となっている場面において，他者 o を比較対象とすると考える．また，p と o との関係において，それぞれが投入した資源の量（投入）を I とし，その関係においてそれぞれが得ることのできた資源の量（結果）を O とする．そうすると，衡平な状態とは，式6-1のように定義される[4]．

$$\frac{O_p}{I_p} = \frac{O_o}{I_o} \qquad \cdots\cdots \text{式6-1}$$

もっとも，ここで I や O の内容として何が含まれるかは，判断者の主観に依存する（Adams 1965: 277-279）．ここで注目したいのは，衡平な状態が達成されている場合ではなく，衡平な状態が達成されていない場合である．そのような不衡平な状態は，式6-1からも予想できることであるが，以下の2通りの場合がある（Adams 1965: 280-281）．

$$\frac{O_p}{I_p} > \frac{O_o}{I_o} \qquad \cdots\cdots \text{式6-2（a）}$$

$$\frac{O_p}{I_p} < \frac{O_o}{I_o} \qquad \cdots\cdots \text{式6-2（b）}$$

式6-2（a）は，自己の投入量に比して得られた結果が，他者のそれを上回っている状態を表現しており，自分にとって有利な方向での不衡平が生じている．他方で，式6-2（b）は，自己の投入量に比して得られた結果が，他者のそれを下回っている状態を表現しており，自分にとって不利な方向での不均衡が生じている．

---

[4] Adams（1965）による衡平の定式化については，それを批判する論者によって一定の修正が提案されている（Austin *et al.*（1976: 164-165）を参照）．

衡平理論は，このような不衡平の知覚によって一定の感情が生起することを指摘する．すなわち，式 6-2（a）の場合には罪悪感を，式 6-2（b）の場合には不満や怒りを，不衡平を知覚した者に生じさせるのである（福野（2009: 233-234）を参照）．また，不衡平を知覚した者は，衡平な状態を達成するための行動を動機づけられることになる[5]．

なお，ここまで p を自己として記述してきたが，第三者として p と o との関係を評価する者も，両者の関係における不衡平に対して，当事者ほどに積極的ではないにしても，当事者と類似の反応を示すことが指摘されている（Austin *et al.* 1976: 169）．したがって，ある犯罪行為により o が自身の投入量と不釣り合いな資源を得ており，それに対して p が投入量に比して不釣り合いな資源しか得られていない場合（式 6-2（b）の場合），それを見た第三者は，怒りを感じ，また衡平を獲得すべく動機づけられるであろう．

このような衡平理論の枠組みに立つならば，犯罪によって生じた不衡平な状態に対して人々が反応する過程として量刑判断を捉えて分析することも可能である．そのように捉えた場合，第三者の行う量刑判断として重要であるのは，例えば，被害者である p の被った被害（結果）の量である．被害者が刑事裁判に積極的に関与することで，この被害の量についての主観的評価が変化すれば，それに応じて衡平を回復するのに必要である処罰の量の見積もりにも変化が生じると予測される．

6-1-2. 応報的公正の心理学

社会心理学における応報的公正の研究は，分配的公正や手続的公正の研究よりも遅れて，1970 年代後半から始まった（松村 2004: 68; 2006: 44; 2007: 126）．研究の開始時期自体は，ほかの公正研究よりも遅いものの，そのことは応報的公正研究の意義が大きくないことを意味するわけではない．Hogan & Emler（1981）は，人々の公正に関する心理を理解するうえで，応報という観点が重要であることを指摘している．

---

5) Adams（1965: 283-296）が，不衡平を知覚した場合のあり得る反応について，当時の実証的知見を参考にしつつ列挙している．この点について最近の状況を簡潔にまとめたものとして，福野（2009: 235-238）を参照されたい．

ここで，応報的公正の心理学とは，どのような場合に応報の必要性が感じられるのか，そして応報が必要であると感じられるときに，どのような，そしてどの程度の応報的反応がなされるべきであると感じられるのかを明らかにしようとする学問領域である（今在 2005: 89; 松村 2004: 68; 2006: 44; 2007: 127; 山田 unpublished: 68）．つまり，ここでも応報的公正の知覚と，その知覚に基づく何らかの動機づけが問題とされているのである．

まず，いかなる場合に応報の必要性が感じられるかという点であるが[6]，Vidmar & Miller (1980) は，人々が刑罰を要求する動機として，大きく行動コントロール（behavioral control）と応報とがあると指摘している．行動コントロールが刑罰を求める動機になっているということは，人々が，継続中の，あるいは将来予期されるルール違反を抑止する目的で刑罰の行使を求めているということである（Vidmar & Miller 1980: 570）．他方で，応報が刑罰を求める動機になっているということは，ある集団に対する個人の愛着，集団の価値の内面化，そしてある行動をそのような価値に対する脅威であるとみなす認知によって刑罰の行使が要求されることを意味する（Vidmar & Miller 1980: 570）[7]．

人々の刑罰要求が，どのような動機に基づくものであるのかを知るうえで，2つの動機を比較して検証することは有益である．この点で，Tyler & Boeckmann (1997) が，カリフォルニア州の三振法[8]を素材として行った調査研究が参考になる．それによれば，「社会は危険である」という認識は，「被告人の手続的保護の廃止に賛成」する態度につながっていたが，「三振法への支持」や三振法に特定されない「一般的懲罰性」には結びついていなかった．「三振法への支持」や「一般的懲罰性」につながっていたのは，「社会は道徳的に凝集していない」という認識であった[9]．また，Tyler & Boeckamn (1997) の調査研究を下敷きに

---

6) この点については，今在（2005: 89-90）が簡潔にまとめている．
7) Vidmar & Miller (1980) は，人々の刑罰に関する反応を分析するにあたって，刑罰を求める動機を応報と行動コントロールに分けるだけでなく，刑罰の対象が加害者本人であるか，あるいはそれ以外のより広い範囲の人々であるかということも区別して論じている．しかし，ここでは，刑罰動機の分類についてのみ取り上げることとする．
8) 三振法とは，典型的には，二度の有罪判決を受けた後で，さらに三度目の有罪判決を受けると，非常に重い刑罰が科されることになることを内容とする法律を指している．もっとも，具体的な内容はそれを採用する法域によって違いがある（例えば，井上正仁 (1998)，藤本 (2000) を参照）．カリフォルニア州において三振法が導入されたのは1994年であるが，その経緯については，例えばSimon (2007: 155-156) を参照されたい．
9) ここでの訳語の選択は，基本的に松村 (2004) に依拠している．

した調査が，松原（2009）によって日本で実施されている．それによれば，人々の「厳罰化支持」は，「犯罪不安」によって直接規定されているわけではなく，むしろ「モラル低下懸念」により直接的な影響を受けていることが示されている[10]．ここで，「社会は危険である」という認識，あるいは「犯罪不安」から生じる刑罰動機が行動コントロールに当たり，「社会は道徳的に凝集していない」という認識，あるいは「モラル低下懸念」から生じる刑罰動機が応報に当たると捉えることができるならば，刑罰動機の形成に対して影響を与えているのは，行動コントロールではなく，応報であるということができる（Darley *et al.* 2000: 677）[11]．

このように，刑罰動機としての応報的公正の意義を示す研究があるが，それでは，そのような応報動機を有した場合に，具体的にどのような行動が取られるのであろうか．この点につき，Vidmar & Miller（1980: 584-585）は，被害が大きいと，侵害されたルール違反の度合いが大きくなるため，刑罰反応が大きくなると推測している．また，具体的に採用される行動の予測に関しては，衡平理論を適用することが有益かもしれない．例えば，今在（2005: 90）は，分配的公正の研究は，たいていの場合好ましい資源の分配を対象として研究がなされてきたが，これを好ましくない事柄の分配についても適用することは可能であるとする[12]．すなわち，規範の逸脱を投入と捉え，応報を結果と捉えれば，人々は，逸脱と応報の比率が逸脱者間で一致している場合に公正を知覚すると予測される[13]．

---

[10] もっとも，「犯罪不安」は「モラル低下懸念」に影響を及ぼしており，「モラル低下懸念」は「厳罰化支持」に影響を及ぼしているので，間接的には，「犯罪不安」も「厳罰化支持」に影響を及ぼしているといえる．

[11] もっとも，松原（2009: 155）が指摘するとおり，Tyler & Boeckmann（1997）においても松原（2009）においても，従属変数として用いられているものは，基本的には厳罰化の支持である．厳罰化の支持は，必ずしも刑罰動機と一致する概念ではない可能性には留意しておく必要があるだろう．

[12] Hogan & Emler（1981）は，分配的公正を主として好ましい資源分配の問題を扱うものとして捉え，その不十分性を批判し，応報的公正研究の必要性を指摘していた．しかし，そもそも分配的公正の理論をそのように限定すること自体が適当ではなかったかもしれない．Austin *et al.*（1976）による衡平理論のモデルの修正は，好ましくない資源分配の問題を分配的公正の領域に取り込むうえで重要であったと考えられる．しかしながら，これに対して，タイラーほか（1997＝2000: 125）は，応報的関心は衡平の回復に還元されるものではないと反論している．

[13] 先ほどは，加害者と被害者の関係に着目し，投入と結果との釣り合いが図られるとの予測を述べたが，ここでの予測は，当該加害者と類似の加害者との間の釣り合いを問題としている．結局，投入と結果の比率は，ほかとの比較において意味を有するわけだが，公正判断に際して誰が比較の対象として選ばれるのかは，さらに検討を要する課題である（Adams 1965: 280）．

また，近年の応報的公正研究は，具体的な量刑判断過程が応報的であることを指摘している．すなわち，人々がある事件について知り，それに対して量刑判断を行う際には，主として直感的反応に依拠した判断がなされ，そのような判断は応報的な性質を有しているとされるのである（唐沢穣 2014: 53-54; 綿村 2013: 141-143; 綿村ほか 2010; 2011; Watamura *et al.* 2011; 2014a）[14]．そして，そのような応報的である直感的反応は，結果の重大性と加害者の行為の意図性という2つの要因によって大きく規定されているとされている（Carlsmith 2006; Warr 1989; 綿村ほか 2011: 68）[15]．そして，これらの要素によって引き起こされる道徳的義憤（moral outrage）が，量刑判断に結びつくこととなる（Carlsmith *et al.* 2002; Darley *et al.* 2000; 唐沢穣 2014）[16]．例えば，Carlsmith *et al.*（2002）や Darley *et al.*（2000）は，我々の量刑判断における応報の重要性を，架空のシナリオを利用して実験参加者に量刑判断を行ってもらうことで示そうとしている．すなわち，刑罰に関するいくつかの理論を取り上げ，その理論のもとで量刑上考慮されると予想される要因についてシナリオのなかで操作を加え，実際にどのような理論と関連する要因が量刑判断を規定しているのかを調べているのである．応報理論に関する要因としては，被害の結果の程度や加害者の行為意図が操作され，不能化理論に関する要因として加害者の前科等が操作され，また，抑止理論に関する要因として犯罪の検挙の困難さ等が操作された．実験の結果，応報理論に関する要因であるところの結果の重大性と加害者の行為意図が量刑判断に際して重要な要因であることが示されたとされている（Carlsmith *et al.* 2002; Darley *et al.* 2000）[17]．

---

14) Greene（2013: 272-273）も，刑罰の正当化根拠について尋ねられたときには功利主義的な理由を述べるものの，実際に個別の事件について量刑判断をする際には，功利主義的な要素に注目せずに，もっぱら怒り等の感情に基づいた判断をしていることを指摘している．
15) 応報的反応を規定する要因として，被告人の再犯可能性に関わる要因等も影響を与えることがあること，また，事案類型によって応報的反応の規定要因が異なり得ることを示すものとして，綿村ほか（2010）を参照されたい．
16) 応報的な反応における感情の作用については，Darley & Pittman（2003）も参照されたい．
17) これらの一連の研究をまとめたものとして，Carlsmith & Darley（2008）がある．また，量刑判断ではなく，一定の刑事政策への支持を規定する要因としても，応報的公正が重要であることを示そうとする試みとしては，例えば，Carlsmith（2008）や Carlsmith *et al.*（2007）がある．
　もっとも，量刑判断における応報的公正の重要性を示そうとする研究の試みには，一定の疑問も残る．例えば，応報理論に関連する要因の重要性を示すために，応報理論に関連する要因が量刑判断に及ぼす主効果とそれ以外の刑罰理論に関連する要因の主効果の大きさの違いに依拠した議論がなされることがあるが，そもそも操作された要因の内容が異質であるために，このような主効果の比較自体にはあまり意味がないように思われる．加えて，ある要因がどの量刑理論に関連しているかに関する分類の仕方についても，不十分さが指摘されている（Goodwin & Benforado 2015）．

このように応報的公正においては，犯罪行動の抑止といった行動コントロールの関心と応報的な関心とを対比させつつ，人々の判断過程においては後者の方が重要であることを指摘している．しかしながら，そもそも人々の意識において，実際に応報と行動コントロールとがどこまで区別されているかについては，検討しておく必要がある．この点で，松村（2006; 2007; 2015b: 70-72）による質問票調査の分析結果が参考となる．そこでは，加害者を刑務所に入れる理由として7つの理由を提示し，それぞれの理由についてどの程度賛成するか，あるいは反対するかが尋ねられている．それらの項目に対する回答について因子分析を行ったところ，2因子が抽出されたが，行動コントロールに関連する項目と応報に関連する項目のいずれもが同一の因子に含まれていた．したがって，人々の意識のなかでは，応報と行動コントロールとは，必ずしも明確に識別されているわけではないとされるのである[18]．進化心理学の知見を紹介する際に詳述するが（6-5），人々が応報感情を有している理由は，まさに将来のルール違反抑止にあると考えられる[19]．そうであるとすれば，人々の応報感情のルーツは行動コントロールに関連しており，その意味で両者に重なる部分があることは理解できよう．

6-1-3. 公正の心理学から得られる視点

公正の心理学のうち分配的公正と応報的公正について紹介したが，これらの諸研究から，以下の3点を指摘しておく．第1に，これらの諸研究によれば，被害の大きさや，行為の意図性といった要因が量刑判断に影響を与える可能性がある．衡平理論においても応報的公正の研究においても，結果の重大性は，量刑判断に影響を与える要因であるとされている．もっとも，ここで被害の大きさの認識とは客観的な内容を有するものではなく，あくまで主観的に判断されるものである

---

18) 人々の刑罰意識を応報と行動コントロールで識別することが困難であるとしたら，この調査において因子分析により抽出された2因子をどのように解釈すべきかが問題となる．松村（2007: 130; 2015b: 70-72）は，刑罰の公的側面に関連する意識と，刑罰の私的側面に関連する意識とに分かれているとして2つの因子の意味を解釈している．
19) この点は，応報的公正研究の初期の頃から指摘されていた（Hogan & Emler（1981）を参照）．また，Tetlock（2002: 461-465）は，人々の行動を部分的に理解する機能として，「直感的検察官」（intuitive prosecutors）という概念を提示している．これは，必ずしも抑止の観点から合理的な行動を人々がとることを予測するものではないが，治安が悪い状態にあること等が，人々の処罰傾向を強めることを示している（Tetlock et al. 2007）．
　他方で，功利主義的な刑罰目的の可能性をなるべく排除し，より純粋な応報動機の存在を示そうとする近年の試みとして，Goodwin & Benforado（2015）を参照されたい．

ことに注意する必要がある（Watamura et al. 2014b）．刑事裁判への被害者の参加との関連で述べるならば，被害者の刑事裁判への参加のあり方の違いが，判断者による被害の大きさの見積もりに影響を与えるかもしれない．そして，そのような見積もりの違いが最終的な量刑判断に影響を及ぼすかもしれないのである．また，応報的公正の研究によれば，行為者の意図も犯罪の重大性を規定する要因として指摘されている（Alter et al.（2007）や Darley et al.（2010），Shen et al.（2011）も参照）．行為者であるところの加害者の意図性に関する評価が，被害者による刑事裁判への参加によって影響を受けることがあるならば，そのような評価への影響を通じて量刑判断に影響が生じることが考えられる．

　第2に，人々の不公正感の認知は，一定の感情を生起させることが指摘されている点が注目される．衡平理論によれば，自分が他者に比べて得をしているような場合には罪悪感が生じ，逆に他者が自分に比べて得をしているような場合には怒りが生じると指摘されている（Adams 1965: 274）．応報的公正研究においても，結果の重大性や加害者の行為の意図性から導かれる道徳的義憤等が最終的に量刑につながる要素とされている．

　第3に，何らかのルール違反に直面した人が，その違反者に対して懲罰的な反応をする際に，その背後にはルール違反を防止するという動機が背後にあることが指摘されている．すなわち，衡平理論の観点からも（Austin et al. 1976: 166），応報的公正の観点からも（Hogan & Emler 1981），将来の搾取やルール違反を防止することが，公正動機の存在理由として指摘されているのである．もっとも，Vidmar & Miller（1980）が定義する応報と行動コントロールの区別に基づくと，行動コントロール以上に応報が人々の刑罰動機として重要であることが示されているし（松原 2009; Tyler & Boeckmann 1997），量刑判断過程が応報的な反応であることを示す実験結果も報告されている（Carlsmith et al. 2002; Darley et al. 2000）．しかし，人々の意識においては，必ずしも両者が明確に区別されているわけではなく（松村 2006; 2007），Vidmar & Miller（1980）が述べるところの応報という意識に，行動コントロールの意識が関連している可能性があるように思われる．

6-2. 帰属研究の視点から

　何らかの出来事が生じた場合，人々はその原因について推測し，また責任の所

在を追及しようとすることがある．ある出来事の責任を追及しようとする人々の判断過程は，責任帰属の問題として研究されている．また，責任帰属に関する問題に限定されないが，Bernard Weinerによる帰属アプローチも，本書の課題を考えるうえで有益な視点を与えてくれるので，ここで紹介することとする．

6-2-1. 責任帰属のアプローチ

　責任帰属研究[20]は，ある出来事の原因を探る心理的過程を扱う研究領域である原因帰属研究[21]の一環として行われてきた（萩原 1993: 156; 萩原ほか 1977: 19）．初期の責任帰属研究は，ある出来事の原因を行為者にどの程度帰属させられるかが，責任帰属判断と結びつくことを示していた（膳場（2008: 75）を参照）．しかし，責任帰属の過程において原因帰属が重要な役割を果たすとしても，責任帰属には非難や制裁の付与といった価値判断が伴うことが通常であり，そこでは原因帰属とは異なる判断枠組みが作用しているとも考えられる（石村ほか 1986: 19-20; 萩原 1991: 91）．

　もし原因帰属によって責任帰属が全て説明できるのであれば，ある行為者が結果に対して及ぼした因果的な影響力が同一であるならば，責任帰属の程度も同様になるはずである．しかし，我々の責任帰属過程はそのようなものではないことが明らかにされることとなる[22]．そのような因果性に関する判断と区別された責任帰属のあり様を示した嚆矢的研究が Walster（1966）である（膳場 2008: 75）．Walster（1966）は，持ち主が離れていた間に自動車が坂道を転がっていってしまったという事故事例を用いて，その結果として発生した被害が大きい場合と小さい場合とで責任帰属のあり方が異なるかどうかを検証した．シナリオのなかでは結果の大小しか操作されていないので，結果の大小にかかわらず，この自動車の持ち主が結果に対して及ぼした因果的影響力は同一のはずである．しかしながら，結果が大きい場合の方が，結果が小さい場合に比べて，自動車の持ち主に責

---

20) 責任帰属については，例えば，外山（2005）や膳場（2008）を参照されたい．
21) 原因帰属については，例えば，安藤（1995），池上（2008a），唐沢かおり（2001），森（2009）を参照されたい．
22) 例えば，萩原（1983: 149-151）は，行為と結果との間の因果関係が同一であっても，行為自体の非難可能性が責任判断に影響を及ぼす可能性を指摘している．この点については，山田（2001: 757）も参照されたい．また，原因帰属と責任帰属との関係性について検討した，最近の心理学的研究としては，例えば，板山（2014: 51-71）を参照されたい．

任があるとの判断がなされやすい傾向が示された[23]．なぜこのような責任判断がなされるのであろうか．Walster（1966: 73-74）は，大きな被害を伴う事故が偶然によって発生することを承認することは，自分もそのような被害に偶然巻き込まれてしまう可能性を承認するものであって不快であるので，その事故が偶然によって発生したのではなく，誰かの責任によって発生したのだと考えることで，自分は事故に巻き込まれることはないと考え，安心したいから，被害が大きい場合にその責任を行為者に求めようとするのであると主張する．このように，Walster（1966）は，責任帰属過程に動機に基づくバイアスが生じることを指摘したのである（膳場 2008: 75; 外山 2005: 106）．

しかしながら，このような Walster（1966）の実験結果は，その後の追試によって十分に再現されているわけではない（Walster 1967; Shaver 1970a; 1970b）．そこで，判断者がどのような立場で判断するかによって結果の大きさが責任判断に与える影響が異なるという考え方が提起されるようになる．すなわち，ある事故について考える際に，将来被害に遭う可能性が判断者にとっての問題関心である場合には，判断者は，発生した被害の原因を偶然ではなく誰かの責任であると判断しようとするので，行為者の責任を重く評価しようと動機づけられる．他方で，将来自分が類似の被害を発生させて非難される可能性が判断者にとっての問題関心である場合には，判断者は，発生した被害の原因を当該事故の当事者に帰属させることを控えようとする．このような場合には，被害が大きいほど行為者の責任を小さく評価しようと動機づけられており，これは防衛的帰属（defensive attribution）といわれる（Shaver 1970b; 1975; 1985）[24]．

このように，責任帰属研究においては，発生した結果の大小が責任判断に影響

---

[23] ただし，結果の大小により自動車の持ち主の注意深さに関する評価が影響を受けていたわけではなかった．むしろ，結果の大小によって道徳的非難を行う基準が変わっているようであった．すなわち，結果が大きかった場合の方が，自動車の持ち主は，より頻繁にブレーキ等の安全確認をすべきであったと評価される傾向がみられたのである（Walster 1966）．

[24] そのような立場による責任判断の違いを示す心理実験として，Chaikin & Darley（1973）を参照されたい．また，過失による事故事件を素材として，被害者の家族の立場から評価した場合と，第三者の立場から評価した場合の責任判断の違いについては，山田（2000; 2001）を参照されたい．さらに，Kaplan & Miller（1978b）は，性犯罪のシナリオを用いて，防衛的帰属の理論的予測と整合的な結果を示している．

他方で，この考え方によれば，交通事故事案を用いて責任判断をする場合，今後自動車を運転する可能性の高い免許取得者の方が，免許を取得していない者よりも，事故を発生させた者に対して責任を帰属させない傾向があると予想されるが，それとは逆の実験結果が報告されている（萩原ほか 1977: 33-34）．

することが指摘されている．しかし，そのような影響が常に示されているわけではなく，判断者の立場以外にも，追試結果が一貫しない原因は考えられる．そのような原因として特に重要であるのは，従属変数の操作的定義である．責任帰属に関する判断を従属変数としている諸研究の間で，具体的にどのような問いを用いて責任帰属判断を測定しているかは一貫していない．これは，「責任」（responsibility）という語の多義性に起因しているとされる[25]．このような責任概念の多義性を踏まえたレビュー研究として，Robbennolt（2000）がある．Robbennolt（2000）は，1966年から1997年までの間に，結果の重大さと責任判断に関連する測定項目との関係を調べた研究を対象にメタ分析を行っており，その際にどのような従属変数が用いられているかによって先行研究を分類している．このメタ分析の結果として重要な点は，第1に，何らかの望ましくない結果が生じた場合に，その被害の重大さは責任判断と正の相関関係を有しているということが示されたことにある．そして第2に，より重要な点として，従属変数の内容によって，両変数の相関の大きさが異なっていることが示されている．すなわち，責任の有無に関するような判断については，被害の重大さとの相関は正ではあるが小さい．他方で，賠償責任や量刑に関する判断を従属変数として採用した場合には，被害の重大さとの相関は大きくなる．要するに，法的に被害の重大さを考慮に入れることが予定されている局面では，それが判断に及ぼす影響が大きく出ており，他方で法的に被害の重大さを考慮に入れることがあまり予定されていない局面では，それが判断に及ぼす影響は存在するものの，あまり大きくない（Robbennolt 2000: 2602-2603）[26][27]．

---

[25] 責任帰属研究において扱われている責任概念の多義性については，例えば，萩原（1986: 123; 1991: 106）や萩原ほか（1977: 19）において指摘されている．そこでは，責任帰属研究において扱われている責任概念として，大きく「因果的な意味合い」の責任と「制裁的な意味合い」の責任とがあることが指摘されている（萩原 1986: 128; 1991: 106; 1993: 158-159; 萩原ほか 1977: 22）．
　　また，石村ほか（1986: 20-21）は，責任非難から，責任が帰属された者が負担すべき不利益に関する「責任負担」を区別すべきであることを指摘している．責任非難と責任負担とを区別した最近の研究としては，山田（2010）を参照されたい．

[26] Robbennolt（2000）が分析対象とした時期以後の研究については，例えば，綿村ほか（2010: 98-100）を参照されたい．

[27] 先述した萩原（1986; 1991; 1993）や萩原ほか（1977）の用語に従えば，因果的意味合いでの責任判断に対して被害の重大さが及ぼす影響は小さいが，他方で制裁的意味合いでの責任判断に対しては，被害の重大さが大きな影響を及ぼしているということができるであろう．
　　なお，責任の意味合いの多様性が意識されるようになり，そのような責任概念の違いを取り込んだ責任帰属のモデルも提示されるようになっている（瞹場 2008: 76; 山田 2001: 753-752; Darley

6-2-2. Weiner による帰属アプローチ

　帰属研究においては，人々がどのようにして，ある出来事の原因や責任の所在について推論し，どのような結論に至るのかに主たる関心があるが，Bernard Weiner は，原因帰属を独立変数として扱い，それがその後の感情や行動に及ぼす影響を検討している（Weiner 1995; 2006; Weiner & Kukla 1970）．まず，原因帰属がなされる場合，その帰属される原因は大きく3つの軸によって分類される（Weiner 2006: 9-11; Weiner et al. 1997: 435）．第1の軸は，原因の所在（locus）である．これは，ある出来事の原因が，ある人の内部にあるのか，それとも外部にあるのかという点に関わる．第2の軸は，統制可能性（controllability）である．これは，その者が当該原因をどの程度統制できているかという点に関わる．第3の軸は，安定性（stability）である．これは，その原因が，どの程度持続するものであるかという点に関わる．

　このように原因の内容を分類したとき，人々の責任判断は統制可能性の軸と強い関連がある（例えば，Weiner（1995）や Weiner et al.（1997）を参照）．すなわち，犯罪が発生した場合に，その原因が行為者にとって統制可能であるとき，当該行為者はその犯罪に対して責任を負っていると判断されることになる．なぜならば，統制可能であることは，自由意思の発現であると考えられるからである（Graham et al. 1997: 332; Weiner et al. 1997: 436）．そして，このような責任判断は，一定の感情を媒介して量刑判断に至ることとなる．ここで，責任判断と量刑判断とを媒介する感情として，怒り（anger）と同情（sympathy）とが指摘されている（Weiner 2006: 37）[28]．行為者の責任を認めるほど，怒りが喚起され，他方でそれを認めないほど，同情が喚起される．これらの感情が量刑判断に結びつくのである．また，量刑判断に至る心理的過程は，このような原因の統制可能性に基づくものだけでなく，別の心理的過程も存在することが指摘されている．それは，原因の安定性に基づく判断である．犯罪の原因が安定的なものであると評価されると，再犯の可能性が高く見積もられることになる．そして，再犯の可能性が高く見積もられると，重い刑罰が選択されやすくなる[29]．

　　& Shultz 1990: 530-534; Shultz et al. 1981）．
　28）　もちろん，怒りや同情以外にも，両者を媒介する感情は存在し得る．そのような感情の類型については，Weiner（2006: 87-96）を参照されたい．
　29）　以上の説明は，実際に提示されているモデルを簡略化して紹介したものである．詳しくは，

このような帰属アプローチはほかの場面でも応用可能であり，その1つの応用場面として援助行動[30]の場面も検討されている．援助行動の研究においては，講義に出席できなかった同級生のために自分のノートを貸してあげるような場面が典型的に用いられている．このような場面と量刑判断の場面との関連は見出し難いように思われるかもしれない．しかし，困難な状況に置かれた被害者に対する援助行動の発露として，被告人を厳しく処罰するという方法が採用される可能性がある[31]．そして，帰属アプローチの観点からは，援助行動を行うかどうかの判断は，以下のような心理的過程を経て行われるとされる．すなわち，援助が必要となった理由が援助を要請している者にとって統制可能である場合には，その者に対して怒りが生じ，援助行動は提供されにくくなる．他方で，援助が必要となった理由が援助を要請している者にとって統制不可能である場合には，その者を同情するようになり，そのため援助行動が提供されやすくなる（Weiner 1980）．

このように，原因の統制可能性に関する認知が，一定の感情を喚起させ，そしてその感情が一定の反応を引き出すことが指摘されている[32]．これを，犯罪が引き起こされた原因について考えるならば，感情の対象は加害者に向けられ，その感情は加害者に対する量刑判断につながる．他方で，被害に遭った原因について考えるならば，感情の対象は被害者に向けられ，それは被害者に対する援助行動についての反応につながる．また，このような感情を媒介するプロセスのほかに，原因の安定性に基づいた量刑判断過程があることを示している点も，帰属アプローチから示される重要な知見である．

ここで，帰属アプローチについて，補足になるが，以下の2点について指摘しておきたい．第1に，この帰属アプローチは，責任非難がどのようにしてなされ

Graham et al.（1997）や，Weiner et al.（1997）を参照されたい．
30) 援助行動に関する社会心理学的知見については，高木修（1998）を参照されたい．
31) Luginbuhl & Burkhead（1995: 5-6）は，援助行動に着目して，被害者影響証拠（Victim Impact Evidence: VIE）が量刑判断に及ぼす影響を説明していた．また，6-4で紹介する「身元の分かる被害者効果」も，加害者への処罰を，被害者への援助という枠組みで捉える考え方と類似している．
　なお，Gromet & Darley（2011）は，リベラルな者よりも保守的な者の方が，加害者の処罰が被害者の援助につながると考える傾向があることを示している．
32) このような順序の適切性については，異論もあり得るであろう（Weiner 2006: 38）．この点について，Rudolph et al.（2004）は，援助行動や攻撃行動を従属変数とした諸研究のメタ分析により，ここで想定されている順序が概ね適切であることを示している（Weiner（2006: 44-85）も参照）．

るかという心理的過程を解明するだけではなく，責任非難の受け手がその非難の意味をどのように解釈するのかという点について解明するうえでも有益である（例えば，Weiner（2006: 126-134）を参照）．自分が非難されているとき，帰属アプローチの観点からは，非難をしている者は，自分の行動の原因が自分にとって統制可能なものであると評価しているがゆえに非難しているのであると理解することができる．そうすると，非難されている者は，自分の努力で自分の行動を変えることができると考えられるようになる．

　第2に，このような帰属アプローチは，刑法における責任理論と整合する部分がある．Weiner et al.（1997: 436）は，統制可能性の欠如とは，法的観点からは，減軽事由の一類型に当たると述べている．しかし，統制可能性は，刑法理論において責任を基礎づける概念であるところの他行為可能性に近い概念であるように思われる．つまり，統制可能性は人々の責任判断過程において重要であるのみならず，刑法理論において責任を基礎づける概念として用いられている他行為可能性と類似した概念でもある[33]．このような統制可能性に基づいた責任判断は，怒りないし同情といった道徳的感情を媒介しつつ，量刑判断につながるのである．

6-2-3. 帰属研究から得られる視点

　被害の大きさが人々の責任判断に影響を与えることが，責任帰属研究によって示されている．しかし，この分野の研究，とりわけ初期の研究では，本来ならば責任判断と無関係であるべきはずの要因によって，人々の責任判断が左右されることの例証に力点が置かれていた（萩原 1991: 92; 1993: 156）．そして，その結果として，人々の責任判断過程を広く説明するモデル構築には，つながりにくかったとされる（萩原 1991: 92）[34]．しかし，必ずしも責任帰属に限定されるモデルではないが，Weinerの帰属アプローチは，人々の責任判断過程の構造に関する包括的なモデルを提供してくれている．

　これらの帰属に関する諸研究から，重要であると思われることを4点にまとめて指摘すると以下のとおりである．第1に，責任帰属研究によれば，被害の大き

---

[33] 他行為可能性と責任との関係については，安田拓人（2011）を参照されたい．

[34] そのようななかで，刑法理論を援用することで責任判断過程を解明しようとする動向があったことも指摘されている（萩原 1993: 156）．そのような研究例として，所（1996）や萩原（1983; 1986）を参照されたい．

さが量刑判断に影響を及ぼしていることが考えられる．そうであれば，被害者の刑事裁判への参加が，被害の大きさに関する認知に影響を与え，それを媒介して量刑判断に影響を及ぼすことが考えられる[35]．第2に，責任帰属研究によれば，量刑判断者がどのような立場から責任判断をするかによって，被害の大きさが考慮される程度に違いが生じる可能性も考えられる．そうであれば，被害者の刑事裁判への参加によって，被害者の立場からの判断が促進され，そのことが量刑判断に影響を及ぼすことが考えられる．第3に，Weinerの帰属アプローチの観点からは，量刑判断が，被告人や被害者の評価によって影響を受けることが示されていた．そこでは，原因に対する被告人の統制可能性の程度，原因の安定性の程度，原因に対する被害者の統制可能性の程度が量刑判断に影響を及ぼす過程が示されていた．そうであるとすると，被害者の刑事裁判への参加が，原因に対する被告人の統制可能性や，原因の安定性に関する評価に影響を及ぼし，それを媒介して量刑判断に影響を及ぼすことが考えられる．また，被害者の刑事裁判への参加が，原因に対する被害者の統制可能性に関する評価に影響を及ぼし，それを媒介して量刑判断に影響を及ぼすことが考えられる．第4に，帰属研究の枠組みからも，感情的要素が量刑判断に影響している可能性が考えられる．責任帰属研究に対しては，感情的側面の考慮がなされていないことが指摘されることがあるが（タイラーほか 1997＝2000: 154），Weinerの帰属アプローチにおいては，感情の作用が明確に理論に組み込まれている．また，立場による責任判断の違いは，必ずしも感情的側面であるといい切れないが，後述する被害者への共感の影響と類似するものがある (6-3-1)．

6-3. 感情研究の視点から

これまでに示してきたように，量刑判断の心理的過程には一定の感情が関係していると考えられる．このような感情の作用は，VIEが量刑判断に及ぼす影響を検証した模擬裁判研究においても示されていたし (4-5)，日本の先行研究においても検討されていたことである (1-2-2)．しかし，感情が喚起されたことからただちに判断が理性的になると考えるべきではなく，具体的に感情がどのように

---

[35] VIEが量刑判断に及ぼす影響について，責任帰属の観点からそれを説明できる可能性については，Myers & Greene (2004) が指摘している．

作用しているかを考える必要がある（4-5）．このような観点から，感情に関わる研究のうち，本書の問題関心から重要であると思われる知見を以下で紹介する[36]．

6-3-1. 感情に関する諸研究

すでに述べたように，VIEは，被告人への怒りや被害者への同情といった感情を喚起し，それが量刑判断に影響を与えている可能性がある（4-5）．すなわち，被害者が刑事裁判に参加することによって提示される一定の情報が，これらの感情を喚起し，量刑判断に影響を与えているかもしれないのである．ここで，被害者が刑事裁判に参加することによって示される情報のなかには，被害者が法廷において表出する感情も含まれる．被害者の表出する感情によって量刑判断が影響を受ける過程においては，情動伝染（emotional contagion）のプロセスが作用しているかもしれない．情動伝染とは，他者の感情に接して，自身も同様の感情を体験することをいうが，被害者が刑事裁判に参加することで，被害者の感情が量刑判断者に伝染するならば，そのような感情が量刑判断に影響することも考えられるであろう（Myers & Greene 2004: 504; Myers *et al.* 2006: 18）．

それでは，喚起された感情は，どのようにして量刑判断に影響を及ぼすであろうか[37]．例えば，ポジティブな感情の場合とネガティブな感情の場合とで採用される判断方略が異なることが指摘されているが（池上 2008b: 102-104; Forgas 1994: 10-11），採用される判断方略の違いが量刑判断に影響を及ぼすことが考えられる．また，気分に一致した判断が促進される傾向があることが指摘されているが，このような気分一致効果（mood congruent effect）によって量刑判断が影響を受けることも考えられる[38]．

---

36) 感情（affect）を厳密に定義することは困難であるとされ（大平 2010: 5），そのなかに，対象が明らかで短期的に比較的強く生起する情動（emotion）や，対象が不明確で比較的緩やかに長期間持続する気分（mood）等を含んでいる（池上 2008b: 90-91; 大平 2010: 6-7; 北村・大坪 2012: 52; Forgas 1994: 3）．ここでは，厳密さを欠くが，様々なレベルのものを含む広い概念として感情という語を用いている．

37) 感情が法的判断に影響を及ぼす心理的過程について包括的に検討したものとして，Feigenson & Park（2006）がある．また，被害者参加の場面を念頭において，そのような心理的過程を概観するものとして，Salerno & Bottoms（2009: 283-286）がある．

38) 気分一致効果を説明する理論に，感情ネットワークモデル（affective network model）と情報としての感情モデル（affect-as-information model）とがある（池上 2008b; Forgas 1994）．前者は，特定の感情のプライミングが，それと密接に関連する情報の検索や，その感情に適合した情報が取り入れられやすくなることを，気分一致効果の根拠とするものである（Bower 1981）．後者は，自分が感じている感情を手がかりとして判断がなされることを根拠とするものである（Schwarz &

総論的には以上のようにまとめられるとしても，各論的には，感情が喚起される過程と，それが量刑判断に及ぼす影響について，種々の感情ごとに検討を加えていく必要があるだろう．本書において網羅的な考察を加えることはできないが，さしあたり，被告人や事件に対して向けられるネガティブな感情と，被害者側に向けられるポジティブな感情とに分けて検討する．

　被告人，あるいは事件に対して向けられる怒り等の感情は，量刑判断を規定する重要な要素であるだろう[39]．被害の大きさによって，怒りや義憤が喚起されることが考えられるし（6-1），行為の意図性，ないしは原因に対する被告人の統制可能性に関する認識が，そのような感情を喚起することも考えられる（6-1-2; 6-2-2）．また，被告人の道徳的特性が，感情を喚起し，それが量刑判断につながることを示す研究（Nadler 2012）もある．ここで，怒りの感情は，状況よりも人を責めることにつながったり，曖昧な情報をネガティブに解釈することにつながったり，ヒューリスティックな情報処理を促進したり，あるいは他者に対して厳しい対応をすることにつながることが指摘されている（松尾・伊東 2013a: 69; Bodenhausen et al. 1994; Feigenson & Park 2006: 147-148; Lerner & Ketler 2000; Lerner & Tiedens 2006: 125-127; Lerner et al. 1998: Myers et al. 2006: 17; Tiedens & Linton 2001: 977-978）．怒り感情によって促進されるこのような判断方略は，場合によっては量刑判断への不適切な影響と考えられるかもしれない（Myers et al. 2006: 17-18）[40]．

　被害者や遺族に向けられる同情も，量刑判断を規定する要因であるかもしれない．VIE に関する先行研究でも，被害者の人となりが好ましい場合に遺族への同情が高まることが示されていた（Greene et al. 1998）．また，原因に対する被害者の統制可能性が低いことが同情を喚起することは，援助行動の枠組みにおいて

　　　Clore 1983)．松尾加代らによる実験研究（1-2-2）では，これらいずれかの心理的過程によって，遺族の関与が有罪・無罪の判断に影響を与えている可能性が検討されていた（松尾・伊東 2013; Matsuo & Itoh 2015)．もっとも，そこでは，遺族関与が有罪・無罪判断に影響を及ぼしていることは示されたが，その影響がネガティブな感情状態を媒介して生じているものであることまでは示されなかった（Matsuo & Itoh 2015: 11)．

[39] 怒りの感情以外にも，軽蔑（contempt）や嫌悪（disgust）といった感情の道徳判断における重要性も指摘されている（Rozin et al. 1999; Wheatley & Haidt 2005)．

[40] Moons & Mackie（2007）は，怒りによるヒューリスティックな情報処理の促進は，必ずしも分析的思考が妨げられたために生じているわけではないことを指摘するが，そうであるとしても，怒り感情の作用は，法的な場面において適切ではない可能性は残る（Salerno & Bottoms（2009: 284）を参照)．

指摘されていたし（6-2-2），被害が大きいときに被害者への同情が高まることを指摘する先行研究（Bornstein 1998）もある．そして，援助行動の枠組みにおいても想定されることであるが（6-2-2），被害者側への同情は，加害者に対する懲罰的反応を促進する可能性がある（Bornstein 1998; Gromet & Darley 2011: 832 n1）．

また，感情的要素だけでなく認知的な要素をも含む多次元的なものであるが（登張 2000; Davis 1983; Hoffman 1984），被害者への共感（empathy）も，被害者の刑事裁判への参加と量刑判断との関係を結びつける要素であるかもしれない[41]．被害者が刑事裁判に参加することで，量刑判断者は被害者に対して共感を抱くかもしれない（Myers & Greene 2004: 504）．例えば，認知的側面に主として関わるものであるとされるが（Davis 1983），被害者の刑事裁判への参加が，被害者の立場に立って事件を理解しようとする被害者の視点取得（perspective taking）を促進するかもしれない．そして，このような認知のあり方は，最終的な量刑判断に影響を与え得るであろう．

6-3-2. 感情研究から得られる視点

以上のような感情に関する諸研究から，本書の問題関心との関係で重要であると考えられる知見をまとめると，以下の点を挙げることができるだろう．第1に，量刑判断過程において，怒りや同情といった感情的要素が作用していることが考えられる．また，認知的側面をも有するものであるが，共感も，量刑判断過程に作用していることは考えられる．そうすると，被害者の刑事裁判への参加は，これらの感情等を喚起させることを媒介して，量刑判断に影響を及ぼすことが考えられるであろう．第2に，被告人への怒りや被害者への同情を喚起する要因については，公正研究や帰属アプローチの枠内でも検討されていたが（6-1; 6-2-2），被告人や被害者の人となりも，このような感情を喚起させる要因であるかもしれない．そうであるとすると，被害者の刑事裁判への参加は，被告人や被害者に関する属人的な評価に影響を与え，それに伴う一定の感情の喚起を経て，量刑判断に影響を与えると考えることができるかもしれない．第3に，感情や共感が量刑判断に及ぼす影響には，様々なものが考えられる．被害の大きさや，被告人・被

---

41) なお，共感のうち，共感的関心（empathic concern）は，同情と同義で用いられることもあるとされている（登張 2000: 38）．

害者の評価が量刑判断に影響を及ぼす際に,それを結びつけるものとして感情があるだけでなく,感情の喚起が一定の判断方略を促進し,あるいは,情報処理のあり方を変えることによって量刑判断に影響を与えることも考えられるのである.

ここで,便宜的に被告人への感情と被害者への感情とを分けて検討したが(6-3-1),実際には両者は相互に関連している可能性がある(Bornstein 1994; 1998).これまでにも言及しているように(6-2-2; 6-3-1),被害者側への同情は,被告人の懲罰を求める感情につながる可能性がある.このように,法廷という場において,いくつかの感情が相互に関連しあっている可能性には留意する必要があるだろう.

6-4. 身元の分かる被害者効果の視点から

ある具体的な人物の「死」は,統計的に処理されたかたちでの「死」よりも,強い情緒的反応を引き起こす(例えば,Schelling (1968: 131; 142)).このような効果は,身元の分かる被害者効果と呼ばれる.Paternoster & Deise (2011) は,主として Small & Loewenstein (2003; 2005) に依拠しつつ,VIE が量刑判断に及ぼす影響を,この身元の分かる被害者効果から説明しようとしていた.

ここで,Small & Loewenstein (2003; 2005) は,被害者が特定されたという事実そのものが及ぼす効果について検証しようとするものであった.身元の分かる被害者効果を検証しようとする際に問題となるのは,被害者の身元を特定するような情報が,多くの場合に被害者に関する何らかの特徴について教えることと同義であるということである.つまり,被害者が特定されているか否かという点と,被害者に関する何らかの特徴が情報として与えられるか否かという点とが交絡してしまっているので,被害者を特定したことが効果を発生させたのか,被害者を特定するために提示した被害者の特徴が効果を発生させたのかが区別できなくなってしまうのである.そこで,Small & Loewenstein (2003) は,他者を援助する行動についての意思決定が,援助の対象となる被害者がくじで特定される前に行われるか,それとも後で行われるかによって異なるかどうかを検証した.その結果,自分が援助すべき特定の被害者がくじによって決まったという事実があるだけで,それがない場合と比較して被害者を援助する行動が促進されることを示したのである.また,Small & Loewenstein (2005) は,援助行動だけでなく,

他者を処罰する行動も，その対象がくじにより特定されるだけで促進されることを示し，かつ，そのような特定が一定の行動を促進する背景に感情の機能があることを示している．

しかしながら，このように純粋な身元の特定性が，なぜ感情の喚起につながるのかという点については，明らかにされていない（Small & Loewenstein（2005: 317）を参照）．加えて，Small & Loewenstein（2003; 2005）の研究は，被害者に関する特徴の影響を排除した，純粋な被害者の特定性の効果を検証するものである．そうだとすると，被害者に関する豊富な情報を提示するVIEが量刑判断に影響を与えたというPaternoster & Deise（2011）の知見は，Small & Loewenstein（2003; 2005）が問題としているレベルでの被害者の特定性の効果とは次元を異にすると考えられる．少なくとも，Small & Loewenstein（2003; 2005）が問題としているレベルでの特定性については，VIEがない場合であったとしても被害者の特定はあったと評価できよう[42]．このように，すでに被害者の特定自体はなされている量刑判断の場面において，身元の分かる被害者効果を持ち出すことは，適切ではないように思われる．

6-5. 進化心理学の視点から

以上までに，心理学の諸研究を援用し，被害者の刑事裁判への参加と量刑判断との関連について検討を加えてきた．ここでは，進化心理学（evolutionary psychology）の視点から，人々の量刑判断のあり方について考察することとする[43]．

ここで進化心理学の視点を持ち出すことにどのような利点があるのであろうか．それは，これまでに紹介してきた心理学的な諸研究の問題設定と，進化心理学における問題設定との違いを考えてみると理解しやすい．量刑判断という文脈で述べるならば，前者では，人々がどのようにして量刑判断を行うのかという心理的過程の解明が重視されていたということができる．しかしながら，それらの研究においては，なぜ人々はそのような方法で量刑判断を行うのか，という問いに答えることはできていない．進化心理学が答えようとするのは，まさに，このよう

---

[42] Hans（2014: 111）は，有罪・無罪を決めるための審理を経験することで，身元の分かる被害者効果は十分に発生し得る可能性があることを指摘している．
[43] 進化心理学という学問領域については，長谷川・平石（2000）や沼崎（2014）を参照されたい．

な「なぜ」に関わる問いなのである[44]．したがって，現在機能しているような量刑判断の心理的過程が存在するに至った背景を探ることが，ここでの問題関心ということになる[45]．

しかしながら，量刑判断の心理的過程を解明する諸理論が存在する以上，その機能的な意義にまで遡って検討することが，本書の問題設定との関係でどれほど重要であるのかという点については，別途の理由を述べておく必要があるだろう．確かに，被害者の刑事裁判への参加が，どのような心理的過程で量刑判断に影響を与えているかを調べることができれば，本書の目的はさしあたり達成できるであろう．しかしながら，あえて進化心理学の視点まで取り入れて検討を行うのは，以下の2つの理由による．第1の理由は，説明原理の倹約である．以上までに心理学の諸理論を紹介してきたが，これらを単一の理論で一定程度統合的に理解できるのであれば，人々の量刑判断過程を記述するうえでより望ましいと考えられる[46]．第2の理由は，機能面に遡って心理的過程を検討することで，新たな理論予測が生まれる可能性があるということである[47]．

6-5-1．復讐の心理

量刑判断の場面は，第三者の立場から加害者に対して処罰をするような場面で

---

[44] 行動のメカニズムに関連する研究は至近要因（immediate causation）の探究であり，そのような行動メカニズムが生起した理由の研究は究極要因（ultimate causation）の探究といわれる．この点については，長谷川・平石（2000: 386-389）の説明を参照されたい．

[45] 進化心理学において，我々の心理が形成された時期は，その大部分が更新世（約200万年前から約1万年前までの期間）であると考えられている（長谷川・平石 2000: 411; Cosmides 1989: 194）．この期間は，人類が存在している期間の99％以上を占めている．この時期の人類は主として狩猟採集によって生活を営んでいたと考えられ，我々の心理はこの時期の環境に適応したものとなっていると考えられている（ただし，Haidt（2012: 247-252）も参照）．そのため，現在の生活環境において適応的ではないとみられる心理があるとしても，それは進化心理学の考え方を否定するものではない．このように，進化の観点から検討する際には，進化が発生した舞台であるところの環境がいかなるものであったかを考慮に入れることが重要である．進化が生じた環境を，進化適応の環境（Environment for the Evolutionary Adaptedness: EAA）と呼ぶ．このEAAに関する知識が，依然として曖昧なままであることが，「進化心理学最大のアキレス腱」（長谷川・平石 2000: 412）といわれている．それゆえ，例えば，先史人類学の知見の集積が今後期待されるわけであるが（長谷川・平石 2000: 434），このことは進化心理学による研究を妨げるものではない．機能に関する仮説を立てて，人々の心理が実際にその仮説から予測されるとおりの振舞いをするかどうかを観察することで，進化心理学的な研究は進められている（長谷川・平石 2000: 412）．

[46] 北村・大坪（2012: 17）は，社会心理学に進化論的視点を取り入れることの意義として，「多くの観察事実とそれらを記述する諸理論を適応的機能という観点から一貫性をもってまとめる」ことを挙げている．

[47] この点で，すぐ後で紹介する修正理論は，注目に値すると考える．

あるが，進化心理学の観点から考察を進めるために，まずは，自分が被害者となった場合の反応から考えていくこととする[48]．ここで，自分が被害に遭った場合の反応として復讐が考えられるわけだが，この復讐という行動は，普遍的に観察される現象であるとされている．デイリー・ウィルソン（1988＝1999: 352-361）は，様々な復讐にまつわる事例の紹介や民族誌的な検討を踏まえて，「血讐に訴える傾向というのはすべての文化でみられ，よって，それが「存在しない」ような社会はないだろう」（デイリー・ウィルソン 1988＝1999: 361）と指摘している．

このように，普遍的にみられる復讐を，進化心理学はどのようにして説明するのであろうか．復讐の遂行は，復讐者自身を危険にさらすことにつながるし，仮に復讐に成功したとしても，さらなる報復の対象に自分が選ばれる可能性を高めることにつながるかもしれない．そうすると，復讐を遂行しようとする傾向は，そのような傾向を有するタイプの適応度（fitness）[49]を上げるものではないかもしれない．このような疑問に対する反論は，復讐の抑止効果に着目して展開される．すなわち，何らかの侵害を受けたときに，自分は徹底的に復讐をする者であるということを伝えることは，それによって自分に対する侵害行為を抑止できる点で，適応度の向上に資するのである．そして，このような復讐の脅しに他者が従うのは，その脅しが真実であるときなので，復讐の脅しは真実でなくてはならない（デイリー・ウィルソン 1988＝1999: 367）．

ここで問題となるのは，我々が，実際に被害にあったときに，果たして復讐を行うのかどうかということである．すでに述べたように，復讐には危険がつきまとう．すでに損害が生じた後であれば，復讐を行うことはコストをもたらすだけであるかもしれない．したがって，そのようなコストを踏まえても復讐が実行されるためには，我々はそのような復讐を行うことを欲していなくてはならない（Shavell 2004: 605-606）．それでは，そのような心理は，我々のなかに備わっているのであろうか．

我々が，コストを支払ってでも相手の不当な行動に対抗しようとすることは，最後通牒ゲーム（ultimatum game）を利用した複数の実験において観察されてい

---

[48] 復讐の進化心理学的考察については，北村・大坪（2012: 157-160）を参照されたい．
[49] 適応度とは，生存率と繁殖率によって説明される概念であり，端的にいえば，ある形質を発現させる遺伝子が次世代に受け継がれる程度を意味する概念である（河野 2010: 73）．適応度に関する詳細な説明については，長谷川・長谷川（2000: 34-36）を参照されたい．

る（Bowles & Gintis 2011: 19-20）．最後通牒ゲームとは，2人のプレイヤーがいて，一方が資源配分を提案し，他方がそれを受諾するか拒否するかを決めるという単純なゲームである．例えば，Aさんが100円の資源を，自分に80円，Bさんには20円を配分するという提案をしたとする．Bさんがそれを受諾すればそのように資源が配分されるが，もしBさんがこれを拒否すれば，2人とも何も受け取れないこととなる．このような場合，合理的に考えれば，Bさんは自分への配分が1円でもあるならば，その配分を拒否するよりも受諾して1円を受け取った方が得である．しかし，実際には，人々は不公平な配分を提案された場合には，その配分を拒否することによって自分の取り分が0になってしまうにもかかわらず，そのような不公平な配分の提案を拒否することが実際の実験結果から分かってきた．加えて，不公平な配分が意図的になされたような場合に，提案の拒否がより多くなされることも示されている（田中大貴 2013; Knoch *et al.* 2006）．

　ここで観察されているような，自分がコストを支払ってでも相手に対して処罰を与えようとする行動は「利他的な罰」（altruistic punishment）と呼ばれている（Fehr & Fischbacher 2003: 785-786; Fehr & Gächter 2002）．このような利他的な罰を行う際には，ネガティブな感情に関わる島皮質（insula）の活動が活性化していることが示されており（Sanfey *et al.* 2003），また，ある種の満足感を覚えていることも指摘されている．信頼ゲーム（trust game）を利用してこのことを示したのが，de Quervain *et al.*（2004）である．信頼ゲームとは，一方が他方に対して投資をするかどうかを決め，投資を受けた者がそのリターンをどの程度投資した者に配分するかを決めるというゲームである．例えば，Aさんが自分の手持ちの100円をBさんに投資すると，その投資は実験実施者によって5倍にしてBさんに渡される．そうすると，Bさんは500円を手元に持つこととなり，このうちいくらをAさんに返すかを決めることができる．Bさんが1円たりともAさんに返さなかったような場合，AさんはBさんによって信頼を裏切られたことになる．このように信頼を裏切ったBさんを，Aさんが自分でコストを負担してでも処罰するかどうかがこの実験で注目されている部分である．このような復讐を行う際のAさんの脳血流量等が，陽電子放射断層撮影（positron emission tomography）によって測定された．その結果，信頼を裏切った者を処罰する際には，背側線条体（dorsal striatum）の一部である尾状核（caudate nucleus）という部分の

活動が活性化していることが示された．この脳部位について推測されている機能からすると，我々は，信頼を裏切った者を処罰しようとするときに，そのような復讐により満足感が得られるものと期待していると考えられるとされている．

このように，実際にはコストのかかる復讐であるが，それをスムーズに行うための心理機構が我々のなかに備わっているようである[50]．ともあれ，進化心理学の観点からすれば，復讐と抑止とは完全に区別された原理に服するものではないと考えることができるであろう[51]．すなわち，復讐を求める感情の背後にある究極的な機能は，犯罪を抑止することにあるのである（デイリー・ウィルソン 1988 = 1999: 402-403）．

6-5-2. 他者を裁く心理

自分が被害者になった場合の心理は以上のように説明できるが，それでは，自分が直接的に被害者でない場合はどうであろうか．このように第三者の立場から加害者を処罰する心理と，被害者自らが加害者に対して復讐する心理とは別物のように思われる．しかしながら，第三者の立場で処罰を加える心理と被害者自身が復讐を行う心理とは，生じる感情の強度等に違いはあるかもしれないが（Hoffman 2014: 78-84），類似の観点から説明を与えることができる[52]．重要であるのは，他者を裁く心理も，それによる抑止効果の観点から説明できるという点である（デイリー・ウィルソン（1988 = 1999: 438）や Hoffman（2014）を参照）．

この点を説明するために，まず利他行動について考える必要がある．進化生物

---

50) もっとも，我々は満足感を期待して復讐を行うが，実際に復讐を行った後で気分が良くなるかどうかは，別の問題であるかもしれない．Carlsmith et al.（2008）は，復讐を行うことにより自分の感情が良くなると人々は予想するものの，しかし，実際に復讐を行った後ではネガティブな感情が多く生起していることを示している．このように復讐を求める感情は合理的思考を停止させ，一時的な快楽を求める行動を促進するが，そのことは必ずしも長期的な利益を保障するものではない（Carlsmith et al. 2008: 1323）．実際の復讐場面を考えると，復讐を行った後は相手からの再度の復讐が予想されるため，慎重に行動する必要がある．ネガティブな感情は慎重な判断を促進することを踏まえるならば（池上 2008b: 102-104; Forgas 1994: 10-11），このような復讐実行後のネガティブな感情の喚起は，相手からのさらなる報復に備える準備のためであると考えることもできるかもしれない．
51) もっとも，主観的には処罰の動機として復讐が重要な役割を果たしていることが指摘されている（Falk et al. 2005）
52) 二当事者間のゲームにおいて自分が裏切りにあった際の対処を考える場合でも，第三者の立場からルール違反者に対して制裁を科すかどうかを決める場合でも，右脳の背外側前頭前野（dorsolateral prefrontal cortex）の活動が活性化していることが報告されている（Buckholtz et al. 2008）．

学的に利他行動とは,「自らの適応度を低下させて,他個体の適応度を上昇させるような行動」(長谷川・平石 2000: 413)と定義される.一見すると適応的ではない利他行動が,しかし現実には観察されている.そうであるとすると,このような利他行動がなぜ行われるのかということが,1つの重要な問いとなる.

この問いに応答する理論として,例えば,遺伝的なつながりの度合いを根拠として親族間の協力行動を説明する血縁淘汰説(kin selection theory)(Hamilton 1964)や[53],継続的な協力関係から利他行動の進化を基礎づける互恵的利他行動の理論(reciprocal altruism theory)(Trivers 1971)がある.例えば,互恵的利他行動の理論では,利他的な協力行動が進化し得る条件として以下の3点が提起されている(長谷川・長谷川 2000: 163-165; 長谷川・平石 2000: 413-415).第1に,利他行動提供者のコストよりも利他行動享受者の利益の方が大きい必要がある.第2に,同一の個体間で,利他行動提供者と利他行動享受者の立場を交換して利他行動が繰り返される必要がある[54].そして,第3に,もっぱら利他行動享受者の立場に立つものを認知し,排除することが可能である必要がある.

もっとも,利他行動を説明する理論としてこれらの理論だけで十分であるかどうかについては議論のあるところではあるが[55],本書の記述を進めるうえで確認しておく必要があることは,互恵的利他行動の理論の第3の条件にも示されているように,人々が協力関係を維持するために,もっぱら利他行動享受者の立場に立つような「裏切り者」を処罰するような対処が重要な役割を果たしているということである(Buckholtz *et al.* 2008: 930; Fehr & Gächter 2002; Trivers 1971: 49; Yamagishi 1986).我々にはそのような「裏切り者」を検知できる能力があると予測し,ウェイソンの4枚カード問題と呼ばれる論理課題[56]を用いて,そのことを実証し

---

53) 血縁淘汰理論の簡潔な説明としては,長谷川・長谷川(2000: 121-123)を参照されたい.
54) 集団規模がある程度大きくなると,このような同一個体間でのやり取りの繰り返しという条件は,十分に満たされないかもしれない.このような条件が成立していなくても,ある者が行った利他行動が,その者の評判を契機として,その直接の享受者ではない者によって報われるメカニズムとして,間接互恵性(indirect reciprocity)の理論が提唱されている(Engelmann & Fischbacher 2009; Nowak & Sigmund 1998).間接互恵性の理論についての簡潔な説明については,北村・大坪(2012: 179)を参照されたい.
55) この点の詳しい議論については,Bowles & Gintis(2011)を参照されたい.
56) この課題では,一方の面のみが表示された4枚のカードが提示される.そこには,Pと¬P,Qと¬Qが,それぞれ表示されている(「¬」は否定の意味である).カードの一方の面がPに関する記述であれば,その逆の面はQに関する記述であり,逆もまた然りである.このとき,「PならばQである」というルールに違反があるかどうかを確認するために裏返す必要のあるカードを特定するのが,課題の内容である.

たのが Leda Cosmides である．この4枚カード課題は，実際に大学生等に解かせてみても，正答率は意外に低いことが知られている（長谷川・平石 2000: 417-418; Cosmides 1989: 197）．しかし，この正答率は，課題を提示する文脈によって変化することが明らかとなった（服部 2013: 194-195; Cosmides 1989: 191）．このような主題内容効果（content effect）を説明するために，Cosmides（1989）は「社会契約仮説」（Social Contract Hypothesis）を提唱した．それによれば，4枚カード課題の正答率が上がるのは，社会的交換関係におけるルール違反者を見つけ出すような問題として，その課題が提示された場合であるとされる[57]．このようなときに正答率が上がるのは，我々がルール違反者に敏感であるような心理的機構を有しているからであると考えられるのである[58]．

このように，協力行動を達成する前提として，協力行動をとらない他者を見つけ出す能力を有していることが考えられるが，そのような者を検出したうえで我々はどのように対処するのであろうか．最後通牒ゲームや信頼ゲームでは，他者の不公正な行動に対して我々が利他的な罰を行うことをすでにみた（6-5-1）．我々は第三者の立場であっても協力行動をとらない他者に対して積極的に処罰を加えることが知られている（Fehr & Fischbacher 2003: 786; 2004）．

このように，我々は第三者の立場にあっても処罰を行うが，このような心理のあり方がどのような構造を持っているかについて，進化心理学的観点から提起されている理論として，修正理論（recalibrational theory）（Petersen et al. 2010; 2012）が注目される．この理論の概要は，次のとおりである．

いわゆる犯罪と考えられる行動は，我々の協力行動を乱すものであるし，そもそも我々の生存自体を脅かすものであったので，当然ながらそれに対処する必要がある．そのようなルール違反を行う者は，他者の利益を十分に尊重していないものであると考えられる[59]．自分の利益と引き換えに他者の利益をどれだけ尊重

---

57) 4枚カードの課題は，すでに述べたように，P，￢P，Q，￢Qと並んだ4枚のカードのうち，「PならばQである」というルール違反の有無を確認するために裏返す必要のあるカードを特定するというものであった．ここで，Pに「一定の利益を得ること」に関する内容をあて，Qに「そのためのコストを支払うこと」に関する内容を当てると，この課題は，社会的交換関係におけるルール違反者を探す文脈において提示されることになる．この場合，「PならばQである」というルールに対する違反を見つけることは，「利益を得ているならば，一定のコストを支払っている」というルールに対する違反を見つけることになるのである．
58) もっとも，4枚カード課題の主題内容効果の説明原理に関する議論は，未だに決着がついているわけではない（長谷川・平石 2000: 424-425; 服部 2013: 196）．

するかは厚生トレードオフ率（welfare trade-off ratio: WTR）[60]という概念によって説明される．WTR が低ければ，その者は他者の利益をかえりみずに利己的に振舞いがちであるので，他者に損害を及ぼすことも厭わない傾向があるであろう．他方で，WTR が高い者は，他者の利益を尊重するので，人に対して損害を与えるような行動を控えるであろう．そうすると，ルール違反者に直面したときに重要なことは，この WTR を高くするように働きかけることである．つまり，犯罪をする者の WTR を修正しようとするのである（Petersen *et al.* 2012: 683）.

ここで，WTR には，大きく 2 種類のものがある．1 つは，自分の行動が他者に見られている，あるいは，自分の振舞いが，他者に知れ渡る蓋然性が高い場合の WTR であり，これは監視された WTR（monitored WTR）と呼ばれる．他方で，自分の行動が他者から観察されていない状況における WTR も存在し，これは本質的な WTR（intrinsic WTR）と呼ばれる．WTR を上方修正しようとする場合，どのような反応によってそれを修正するかは，主として修正しようとする WTR の種類に依存する．懲罰を加える方向での反応（懲罰的反応：punitive response）は監視された WTR を上方修正するが[61]，その者の行動を監視できない場面においては WTR の上方修正という目的に資さない．そのような監視が及ばない場面でも WTR の上方修正を達成するのが，その者を許す方向での反応（宥和的反応：reconciliatory response）であり，これは本質的な WTR に働きかける（Petersen *et al.* 2010: 94）.

ここで，たとえ自分自身が被害に遭っていなくても，そのような他者への被害

---

59) デイリー・ウィルソン（1988＝1999: 413）は，非難の意味を，自分自身の利益を過大評価し，他人の利益を過小評価することに向けられたものと指摘している．
60) 訳語については、グローバル COE「心の社会性に関する教育研究拠点」の第 1 回国際シンポジウムの報告に関するウェブページ（http://lynx.let.hokudai.ac.jp/CSM/workshops/01_report06.html　2015 年 10 月 30 日アクセス）を参照した．
61) 懲罰的反応の 1 つである刑罰を科す行為についても，進化心理学の観点からは，犯罪者の WTR を上方修正させる機能が，その起源として存在したと考えられることになる．そうであるとすると，そもそもそのような上方修正が見込めない者，例えば，心神喪失者に対する反応は，以下で述べる刑罰反応とは異なったものになると推測される．デイリー・ウィルソン（1988＝1999: 432）は，「どうやって意志を伝えたらよいかわからない人間たちは，道徳的なあれこれなしに，たんに拘束するのである」と述べている．
　なお，加害者が意図的に加害行為を行ったと感じられる事案においては，応報的な動機によって当該加害者への対応が判断されるが，加害者の意思を超えた原因によって加害行為が生じたと感じられる事案においては，社会を危険から守るという動機によって当該加害者への対応が判断されることを示す心理実験として，Darley *et al.*（2000）の STUDY 2 が挙げられる．

に対して対処することは適応上の意味があるとされる．第1に，他者への被害は，その他者が自分にとって親族関係である，あるいは重要なパートナーである場合には，自分への被害になる（Petersen et al. 2010: 88-91）．第2に，ある加害行為において特定の被害者に向けられた低いWTRが，ほかの人にも向けられるものであるならば，自分も将来の被害者になるおそれがある（Petersen et al. 2010: 88-91）．さらに，被害者が自分と同じ集団に属する者であるとされるとき，その被害者が受けた加害行為に対処しないことは，集団としての脆弱性を示すことにもなってしまう（Petersen et al. 2010: 89）．

すでに述べたように，2種類のWTRの区別からは，犯罪のようなルール違反を行った者に対して我々が反応するとき，大きく2つの判断をしなければならないことが導かれる．1つは，そもそも処罰するのか許すのかという判断であり，もう1つは，懲罰的反応にせよ宥和的反応にせよ，それをどの程度強く行うのかということである（Petersen et al. 2012）．修正理論では，これらの判断は，それぞれ異なる要因に主として基づいて行われていることが予測されている．まず，そもそも懲罰的反応を採用するのか宥和的反応を採用するのかという点については，犯罪を行った者の提携価値（association value）が重要な考慮要素となる[62]．これは，その者と今後つき合っていくことの価値であるが，例えば，その者が将来においても犯罪を繰り返すような者であるかという点や，その者が将来において社会にどの程度の利益をもたらしてくれるかという点が関係してくる（Petersen et al. 2012）．この提携価値が高い場合には宥和的反応に傾くし，これが小さければ懲罰的反応に傾くと予想される[63]．

次に，宥和的反応と懲罰的反応のいずれかを採用することとした場合に，それをどの程度の強度で行うのかという判断がなされる必要があるが，これに大きく関わってくるのは犯罪の重大性であるとされる．犯罪の重大性評価は，それが被

---

62) 懲罰的反応と宥和的反応の選択という場面を必ずしも扱うわけではないが，端的に加害者を許すかどうかを決めるにあたって，当該加害者の価値が重要な要因であることは従来から指摘されていることである．この点については，大坪（2015）を参照されたい．
63) なお，宥和的反応を採用する場合には，犯罪をした者が反省しているかどうかを慎重に見極める必要がある．他方で，懲罰的反応はその対象者の内面に関わりなく採用することができる（Petersen et al. 2010: 108）．このことから，宥和的反応を選択した人の方が，懲罰的反応を選択した人よりも，自分の選択に自信がないことが予測されるが，このような予測を支持する知見が，脳神経科学，文化人類学，あるいは子どもの行動観察に基づく研究から得られている（Petersen et al. 2010: 111-112）．

害者に及ぼす害の大きさ等に応じて評価されている．そのため，重大な犯罪を行った場合の方が，他者の利益に対する尊重が欠如している度合いが大きいことが推察される．すなわち，犯罪が重大であればあるほど，その犯罪者の WTR の低さが顕著であることが示唆されるのであり[64)65)]，ゆえに WTR を大幅に上方修正させなければならないということになるのである (Petersen *et al.* 2012)．なお，第三者の立場から処罰をする場合には，この被害の大きさは，処罰をする者にとっての被害者の価値等によって規定され得ることに注意が必要である (Petersen *et al.* 2010: 90-91)．

6-5-3. 進化心理学の視点について

以上のような進化心理学の知見から，本書の問題関心に即して重要である点を指摘するならば，何よりも，量刑判断の心理的過程について，それを進化の観点からある程度統一的に説明することが可能であると考えられることが挙げられるであろう．心理学の諸研究から，量刑判断の心理的過程について，どのような全体像を描けるのかについては，8-1 において考察するが，そこでは，①犯罪の重大性や被害の大きさといった犯罪に関する評価，②行為の意図性や原因の統制可能性，被告人の人となりに関する評価，③被害者側にとっての原因の統制可能性や，被害者や遺族の人となりに関する評価，④怒りや同情，共感といった感情的要素，そして⑤再犯可能性に関する評価を，量刑判断の心理的過程を記述する際の重要な要素として挙げている．これらが量刑判断と関連することは，主として

---

64) もちろん，他者に与えた損害が大きくても，それが意図的になされた場合かそうでないかは，その者の WTR を知るうえで重要な情報となる．他者を責める際に，結果の大きさをヒューリスティックとして利用することは，たいていの場合有効であるかもしれないが，行為者の意図とは無関係に他者を責めることは，効率的ではない（例えば，梶井（2006: 278-283）を参照）．行為者の意図性に応じて感情が喚起され，それが刑罰判断に影響することを指摘するものとして，Petersen (2010) を参照されたい．

  もっとも，デイリー・ウィルソン（1988＝1999: 412-413）は，人々が他者を非難するのは，他者の行為が意図に基づくものだからであると指摘しているが，他方で彼らは，責任非難を行うか否かを判断するときに，意図に着目することが適応的であるかどうかについて結論を留保している（デイリー・ウィルソン 1988＝1999: 414-415）．

65) もっとも，たとえ他者に対して加えたコストが大きいものであったとしても，自身が得た利益が大きければ，それは搾取とみなされない可能性がある (Petersen *et al.* 2010: 88)．WTR は，あくまで自身の利益と比較して他者の利益をどの程度重視するかという相対的な指標である．この辺りに，正当防衛や緊急避難という考え方が我々に備わっていることの，進化心理学的基盤があるのかもしれない．

抑止という機能的観点から処罰について考える進化心理学の枠組みにおいても把握可能なものであるように思われる．

　被害の大きさは，例えばWTRの低さを示すものであるので，それが刑罰の大きさに影響する要因であると考えることができる．行為の意図性は，復讐行動の規定要因であったし，修正理論の観点からも，意図的な行為の方が行為者のWTRを知るうえで価値の高い情報を提供するものであるとされており（Petersen et al. 2010: 118-119），行為の意図性と量刑判断との関連は，進化心理学の枠組みにおいても整合的に理解できると考えられる．被告人に関する評価については，再犯可能性に関する評価とも関連することであるが，修正理論において，被告人の提携価値が判断に関わる要素として指摘されていたことから，それが量刑判断に影響を及ぼすことは進化心理学の観点からも予想されることであると考えられる[66]．また，修正理論は，第三者が被害の大きさを評価するにあたって，当該判断者にとっての被害者の価値がそのような評価に影響する可能性を指摘していた．そうであれば，被害者側の評価が量刑判断に影響することも，進化心理学の枠組みにおいても考察できる事象であるだろう．最後に感情についてであるが，これまでに示してきたように，進化心理学の枠組みにおいても，感情は我々の行動を円滑に引き出すものとして作用していることが指摘されていた（Tooby & Cosmides（2008）も参照）[67]．

　もちろん，以上のような進化心理学的観点からの統合的把握の試みは，非常に粗いものであることを否定できず，より緻密な検討は今後の課題である．しかし，量刑判断に対して影響を与えると考えられる様々な要素を統合的に理解するうえで，進化心理学が貢献し得る可能性を示すことはできたのではないかと考える．また，現在までの心理学的知見を統一的な枠組みで把握するだけでなく，進化心理学の視点を採用することは，量刑判断の心理的過程に関する研究領域に進展をもたらすことも考えられる．例えば，抑止への関心が心理的過程の背後にあるこ

---

66)　もっとも，修正理論では，被告人の提携価値は主として被告人を許すか処罰するかの質的判断に関わるものとされている．しかし，そうではあるが，処罰の強度にも提携価値が影響を与えていることは，Petersen et al.（2012）において示されている．
67)　感情についての進化心理学的考察を概観するものとして，河野（2010）を参照されたい．なお，量刑判断に際して感情に関わる脳部位が作用していることを指摘するものとして，Buckholtz et al.（2008）を参照されたい．

とについては，これまでも指摘されてきたところであるが[68]，修正理論にみられるように，進化心理学は，具体的な犯罪抑止の戦略を想定し，それが我々のどのような心理的過程につながっているのかを検討するうえで有益な知見を提供してくれている．また，修正理論が，懲罰的反応と宥和的反応を区別して扱うのではなく，両者を将来の犯罪抑止のための戦略として統合的に把握している点は，我々の量刑判断を考えるうえで重要な視点を提供していると考える．

---

68) 例えば，Austin *et al.*（1976: 166）は，人々が衡平の回復を求める根拠として，将来の搾取の予防を指摘している．Hogan & Emler（1981）も，応報的公正の心理を有する理由を抑止に求めていた．

第 7 章　裁判官の量刑判断と数値換算
　　　　——その心理学的考察

　前章では，心理学の知見を用いて，量刑判断について理論的な考察を行った．しかし，そこでの量刑判断に関する心理学的考察は，主として法律の素人である市民が量刑判断を行うような場面を想定したものであった．本章では，裁判官による量刑判断を念頭に置き，それがどのようになされているのかについて検討を加えることとする．

　また，実際の刑事裁判における量刑判断では，具体的に特定された刑罰を選択することが必要となる．心理学においては，例えば，被害が大きいと感じられるほど選択される刑罰は重くなる傾向にあるといった，ある要因による量刑判断の相対的な違いに関心が向けられることが多いように思われる．しかし，それだけでは，ある特定の刑罰（例えば，懲役 10 年）が選択される心理的過程を十分に説明することは難しいように思われる．法律学における量刑理論が取り組むべき課題の 1 つとして，一定の刑量への数量化の問題が指摘されているが（井田 2010: 456-457），このような問題は心理学においても取り組まれるべき課題であろう．本章では，このような具体的な数値としての量刑判断がなされる過程についても，心理学的な観点から検討を加えることとする．

7-1. 裁判官の量刑判断とバイアス

　意見陳述制度や被害者参加制度が量刑判断に影響を及ぼすことを懸念する議論に対して，量刑相場に基づく量刑実務を根拠として，それを否定する議論があった（1-1-3）．また，被害者参加制度が量刑判断に及ぼす影響を懸念する議論は，裁判官への影響ではなく主として裁判員への影響を懸念するものであった（1-1-3-2）．このような議論の背景には，職業的に訓練された裁判官による量刑判断へ

の信頼があるように思われる．このような裁判官への信頼を根拠とする議論は，オーストラリアやイギリスで行われた法律実務家へのインタビュー調査の結果と符合するものであるように思われる（5-1-1）[1]．

このように，被害者の刑事裁判への参加が量刑判断に望ましくない影響を及ぼす可能性があり，それをバイアスと呼ぶことができるとするならば，裁判官はそのようなバイアスによる影響を比較的受けにくいと考えられているということができよう．そのような根拠としては，裁判官が有する一定の判断枠組みを挙げることができるであろう．量刑判断について一定の判断枠組みが備わっているのであれば，意見陳述制度や被害者参加制度が導入されても，基本的には従前の判断枠組みに沿って量刑判断がなされることになるので，少なくともバイアスと評価されるようなかたちでの影響は生じにくいと考えられる．このような判断枠組みの存在は，すでに触れたオーストラリアやイギリスで行われた法律実務家へのインタビュー調査において指摘されていた（5-1-1）．対象を認知する際に，過去の経験によって獲得した体系的知識に基づいてこれを解釈することがあり，このような認知の枠組みはスキーマ（schema）と呼ばれる（安藤 1995: 18）．このような裁判官の判断枠組みも，このスキーマの観点から分析できるかもしれない（菅原（1998: 120-121）も参照）．もっとも，本当に裁判官が量刑判断に際してバイアスの影響と無縁でいられているかどうかは，最終的には実証的に検証されるべき課題である[2]．

また，市民の量刑判断の心理的過程においては，感情の影響があることが想定されている（第6章）．実際に，先行研究によれば，被害者の刑事裁判への参加が量刑判断に影響を及ぼす過程で，感情的側面が作用する可能性が指摘されていた（4-5）．刑事裁判に初めて関与する市民（裁判員や陪審員）は，被害者の刑事裁判への参加によって，このような感情を喚起されることがあるかもしれない．しかし，普段から刑事裁判に関与し続けている裁判官であれば，被害者の刑事裁判への参加によって感情が喚起されることは，少なくとも裁判員や陪審員と比較して

---

[1] Roberts（2009: 375）は，Victim Impact Statement（VIS）によって量刑判断が影響を受けていないとの認識に立ったうえで，そのような影響が生じていない理由を，刑事司法の専門家が法的に考慮されるべきでない要因の影響から自分を守ることができることに求めている．

[2] アメリカの裁判官を対象とした研究を通して，一般人と比較すると大きくはないかもしれないが，なお裁判官も一定の認知上のバイアスの影響を受けることを示すものとして，例えば，Guthrie et al.（2001; 2007），Rachlinski et al.（2011），Wistrich et al.（2005）を参照されたい．

あまりないかもしれない．これは，心理学的な観点からは感情馴化（affective adaptation）の効果として理解することができるかもしれない．感情馴化とは，ある程度同じ様な刺激に繰り返しさらされていると，そのような刺激によって感情が喚起されることがなくなっていくという現象を指すものである（高橋 2013; Wilson & Gilbert 2008)[3]．

裁判官の量刑判断過程については，今後のさらなる検証が求められるところであるが，少なくともそこには市民のそれとは異なる特徴があることが推測されるところである．そして，それゆえに被害者の刑事裁判への参加から，少なくとも法的に不当であると評価されるような影響は受けないとの指摘がなされているところである．ここでは，そのような裁判官の量刑判断への信頼の根拠として挙げられる量刑相場について検討を加え，さらにアメリカにおける裁判官の量刑判断を支える枠組みである量刑ガイドラインとの対比を試みたい．

7-1-1. 量刑相場

日本においては，法定刑の幅が広く設定されており（例えば，青木（2013: 251），井田（2010: 455-456），小島（1997: 2-3），松宮（2006: 86-87），松本（2002: 31），Shiroshita（2010: 243）を参照)[4]，その幅のなかから具体的な宣告刑を決定するための指針も，少なくとも具体的なかたちでは存在していない[5]．法定刑の役割については，それが量刑の上限と下限を設定するだけであるとする量刑枠論と，犯罪の相対的な重さが法定刑の範囲内で順序づけられ，当該犯罪が法定刑のなかのどこに位置づけられたかにより具体的な量刑判断が導かれるとする量刑スケール論の2つの考え方が提起されている．しかしながら，実際の量刑判断が法定刑の下限に近いところに集中していることから（武安 1962: 250; 中 1962: 190)[6]，法定刑が

---

[3] もっとも，一般人と比較すると感情の影響を受けにくいとしても，そのことは，裁判官が感情の影響を全く受けない存在であることまで意味するわけではない．Wistrich *et al.*（2015）は，主としてアメリカの裁判官を対象とした研究を通して，裁判官も感情による影響を受けることがあることを示している．

[4] 法定刑の幅の広さについて，現行刑法の改正作業過程に着目して分析したものとして，松永（2006）がある．

[5] 日本における判例の検討としては，例えば，城下（1995: 29-37）を参照されたい．また，1974年12月に公表された刑法改正草案においては，その第48条において量刑判断の指針に関する規定が置かれていたが，これが立法につながることはなかった（例えば，小島（1997: 3），城下（1995: 58-69）を参照）．

[6] 量刑に関する資料が，主として被告人の供述や被告人側から出される資料によっていることが，

スケールとして機能していると考えることはできないとされている（浅田 2011: 29; 井田 2010: 459; 杉田 2005: 7)[7]．このために，幅広い法定刑の範囲のなかから，具体的に宣告すべき刑を決定する過程は，裁判官の裁量に大きくかかっていることが指摘されるわけである（例えば，城下（2009: 2）を参照）．

　それでは，裁判官は，幅広い範囲のなかからどのようにして具体的な量刑の値を導き出しているのであろうか．この点については，過去の事例の集積として事実上の量刑相場が形成されており，それが量刑判断に際して重要な意味を有することが指摘されている（例えば，岡上（1993: 150-151)，永井（1969: 1-2)，原田（2008: 3)，松本（1982: 145-147; 2002: 31）を参照)[8]．量刑相場は，規範的にもそれが支持されるべき内容を備えたものであるとの指摘がなされることもあるが（永井 1969: 12; 松宮 2006: 88; 松本 2002: 33-34; 2003: 930; 2006: 9-10)，ここでは，あくまで裁判官が量刑判断に際して利用している事実上の基準という意味で捉えておくこととする[9]．1-2-5 で紹介した調査研究によれば，シナリオとして示された殺人事件に関して量刑判断を求めたところ，一般国民の回答よりも裁判官の回答の方が，分散が小さい傾向が読み取れたとされている（司法研修所 2007: 147)．量刑相場とは，刑事手続に関与する法律実務家において共有された判断枠組みであるとされているが（松本 1982: 147; 2002: 31; 2003: 929-930; 2006: 8-9)，このような結果も，裁判官における量刑相場を示すものであると評価することができよう（フット 2007:

　このような量刑傾向が生じる原因の1つであると指摘するものとして，岩井（2013: 795-796）がある．
[7] このような見解に対して，むしろスケールとして利用できるように法定刑を改正すべきであるとの主張が提起されることがある（浅田 2011: 29)．また，現在の法定刑でも，これを対数化して用いることで量刑スケールとして機能させることは可能であると指摘するものとして，小島（2007）がある．実際，量刑に関する実証研究においても，刑期の間隔を等間隔と仮定することには無理があることが指摘されており，刑期を対数化して分析する方が適切であることが指摘されている（松宮ほか 1971: 33)．
[8] 実際の量刑判断の基準がどのようなものであるかについては，いくつかの類型に分けて平均的な科刑状況を探究したり，統計的な手法を用いて分析したりした実証的な研究が存在する．例えば，岩井・渡邊（2002; 2003)，岡田好史ほか（2010)，片倉・菊田（1966)，佐々木（1966)，重森（1966)，中・香城（1966)，永井（1969)，不破（1939)，前田（1970a; 1983a; 1983b)，松田（1966)，松永・吉田（1988)，松宮ほか（1971; 1972; 1973)，百瀬ほか（1987)，柳ほか（1996)，吉野（1991)，米田（1968）等を参照されたい．なお，これらをレビューしたものとしては，所・三井（1970)，小島（1998）を参照されたい．
[9] 中・香城（1966: 129-133）は，裁判官自身も現状の量刑のあり方が適切ではないと思っていることがあることを質問票調査によって示したうえで，そのような現状が変更されない理由の1つとして「量刑慣行の拘束力」を指摘している．規範的に妥当ではないと思われる場合であっても，量刑相場による拘束力が事実上生じることはあり得るようである．

296-297)[10)11)].

　さて，では裁判官は具体的にどのような枠組みで量刑判断をしているのであろうか．この点については，量刑上考慮される要素を犯情と一般情状とに区別したうえで説明されることが一般的である．前者は犯罪行為自体に関わる要素であり，例えば，「犯行の手段方法，結果の程度態様，共犯関係など，犯罪事実自体のほか，これと密接に関連する事項として，犯行の誘因，直接的な動機，犯行準備の状況，被害者側の行為ないし事情，被告人の事後の行動ないし心情，犯罪の社会的影響など」が含まれるとされている（松尾 1999: 132）．他方で，一般情状とは，犯情以外の要素であり，具体的には，「被告人の年齢，前科前歴ないし生活史，健康状態，家庭環境，生活状況」や，「被害弁償，謝罪の努力，示談の成否ないし被害感情の強弱，社会事情の推移，関連法規の変動など」が含まれるとされている（松尾 1999: 132）．このように量刑上の考慮要素を区別したうえで，裁判官は，まず犯情により刑の大枠を定めたうえで，その枠内において一般情状を考慮して最終的な宣告刑を決めるとされている（川出・金 2012: 139-140; 司法研修所 2012: 6）．このような二段階の判断を経ることにより，犯情の観点から同程度に評価された者に対してはある程度同じ水準の刑罰を与えるということが達成されることとなり，公平の原則にかなうとされるのである（鹿野 2010: 562-563; 司法研修所 2012: 7 n2; 松本 1982: 147-148; 2002: 36; 2003: 930）．

　しかし，ここで注意しておきたいのは，犯情によって量刑の大枠を定めるとしても，犯情に関わるおよそ全ての事情が同一であるような事件はないであろうということである．そうであるにもかかわらず，犯情が同一であると評価される事案の集合が観念されるためには，同種の事案の範囲を確定するために考慮する要素の範囲が限定されており，かつ，その要素内部における評価の方法も一定程度類型化されている必要があるだろう．例えば，殺人事件を取り出して分類するに際しては，同種事案の範囲を確定するために考慮される要素が，凶器の有無や計画性等いくつかの事情に限定されている必要がある．そして，例えば計画性という要素について評価する際にも，それ自体は事案によって千差万別であるが，同

---

10) 1995 年に行われた調査でも，実務家の多くが量刑判断における量刑相場の重要性を意識していることが指摘されている（伊東・小島 1996: 72）．

11) もっとも，裁判官の判断においても，一定の分散が残されているという点についても注意すべきであると指摘するものとして，原田（2008: 84-85）を参照されたい．

種事案を確定するためには，計画性が認められるか，それとも認められないか，認められるとしてそれはどの程度か，というより大まかな分類指針に基づいて検討されることとなると考えられる．そして，このような同一事案の確定作業が裁判官の間で共通の枠組みにより行われるためには，考慮すべき要素や，その要素の考慮の仕方がある程度類型的評価に馴染むものである必要があるだろう．この意味で，裁判官から，量刑の大枠を確定するために考慮される事情は，類型化可能な客観的側面を中心とした事情であることが指摘されている点（岡田雄一 2002: 484; 遠藤 2011: 69）は注目に値する[12]．

このように，量刑判断を行う際に参照される一定の判断枠組みが確立しているのであれば，基本的にはその枠組みに組み込まれている情報が選択的に抽出され，それに基づいて量刑判断がなされていると考えることができるかもしれない．しかし，注意しておく必要があるのは，このような量刑相場が必ずしも機能していないと裁判官自身も感じている局面があるということである．その1つとして挙げられているのが，実刑か執行猶予かに迷うような場面である（岡田雄一 2002: 484; 遠藤 2011: 79; 原田 2008: 45）．このような場合には，「類型化しやすい事情を基礎に形成されている量刑相場の発言力は弱いものになる」（遠藤 2011: 79）とされる[13]．そうであるとすると，量刑相場が機能している限りにおいては，被害者が刑事裁判に参加したとしても，その判断枠組みに組み込まれていない情報は考慮の対象になりにくいといえるかもしれないが，この量刑相場の機能が限定的であるような場面においては，被害者の刑事裁判への参加が量刑判断に影響を及ぼす可能性が高まることが考えられよう．

---

12) このように量刑の大枠を確定する事情が，類型化可能な客観的側面を中心とした事情であるという点から考えると，現実の量刑判断において大枠を決めているものは，必ずしも犯情に限らない可能性もある（例えば，遠藤（2011: 69）や司法研修所（2012: 6 n1）を参照）．この点は，量刑の本質論とも関係する問題であるとされるが（司法研修所 2012: 6 n1），本書では，この論点について立ち入って検討することはしない．

13) 元裁判官である原田（2008: 46）も，「執行猶予か実刑かで悩むことは，実務ではかなりあり，筆者も法廷のノブを握るまでいずれか迷ったこともある」と述懐している．
　　また，古い研究ではあるが，執行猶予判断の基準については，量刑の数量化を試みる研究を通しても十分な識別力を有する基準がみつかっていないと評価されている（松宮ほか 1971: 33; 1973: 100）．さらに，自動車事故事件について実刑率に地域差が存在し（松宮ほか 1972: 109-112; 1973），その原因が裁判官の個人差に由来していることを指摘するものもあった（永井 1969: 11; 26-35; 松宮ほか 1972: 109-112）．さらに，検察官の立場から，裁判官による量刑判断の個人差を指摘するものとして，平田（1962: 212-213）を参照されたい．

7-1-2. 量刑ガイドライン

　被害者の刑事裁判への参加が量刑判断に及ぼす影響について，主として裁判官の量刑判断を念頭に置いて，それがVIS等によって影響を受けるかどうかについて，英米法圏の実証研究を紹介してきた．そこにおいては，裁判官が有する一定の判断枠組みが，そのような影響を抑えている可能性が指摘されていたが（5-1-1），なかでも，イングランドおよびウェールズにおける調査研究において，量刑の相場やガイドラインがあるために，Victim Statement や Family Impact Statement が量刑判断に影響を与えることはないとの実務家からの意見があったことが報告されていることが（3-2-1-3-4；3-2-2）ここでは注目に値する．このような知見は，筆者が2010年2月にアメリカ，カリフォルニア州で2名の裁判官に対して行ったインタビュー調査においても確認されている[14]．それによれば，両名とも，VISが量刑判断に及ぼす影響はあまり大きくないと指摘し，その理由について説明する過程で，法律の定めによって裁判官が量刑判断に際して有している裁量が小さいことを指摘していた[15][16]．そこで，以下では，アメリカにおける量刑ガイドラインについて紹介することとする．

　アメリカでは，19世紀後半から1970年代までは，いわゆるリハビリテーション思想あるいは医療モデル（medical model）が，刑事司法において重視されていたとされる（例えば，岩田太（2009: 76），榎本（1985: 213-216），藤本（2010a: 50; 2010b: 88）を参照）[17]．その背景には，「19世紀における自然科学・社会科学の目覚ましい発達」と，「それへの素朴な信頼」があったとされる（松原 2005: 76）．そのよ

---

[14] 2010年2月16日にロサンゼルスのAirport CourthouseにおいてMark E. Windham裁判官へのインタビュー調査と，2010年2月19日にロサンゼルスのCriminal Justice Centerにおいて行われたAnne H. Egerton裁判官へのインタビュー調査である．

[15] 裁判官の量刑判断を統制する法制度の1つとして量刑ガイドラインがある．連邦量刑ガイドラインについてはすぐ後で触れるが，カリフォルニア州では，そのようなガイドラインとは異なり，犯罪類型に対応した標準科刑を定め，その加重・減軽事由およびその程度を定めるという方法で，裁判官の量刑判断が統制されている（川出・金（2012: 142）や中村（1990）を参照）．例えば，カリフォルニア州のPenal Code §1170 (b) によれば，一定の重罪事件に対して，刑期の上限（upper term）と下限（lower term），およびその中央値（middle term）が設定されており，特に加重事由や減軽事由がない場合には，中央値を選択することとなっている．なお，California Rules of Court §4.420も参照されたい．

[16] もっとも，量刑ガイドラインによって指定された範囲のなかにおいて，VISが裁判官の刑期判断に影響を及ぼしていることを指摘する研究（Rachlinski et al. 2013）があることには留意しておく必要があるだろう．

[17] このような観点から，不定期刑や，仮釈放，保護観察といった制度が整備されていくのであるが，その経緯についてはFriedman（1993: 159-163）を参照されたい．

うな状況においては，各被告人に応じた刑の個別化が重視され，それゆえ，量刑判断における裁判官に広範な裁量が与えられることとなった（例えば，チャネンソン（2011: 36-37），松原（2005: 75），Krauss（2010: 371-372），Scott（2010: 6）を参照）．

しかし，裁判官に広範な裁量を与えることは，類似事件における被告人に対して異なった量刑が下されることにつながり，量刑較差として問題視されるようになった（松原 2005: 75; Krauss 2010: 372; Scott 2010: 6）[18]．とりわけ，1970年代頃になると，裁判官に対して広範な裁量を与えることを正当化していた思想的基盤であるところの医療モデルを維持することが困難になったため，量刑較差の問題が特に厳しく批判されるようになった．医療モデルを維持することが困難となった背景には，医療モデルに基づく刑事司法システムが，実際のところ犯罪者の社会復帰につながっていないとの認識が，社会復帰プログラムに関する実証研究の結果を契機として広まったことが挙げられる（川出・金 2012: 158; 藤本 2010a: 50; 2010b: 88-89）．医療モデルのもとでは是認され得た量刑較差も，その思想的基盤が批判を受けることにより，その問題点が浮き彫りになったのである（榎本 1985: 216-217; 城下 1995: 20; 松原 2005: 77）．

このような問題状況から，連邦レベルでは，1984年に量刑法をめぐる大改革が行われた．すなわち，1984年に包括的犯罪規制法（Comprehensive Crime Control Act）が成立し，その一部として量刑改革法（Sentencing Reform Act）が制定された．量刑改革法に基づき，1985年10月に連邦量刑委員会（United States Sentencing Commission）が設置され，7名の委員が任命された．1987年4月に，同委員会より連邦量刑ガイドライン（Federal Sentencing Guidelines）が議会に提出され，1987年11月1日より施行された[19]．なお，連邦レベルで導入される以前にも，ミネソタ州やペンシルバニア州，ワシントン州等，いくつかの州で量刑ガイドラインが導入されていた．

連邦量刑ガイドラインの内容については，連邦量刑委員会のホームページよりマニュアルを入手することができるうえに[20]，日本でも紹介されているところで

---

[18] 量刑較差の源泉としては，このほかに仮釈放委員会の裁量が問題点として指摘されていた．詳しくは，松原（2005: 75-76）を参照されたい．

[19] 連邦量刑ガイドラインに対しては，連邦議会が委員会に権限を委譲し過ぎているのではないかという点と，三権分立の原則に違反してはいないかという点から，その合憲性について争いが生じたが，連邦最高裁判所は，*Mistretta v. United States*, 488 U.S. 361（1989）において合憲の判断を下している．

あるので（例えば，宇川（2011），遠藤（2011: 139-143），川出・金（2012: 142），松原（2005）を参照），ここで詳しく紹介することはしない．大要を述べると，連邦量刑ガイドラインでは，犯罪行為の等級（43段階）を縦軸とし，犯罪経歴の等級（6段階）を横軸とするマトリックスによって宣告すべき刑が指定されることとなる．ここで，縦軸と横軸の等級が決まった場合に，マトリックス中の対応する場所ごとに宣告すべき刑の範囲が指定されている．そして，この刑の範囲は狭く設定されている（松原 2005: 74）．ここで，マトリックスによって指定された刑の幅の外で刑を宣告することを離脱（departure）といい[21]，一定の場合にこれが認められている[22]．このように，一定の離脱は認められているが，連邦量刑ガイドラインは，裁判官における量刑判断を統制し，裁判官の間での量刑較差を抑制するために導入されたものである（Scott 2010: 3; 8）[23]．

しかし，この連邦量刑ガイドラインの性質は大きく変容した．すなわち，2005年に連邦最高裁判所は，裁判官の量刑判断に対して拘束力を有する連邦量刑ガイドラインが，合衆国憲法第6修正に違反するとし，連邦量刑ガイドラインの法的拘束力を否定し，あくまで勧告的な効力しか有さず，量刑の際の指針にとどまるとしたのである（*United States v. Booker*, 543 U.S. 220（2005））[24]．裁判官の裁量を統制するために導入された連邦量刑ガイドラインであったが，これが単に勧告的効力を有するにとどまるものとされたことから，再び，裁判官における裁量行使のあり方が個別化していくのではないかとの懸念が示された[25]．それでは，*Booker*判決以後，連邦裁判官の量刑判断はどのように変化したのであろうか．この

---

20) URLは，http://www.ussc.gov/ である（2015年10月31日アクセス）．
21) 土屋（2009: 87）や松原（2005: 74）は「逸脱」と訳しているが，ここでは宇川（2011: 365）の「離脱」という訳語を用いることとする．
22) 例えば，第三者の捜査または訴追に対する実質的な協力や，連邦量刑ガイドライン作成時に考慮に入れられていない，あるいは当該事件に照らして十分には考慮に入れられていない事由があるとき等が，離脱を認める事情として挙げられている（United States Sentencing Commission, Guidelines Manual, §5K（Nov. 2015）を参照）．
23) なお，28 U.S.C.§991(b)(1)(B) も参照されたい．
24) *Booker*判決に至るまでの連邦最高裁判所の判例の動向については，田中利彦（2006: 72-73）を参照されたい．
25) 例えば，Stevens裁判官は，Breyer裁判官が執筆した法廷意見に対して一部反対意見を書いているが，そのなかで，連邦量刑ガイドラインの拘束力をなくしたことで，量刑判断の統一という議会の目標は排除されたと述べている（*United States v. Booker* 2005: 300）．さらに，勧告的な連邦量刑ガイドラインの仕組みのもとでは，連邦裁判官は，議会が1984年に排除した裁量を取り戻すことになると述べている（*United States v. Booker* 2005: 297）．Scalia裁判官も，同様の指摘を行っている（*United States v. Booker* 2005: 305）．

点について，Bookerｒ判決後も従来どおり連邦量刑ガイドラインに沿った量刑が行われているとの指摘もあるが（宇川 2011: 379; 川出・金 2012: 142-143; チャネンソン 2011: 43-44），勧告的な連邦量刑ガイドラインのもとで，再び裁判官の間の量刑較差がみられるようになってきたことを示す実証研究（Scott 2010; Yang 2014）も報告されている．本書の文脈において特に重要であるのは，量刑ガイドラインが単なる参考に過ぎないものであるとされたときに，VISが裁判官の量刑判断に及ぼす影響が生じやすくなっているのか否か，とりわけ，VISを量刑判断上考慮する程度が裁判官によって異なっているのか否かという点であるが，これらは今後の検証課題である．

7-1-3. 量刑相場と量刑ガイドライン

　ここでは，職業裁判官の量刑判断の構造について検討するために，日本における量刑相場とアメリカにおける量刑ガイドラインを取り上げて検討した．まず指摘できるのは，量刑相場も量刑ガイドラインも，その成立した経緯等には違いがあるものの，機能面で共通した部分が存在するということである[26]．すなわち，いずれにおいても，量刑判断を行うにあたって考慮すべき事由が特定されており，それによって，裁判官は，その限定された事由に基づいて量刑判断を行うようになるということである．そして，そのように裁判官の量刑判断の過程を構造化することで，裁判官による量刑判断の裁量を統制し，裁判官の間の量刑較差を低減するという目的を達成しようとするのである．

　このような構造を備えたものとして職業裁判官の量刑判断を念頭に置いた場合，被害者の刑事裁判への参加が量刑判断に及ぼす影響について，どのようなことがいえるであろうか．考えられることは，量刑相場や量刑ガイドラインにおいて重視すべき要因として組み込まれていない要因は，量刑判断に影響を及ぼす可能性が少ないであろうということである．そのような観点からすると，量刑相場や量刑ガイドラインにおいて重視すべき要因とされている事由に関する情報を，被害者の刑事裁判への参加がもたらさない限りは，被害者の刑事裁判への参加が量刑判断に影響を及ぼす可能性は少ないと予測される．

---

[26]　松本（1982: 154 n5）は，量刑ガイドラインを，内容的に日本の量刑相場に近い量刑基準を作成するものであると指摘している．

しかしながら，このような量刑相場や量刑ガイドラインによって裁判官の量刑判断に関する裁量は統制されているが，他方で，少なくとも日本における場合，量刑相場は，実刑と執行猶予との選択が問題となる場面においては十分に機能しないことが報告されていることに注意しておく必要がある．そうであるとすると，このような二者択一的な判断が迫られる場面では，刑期の判断以上に被害者の刑事裁判への参加が量刑判断に影響を及ぼす可能性が高くなると考えることもできるかもしれない[27]．この点で，VIS等が裁判官の刑期判断には影響を及ぼしていることは十分に示されていないが，保護観察とするか拘禁刑とするかの判断には影響を及ぼしていることが否定されていなかったことは（5-1-1），注目に値する．

7-2. 具体的な数値としての量刑判断

量刑判断においては，「なるべく重く処罰すべきである」といった判断や，「今回は，類似事件よりも軽めの処罰にすべきである」といったような判断では足りず，具体的に特定された判断を示す必要がある．それは，死刑や無期懲役といったものであるかもしれず，懲役5年や罰金10万円といったようなものであるかもしれない．このように具体的な数値としての量刑をどのように特定するのかという点については，これまでの考察では十分に明らかにできていない[28]．

もっとも，裁判官の量刑判断については，量刑相場によってある程度まで量刑判断の幅を絞り込むことができていることが指摘されている（7-1-1）．加えて，量刑判断に際しては，その絞り込まれた範囲に含まれる全ての可能性から適当な

---

27) 意見陳述制度に関して同様の指摘を行うものとして，斉藤豊治（2000b: 96）を参照されたい．また，意見陳述制度導入以前における検察官による被害者や遺族の証人尋問申請について，「実刑か執行猶予かが微妙な事案や死刑・無期懲役など量刑が重い事案では」申請がなされてきたが，「量刑が実刑確実又は執行猶予確実の事案では，被害者や遺族の供述調書が弁護人から同意されれば，あえて被害者や遺族の証人尋問は請求しないのが通例であった」との指摘がある（岩田研二郎 2002: 107-108）．このことは，被害者関連の情報は，実刑か執行猶予かの二者択一的判断が問題となる場面でこそ裁判官にとって重要であるという検察官の認識を反映しているのかもしれない．

28) ルール違反者に対して制裁を科すか否かを決める場合と，そのルール違反者に対してどの程度の制裁を科すべきかを決める場合とでは，脳のうち活性化している領域が異なることが，Buckholtz et al.（2008）によって指摘されている．前者の判断に際しては右脳の背外側前頭前野（dorsolateral prefrontal cortex）が活性化するが，後者の判断に際しては扁桃体（amygdala）等のより情動的な反応を司る部分が活性化しているのである．したがって，そもそも刑罰の量をどの程度にするかは，熟慮の結果として導き出せるようなものではなく，直感的に導くことしかできないものなのかもしれない．この点を，Buckholtz et al.（2008）の研究等を参照しつつ検討したものとして，Krauss（2010）がある．

判断が選択されるわけではなく，その範囲内の限られた可能性のみが現実的な選択肢となる．例えば，量刑の大枠として懲役3年から5年が適当であると考えたとき，理論的にはその範囲に含まれる全ての刑期が考慮の対象となり得るが，実際には，そのうちの特定の刑期のみが現実的な選択肢となるにとどまり，それ以外の可能性（例えば，3年と1日や，4年と200日等）は考慮の対象とされることはないであろう．したがって，量刑相場によってある程度の幅が特定できれば，具体的な数値に関する判断は，そこに含まれる特定数の可能性からの選択という側面が強くなることが予想される．

しかし，このような数値判断が問題となる局面では，アンカリング（anchoring）効果が発生することが予想される．これは，ある数値の判断をする前に，何らかの数値が与えられると，実際の判断がその与えられた数値によって影響を受けるような効果を意味する（Tversky & Kahneman 1974: 1128）．量刑場面においてアンカリング効果を発生させるものとして考えられるのは，検察官による求刑意見であろう．裁判官自身によっても，検察官の求刑意見は具体的量刑判断に対して「相当の影響を与えている」（遠藤 2011: 71）とされている（松本（1982: 150-151; 2003: 931）も参照）．実際に，検察官の求刑意見と量刑判断との間には，非常に強い相関関係が認められる（前田 1970b）．もっとも，このような高い相関関係から，検察官の求刑意見が裁判官の量刑判断に対してアンカリング効果をもたらしていると直ちに解釈することはできない[29]．しかしながら，日本ではないが，ドイツにおいて裁判官や検察官といった実務家を対象に行われた実験研究の結果は興味深いものがある．それによれば，法律の専門家であっても，量刑判断に際してアンカリング効果から逃れられない可能性が示されているのである（Englich et al. 2006）[30]．

次に，市民による量刑判断について検討してみよう．ここで，裁判員として実際に量刑判断に関与するというような場面ではなく，実際の刑事裁判と関わらない場面における市民の量刑判断は，実際に被告人に対して科されている刑罰よりも重いものであるということは，いくつかの研究によって指摘されてきたところ

---

29) 検察官の求刑意見と裁判官の量刑判断との相関についてどのように解釈すべきか，という点については，遠藤（2011）や岡田雄一（2002），中（1962），松本（1982; 2006）を参照されたい．
30) 古い研究ではあるが，司法修習生を対象に，求刑が量刑判断にもたらす影響を検証した実験として，植松（1965）がある．

である[31].また,一般の人々は,裁判所の下す刑罰は軽過ぎると感じているようである(司法研修所 2007: 10; 松村 2015a: 18-19; Doob & Roberts 1988: 111-112).しかし,これらのことは,市民が裁判員として具体的な数値としての量刑判断を行う際に,これまでの裁判所の量刑判断の傾向に影響を受けることと矛盾するものではない.板山(2014: 143-154)は,大学生に,殺人事件のシナリオと,その事件に対する裁判員裁判の判決結果とを提示して,いくつかの側面について評定してもらっている[32].判決の内容が操作されており,検察官の求刑 12 年に対して,懲役 14 年になった条件(判決高群)と,懲役 6 年になった条件(判決低群)とが用意された.判決高群の実験参加者よりも,判決低群の実験参加者の方が,判決に対する納得度が低く,判決に対する公正さの評価も低い傾向にあった.そこで,それでは妥当であると思う刑罰はどのくらいであるかを具体的に尋ねたところ,いずれの群においても提示された量刑よりも重い刑が妥当であると答えるものの,その値は,判決高群よりも判決低群において低かった.このように,一般市民が量刑を具体的な数値として判断する場合には,それに対して十分に納得していなくても,何らかの知識として知っている現実の量刑判断や,あるいは,実験状況において提示された量刑に関する指標を参考としており,それによって影響を受けていることが示されているのである.

　実際に市民が裁判員として量刑判断に関わる場合には,その判断のアンカーとなる数値はいろいろと考えられるであろう.検察官による求刑意見もそうであるし,裁判員裁判においては弁護人が量刑意見を具体的に述べることも行われているので,それもアンカーとなり得るであろう.さらに,裁判員は,過去の量刑傾向に関する資料を参照することがある(伊藤・前田 2010; 司法研修所 2012: 25-28).これは,主として量刑分布グラフのかたちで提示されることになると考えられるが,これも裁判員が量刑判断を行うに際してアンカーとして作用することが考えられるであろう[33].このように,最終的に特定される具体的数値を伴う量刑判断

---

31) 例えば,伊田・谷田部(2005),Blumstein & Cohen(1980),Warr et al.(1982),Zimmerman et al.(1988)を参照されたい.もっとも,市民に量刑判断をしてもらう際に,より豊富な情報を与えることで,彼らの判断がより寛容なものになることも知られている(Doob & Roberts 1988: 127-131).また,刑罰を執行するために必要な財政コストを伝えることで,彼らの判断はより寛容なものとなることも指摘されている(Thomson & Ragona 1987).
32) この実験においては,どのような評議がなされたかに関する情報が,判決の評価に与える影響についても研究されているが,この点については省略する.

について考察するためには，アンカリング効果による影響も視野に入れて検討することが必要であろう．

---

33) もっとも，量刑分布グラフでは1つの数字が提示されるわけではない．量刑分布グラフの影響は，グラフにおいてピークが見えやすいことと関係している（綿村ほか 2014）．

第8章　知見の総括とその含意

8-1. 理論的検討の総括

　第6章および第7章において量刑判断に関する心理的過程について検討を加えた．ここでは，それらの知見を踏まえて，量刑判断過程に被害者の刑事裁判への参加がどのように位置づけられ得るかについてまとめておきたい．もちろん，量刑判断がなされる心理的過程は複雑であるため，ここでの整理は大まかな枠組みを示すものにとどまる．しかし，被害者の刑事裁判への参加が量刑判断に影響を及ぼしているときに，それをどのように規範的に評価すべきかを検討するためには，その影響の心理的過程についてある程度の見通しを立てておくことは有益であるだろう[1]．そのような観点から，さしあたり，以下の5つの過程を確認しておくこととする．

　第1の過程は，犯罪の重大さや被害の大きさといった犯罪に関する評価を媒介するものである．公正の心理学や責任帰属研究によれば，被害の大きさは量刑判断に影響を及ぼす要因であるとされていた（6-1; 6-2-1）．もし被害者の刑事裁判への参加によって，犯罪や被害程度に関する量刑判断者の認知が影響を受けるのであれば，そのような認知を媒介して被害者の刑事裁判への参加が量刑判断に影響を及ぼすという流れを考えることができるであろう．

　第2に，被害者の刑事裁判への参加は，被告人に関わる一定の評価を媒介して量刑判断に影響を及ぼし得るかもしれない．もっとも，被告人に関わる評価の内容は，さらにいくつかの要素に区別され得る．例えば，被告人が当該行為をする

---

[1] このような問題関心から，本書において示す心理的過程の分類は，量刑判断の過程がどのような心理的過程を経て行われているのかを厳密に検証する心理学的関心に応えるものではないことに注意されたい．

にあたって，どの程度意図的であったか，あるいは，犯行の原因に対して被告人がどの程度の統制可能性を有していたか，といった点についての評価が，被害者参加によって影響を受けるかもしれない．犯罪の原因が被告人にとって統制可能であると評価されるほど被告人の責任非難が高まることは，Weinerの帰属アプローチによって指摘されていた (6-2-2)．また，応報的公正においても，犯罪の重大性評価に際して意図性が考慮されていることが指摘されていた (6-1-2)．あるいは，被害者の刑事裁判への参加は，被告人に対する印象を一般的に悪くし，そのことが量刑判断に影響することも考えられるかもしれない．被告人の道徳的特性といった人格的特徴が，怒りの感情等を媒介して量刑判断に影響を与えることは，例えば，Nadler (2012) によって指摘されていた (6-3-1)．ここで，行為者がどの程度意図的に犯罪を行ったかという事情が量刑判断に際して考慮されることと，被告人の道徳性といった人となりに関する事情が量刑判断に際して考慮されることとは，異なった規範的評価につながることが考えられるが，人々の判断過程においてはこれらの評価が必ずしも明確に分離しているわけではないことに注意しておく必要がある[2]．

第3に，被害者の刑事裁判への参加は，被害者（遺族も含む）に関わる一定の評価を媒介して量刑判断に影響を及ぼし得るかもしれない．被害者が刑事裁判に参加することで被害者に対する好意的な評価が形成され，被害者に対する同情が喚起されれば，そのことがより厳しい量刑判断につながることも考えられるであろう (6-3-1)．あるいは，犯罪原因が被害者にとって統制可能なものではないという認識も，被害者への同情を高めるであろう (6-2-2)．

第4に，感情を媒介した影響を考えることができるであろう．被害者の参加によって一定の感情が喚起され，そのことが量刑判断に影響を及ぼすことが考えられる．すでに指摘したことと重なるが，怒りの感情が被告人への厳しい量刑判断につながり，また被害者への同情も被告人への厳しい量刑判断につながる可能性がある (6-3)．もっとも，この心理的過程は，ほかの過程と完全に独立しているものではない．情動感染のように，ほかの過程と独立して感情が喚起することも考えられるが，被害の大きさに関する認知や，被告人や被害者に対する評価が，

---

[2] 行為を理解する際に属人的な事情が有する影響について，量刑判断場面を念頭に置いて心理学的知見をまとめたものとして，唐沢穰 (2014: 52-53) を参照されたい．

怒りや同情といった感情を喚起し，それが量刑判断に影響を及ぼすことも考えられる（6-3-1）．

ここで，感情の影響は，単にそれが量刑判断に結びつくというだけでなく，それ以外の意味で量刑判断過程上重要な役割を果たしているかもしれない（6-3-1）．すなわち，喚起された感情は，一定の情報処理のあり方を促進するかもしれないし，裁判の場で提示された情報の解釈の仕方に影響を与えるかもしれない（Feigenson & Park（2006）を参照）．また，認知的要素も含むが，共感も，被害者の視点からの情報処理を促進するといった影響を量刑判断者に及ぼすかもしれない．これらは，裁判場面での情報処理に一定のバイアスを与え，それが，さらに被害の大きさや，被告人や被害者に対する評価に影響を与え，それらの評価の変化がさらに量刑判断に影響を及ぼす可能性を示すものである．

第5に，被害者の刑事裁判への参加は，被告人の再犯可能性に関する評価を媒介して量刑判断に影響を及ぼすかもしれない．例えば，Weinerの帰属アプローチでは，統制可能性だけでなく，原因の安定性に関する認知も量刑判断に影響を及ぼしていることが指摘されていた（6-2-2）．これは，被告人に関する評価という意味では第2のメカニズムと重なるが，Weinerの帰属アプローチにおいて示されていたところによれば，このような考慮は感情を媒介していないという意味で，ほかの過程と区別されるかもしれない．もっとも，被告人の再犯可能性に関する評価が，本当に感情的な側面を伴わないものであるのかは，さらなる検証の必要があり，ここでの区別はさしあたりのものである．

以上の考察を踏まえると，被害者の刑事裁判への参加が量刑判断に及ぼす影響について，考えられる心理的過程は，図8-1のようにまとめることができるであろう[3]．もちろん，これは，被害者の刑事裁判への参加が量刑判断に及ぼす影響の心理的過程の全てを網羅したものではない[4]．そうではあるが，被害者の刑事裁判への参加と量刑判断との関係について考察を進めていくための大まかな指針にはなるのではないかと考える．

しかしながら，第7章において指摘したように，実際の裁判場面における量刑

---

[3] ここで示した心理的過程の諸側面と進化心理学との関係については，6-5-3を参照されたい．
[4] 被害者の刑事裁判への参加が量刑判断に影響を及ぼし得る心理的過程が，より複雑なものである可能性については，第3部における実証研究の結果を踏まえたうえで指摘する（13-2）．

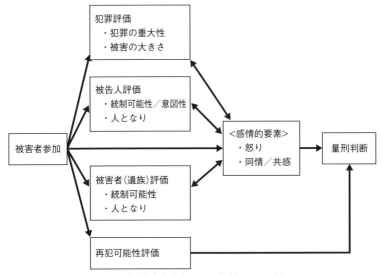

図 8-1. 被害者参加と量刑判断との関係

判断について考えるためには，さらに以下の2点についても考慮する必要がある．第1に，職業的に訓練された裁判官の量刑判断構造を，そうではない市民の量刑判断構造と同一視することは難しいかもしれない．裁判官の場合は，類型化可能な客観的事情に基づいて量刑の大枠を定める量刑相場を内面化し，それに基づいて量刑判断を行っていることが考えられるので，そのような量刑相場に組み込まれていない事情によって量刑判断が大きく影響を受けることは考えにくいかもしれない．また，量刑相場に組み込まれている事情についても，それを量刑判断においてどの程度の重みをもって考慮すべきかについて，ある程度統制された枠組みがあると考えられる．さらに，職業的に裁判場面を繰り返し経験していることから，感情的な要素による影響も，市民が受けるそれと比べて大きくないかもしれない．他方で，7-1-1 でも指摘したように，量刑相場が機能しにくい場面，とりわけ実刑か執行猶予かの選択が微妙であるような場面においては，被害者の刑事裁判への参加が量刑判断に影響を及ぼし得る可能性は残されているかもしれない．

第2に，具体的な数値として特定された量刑判断を行うためには，さらにアンカリング効果等も考慮に入れて検討する必要がある．したがって，裁判場面にお

いてアンカーとして機能し得ると考えられるような指標も視野に入れたうえで，被害者の刑事裁判への参加が量刑判断に及ぼす影響を検証することが求められるであろう．アンカーとなり得る情報としては，検察官の求刑や，過去の同種事案の量刑傾向，あるいは被害者の示す適当な刑罰に関する意見が考えられよう．

　このように，留意すべき点も残されているが，図8-1のような見取り図を描くことで，意見陳述制度や被害者参加制度と量刑判断との関連を考えるための一定の指針を得ることができる．ここでは，大きく2点指摘しておく．第1に，まず検討されなければならないのは，このような量刑判断の心理的過程の始点に「被害者参加」を置いているが，これが意見陳述制度や被害者参加制度の有無という事情と同視できるかどうかという問題を考える必要がある．これらの制度が導入される以前，あるいはこれらの制度が利用されないような場合であっても，被害者は一定程度裁判に関わるし，被害者に関する情報も一定程度法廷において示されるのであれば，何らかの被害者関連要素がこの過程の始点にあることを示すだけでは，意見陳述制度や被害者参加制度が量刑判断に影響を及ぼしていることを示すことにはならないだろう[5]．どのような分析結果を示せば，この過程の始点にある「被害者参加」を，意見陳述制度や被害者参加制度の有無と評価できるかについては，9-1で検討する．

　第2に，被害者の刑事裁判への関与が量刑判断に影響を及ぼしているとき，その規範的評価が問題となるが，図8-1を参照すれば，検討すべき問題は大きく3点に分けて捉えられることが分かる．まず，被害者参加に関する一定の側面が，犯罪や被告人，被害者に関わる評価に影響を及ぼすことが想定されているが，被害者参加に関する一定の側面がそれらの評価に影響を及ぼすことの適否を考える必要があるだろう[6]．次に，被害者参加によって一定の影響を受けた何らかの評価が，量刑判断に影響を及ぼすことの適否について考える必要があるだろう．最

---

[5]　後述するように（9-3），死刑事件の文脈でなされていた英米法圏の先行研究は，必ずしも制度の影響について考察することを主眼に置いていたわけではないことに注意する必要がある．模擬裁判研究の実験操作については，なるべく本文中で紹介しているが（第4章），そこで問題とされている独立変数は，何らかの制度の有無に限られているわけではなかった．

[6]　なお，犯罪や被告人，被害者に関わるそれぞれの評価が，相互に関連することもあり得るが，図8-1においては，さしあたりこの点は捨象している．例えば，応報的公正研究において示されていたように，被告人の意図性に関する評価は，被害の大きさに関する評価とともに，犯罪の重大性評価を規定すると考えられる（6-1-2）．また，被害者に関する評価と犯罪に関する評価との関連についても，すぐ後で検討する（8-2）．

後に，一定の感情を媒介して，被害者参加が量刑判断に影響を与えているとするならば，そのような感情がどのような問題を裁判場面で生じさせているのかについて具体的に検討する必要がある．一定の感情の喚起があることは，量刑判断を行う場面においては不可避的な事柄であるかもしれず，感情の喚起という事実だけをもって量刑判断が不合理になると考えることは適当ではない（4-5）．他方で，ある感情が被害者参加によってより強く喚起されたことで，一定の情報処理上のバイアス等が生じるかもしれず，このことが裁判という場面において有する規範的意義が個別具体的に議論されるべきであろう（6-3-1）．

8-2. 先行研究の知見の再検討

以上の考察により，量刑判断に関する心理的過程，およびそこでの被害者参加の位置づけについて，一定の理論的な視座を得ることができたと考える．そこで，このような視座を踏まえて，第1部で示した先行研究の知見を整理することとする．

まず，被害者参加が犯罪に関する評価を媒介して量刑判断に影響を及ぼす可能性については，どのように評価できるであろうか．このような可能性は，先行研究によってある程度示されていると評価できると考える．まず，被害者影響証拠（Victim Impact Evidence: VIE）が犯罪の重大性評価に影響を与えているという知見は，研究数は多くはないが，模擬裁判研究でも死刑陪審プロジェクト（Capital Jury Project: CJP）のデータに依拠した研究でも，それなりに一貫して示されているようである（4-4-4）．そして，限られた知見であるが，Myers et al. (2002) の模擬裁判研究は，VIE において示された被害の重大性が量刑判断に影響を及ぼしていることを示していた[7]．ここで，規範的な議論との関係で注意する必要があるのは，被害者参加のどのような側面が犯罪に関する評価に影響を及ぼしているかである．先行研究によれば，被害者の人となりに関する情報や評価と，犯罪の悪質性に関する評価が関連している可能性が，模擬裁判研究と CJP のデータに依拠した研究のいずれにおいても示されていたことに注意すべきであろう（Eisenberg et al. 2003; Greene et al. 1998)[8]．また，VIE と遺族の影響や喪失感との

---

7) 書面提示による実験に限定されるが，被害者が死亡していない事案において，このことを示す模擬裁判研究もいくつかあった（4-3-2-1）．

関連が示されていることにも注意が必要である．この点は，模擬裁判研究でもCJPに依拠した研究でも示されていると考えることができるが（4-4-4），このような遺族の影響等に関する評価は，被害の大きさに関する評価の一部として捉えることもできるであろう．ただし，VIEやそこで示された遺族の影響の程度が，そのような事情を量刑判断に際して考慮しようとする意欲を高めることは示されているものの，そのような考慮の高まりと量刑判断との関連は十分に示されていないことには注意を要する（4-3-5；4-4-4）．いずれにしても，断片的な知見の組み合わせであることは否定できないが，被害者参加が犯罪に関する評価を媒介して量刑判断に影響を及ぼしていることは，先行研究によればあり得ることであると考えられる[9]．

次に，被害者参加が被告人に関する評価を媒介して量刑判断に影響を及ぼす可能性であるが，模擬裁判研究では，このような可能性は明確に示されているわけではない（4-3-3-2）．これは，それらの実験で用いられた事案の性質から，被告人に関する評価が否定的な方向に偏りがちであったためであるかもしれない．ただし，一部の研究では，被告人の評価に被害者参加が影響を及ぼし得ることが示されている点には注意しておく必要があるだろう．ここで，被害者参加が被告人に関する評価に影響を及ぼしているとするならば，被告人のどのような側面に関する評価への影響であるのかという点についても注意して検討することが，その規範的意義を検討するうえでも重要であるだろう[10]．また，被害者参加が減軽事

---

8) この点で，Goodwin & Benforado（2015）やGoodwin & Landy（2014）が，被害者の死亡の重大性評価が，その被害者の属性によって異なり得ることを示していることが注目される．また，実際の事件記録を用いて，被害者の属性が量刑判断に影響を及ぼしている可能性を示すものとして，Glaeser & Sacerdote（2003）を参照されたい．
　もっとも，被害者の属性によって量刑判断が影響を受ける可能性について，量刑判断者自身は気づいていないかもしれないし，あるいは，そのような影響を意図的に否定しようとするかもしれない．例えば，サウス・カロライナ州におけるCJPのデータを分析したGarvey（1998: 1556-1558）は，被害者が子どもであるという事情を除いて，被害者の属性が死刑判断に影響する要素であると述べた陪審員はほとんどいなかったことを報告しているが，他方で，このような明示的な回答と実際の行動とは異なる可能性があることにも注意を向けている．
9) VIEが被害の大きさに関する評価を媒介して，量刑判断に影響を与えるという過程を想定していたものとしてLuginbuhl & Burkhead（1995: 5），Myers & Arbuthnot（1999: 98-99），Myers et al.（2002: 2395）がある．
10) 例えば，被告人が女性である事案に限定されているものの，ForsterLee et al.（2004）は，VIEによって被告人の殺意が強固であるとの評価が高まっていることを示している．行為の意図性に関わる評価であり，この評価が量刑判断と関連すること自体は，規範的に問題とならないかもしれないが，そのような場合でも，行為の意図性に関する評価がVIEによって影響を受けることの適否

第8章　知見の総括とその含意　243

由の考慮のあり方に及ぼす影響についても，十分な研究蓄積があるとはいい難い状況にあるが (4-3-4)，注意してみておく必要があるだろう．すなわち，被害者の人となり情報が，被告人の生育環境の悪さという事情を考慮する程度に影響を与えているという知見は (Greene *et al.* 1998)，あるいは，被害者の人となり情報が，微妙に被告人の評価に影響を与えていることを示すものであるかもしれないのである．このように，今後さらに研究すべき余地は残されているものの，被害者参加が，被告人に関する評価に影響を与えていることは，現時点では十分に示されていないようである[11]．

他方で，被害者参加が，被害者や遺族に関する評価を媒介して量刑判断に影響を及ぼす可能性であるが，このような可能性は先行研究によってある程度示されていると評価することができるであろう．遺族評価についてはやや不十分な点も残されているが，被害者参加が被害者や遺族に関する評価に影響を及ぼすことは，それなりに一貫して示されている (4-3-3-1; 4-4-4)[12]．もっとも，被害者の人となりが量刑判断に及ぼす影響自体は示されていないが (Myers *et al.* 2004)，その実験の抱える問題に留意するならば (4-3-1-2; 4-3-2-3)，この点については依然として検証の余地が残されているといえるであろう．また，すぐ上で触れたように，被害者の評価は犯罪の重大性評価とも関連している．そうであるとすると，被害者に関する評価は，犯罪に関する評価を媒介して量刑判断に影響を及ぼすとも考えられよう．このような影響の流れを規範的に評価するためには，被害者参加が被害者に関する評価に影響を及ぼすことの適否と，そのような被害者に関する評価が量刑判断に影響を及ぼすこと，あるいは犯罪に関する評価を媒介して量刑判断に影響を及ぼすことの適否について検討する必要があろう[13]．

を検討する必要があるだろう．
11)　殺害された被害者の人となりに関する情報が被告人による犯行の計画性や意図性の評価に及ぼす影響を見出していない模擬裁判研究としては，Horowitz *et al.* (2006) も参照されたい．
12)　もっとも，仲 (2009a; 2009b; 2010) では，遺影の提示や遺族の手紙の朗読が，被害者や遺族に対して気の毒であるとの気持ちに及ぼす影響が見出されていない．しかし，この結果については，そこで用いられた事案の性質について注意して解釈する必要がある (1-2-1)．
13)　被害者に関する評価を媒介した量刑判断への影響は，*Booth* 判決で問題視されていた mini-trial の問題と通じるものがある (Myers & Greene 2004: 498-499)．ここで，本書において紹介されている先行研究は，どちらかといえば被害者の人となりに関する情報を示すことで被害者の評価が高まる方向での影響を重視しているように思われるが，ジョンソン (2012: 137-138) は，裁判員裁判における死刑判断を問題とする文脈において，被害者の評価を低下させ得る情報が法廷に出ないことの問題点を指摘している．もっとも，被害者の肯定的評価が量刑を引き上げるという問題が一

怒り，あるいは同情や共感といった感情的要素が量刑判断に影響していることは，例えば，Paternoster & Deise（2011）によって確認されている．それによれば，VIE は怒りや報復，および被害者や遺族に対する同情や共感を喚起させているが，実際に VIE が量刑判断に及ぼす影響を媒介しているのは，後者の同情的側面であるとされている．松尾加代らによる一連の研究でも，意見陳述が怒り感情を喚起するものの，それが法的判断への影響を媒介するものであることは，十分に示されていなかった（1-2-2）．被害者参加が，被告人の評価に及ぼす影響が十分に確認されていないとの評価とあわせて考えるならば，感情的側面においても，被告人への怒りといった側面以上に，被害者側への同情という側面が，被害者参加と量刑判断との関連においては重要であるかもしれない．ただし，感情自体を十分に扱った研究はそこまで多くなく，また被告人への怒りと被害者側への同情とが関連し得る可能性（6-3-2）を考慮に入れるならば，怒り感情の役割についてもさらに検証する意義は残されているであろう．なお，被害者が法廷で表出する感情が及ぼす影響については，知見が一貫しないところもあるが，少なくとも遺族の表出する感情は量刑判断に影響を及ぼしていることが示されていないことからすると（4-3-2-2），遺族の表出する感情自体が量刑判断者に伝染するという心理的過程が生じているわけではないのかもしれない．

　被害者参加が，被告人の再犯可能性に関する評価を媒介して，量刑判断に影響を及ぼす可能性は，先行研究によって十分に示されているとはいえない．模擬裁判研究によれば，再犯可能性を含む被告人に関する評価に VIE が影響を及ぼしていることは，十分に示されていなかった（4-3-3-2）．もちろん，これは，実験で用いられた事案の性質から，被告人に関する評価が否定的な方向に偏っていたことに起因するのかもしれないが，被害者参加が被告人の再犯可能性に関する評価を媒介して量刑判断に影響を及ぼすという可能性は，現時点ではあまり示されていない状況にあるといえよう．

　以上の考察は，主として法的な専門知識がない市民の量刑判断のあり方を念頭

　　方にあるとしても，他方で，被害者の否定的評価が量刑を引き下げることにも問題があり得る（山
　　岡・風間 2004）．何らかの意味での「中立的」被害者像を観念し，全ての事件における被害者情報
　　をそれに固定するということは，現実的な話ではないだろう．被害者の評価が量刑判断に及ぼす影
　　響のうち，規範的に望ましくない部分がある場合に，それに対してどのような解決策が提示できる
　　かは，今後の課題である．

に置いた考察である．もちろん，被害者参加と量刑判断との関連がどのような心理的過程によって記述できるかは，今後のさらなる研究の蓄積を踏まえて検討される必要がある．しかし，現在までの研究蓄積を踏まえると，以下のように指摘できるように思われる．すなわち，被害者参加が，再犯可能性も含めた被告人に関する評価や被告人に対する怒りの程度に影響を与え，それらを媒介して量刑判断に影響を与えるという過程は，既存の研究によっては十分に支持されていない．むしろ，被害者参加は，被害の大きさや，被害者に関する評価，被害者側への同情といった要因を媒介して量刑判断に影響を与えている可能性の方が強いかもしれない．そうであれば，規範的議論としても，このような影響の可能性を前提としつつ，心理的過程（図8-1）の流れのなかで，どの部分が問題であるかを検討することが，さしあたり要請されると考えられる．

なお，ここで留意すべきことは，このような被害者参加の影響に個人差がある可能性である（白岩ほか 2012; Butler 2008; Wevodau et al. 2014）．少なくとも実証研究のレベルでは，単に被害者参加が量刑判断に及ぼす影響の心理的過程を追究するだけでなく，その個人差にも意を払った分析が求められるであろう．そして，そのことは，被害者参加による量刑判断への影響が，被害者参加によって影響を受ける度合いが異なり得る人々によって構成される集団での評議を経てどのようなものになるのか，という研究課題が重要であることを意味していると考えられる．

他方で，裁判官の量刑判断については，どのようなことがいえるであろうか．裁判官は，一定の枠組みに沿って量刑判断を行っており，感情的な影響を比較的受けにくいと考えられる（7-1）．そうであれば，被害者参加によって，従来から量刑判断において考慮されていた情報が法廷において示されやすくなる確率に変動が生じ，それによって量刑判断が影響を受ける場合はともかく，基本的には被害者参加があってもなくても，従前どおりの枠組みで量刑判断が行われる可能性が高いと考えられる[14]．裁判官が，すでに確立されている一定の枠組みに従って量刑判断を行っているために，被害者の刑事裁判への参加が量刑判断に影響を及ぼさない，という点は，南オーストラリア州やイギリスにおける先行研究におい

---

[14] 9-1 において説明する影響のメカニズムの分類に依拠するならば，直接型の影響はあり得るとしても，交互作用型の影響は考えにくいということになる．

て示されていたし (3-1-2-3-3; 3-2-1-3-4; 3-2-2)，筆者が行ったアメリカでのインタビュー調査においても示された (7-1-2)[15]．日本においても，量刑相場という判断枠組みがあり (7-1-1)，少なくとも遺族の処罰感情を量刑判断において考慮する枠組みは，裁判官内部においてある程度共有されているようである．しかし，このような量刑判断の枠組みが機能しない局面が指摘されており，そのような局面においては被害者参加が量刑判断に影響を及ぼす可能性が高い．したがって，日本においては，実刑や執行猶予の判断が深刻に争われる場面における意見陳述制度や被害者参加制度の影響を検証することが重要であると考えられる (7-1-3)．

---

15) 他方で，繰り返しになるが，量刑ガイドラインを前提としても，VIS が量刑判断に影響を及ぼすことを示した研究として Rachlinski *et al.* (2013) があることに留意する必要がある (2-2-1-5)．

第3部　実証研究

第9章　被害者参加による影響のメカニズム

9-1.「被害者参加が量刑判断に及ぼす影響」の意味

　ここまで，被害者が刑事裁判に参加することで量刑判断がどのような影響を受けるかという点について，先行研究を紹介し，その知見を要約した．また，そのような影響が発生するメカニズムについて視座を得るために，関連する諸研究を概観した．

　しかし，「被害者参加が量刑判断に及ぼす影響」ということの意味は，実は明確ではない．これは，意見陳述制度や被害者参加制度が量刑判断に影響を及ぼしていると指摘するためには，どのような分析結果を示す必要があるのか，という問題である．被害者に関連する要素が量刑判断に影響を及ぼしたことを示したとしても，それによって意見陳述制度や被害者参加制度が量刑判断に影響を及ぼしたことを示したことにはならない．それらの制度導入以前においても，あるいはそれらの制度が利用されていない事件においても，被害者は一定程度刑事裁判に関与するわけであるし，被害者の情報は一定程度裁判所に提出されることになるので，それらの制度導入以前，あるいはそれらの制度が利用されていない事件においても，被害者に関連する要素が量刑判断に影響を及ぼすことは考えられる．第8章では，被害者参加が量刑判断に影響を及ぼす心理的過程として考えられるものを類型化したが（図8-1），その始点に位置づけられている「被害者参加」が，まさに意見陳述制度や被害者参加制度の利用であると評価できるためには，単に被害者に関連する情報等が量刑判断に影響を及ぼしていることを示すだけでは十分ではないのである．

　ここでは，意見陳述制度や被害者参加制度が量刑判断に影響を及ぼしていることを示すために必要な分析結果として3つのパターンが考えられることを指摘す

る[1].すなわち,①直接型の影響,②交互作用型の影響,および③間接型の影響の3つである[2].

第1に,直接型の影響とは,当該制度の利用による情報の付加価値に着目したものである.意見陳述制度や被害者参加制度が利用された事件と,利用されなかった事件とを比較したときに,前者においては量刑判断者の知る確率が高く,後者においては量刑判断者の知る確率の低いような情報があった場合に,その情報が量刑判断に及ぼす影響を,直接型の影響として定義する.したがって,直接型の影響を検証する際には,まずそれらの制度が何らかの意味で情報の付加価値を有しているか否かを検討する必要がある[3].あるいは,このような情報の付加は,制度利用ではなく制度導入自体によって生じているかもしれない.すなわち,意見陳述制度や被害者参加制度の導入を受けて,検察の実務等に変化が生じ,被害者に関連する情報が制度導入以前よりも多く裁判所に提出されるようになったということが考えられるかもしれない.そのようにして付加された情報が量刑判断に及ぼす影響も,直接型の影響として把握される.このように考えると,直接型の影響とは,制度利用による情報付加によって生じるものと,制度導入による情報付加によって生じるものの2種類が考えられる.前者を制度利用による直接型の影響,後者を制度導入による直接型の影響とする.

第2に,交互作用型の影響であるが,これは,意見陳述制度や被害者参加制度が利用された事件とそうでない事件とで,何らかの要素が量刑判断に及ぼす影響のあり方が異なるか否かに着目したものである.例えば,いずれの事件においても,被害者が被告人に対して激しい処罰感情を抱いていることは明らかだが,被害者が刑事裁判に参加している場合には,そのような参加がない場合と比べて,

---

[1] もっとも,実際に実証研究を行う際に,ここでの区別を,そのままのかたちで利用できるという保証はない.しかしながら,少なくとも,問題状況を整理し,実証研究の指針を得るという意味では有益な区別であると考える.
[2] このような区別については,すでに佐伯(2010: 472-473)において指摘しているが,ここでは,直接型および交互作用型については,その内部でさらに2つのパターンを区別することとした.
[3] ここで,情報の付加価値は,意見陳述制度や被害者参加制度のみを媒介として生み出される必要はない.例えば,意見陳述に被害者が含めようとする情報を検察官が供述調書にも含めた場合,情報の付加価値は供述調書を通しても達成されている.このように,被害者が意見陳述を利用したために,一定の類型の情報が供述調書にもあらわれやすくなるということが考えられるが,これも意見陳述制度に関する直接型の影響として把握できるであろう.吉村(2007)は,1件の事件記録における遺族の意見陳述と供述調書の内容を分析して,両者の相対的影響力の差を査定していたが(1-2-4),このように,両者があわさって制度の影響を生じさせる局面も考えられることに留意する必要がある.

被害者の処罰感情が量刑判断においてより重視されるといったような効果を，交互作用型の影響と定義する．あるいは，このような量刑要素の重みづけの変化は，制度導入によって裁判実務全体に生じているかもしれない．このような場合も含めて考えると，直接型の影響と同様に，交互作用型の影響についても，制度利用による影響と制度導入による影響の2種類を観念することができる．

　第3に，間接型の影響であるが，先の直接型と交互作用型の影響は個別事件における制度の影響を検証することを問題としていたのに対して，これは，よりマクロなレベルでの影響を問題とする．試みに，被害者に対する被告人の謝罪の不十分さが，量刑判断を重くする事由として特定された場合を考えてみる．この情報が，意見陳述制度や被害者参加制度が利用された事件において，そのような利用がない事件と比べて量刑判断者に伝わりやすくなるとする．そうすると，例えば当該制度が導入される前後で，量刑の平均を比較すると，制度導入後の方が，量刑の平均が重くなっている可能性が考えられる．この影響は，ある年の量刑の平均値といったマクロな変数を従属変数に設定することで検証することになる．要するに，間接型の影響とは，直接型ないし交互作用型の影響によりミクロレベルで生じている量刑判断への影響を，マクロレベルで把握できるかどうかを問題とするものである．

9-2. 被害者関連情報の分類

　以上のとおり，意見陳述制度や被害者参加制度が量刑判断に影響を及ぼすメカニズムを分類したが，次に，これらの制度を通して，どのような情報が量刑判断者にもたらされるかを検討する必要がある（佐伯（2010: 473-475）も参照）．この点で参考となるのは，Victim Impact Statement（VIS）に含まれる内容の分類である．例えば，*Booth*事件（2-1-2-1）におけるVISについて，それには，①犯罪により被った影響，②被害者の人となり，および③犯罪や被告人に対する被害者の意見が含まれていると整理されている（例えば，平山（2005: 154-155）やPeerenboom（1993: 26）を参照）．そこで，さしあたりこの3分類を参考にしつつ，以下の検討を進める[4]．

---

[4] 制度によってもたらされる情報を明確に分類することは，現実の複雑性からすると，不可能ではなくとも，かなり困難であると予想される．したがって，ここでの検討も，実際の実証研究で利用

もっとも，この分類は，被害者が死亡した事案における遺族による VIS の内容を参考としたものである．したがって，被害者が死亡しておらず，被害者自身が刑事裁判に参加するような場合については，これとは異なる情報の分類を採用する方が適当であるかもしれない．そのような限界はあるが，意見陳述制度や被害者参加制度は，遺族による利用が多数を占めている状況にあるので (1-1-1; 1-1-2)，このような検討にも一定の意義はあると考える．

9-2-1. 犯罪により被った影響

まず，被害者が犯罪により被った影響であるが，このような影響は身体的および財産的なものにとどまらず，精神的なものにも及ぶことは，実態調査等を通して明らかとされてきたところである（宮澤浩一ほか 1996）．このような被害実態が，意見陳述制度や被害者参加制度を通して，量刑判断者に提示されることは考えられることであろう．他方で，そのような事情のうち，ある程度の部分は意見陳述制度や被害者参加制度が導入される以前から，量刑判断者に提示されていたと考えられる．もし，被害実態のほとんどの部分が制度導入以前から量刑判断者に提示されていたのであれば，制度導入によるものであれ制度利用によるものであれ，直接型の影響について検討する意義は乏しくなってくるであろう．

そこで，粗い分析となることは否定できないが，意見陳述制度導入以前の時期に実施された 2 つの調査研究を比較することで，この点について若干の検討を行う（詳しくは，佐伯（2010: 473-474）を参照）．1 つめの調査研究（岡田善雄ほか 1996）は，1983 年 7 月 8 日から 1994 年 9 月 30 日までの間に，被害者が死亡し，被告人が無期懲役となった事案について，訴訟記録中の遺族の上申書や供述書，調書等を精査することで，遺族の実態調査を行ったものである（以下では，記録調査と呼ぶ）．もう 1 つの調査研究は，宮澤浩一ほか（1996）が行った被害者実態調査の

可能な分類ではないかもしれないが，議論の整理や，仮説を構築する段階では有益な道具となり得るだろう．

また，すでに述べたところではあるが (2-1-1)，意見を内容に含む陳述は，VIS と区別して Victim Statement of Opinion と呼ばれることがある．しかし，ここではそのような区別は無視して，VIS の用語を用いている．

なお，意見陳述において遺族が述べる事項をこのように分類することは，日本の刑事事件を対象に分析するに際して，必ずしも不適当なものではないかもしれない．このような分類に基づく遺族の意見陳述の内容に関する言及が，裁判官によってもなされている（横田 2011: 95）．

うち，犯罪被害者等給付金の支給を受けた遺族（受給遺族）を対象とした調査である（以下では，単に実態調査と呼ぶ）．

　もちろん，性質の異なる2つの調査を単純に比較することはできない．例えば，記録調査は先ほど述べたとおり，1983年7月8日から1994年9月30日までの間に刑が確定した事件を対象としている．それに対して，実態調査は主として1988年から1990年に発生した事件の遺族を対象としている．また，対象事件も，前者は，被害者が死亡しており，かつ被告人に対する無期懲役の刑が確定した事件であるのに対して，後者は遺族が遺族給付金の支給を受けた事件である．対象事件の性質に着目するならば，記録調査が対象とした事件の方が，実態調査が対象とした事件よりも，裁判官によって重い刑罰が適当であると判断されやすい事件がより多く含まれていると考えることができる．仮に，裁判官によって重い刑罰が妥当だと考えられる事件ほど，遺族の受ける影響が重たいと仮定することができるならば，記録調査に含まれる被害実態に関する情報量は，少なくとも実態調査に含まれるそれと同等か，あるいはそれより多いと予想される．したがって，記録調査に含まれる被害実態に関する情報量が，実態調査に含まれるそれよりも多かったとしても，そもそも記録調査の対象が重大事件に偏っているのであるから，そのことをもって，被害実態が十分に裁判の場に顕出していると評価することはできない．他方で，記録調査に含まれる被害実態に関する情報量が，実態調査に含まれるそれよりも少ないのであれば，被害実態の一部しか量刑判断者には提示されていないということができるかもしれない．

　まず，記録調査によれば，遺族382名中，日常生活での影響が訴訟記録から読み取れるのは117名（30.6％）であり，残りの265名についてはそのような影響を記録から読み取ることはできなかった．日常生活での影響を具体的に分類すると，「転居した」が32名（8.4％），「家族のまとまりがなくなった」が14名（3.7％），そして「近所との関係が気まずくなった」が8名（2.1％）等であった[5]．これに対して，実態調査によれば，犯罪被害者等給付金の支給を受けた遺族（受給遺族）261名のうち，「転居した」のは54名（20.7％），「家族のまとまりが乱れた」のは82名（31.4％），そして「近所の人や通行人に変な目で見られた」が85

---

5) 1名の遺族が，複数の項目に該当していることもある．なお，日常生活での影響の具体的内容について，「その他」に分類されている者が71名（18.6％）もいた．

表 9-1. 記録調査と実態調査との比較

	転居	家族問題	近所問題	経済的影響	精神的影響	サンプル数
記録調査	32 名 (8.4%)	14 名 (3.7%)	8 名 (2.1%)	95 名 (24.9%)	189 名 (49.5%)	382 名
実態調査	54 名 (20.7%)	82 名 (31.4%)	85 名 (32.6%)	109 名 (41.8%)	239 名 (91.6%)	261 名

名（32.6%）であった．次に，経済的な影響をみてみると，記録調査によれば，遺族の収入上の影響が明らかに読みとれたのは，382名中95名（24.9%）であった．これに対して，実態調査によれば，受給遺族261名中，「生活が苦しくなった」とする者は109名（41.8%）であった．最後に，精神的影響をみてみると，記録調査よれば，調書等から遺族の精神的影響が明らかに読みとれたのは，382名中189名（49.5%）であった．これに対して，実態調査によれば，受給遺族261名中，「精神的ショックをうけた」とする者は239名（91.6%）であった（以上につき，表9-1を参照[6]）．

以上の比較によれば，少なくとも意見陳述制度導入以前の時期においては，被害者が実際に犯罪により被った影響のうち，一部しか裁判の場で明らかになっていなかった可能性が考えられる．もっとも，すぐ上で述べたとおり，この比較は性質の異なる2つの調査の結果を比較しているので，分析として不十分である．とりわけ，記録調査では，調査実施者の判断に基づいて被害実態に関する記述であると認定された部分について，そのようにコーディングすることで，データが蒐集されている．他方で，実態調査は遺族自身の自己報告に基づいてデータが蒐集されている．そのような限界はあるが，意見陳述制度導入以前においては，必ずしも被害実態の全てが量刑判断者に提示されていたわけではないかもしれないという，ここでの分析結果は，少なくとも直接型の影響を検討することの意義を否定するものではない[7]．

もっとも，意見陳述制度導入後，あるいはこれらの調査実施後に，検察官等の事件処理上の実務が変化し，現在では被害者が犯罪によって受ける影響のうち大

---

6) 岡田善雄ほか（1996）と宮澤浩一ほか（1996）に基づき作成した．
7) なお，元裁判官の原田國男も，2001年に公表した論文中で，「これまでは，被害者側の情状として，被害感情が重視され，このような客観的な状況に関する情報は必ずしも多くはなかった」（原田 2008: 147）と指摘している．なお，引用は，2001年公表論文を収めた2008年公表の著書によっている．

部分が量刑判断者に提示されている可能性もある．もし，そのような実務の変化が意見陳述制度導入にあわせて生じたのであれば，これは制度導入による直接型の影響として把握し得る．他方で，そのような実務変化があったとしたならば，制度利用による直接型の影響が確認できる見込みは薄くなる．

9-2-2. 被害者の人となり

 Booth 判決の法廷意見において，Powell 裁判官は，被害者がどのような人物であったかによって死刑判断が左右されることを懸念していた（Booth v. Maryland 1987: 506 n8）．このような問題意識を背景として，被害者の人となりを操作した模擬裁判研究がいくつか実施された（例えば，Greene (1999)，Green et al. (1998) を参照）．しかしながら，被害者がどのような人物であるかということは，意見陳述制度等が導入される以前からある程度は法廷で明らかにされていたかもしれない．したがって，このような被害者の人となりという要素についても，意見陳述制度や被害者参加制度による直接型の影響が発生する前提としての制度による情報付加価値があるかどうかを検証する意義があるが，適当なデータが見当たらず，この点は依然として実証的な課題として残されている．

9-2-3. 犯罪や被告人に対する被害者の意見

 死刑選択の基準を示したとされる永山判決（最判昭和58年7月8日刑集37巻6号609頁）において，「遺族の被害感情」は判断の際の考慮事由として明記されている．実際，岡田善雄ほか（1996: 92-93）によれば，調書等から刑罰に関する遺族の希望が確認できないのは，382名中7名（1.8％）だけである．したがって，少なくとも一定の重大事件においては，遺族の処罰感情は意見陳述制度が導入される以前からほとんど全ての事件において量刑判断者に提示されていた情報であるようである[8]．もっとも，遺族の処罰感情は，犯罪や被告人に対する被害者の意

---

[8] 遺族の処罰感情が量刑判断に及ぼす影響は，例えば，死刑判断基準に関する実証研究において指摘されている．そこでは，重い処罰を要求することが死刑を促進する要因になっているわけではないが，寛容な刑罰を要求することが死刑回避を促進する要因になっていることが指摘されている（岩井・渡邊 2002: 82; 2003; 松永・吉田 1998: 33-34; 渡邊 2003: 56 n13; 2009; 2011）．他方で，遺族が厳罰を求めているという事情については，死刑判決に際して考慮した事情として理由に記載するが，裁判官の経験からすると，これは法廷に遺族がいることへの配慮といった側面があり，判断に際しての決定的な要素として考慮されているわけではないとされている（原田 2014: 81-82）．

見のごく一部を構成するものに過ぎない．したがって，それ以外の被害者による犯罪や被告人に対する意見については，別途分類項目を設けて検証していく必要があろう．しかしながら，「被害者の人となり」に関してもそうであったように，適当なデータが見当たらないので，この点も今後の課題とせざるを得ない．

9-3. 小括

　以上までに，意見陳述制度や被害者参加制度が量刑判断に及ぼす影響について実証的な研究を行うための準備として，影響の検証方法と，制度を通して量刑判断者に提示される情報について整理を行った．制度が影響を及ぼしていることを示すためには，直接型の影響，交互作用型の影響，そして間接型の影響という3つの型を意識した検討が有益であろう．このような影響の型についての分類を行ったのは，被害者に関連する情報が量刑判断に及ぼす影響のうち，意見陳述制度や被害者参加制度が量刑判断に影響を及ぼしていると評価することができるために必要な分析結果を明らかにしておくためである．すなわち，意見陳述制度や被害者参加制度が導入される以前においても，被害者に関連する情報が量刑判断者に提示されることはあり，それが量刑判断に影響を及ぼしていたことはあり得ることである．そうであるとすると，被害者に関連する情報が量刑判断に影響を及ぼしていることを指摘することをもって，直ちに意見陳述制度ないし被害者参加制度が量刑判断に影響を及ぼしたと指摘することはできない．それらの制度が量刑判断に影響を及ぼしていると評価するためには，制度導入以前の実務において被害者に関連する情報が量刑判断に及ぼしていた影響を差し引いても残る影響を指摘する必要がある．そのために，ここでは制度が量刑判断に影響を及ぼしていると指摘し得るためには，どのようなデータの分析結果が得られればよいかという観点から直接型，交互作用型，間接型の影響をそれぞれ指摘した．

　このように意見陳述制度や被害者参加制度が量刑判断に影響を及ぼしていることを示すためには，端的に被害者関連の事情が量刑判断に影響を及ぼしていることを示すだけでは不十分である．このような観点から，これまでに紹介してきた実証研究を再度検討してみると，アメリカにおいて主として非死刑事件を対象とした研究（2-2-1）や，オーストラリアやイギリスにおける研究（第3章）においては，制度が量刑判断に影響を及ぼすメカニズムについて立ち入った検討がなさ

れているわけではないが，VIS 等の制度が量刑判断に及ぼす影響の有無に関心があると考えることができる．他方で，模擬裁判研究を含む，死刑事件における陪審の量刑判断を対象とした研究（2-2-2; 第 4 章）では，VIS という制度の影響と，被害者関連の情報による影響との区別についてはあまり重視されていないように思われる．これは，模擬裁判研究が *Booth* 判決から *Payne* 判決に至る論争を契機として行われていることに起因するように思われる．死刑事件における VIE の利用の問題は，まずは *Booth* 判決において問題とされたが，*Gathers* 判決および *Payne* 判決を経て，問題の射程が拡大している（2-1-2-1）．すなわち，VIS という制度の合憲性という問題よりも，より一般的に被害者に関連する情報が死刑事件の量刑審理において提出されることの合憲性に問題の力点が移されているのである．

他方で，日本においては，被害者に関連する情報を量刑上考慮することの是非についての議論も進展しているが（例えば，横田（2011）を参照），意見陳述制度や被害者参加制度の文脈では，それらの制度自体の是非を対象にした議論が多いように思われる．本書の第 1 次的な問題関心も後者の議論，すなわち制度を対象とした議論に関係するので，ここでは制度による影響という側面を区別して取り上げる必要があるだろう．日本における先行研究（1-2）では，この制度の影響の有無を十分に検証できていないと考えられるところ，まずは，9-1 において示した制度の影響のあり得るメカニズムの区別を踏まえた検証作業を行う必要があるだろう．

なお，本章では，制度が量刑判断に及ぼす影響のメカニズムの整理に引き続いて，それらの制度を通して量刑判断者に提示される情報の内容について分類を行った．さしあたり VIS に含まれる内容の分類に基づいて，①犯罪により被った影響，②被害者の人となり，および③犯罪や被告人に対する被害者の意見に分けて検討した．その結果，少なくとも一定の重大事件においては，③犯罪や被告人に対する被害者の意見の一内容である遺族の処罰感情の直接型の影響を検証する意義は乏しい可能性が示されたが，それ以外の項目については，直接型の影響を検証することの意義は否定されていないように思われる．交互作用型の影響や間接型の影響については，いずれの項目についても検証する意義は残されている．次章以降において，これまでに筆者が実施してきた実証研究の概要および結果に

ついて紹介することとする．

第10章　制度利用と量刑

10-1. 実験の実施方法

　被害者の刑事司法への参加が量刑判断に及ぼす影響を検証する方法として，模擬裁判研究が用いられることがある（1-2-1; 1-2-2; 1-2-3; 第4章）．しかしながら，9-1で検討した制度の影響のメカニズムに関する分類に依拠するならば，意見陳述制度や被害者参加制度の影響のうち直接型の影響を，この方法により検証することは困難である．直接型の影響を検証するためには，それらの制度利用，あるいは制度導入によって量刑判断者に提示される情報の量や，それらが提示される頻度にどのような変化があるかを調べる必要があり，そのような検証は，実際の事件記録等から抽出したデータによって行う必要があるからである．また，間接型の影響の検証は，ミクロではなくマクロなデータを用いることを想定したものである．交互作用型の影響も，制度導入によるものを検証するためには，一定の量刑事由の考慮のされ方に関する制度導入前後の比較が必要となる．そこで，本章で紹介する模擬裁判研究では，意見陳述制度や被害者参加制度について，それらの制度利用による交互作用型の影響を主として検証することとする．

10-1-1. 実験参加者
　本実験は，東京大学の学生[1]を対象として実施された．実験には271名が参加した．実験参加者のうち，男性は187名（69.0%），女性は84名（31.0%）であった．また，平均年齢は，19.3歳であった．

---

[1]　大多数は学部学生であるが，少数ながら一部に大学院生も含まれている．

10-1-2. 実験の手順

実験参加者募集の案内をキャンパス内に掲示し，応募者には実験参加が可能な日時を尋ねた．1回の実験には，ばらつきもあるが，平均して6名ほどの実験参加者が参加した．実験参加者には，後述する架空の刑事裁判の映像を見てもらい，その後，質問票への記入を依頼した．1回あたりの実験は，概ね1時間以内に終了した．

10-1-3. 実験の素材

本実験では，実験参加者に架空の刑事裁判の映像を見てもらったが，これは，劇団等で活動している方に演技をお願いし，成蹊大学の模擬法廷で撮影を行ったものである[2]．事案は，派遣会社を介して工場で働いていた被告人が，その工場の所長から派遣契約の打ち切りを通知され，その撤回を求めて口論となった際に，所長を刺殺してしまうという架空の殺人事件である．検察官は，被告人が所長と会う直前に包丁を購入している点等を指摘し，当初から殺害の計画性があったと主張している．他方で，弁護側は，所長を殺害したことについては認めるものの，突発的な行為であり，計画性については否定している．

映像の長さは実験条件によって異なるが，短いもので40分，長いものでは45分強であった．映像の時間が比較的長いため，実験参加者にはメモ用紙を渡して映像視聴中にメモをとることを許容したり，図表等が多用されるようなシナリオにしたうえで，それらの図表等を実験参加者に配布したりすることで，実験参加者の集中力が確保されるように配慮した．それでも，筆者が実験中に外見から判断した限り，実験参加者のうち3名が映像の途中で完全に集中できなくなってしまっていたので，以下の分析では，その3名を対象から除外している．

---

[2] シナリオに対しては，鬼澤友直裁判官から貴重なご助言を頂いた．この場をお借りして，御礼を申し上げる．もっとも，実験で利用するという観点から，実際の刑事裁判の運用からすれば不自然な部分が残されていることは否定できない．実験映像をなるべく実際の刑事裁判の状況に近づけるという要請と，様々な制約のなかで実験の実施に適した映像を作成するという要請とのバランスをとることは難しい課題である．模擬裁判研究を進展させるためには，技術的なことではあるが，このような点も常に重要な問題である．

なお，シナリオを含め，本実験で利用した資料については，筆者が保管している．筆者の連絡先については，「あとがき」に記載されているので，そちらを参照されたい．

10-1-4. 実験の操作

　本実験映像では，殺害された被害者の配偶者が刑事裁判に関与するあり方について操作が加えられている．操作は，意見陳述制度と被害者参加制度にそれぞれ対応させられるように，2つの要因について行った．第1の要因は意見陳述制度に対応したものであり，以下では「被害者情報」と呼ぶ．この要因については，3つの条件を用意した．すなわち，①被害者情報が提示されない条件（情報統制条件），②被害者情報を検察官が供述調書の読み上げという形式で提示する条件（検察提示条件），および③遺族が用意した手紙を意見陳述として読み上げることで被害者情報を提示する条件（遺族提示条件）の3つである．ここで，検察提示条件と遺族提示条件において示される被害者情報には，被害者を失ったことによる遺族の喪失感，被害者の配偶者が幼い息子にいずれ事件のことを伝えなければならないことの不安，仕事熱心で家族思いであるという被害者の人となり，遺族の被った経済的・精神的影響，厳罰を求めるとの意見が含まれている[3]．なお，被害者情報が提示されないことから，情報統制条件においては，検察官の論告において被害者情報に言及する部分が削除されている．

　ここで，情報統制条件において映像は，以下のような順序で展開する．まず冒頭手続があり，それに続いて検察側と弁護側からそれぞれ冒頭陳述がなされる．そして，検察側から提出された目撃証人の供述調書等の証拠が取り調べられ，次に弁護側から提出された被告人の解雇状況についての報告書が取り調べられた．その後，罪体部分に関して被告人質問がなされ，情状証人として被告人の妹が証言をし，さらに情状に関して被告人質問がなされた．最後に，検察側から論告・求刑がなされ，弁護側からも最終弁論がなされた．検察提示条件では，被告人の妹による情状証言と，情状に関する被告人質問との間で被害者情報が提示された．他方で，遺族提示条件では，情状に関する被告人質問と，検察官による論告・求

---

[3] 遺族による意見陳述と供述調書の内容には，その性質に基づく一定の差があることが指摘されていた（1-2-4）．ここでは，被害者情報として含まれる情報の類型，およびその性質について，検察提示条件と遺族提示条件とで同一になるように努めたが，意見陳述の実態に関する情報が乏しかったことから，さしあたりそのような違いも，内容の同一性を損ねない範囲で反映するように，記述の仕方を調整している．しかしながら，その結果として，具体的な記載内容が完全に同一となっているわけではないので，両条件における被害者情報の内容が，意図していたほどに同一ではなかった可能性は否定できない．加えて，すぐ後で述べるように，両条件間で被害者情報提示のタイミングも異なっている．これらの問題については，本章の最後で改めて触れる．

刑との間で被害者情報が提示された．これは，通常は証拠調べ手続終了後，論告・弁論手続前に意見陳述が実施されるであろうとの指摘（甲斐ほか 2001: 105; 酒巻 2000: 3240-3241）にあわせたものである．

第2の要因は被害者参加制度に対応したものであり，以下では「遺族質問」と呼ぶ．被害者参加制度の利用状況をみると，被告人質問の利用が比較的多く（1-1-2），ここでは被告人質問の利用の有無を操作することとした．この要因については2つの条件が用意されている．すなわち，情状に関する被告人質問の場面において反省の有無やその程度についての質問を，①検察官が行う条件（遺族質問なし条件）と，②被害者の遺族である配偶者が行う条件（遺族質問あり条件）とが用意されたのである[4]．

このように，2要因について1つは3水準，もう1つは2水準あるので，あわせて6条件が用意された[5]．ここで，主たる実験参加者は東京大学の前期課程に属する学生であるが，そのうち文科一類に属する学生は，法学部に進学する者が多い．そこで，文科一類の学生が含まれる割合と男女比については，実験条件ごとに差が大きくならないように実験参加者の割り当てが行われた[6]．

---

[4] 加藤（2010: 21-22）は，証人や被告人に対する尋問や質問の場面において，尋問や質問の内容が同じであっても，検察官が行うか，それとも被害者参加人が行うかによって裁判員の判断に影響が生じるか否かという点について心理学的検討がなされるべきであることを提案している．本実験は，この問題意識に，部分的にではあるが応えるものとなるであろう．

[5] 実験は，最初に2010年4月から5月にかけて実施されたが，その際には「検察提示・遺族質問あり」条件についてデータを蒐集することができなかった．実験参加者の募集を行いながら，それと並行して実験を行っていたため，応募者数を確認しつつ実験条件を随時増やしていくという方法を採用した．しかしながら，応募時期の後半になるほど，女性の応募が減少し，法学部に進学する者の多い文科一類の学生からの応募が増える傾向が見受けられたため，これ以上に実験条件を追加しても，その条件に含まれる実験参加者が，ほかの条件の実験参加者と同質であると考えることが難しくなると判断されたので，「検察提示・遺族質問あり」条件を除く5条件に絞って実験を実施することとした．この段階では，228名が実験に参加した．この時点での中間的な分析結果については，Saeki（2010）を参照されたい．この中間報告の結果と，以下で紹介する2011年に蒐集したデータも追加した分析の結果とでは，大きな違いは認められない．

その後，「検察提示・遺族質問あり」条件についてのデータを補完するために，翌年の同時期に同じ手続で実験参加者を募集した．この実験には43名が参加したが，全て「検察提示・遺族質問あり」条件に割り当てられた．なお，2010年の実験に参加した者は，2011年の実験には参加できないことを募集要項に記載していたが，2010年の実験に参加した者1名が2011年の実験にも参加していた．この1名については，有効な参加者としてカウントせず，したがって分析の対象からも外している．

[6] したがって，実験条件の割り当ては完全なランダムではない．各条件において女性の実験参加者が占める割合は30％前後であった．また，文科一類の実験参加者が占める割合は6.4％から13.6％まで幅があるが，いずれにしても全体に占める割合はあまり大きくない．

なお，性別や所属以外で割り当てに影響を及ぼしている要因は，主として，応募者が実験の日程調整のために指定した都合のよい日時という事情にとどまる．

262　第3部　実証研究

10-1-5. 仮説

本実験により得られたデータにより，以下の3つの仮説を主として検証する．

　仮説1：情報統制条件よりも，検察提示条件や遺族提示条件において量刑が重くなる．
　仮説2：検察提示条件よりも，遺族提示条件において量刑が重くなる．
　仮説3：遺族質問なし条件よりも，遺族質問あり条件において量刑が重くなる．

仮説1は，被害者情報が量刑判断に及ぼす影響を検証するものである．他方で，仮説2は意見陳述制度の制度利用による交互作用型の影響を検証するものであり，仮説3は被害者参加制度の制度利用による交互作用型の影響を検証するものである．

10-2. 分析結果

10-2-1. 計画性に関する判断

　先述のとおり，映像のなかで，検察側は殺害の計画性が認められると主張しており，他方で，弁護側は，殺意は口論の際にとっさに生じたと主張している（10-1-3）．実験参加者には，被告人が包丁を購入した時点で，被害者を殺害する意図があると思うかどうかを7件法により尋ねた[7]．点数が高いほど，包丁購入時点で殺害の意図があったと感じていることを意味する．

　この計画性に関する評価が条件によって異なっているかどうかを調べるために二元配置分散分析を行ったところ，いずれの主効果も交互作用も，統計的に有意ではなかった（被害者情報の主効果は$F(2, 261)=2.202, p=.113$，遺族質問の主効果は$F(1, 261)=0.218, p=.641$，交互作用は$F(2, 261)=0.358, p=.699$）．もっとも，この計画性に関する評価と量刑判断との相関を調べたところ，包丁を購入した時点で殺害

---

[7]　このように尺度で尋ねた質問項目について，何人かの回答者は，数字と数字の中間に丸をつけていた．このような指示違反の回答は欠損値として処理しているが，そのような回答を，2つの数字の中間値を意味する回答として扱った場合でも（例えば，4と5の間に丸がついている場合には，4.5とする），基本的な結果に違いはない．
　　このような尺度を用いた別の質問項目にも，以上と同様の問題があり得る．本章では，それらの回答を欠損値として処理した分析結果を報告しているが，そのような回答を2つの数字の中間値を意味する回答として扱って分析しても，基本的な結果に違いはみられなかった．

意図があったと評価する人ほど量刑判断[8]が重くなる傾向がみられた（$r=.320$, $p=.000$）．したがって，確かに被告人の計画性に関する評価は量刑判断と関連しているが，この計画性に関する評価自体が被害者情報や遺族質問によって影響を受けていることは確認できなかった．

10-2-2. 量刑判断

10-2-2-1. 刑種の選択

実験参加者には，映像に出てきた被告人に科すことが適当であると考える刑罰について回答してもらった．そこでは，まず死刑，無期懲役，有期懲役の3つのなかから適当であるものを1つ選んでもらい，有期懲役を選択した者には，さらに適当であると考える刑期を答えてもらった．ここで，そもそも死刑と無期懲役を選択した者は全体で7名に過ぎず，圧倒的多数が有期懲役を選択していた．

10-2-2-2. 刑期の判断

映像中に登場した被告人に与える刑罰として有期懲役が適当であると回答した実験参加者には，さらにどの程度の刑期が適当であると思うかを，5年から30年の間で答えてもらった[9]．この刑期判断が条件間で異なるかどうかを検証するため二元配置分散分析を行ったところ[10]，被害者情報の主効果が有意であった（$F(2, 262)=5.426$, $p=.005$）．他方で，遺族質問の主効果と，被害者情報と遺族質問

---

[8] ここでは刑期判断に関する変数を用いて分析しているが，その変数の意味については，10-2-2-2を参照されたい．

[9] 有期懲役の上限は20年であるが（刑法12条1項），死刑または無期懲役を減軽して有期懲役にする場合には，その上限は30年となるので（同法14条1項），ここでは5年から30年の間で回答を求めた．

他方で，酌量減軽（同法66条）等により，下限を5年以下とすることも可能であるが，この場合には執行猶予（同法25条）をつけるかどうかという問題も出てくるため，便宜上，下限は5年にとどめた．

[10] 死刑と無期懲役を選択した実験参加者については，30年の有期懲役を選択したものと扱って分析している．ここで，死刑や無期懲役の回答を分析上どのように扱うかについては，確立した方法があるわけではない．例えば，無期懲役を24年，死刑を25年に換算するもの（岡田悦典ほか 2013: 88），無期懲役を26年，死刑を27年に換算するもの（板山 2014: 106）等がある．

もっとも，本実験では死刑と無期懲役を選択した者の絶対数が少なかったことから，これを欠損値とした分析も考えられる．刑期を用いた分析について，死刑と無期懲役の選択を欠損値として分析した場合に結果が変わるときは，その点を明記することとする．

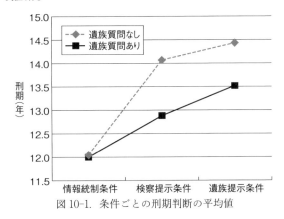
図 10-1. 条件ごとの刑期判断の平均値

の交互作用は有意ではなかった（それぞれ，$F(1, 262) = 2.000$，$p = .158$ と $F(2, 262) = 0.451$，$p = .638$ である）．

　ここで，被害者情報は 3 水準あるため，多重比較を行った．Levene の誤差分散の等質性検定によって等分散性を検定したところ，$p = .094$ であり，5% 水準では有意ではなかったので，条件間での等分散性を前提として Tukey 法を採用した．その結果，情報統制条件と検察提示条件との間の差は 10% 水準で有意な傾向にあり（$p = .053$）[11]，情報統制条件と遺族提示条件との間の差は統計的に有意であった（$p = .005$）．他方で，検察提示条件と遺族提示条件との間の差は統計的に有意ではなかった（$p = .697$）．検察と遺族のいずれからであっても被害者情報が提示されることで，量刑が重くなっている（図 10-1）．

10-2-3. 遺族に関する項目の分析

　「遺族質問なし」であり，かつ被害者情報について情報統制条件，あるいは検察提示条件である場合には，映像において遺族（死亡した被害者の配偶者）が登場しない．そこで，遺族に関する評価は，それ以外の 4 条件においてのみ尋ねている．具体的には，遺族が犯人を恨んでいると思う，遺族の精神的被害が甚大である，および遺族の経済的被害が甚大であるという 3 つの意見に対して，どの程度賛成するかを 7 件法によって尋ねている．いずれの項目も，点数が高いほど，そ

---

[11] ただし，死刑と無期懲役を欠損値とした場合には，この差は有意ではなかった（$p = .175$）．

れらの意見に賛成していることを意味する．

　分析の便宜のため，ここでは「遺族質問あり」の場合に限定し，遺族に関する評価が被害者情報によって影響を受けているか否かを，一元配置分散分析により検証した．分析の結果，犯人への恨みに関する評価に対する被害者情報の影響は統計的に有意ではなく（$F(2, 131)=0.440, p=.645$），精神的被害の評価への影響は10％水準で統計的に有意な傾向にあり（$F(2, 131)=2.550, p=.082$），また，経済的被害の評価への影響は統計的に有意であった（$F(2, 131)=8.261, p=.000$）．そこで，精神的被害と経済的被害の評価に対する被害者情報の効果について多重比較を行ったところ[12]，精神的被害の評価については，いずれの条件間の差も統計的に有意とはならなかったが，経済的被害の評価については，情報統制条件と遺族提示条件との間の差のみが統計的に有意であった（$p=.000$）．平均値をみると，情報統制条件の場合と比較して，遺族提示条件において経済的被害が甚大であるとの評価が高くなる傾向がみられた（情報統制条件では，$M=5.52$，遺族提示条件では，$M=6.55$）．なお，精神的被害に関する評価の平均値は，いずれの条件においても高かった（情報統制条件では$M=6.18$，検察提示条件では$M=6.35$，遺族提示条件では$M=6.64$）．

　しかし，被害者情報が遺族の精神的被害に関する評価に及ぼす影響は十分に見出されなかったものの，遺族の精神的苦痛を量刑上の考慮に入れる程度に対しては一定の影響があることが示された．被害者情報について情報統制条件であり，かつ「遺族質問なし」の条件では，遺族に関する情報が映像上出てこないため，遺族の精神的苦痛を量刑上どの程度考慮したかについては，それ以外の5つの条件においてのみ尋ねている．これも，遺族の精神的苦痛をどの程度量刑上考慮したかを7件法によって尋ねており，点数が高いほど，量刑上考慮したことを意味している．ここでも，分析の便宜のため，「遺族質問あり」の場合に限定し，この点に関する回答が被害者情報によって影響を受けているか否かを，一元配置分散分析により検証した．その結果，遺族の精神的苦痛を量刑上考慮した程度に対して被害者情報が統計的に有意な影響を及ぼしていた（$F(2, 131)=6.324, p=.002$）．ここで，条件間の等分散性を前提とすることが適切ではなかったので，Dunnett

---

[12] いずれの項目についても，条件間の等分散性を前提とすることが適切ではなかったので，多重比較の方法としてDunnettのT3を利用している．

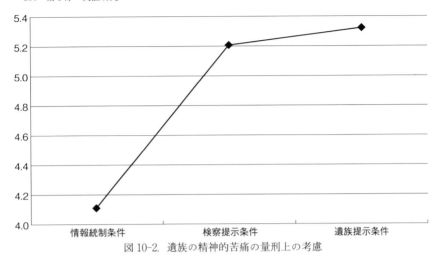
図 10-2. 遺族の精神的苦痛の量刑上の考慮

の T3 により多重比較を行ったところ,情報統制条件と検察提示条件との間の差,および情報統制条件と遺族提示条件との間の差が統計的に有意であったが(それぞれ,$p=.017$ と $p=.009$ であった),検察提示条件と遺族提示条件との間の差は統計的に有意ではなかった($p=.984$).被害者情報が検察ないし遺族から提示されることで,遺族の精神的苦痛が量刑判断においてより強く考慮されるようになっている(図 10-2).

また,遺族の精神的苦痛を量刑上どの程度考慮したかという点は,実際の量刑判断とも相関関係がある.ここでも「遺族質問あり」の場合に限定して分析すると,遺族の精神的苦痛が量刑上強く考慮されているほど,量刑が重くなる傾向がみられたのである($r=.320, p=.000$).これに対して,遺族に関する評価自体は,量刑判断との相関がそれほど明確ではない.犯人への恨みに関する項目や,経済的被害に関する評価の項目については,いずれも量刑判断との相関関係は統計的に有意ではなかった(前者は $r=-.092, p=.291$,後者は $r=-.070, p=.424$).他方で,精神的被害に関する評価については,10% 水準で有意な正の相関が認められた($r=.166, p=.055$)[13].

さらに,被害者情報には,重い刑罰を求めるとの遺族の意見が含まれていたの

---

13) ただし,死刑と無期懲役を欠損値とした場合には,この相関は有意ではなかった($r=.139, p=.112$).

で，被害者情報が提示された検察提示条件と遺族提示条件においては，このような遺族の「求刑意見」を量刑上どの程度考慮したかについても尋ねている．分析の便宜上，情報統制条件を除外して遺族の「求刑意見」を量刑上考慮した程度と量刑判断との相関関係を調べたところ，確かに遺族の「求刑意見」を量刑上強く考慮しているほど，量刑が重くなるという関係が統計的に有意であった（$r=.262$, $p=.000$）．しかしながら，二元配置分散分析によれば，いずれの主効果も，また交互作用も統計的に有意ではなかった（被害者情報の主効果は $F(1, 176)=2.206$, $p=.139$[14]，遺族質問の主効果は $F(1, 176)=0.000$, $p=.994$，交互作用は $F(1, 176)=0.067$, $p=.797$ であった）．

10-2-4. 被告人の再犯可能性の評価に関する分析

被告人が出所後にうまく社会復帰できそうであるかどうかについて，7件法で尋ねている．これは，点数が高いほど，うまく社会復帰できることを意味する．この点に関する評価と量刑判断の相関関係を調べたところ，うまく社会復帰できないと考えている人ほど，重い刑罰を科す傾向がみられた（$r=-.305$, $p=.000$）．また，この被告人の社会復帰に関する評価と刑罰意識との間にも相関がみられた．すなわち，刑罰の目的として応報よりも被告人の更生を重視するほど[15]，被告人がうまく社会復帰できると評価する傾向にあった（$r=.300$, $p=.000$）．しかし，二元配置分散分析によれば，被告人の社会復帰に関する評価や，刑罰意識に対する被害者情報や遺族質問の主効果ならびにそれらの交互作用は，いずれも統計的に有意ではなかった[16]．

しかし，被害者情報が量刑判断に及ぼす影響と刑罰意識との関連をみてみると，応報を重視する者ほど被害者情報によって量刑判断が影響を受けやすく，更生を

---

14) 情報統制条件を除外して分析しているため，ここでの被害者情報は，検察提示条件と遺族提示条件の2水準である．
15) 具体的な質問方法としては，刑罰の目的として大きく応報と被告人の更生とがあるとしたうえで，どちらの立場を重視するかを7件法で尋ねている．ここでは，点数が低いほど応報を重視しており，点数が高いほど更生を重視していることを意味する．この質問項目は，綿村英一郎助教（東京大学）が作成・利用されていたものを，本人の許可を得て使用させて頂いたものである．
16) 被告人の社会復帰に関する評価については，被害者情報の主効果が $F(2, 262)=0.261$, $p=.771$，遺族質問の主効果が $F(1, 262)=0.400$, $p=.528$，交互作用が $F(2, 262)=0.666$, $p=.515$ であった．刑罰意識については，被害者情報の主効果が $F(2, 260)=0.111$, $p=.895$，遺族質問の主効果が $F(1, 260)=0.643$, $p=.423$，交互作用が $F(2, 260)=0.287$, $p=.751$ であった．

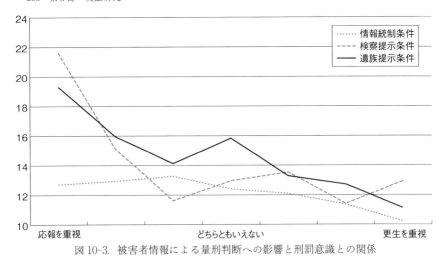

図10-3. 被害者情報による量刑判断への影響と刑罰意識との関係

重視する者においては，そのような被害者情報の影響がみえにくくなっている（図10-3）．ここで，刑罰意識に関する回答は，応報を重視する立場よりも更生を重視する立場の方が多かった．そこで，応報を強く支持する立場から尺度の中間値である「どちらともいえない」の回答（1から4）をした実験参加者を「応報重視」の参加者とし，更生を重視する立場の回答（5から7）をした実験参加者を「更生重視」の参加者とし，それぞれに量刑判断を従属変数とした二元配置分散分析を行った（表10-1）．それによると，「応報重視」の参加者においては，依然として被害者情報による量刑判断への主効果が統計的に有意であったが，「更生重視」の参加者においてはそのような効果は統計的に有意ではなかった．「応報重視」の参加者については，被害者情報の主効果が統計的に有意であったので，多重比較を行った．Leveneの誤差分散の等質性検定によって等分散性を検定したところ，$p=.191$ であったので，条件間での等分散性を前提としてTukey法を採用した．その結果，情報統制条件と遺族提示条件との間の差は統計的に有意であったが（$p=.004$），それ以外の条件間の差は統計的に有意ではなかった．以上の結果を踏まえると，被害者情報が量刑判断に及ぼす効果には個人差があり，その個人差を考えるにあたっては，その者の有する刑罰意識が重要であると考えることができそうである．すなわち，量刑判断に際して，応報を重視する者の方が被害者情報による影響を受けやすく，他方で更生を重視する者の方がそのような

表 10-1. 刑罰意識によってサンプルを分割した分析結果

	「応報重視」参加者	「更生重視」参加者
被害者情報の主効果	$F(2, 107) = 5.231$, $p = .007$	$F(2, 147) = 2.143$, $p = .121$
遺族質問の主効果	$F(1, 107) = 0.497$, $p = .482$	$F(1, 147) = 1.527$, $p = .219$
交互作用	$F(2, 107) = 0.427$, $p = .653$	$F(2, 147) = 0.293$, $p = .746$

影響を受けにくいのかもしれない.

10-2-5. 被告人に有利な事情に関する分析

　被告人に有利な事情と思われるものについて，これが量刑上どの程度考慮されたかを尋ねたところ[17]，基本的に被害者情報と遺族質問の主効果，および両者の交互作用は統計的に有意とはならなかった．具体的に述べると，被告人による謝罪の事実，被告人が事件以前に真面目に働いていた事実，および被告人の妹が被告人の社会復帰の支援を誓っている事実を量刑上どの程度考慮したかを従属変数として二元配置分散分析を行ったところ，2つの主効果と交互作用は統計的に有意とはならなかった[18]．

　他方で，被告人に前科がないことの量刑上の考慮を従属変数とした二元配置分散分析では，交互作用が10％水準で統計的に有意であった（$F(2, 261) = 2.450$, $p = .088$）．そこで，それぞれの要因の単純主効果を調べたところ，被害者情報については，遺族質問あり条件での単純主効果が10％水準で有意であるのみであった（$F(2, 261) = 2.388$, $p = .094$）．しかし，Bonferroniの方法による多重比較では，10％水準の基準を用いても，統計的に有意な差はいずれの条件間においても見出されなかった．他方で，遺族質問については，情報統制条件においてのみ，その単純主効果が有意であった（$F(1, 261) = 4.694$, $p = .031$）．もっとも，平均値をみると，遺族質問なし条件よりも，遺族質問あり条件において，被告人に前科がないことを考慮したとの回答が高まっていた（遺族質問なし条件では$M = 4.12$，遺族質

---

17) 7件法で尋ねており，数値が高いほど，これらの事情を量刑上考慮したことを意味する．
18) 被告人による謝罪については，被害者情報の主効果が$F(2, 261) = 0.293$, $p = .746$，遺族質問の主効果が$F(1, 261) = 1.196$, $p = .275$，交互作用が$F(2, 261) = 1.322$, $p = .268$であった．真面目に働いていたことについては，被害者情報の主効果が$F(2, 261) = 0.949$, $p = .389$，遺族質問の主効果が$F(1, 261) = 0.562$, $p = .454$，交互作用が$F(2, 261) = 1.280$, $p = .280$であった．被告人の妹による社会復帰支援の誓いについては，被害者情報の主効果が$F(2, 262) = 0.020$, $p = .980$，遺族質問の主効果が$F(1, 262) = 0.835$, $p = .362$，交互作用が$F(2, 262) = 0.944$, $p = .390$であった．

問あり条件では $M=5.02$)．この結果は予想と異なるが，いずれにしても，被害者の刑事裁判への関与が，被告人にとって有利な情報が量刑上考慮されることを妨げるような結果はみられなかった．

10-3. 小括

冒頭で3つの主たる仮説を示したが，本実験で得られた分析結果によれば，以下のような結論が得られた．第1に，被害者情報が提示されることで量刑が重くなるという仮説1は支持された．他方で，第2に，その被害者情報を検察官が提示するよりも遺族自身が提示した方が，量刑が重たくなるという仮説2は支持されなかった．第3に，検察官ではなく遺族自身が被告人質問をすることで量刑が重たくなるという仮説3は支持されなかった．すなわち，遺族の被った影響や，死亡した被害者の人となり，遺族の処罰感情といった被害者に関する情報が量刑判断に影響を及ぼしていることは確認されたが，意見陳述制度や被害者参加制度自体が量刑に対して及ぼす制度利用による交互作用型の影響は，本実験においては観察されなかった．

もっとも，すでに触れてきたように (10-1-4)，本実験は内的妥当性の点で不十分性が残されていることは否定できず，この点には留意しておく必要がある．例えば，被害者情報の提示タイミングは，検察提示条件と遺族提示条件との間で異なっていたが，情報提示のタイミングが判断に影響を及ぼす可能性を考えるならば（例えば，Thibaut *et al.* (1972) を参照），この点を条件間で統制しておくべきであっただろう．このような限界は残されているものの，意見陳述制度や被害者参加制度が量刑判断に及ぼす影響について十分な研究蓄積がない段階においては，今後の研究の方向性について示唆を得るために，このような大まかな条件設定による実験を行うことにも意義があると思われる（Weiten & Diamond (1979: 84) も参照）．今後の課題としては，より内的妥当性の高い実験計画を組むことで，意見陳述制度や被害者参加制度の一定の側面に焦点を当てた研究を行っていくことが考えられる．

第 11 章　被害者感情と量刑

11-1. 問題関心

　前章で紹介した実験では，映像に登場する遺族役の役者には，あまり感情的にならないような演技を依頼した．遺族が感情的に振舞っていた場合，情報提示主体の違いと情報提示者から読み取られる感情や映像全体の雰囲気の違いとが交絡してしまう可能性があったからである．他方で，法廷において被害者がどのような感情を表出するかは，被害者間で差があるだろう．このような被害者の感情が，意見陳述制度や被害者参加制度を利用した場合に，より量刑判断者にとって認知されやすくなるのであれば，この感情が量刑判断に及ぼす効果は制度利用による直接型の影響として把握可能である．そこで，遺族が表出する感情が量刑判断に及ぼす影響について検証するための実験を行った．

11-2. 実験の実施方法

11-2-1. 実験参加者

　実験参加者は，静岡大学の学部学生87名である．87名中男性が51名（58.6%），女性が36名（41.4%）であった．平均年齢は21.3歳である．学部学生を対象とした実験ではあるが，夜間主コースの学生も含まれているため，部分的に通常の学生よりも広い層の市民が実験参加者に含まれている[1]．

11-2-2. 実験の手順

　実験は，法学系の授業を履修している学生をランダムに2条件に割り当てて行

---

[1] 本実験の実施にあたっては，藤本亮教授（名古屋大学）と綿村英一郎助教（東京大学）のご助力を頂いた．この場をお借りして，御礼を申し上げる．

った．具体的には，その授業が行われている教室と，その隣の教室を利用し，学生証番号の下1桁の数字が奇数の学生と，偶数の学生とをそれぞれの教室に割り当てた[2]．そして，それぞれの教室で，以下に述べるように一部を操作した架空の裁判映像を見てもらい，質問票に答えてもらった．すぐ後で説明するように，実験で利用した映像は4つのパートに分かれており，実験参加者は各映像を見終わった後で質問票への記入を求められた．さらに，全ての映像を見終わった後で，架空の量刑資料（以下では，「分布グラフ」と呼ぶ）[3]についても提示し，これを見たうえで改めて質問票に記入をしてもらった[4]．

11-2-3. 実験の素材

本実験では，友人から借金の返済を要求された際に口論となり，被告人がかっとなって鈍器でその友人を撲殺してしまうという架空の事案に関する裁判映像を用いた[5]．映像は，4つのパートに分かれており，第1パートが冒頭陳述の部分（約8分），第2パートが弁護人と検察官による被告人質問の部分（約8分），第3パートが遺族（被害者の母親）による被告人質問の部分（約4分），そして第4パートが検察官の論告・求刑および弁護人の最終弁論の部分（約3分）である．以下，それぞれを順に，冒頭パート，法曹質問パート，遺族質問パート，最終パートと呼ぶ．

11-2-4. 実験の操作

遺族質問パートにおいて遺族が表出する感情が操作された．具体的には，遺族が被告人に対して質問を行う際にそれを淡々と行う条件（冷静条件）と，それを

---

[2] 一方の条件では筆者が実験を実施したが，他方の条件では実験協力者である綿村英一郎助教（東京大学）に実験実施を担当してもらった．このため，両条件において実験実施者が異なっているが，実験中のインストラクションを事前に統一することで実験実施者の違いによる影響を最小限にとどめるよう配慮した．

[3] 裁判員裁判では，量刑検索システムから出力される「量刑分布グラフ」を利用することが想定されている．なお，条件に該当する事例の一覧表を見ることも可能であるが，これを重視すると，担当した事件に一番近い事例を一覧表から探すというかたちで評議が進んでしまうことが危惧されている（伊藤・前田 2010: 377）．本実験では，提示した架空の事案と類似した近年の事例の量刑傾向ということでグラフを提示し，それに対して実験参加者がどのように反応するのかを探索的に調査することとした．

[4] なお，実験で用いた架空の量刑資料や質問票については，筆者が保管している．筆者の連絡先については，「あとがき」に記載されているので，そちらを参照されたい．

[5] この映像は，法と心理学会の若手研究グループが作成したものである（石崎ほか 2010）．

感情的に，怒りを含めて行う条件（怒り条件）とが用意された．

11-2-5. 仮説

本実験は，「冷静条件よりも，怒り条件において量刑は重くなる」という仮説の検証を主として試みるものである．

11-3. 分析結果

11-3-1. 操作チェック

本実験では，遺族役の演技に変化を加えることで冷静条件と怒り条件とを用意したが，果たして意図したとおりの印象を実験参加者が遺族に対して抱いているかどうか，確認しておく必要がある．そこで，遺族質問パート終了後に，遺族が感情的になっていたか（感情的），冷静であったか（冷静），気持ちが高ぶっていたか（高ぶり）という3項目について，それぞれ7件法で尋ねた．いずれも，点数が高いほど，遺族が感情的になっていた，冷静であった，あるいは気持ちが高ぶっていたと感じていることを意味する．いずれの項目についても，遺族感情による主効果がみられた（感情的については，$F(1, 84) = 10.706, p = .002$．冷静については，$F(1, 84) = 17.312, p = .000$．そして，高ぶりについては，$F(1, 85) = 20.671, p = .000$)[6]．それぞれの項目の平均値を条件ごとにみてみると（図11-1)，冷静条件よりも怒り条件において，遺族は感情的になっており，冷静ではなく，気持ちが高ぶっていると評価される傾向にある．したがって，本実験における操作は，期待したとおりの遺族に対する印象を，実験参加者に与えることに成功したと評価することができる．

11-3-2. 量刑判断

本実験では，映像を4つのパートに分割し，それぞれの映像が終わるごとに質

---

[6] 7件法の尺度を用意したところ，少数ながら，数字と数字の中間に丸をつけていた実験参加者がいた．このような回答は欠損値として処理したが，これを数値の中間の値を意味する回答として扱っても（例えば，4と5の中間に丸があるものを，4.5として扱うということである），ここでの結果に大きな違いはなかった．このことは，本章で7件法の尺度を利用したほかの分析にも当てはまる．

274 第3部 実証研究

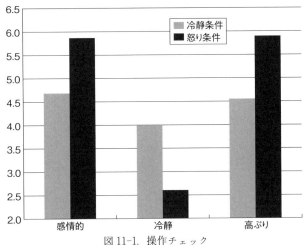

図 11-1. 操作チェック

問票への記入を実験参加者に求めている．そのような構造にあわせて，量刑については，以下のような方法で回答を求めている．まず，冒頭パートを見た後で，被告人に対して科すべき刑罰を，懲役5年から20年の範囲で選択してもらった．その後，法曹質問パート，遺族質問パート，最終パートを見終わるごとに，冒頭パートを見終わった後で最初に判断した刑期を基準として，それを最大10年まで増減できるとして何年増減するかを尋ねた．冒頭パートでの判断が，その後の映像を見た後でも適当であると考えるならば，±0年を選択することとなる．さらに，「分布グラフ」を見た後でも，同様の方法で量刑判断を求めた．

まず，各時点における量刑判断の結果を計算し，それが条件によって異なるかを検証することとした．先に述べたように，冒頭パート視聴後の量刑判断は5年から20年の範囲で選択してもらっているが，それ以後は，それを基準として10年の増減を認めているので，量刑判断の結果が5年から20年の範囲を外れることもあり得る．なお，冒頭パート後の質問で，1名が，指示に違反して死刑を選択する趣旨の回答をしていたが，これは，量刑判断に関する以下の分析の対象から除外している[7]．一元配置分散分析の結果，どの時点においても，条件間の量

---

7) 量刑判断に関する変数を用いる本章のほかの分析においても，同様に冒頭パート後の量刑判断で死刑を選択している者については分析から除外している．
　他方で，質問票の構造が複雑であったために，完全には指示に従っていない回答もいくつかあった．ここでは，回答の趣旨が一意的に読み取れるものについては有効な回答として扱っている．こ

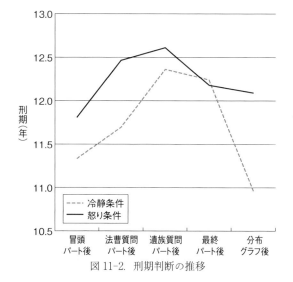

図 11-2. 刑期判断の推移

刑判断の差は統計的に有意ではなかった[8]．

各時点における量刑判断の推移は，図 11-2 のとおりである．両条件において，遺族質問パート後までは，量刑が重くなる方向で推移し，それが論告・求刑等を聞くことで多少軽くなっている．ここで，量刑判断の差自体は統計的に有意ではないが，分布グラフ後の反応が条件間で異なるようにもみえる．すなわち冷静条件では，分布グラフをみた後で量刑判断が 1 年ほど引き下げられているが，怒り条件においては最終パート後の量刑判断が維持されているようである．

そこで，ある段階での量刑判断が，それ以前の段階の量刑判断からどのように変化したかを従属変数として一元配置分散分析を行った[9]．分析の結果，法曹質問パート後，遺族質問パート後，および最終パート後の刑期判断と，その 1 つ前の時点の刑期判断との差分は，条件間で統計的に有意に異なってはいなかった（法曹質問パート後は $F(1, 84) = 0.207$, $p = .650$，遺族質問パート後は $F(1, 83) = 1.540$, p

---

れらを欠損値として扱っても結果に大きな違いはなかったが，その場合の分析結果も必要に応じて記すこととする．
[8] 冒頭パート後は $F(1, 84) = 0.269$, $p = .605$，法曹質問パート後は $F(1, 84) = 0.375$, $p = .542$，遺族質問パート後は $F(1, 83) = 0.040$, $p = .842$，最終パート後は $F(1, 83) = 0.002$, $p = .962$，そして分布グラフ後は $F(1, 84) = 1.176$, $p = .281$ であった．
[9] 例えば，法曹質問パート後の刑期判断を従属変数とするのではなく，その刑期判断と，その前段階である冒頭パート後の刑期判断との差分を従属変数として分析を行ったということである．

= .218, 最終パート後は $F(1, 82) = 0.474$, $p = .493$). 他方で, 分布グラフ後の刑期判断と, 最終パート後の刑期判断との差分は, 条件間で統計的に有意に異なっていた ($F(1, 83) = 4.374$, $p = .040$)[10]. 冷静条件では, 分布グラフを見た後では, 最終パート後の量刑判断から1.26年も刑期を引き下げているのに対し, 怒り条件では, 分布グラフを見た後の量刑は, 最終パート後の量刑から0.08年を引き下げているだけであった. 実験参加者に提示した分布グラフは, 最頻値が「10年以上11年未満」となっているので, 図11-2とあわせてみれば, 冷静条件の方が分布グラフの最頻値に近づくように量刑判断を変化させていることがうかがわれる[11].

11-4. 分布グラフに対する反応の違い

本実験によれば, 分布グラフを見た後の実験参加者の量刑判断に関する反応が, 条件によって異なっていることが観察されたが, このような反応の変化はなぜ生じたのであろうか. 推測し得る原因の1つは, 遺族の表出する感情によって分布グラフの捉え方に変化が生じたというものである.

実験参加者には, 分布グラフ提示後の量刑判断をしてもらった後で, 分布グラフを考慮した程度と, それを尊重すべきであると思った程度について7件法により答えてもらっている. いずれも, 点数が高いほど, 分布グラフを考慮した, あるいは尊重すべきであると思ったことを意味する. これらの質問項目の回答を従属変数とし, 遺族感情を独立変数として一元配置分散分析を行ったところ, いずれも条件間で統計的に有意な差はみられなかった (考慮の程度については $F(1, 84) = 0.023$, $p = .879$, 尊重の程度については $F(1, 84) = 1.074$, $p = .303$). したがって, 分布グラフの考慮や尊重の程度が遺族感情によって変化し, それが分布グラフ後の量刑判断に影響を与えたという仮説は, 少なくとも本実験によっては支持されなかった.

あるいは, 遺族の表出する怒り感情に触れた実験参加者にその怒りが伝染し, それが分布グラフ後の反応に影響したかもしれない. ここで, Graham *et*

---

[10] 量刑判断の回答の仕方がやや複雑だったためか, 回答趣旨は読み取れるが, 必ずしも指示された方法にのっとっていない回答がいくつかあった. 念のため, これらの回答を欠損値として除外して同様の分析を行ったが, この差は10%水準で有意であった ($F(1, 77) = 3.091$, $p = .083$).

[11] 最終パート後の量刑判断の平均値と分布グラフ後の量刑判断の平均値の差を対応のあるサンプルの t 検定により検証したところ, 冷静条件においては両者の差は統計的に有意であったが ($t = 2.438$, $p = .020$), 怒り条件においては統計的に有意ではなかった ($t = 0.224$, $p = .823$).

al. (1997) によれば，被告人に対する怒りは，当該事件において応報的理由により刑罰を科すことを支持することにつながるとされているので，もし遺族の怒り感情が実験参加者に伝染したならば，怒り条件においては応報的理由によって刑罰を科すことを支持する意見が高まると考えられる．しかしながら，応報刑と教育刑の立場のいずれを支持するかを7件法で尋ねた項目[12]について一元配置分散分析により条件間の差を比較したが，遺族質問パート後，および最終パート後のいずれにおいても統計的に有意な差は検出されなかった（遺族質問パート後は $F(1, 83) = 0.198, p = .658$，最終パート後は $F(1, 84) = 0.671, p = .415$ であった）[13]．したがって，少なくとも本実験においては，怒り条件において，実験参加者に怒り感情が強く喚起されたために，量刑分布グラフに抗した量刑判断が維持されたという仮説は支持されなかった[14]．

他方で，最終パート後の検察官と弁護人，および被告人に対する実験参加者の印象については条件間で異なっている部分があった．まず，「信頼できる」，「いいかげんである」，「誠実である」という3項目について，そのような印象が検察官と弁護人のどちらに当てはまると感じるかを7件法で尋ねた．点数が低いほど検察官に当てはまるとの回答を意味し，高いほど弁護人に当てはまるとの回答を意味している．いずれの項目についても条件間の差は有意であり（信頼については $F(1, 85) = 5.303, p = .024$，いいかげんさについては $F(1, 85) = 5.632, p = .020$，誠実さについては $F(1, 85) = 4.513, p = .037$）．各条件におけるそれぞれの項目の平均値を比較すると（図11-3），怒り条件における方が冷静条件におけるよりも，信頼や誠実という印象は検察官に当てはまり，いいかげんであるとの印象は弁護人に当てはまると感じられていることが分かる．

加えて，被告人の反省の程度について7件法で尋ねた質問項目についても，最終パート後の回答は条件間の差が統計的に有意であった（$F(1, 83) = 4.613, p = .035$）．

---

12) これは，前章でも利用した刑罰意識に関する質問項目と同様のものである (10-2-4).
13) なお，分布グラフを見た後では，刑罰意識に関する質問はなされていない．
14) ただし，本実験では，法曹質問パート後にも刑罰意識について尋ねていることに留意する必要がある．このような質問票の設計にしたのは，どのような観点から刑罰を科そうとするかという点についての考え方が裁判場面の進展に応じて変化し得るのであれば，それを捕捉しようと考えたためである．しかしながら，遺族の表出する感情を操作する以前の回答が，操作後の回答にも影響を与えてしまったとするならば，このような質問票の設計にしたために，かえって実験操作による効果が検出しにくいものとなってしまった可能性もある．

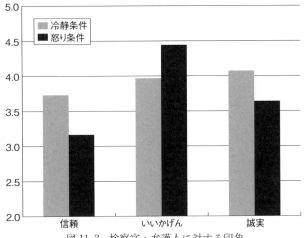

図 11-3. 検察官・弁護人に対する印象

点数が高い方が，被告人が反省していると思うとの回答を意味するところ，冷静条件の平均値は 4.87，怒り条件の平均値は 4.17 であった．すなわち，怒り条件における方が冷静条件よりも，被告人は反省していないと評価されているのである．

しかし，これらの検察官や弁護人，および被告人の評価に関する項目は遺族質問パート後にも尋ねているが，その時点では条件間の差は統計的に有意ではなかった[15]．遺族質問パートの映像は，基本的には遺族と被告人のやり取りに関わるものであるので，この映像を見た直後に検察官と弁護人の印象を尋ねても，遺族の表出する感情の影響は顕在化しにくかったのかもしれない．すなわち，遺族の怒り感情に触れることで，基本的には遺族の側に立っていると考えられる検察官への印象が良くなるとしても，そのような印象変化の効果は，検察官と弁護人の活動を最終パートにおいて視聴するまでは顕在化しなかったと考えることができるかもしれない．他方で，被告人は，遺族質問パートにおいても主要な役割を果たしていたにもかかわらず，遺族質問パート後では，被告人の反省に関する評価についても条件間で差がなかったことには留意しておく必要がある．もし，遺族

---

[15] 検察官・弁護人の信頼については $F(1, 85) = 2.188, p = .143$，いいかげんさについては $F(1, 85) = 0.208, p = .650$，誠実さについては $F(1, 85) = 0.463, p = .498$ であった．被告人の反省に関する評価については，$F(1, 84) = 0.408, p = .525$ であった．

の表出する感情により被告人への印象に違いが生じるならば，遺族質問パート後の質問票の回答に，その違いがあらわれていてもおかしくないからである．このように考えると，遺族の怒り感情は，弁護人と検察官に対する印象に変化をもたらし，被告人の反省態度に関する評価への影響はそれに付随する効果であったのかもしれない．

そして，このような検察官や弁護人の印象の変化は，分布グラフ後の量刑判断にも影響を及ぼした可能性がある16)．冷静条件と怒り条件ごとに，最終パート後の検察官と弁護人の印象評価と分布グラフ後の量刑判断との関係について相関を調べたところ，統計的に有意な相関は冷静条件においてみられたものの，怒り条件においては確認されなかった．すなわち，冷静条件では，信頼できるとの印象が検察官に当てはまると考えるほど量刑判断は重くなり（$r=-.561, p=.000$），いいかげんであるとの印象が弁護人に当てはまると考えるほど量刑は重くなり（$r=.494, p=.001$），誠実であるとの印象が検察官に当てはまると考えるほど量刑が重くなっていた（$r=-.462, p=.003$）17)．

11-5. 小括

本実験により，遺族の表出する感情が量刑判断に影響を及ぼすか否かを検証したが，各時点の量刑判断を従属変数とする限り，遺族の表出する感情が量刑判断に及ぼす影響は見出されなかった．このこと自体は，従前の先行研究（白岩・唐沢 2013; Myers *et al.* 2002; Platania & Berman 2006）の結果とも整合的である18)．

しかしながら，最終パート後に分布グラフを提示し，それを踏まえて量刑判断を求めたところ，分布グラフ後の量刑判断と最終パート後の量刑判断との差分が，条件間で異なっていることが示された．すなわち，分布グラフを見た後，冷静条

---

16) 検察官の求刑意見は懲役12年であり，図11-2によれば最終パート後は両条件とも量刑判断の平均値は12年に近い値となっている．しかし，分布グラフを見た後では，冷静条件は分布グラフの最頻値にあわせるように量刑を引き下げているが，検察官への印象が相対的に良くなっている怒り条件では，分布グラフを見た後も，量刑判断の平均値は検察官求刑の水準を維持しているようにみえる．
17) なお，分布グラフ後の量刑判断と最終パート後の量刑判断との差分と，最終パート後の検察官や弁護人の印象評価との相関も調べたが，こちらはいずれの条件においても統計的に有意な相関関係はみられなかった．
18) もっとも，文章によって遺族ではなく被害者本人の証言の様子を操作した研究（Tsoudis & Smith-Lovin 1998）では，証言の様子が量刑判断に影響を及ぼすことが示されていた（4-3-2-2）．

件では，分布グラフの最頻値に近づくように刑期の長さが1年ほど短縮しているのに対して，怒り条件での分布グラフ後の量刑判断は，最終パート後の判断とほとんど変わっていない．

　問題は，このような条件間の差がなぜ生じたかである．分布グラフの考慮の程度，あるいは尊重の程度については条件間で差が検出できなかったので，遺族の表出する感情が，分布グラフに対する評価自体に影響したと考えることは難しい．むしろ，遺族感情の違いによって，最終パート後の検察官と弁護人の相対的評価に差が生じていたことが注目される．本実験での分析はあくまで探索的なものにとどまるが，遺族感情が異なることで，検察官と弁護人に対する評価に違いが生じ，そのことが量刑判断に影響していると考えることができるかもしれない．この場合，検察官と弁護人の相対的評価が量刑判断と統計的に有意な相関関係を有していたのは冷静条件だけであることからすると，遺族が怒り感情を表出することで，検察官が弁護人と比較して相対的に肯定的に評価されるようになったことよりも，遺族が冷静であったために，弁護人の評価が相対的に高かったことの方が重要であるかもしれない．すなわち，冷静条件では，弁護人の評価が相対的に高いまま維持されており，その分だけ検察官の評価が怒り条件よりも低かったがゆえに，実験参加者は分布グラフを見た後で量刑を引き下げやすかったのかもしれない．

　ここで，裁判員制度施行以前に行われた模擬裁判では，被害者が怒っていると，かえって裁判員は冷静に判断するようになることが指摘されており（杉田 2013: 213 n48; 350 n110)，本実験の知見がそのこととどのような関係にあるのかを検討する必要がある．当然のことながら，裁判員制度施行以前の模擬裁判の知見も少数の事例に基づく分析にとどまっており，また本実験もその頑健性についてはさらなる検証を要する段階にある．しかし，これらの知見を統合的に理解しようとするならば，被害者の感情を2値として捉えるのではなく，それを量的なものとして捉えることが重要になってくると考えられる．この点で，人々が被害者の感情的反応を評価する際には，被害者の感情的反応は被害の程度に相応すべきであるとの規範が働いているとの考え方（Calhoun et al. 1981; Rose et al. 2006）は重要である．本実験では，遺族が怒っている条件と冷静な条件とを用意したが，実際には，怒っているとしても，それが被害に見合った程度の怒り感情の表出であると

評価される場合と，被害とは不相応な怒り感情の表出であると評価される場合とがあり得ると考えられる．したがって，被害者が怒っている，あるいは冷静であるという区別ではなく，そのような怒り，あるいは冷静さが，その被害者が受けた被害内容との関係で適切な水準にあると評価されるかどうかという点も考慮に入れて分析を進めていくことが重要となるであろう．

第12章　自動車事故事件の記録調査

12-1. 研究の目的および方法

　本章では，被害者の刑事裁判への参加が，裁判官の量刑判断に及ぼす影響について検証する．ここで，意見陳述制度や被害者参加制度が裁判官の量刑判断に及ぼす影響を検証する方法としては，確定した刑事事件の訴訟記録からデータを抽出し，それを分析することが考えられる．もっとも，このような調査を実施することは，必ずしも容易ではない（佐伯（2010: 481 n42）も参照）．

　他方で，確定事件の訴訟記録を利用したものではないが，自動車事故事件の量刑基準を探究する目的で，判決謄本を利用した量的調査が行われている（岡田好史ほか 2010；柴田 2012a；2012b；2013；2015）．筆者は，この調査を実施している研究グループが蒐集した判決謄本をもとに，確定事件の訴訟記録の閲覧請求をする機会を得た．それにより，業務上過失致死ないし自動車運転過失致死罪（いずれも，致死に加えて致傷の結果を生じさせた場合も含む）で東京地方裁判所（本庁）に起訴され，それらの罪で有罪となり[1]，2007年に判決が確定した事件の訴訟記録を

---

[1]　2007年5月17日に成立した「刑法の一部を改正する法律」は，同年6月12日から施行されているが，これによって自動車運転過失致死傷罪が新設された（伊藤ほか（2007）や江口（2007a；2007b；2007c）を参照）．自動車運転過失致死傷罪の法定刑は「7年以下の懲役若しくは禁錮又は100万円以下の罰金」であり，業務上過失致死傷罪（刑法211条1項）におけるそれ（「5年以下の懲役若しくは禁錮又は100万円以下の罰金」）よりも上限が引き上げられている．本調査対象事件においては，業務上過失致死の罪名で有罪となったものと自動車運転過失致死の罪名で有罪となったものとがあった．本調査におけるこの改正の位置づけについては，12-2-3で検討する．なお，現在，自動車運転過失致死傷罪の規定は，「自動車の運転により人を死傷させる行為等の処罰に関する法律」の5条に置かれている．この点につき，髙井（2014）を参照されたい．
　また，それより以前に，2006年4月25日に成立した「刑法及び刑事訴訟法の一部を改正する法律」が，2006年5月28日に施行していた（眞田・安永（2006），安永（2006a；2006b）を参照）．本調査対象事件においては，この施行日以前に発生した事案と施行後に発生した事案とがある．もっとも，この改正により業務上過失致死傷罪の罰金刑の上限が引き上げられたが，本章の分析は主として懲役刑ないし禁錮刑の場合に執行猶予となるか否かという点に関わるものであり，この改正

閲覧することができた．以上の手順に基づいて閲覧請求を行った104件[2]の記録を全て謄写請求し，謄写した記録をもとにデータの入力作業を行った[3]．このように，入手できた確定事件記録は2007年中に確定したものであったため，2008年以降に施行された被害者参加制度の効果については，本調査において検討することはできない．

　ここで，本調査は業務上過失致死ないし自動車運転過失致死事件を対象としているが，これには以下の2つの理由から意義があると考えられる．第1に，意見陳述等の被害者参加は，被害者本人以上に遺族によって利用されることが多いが(1-1-1; 1-1-2)，被害者が死亡しているような重大事件の多くは，裁判員制度が導入されて以降は，裁判員制度の対象事件となっている（裁判員の参加する刑事裁判に関する法律2条1項）．しかしながら，本調査対象の事件類型については，依然として裁判官のみによる裁判が行われている．そのため，これらの事件類型において，被害者の刑事裁判への参加が裁判官の量刑判断に対して及ぼす影響を研究することには実際的な意義がある．第2に，すでに指摘したとおり(5-1-1; 7-1-3)，被害者による刑事裁判への参加は，刑期判断という量的判断よりも，実刑とするか執行猶予を付すかという二者択一的な判断に対して影響を及ぼし得る可能性が高いと考えられる．そのため，このような二者択一的な判断が問題となりやすい事件類型を対象として調査を実施することには意義がある．

　　が分析結果に及ぼす影響は，ほとんどないと考えてよいだろう．
 2)　検察庁の保管番号を参考にして事件記録の閲覧請求を行っており，その保管番号は当初106件分存在していた．しかし，同一事件に異なる2つの保管番号が当てられているものが2件存在したため，最終的な閲覧請求は104件分となった．
 3)　本調査を実施することができたのは，多くの研究者および実務家の皆様のご配慮によるところが大きい．当然のことながら，筆者一人の力では，このような調査を行うことは不可能であった．閲覧請求に際して要した判決謄本のデータ利用に際しては，岩井宜子氏（専修大学・名誉教授）および柴田守准教授（長崎総合科学大学）に便宜を図って頂いた．また，伊東研祐教授（慶應義塾大学）には判決謄本を利用した調査を実施していた研究グループを紹介して頂き，川出敏裕教授（東京大学）には法務省および検察庁の担当者を紹介して頂いた．そして，多忙ななか，東京地方検察庁の担当者の皆様には，本研究のために保管記録の閲覧請求に対応して頂いた．この場をお借りして，御礼を申し上げる．

12-2. 分析結果

12-2-1. 記述データ

12-2-1-1. 意見陳述の利用状況に関する記述データ

第1審では，104件中38件（36.5％）で意見陳述の利用が確認された．このうち，公判廷における意見陳述のみがなされた事件が32件，書面の提出のみがあった事件が5件，その両方があった事件が1件あった．また，意見陳述を行う遺族は1件あたり通常1名であるが，6件で2名の遺族が，1件で3名の遺族が意見陳述を行っていた．

ここで，意見の陳述に代えて書面の提出がなされる場合としては（刑事訴訟法292条の2第7項），主として訴訟の進行に配慮した事情が念頭に置かれている（例えば，甲斐ほか（2001: 111）を参照）．しかし，書面による意見陳述があった6件中5件で，書面による方法を希望することや，公判廷での意見陳述を実施することの困難性の申し出が遺族からあり[4]，遺族側の希望により書面提出の方法が選択されている場合が存在するようである[5]．

第1審で意見陳述を行った遺族[6]の属性であるが，性別は男性が23名，女性が15名，被害者との関係性は，被害者の両親である者が16名，被害者の子どもである者が14名，被害者の配偶者である者が8名であった[7]．

---

[4] もっとも，このような遺族の申し出が認められる5件中1件では，公判廷での意見陳述の実施が困難であることを申し出た遺族は被害者の配偶者であり，実際に書面による意見陳述を行った遺族は被害者の子どもであった．

[5] 意見陳述の申し出を裁判所に通知する際に検察官が意見を付すにあたって（同条2項），陳述申出人が当初から書面による提出を希望している場合には「書面提出相当」の意見を付すこととされている（裁判所職員総合研修所 2005: 143）．

[6] 1つの事件に複数の遺族が関わっている場合がある．そのような場合には，裁判に最も関与している者を，その事件を代表する遺族とし，データを入力している．ここでは，さしあたり，意見陳述を行っている者，証人として尋問されている者，上申書を提出している者，供述調書がある者の順に，裁判への関与が大きいとしている．なお，複数の遺族が意見陳述を行っている場合には，意見陳述の実施方法により関与度を評価している．すなわち，書面による意見陳述を行った者よりも，公判廷における意見陳述を行った者の方が，関与が大きいと評価している．他方で，複数の遺族が同程度の裁判関与を行っている場合には，記録における順序によって代表となる遺族を定めている．すなわち，複数の遺族が同様の方法により意見陳述を行っている場合には，公判調書により先に意見陳述を行ったと認められる者を，当該事件を代表する遺族と定めた．それ以外の態様による同程度の裁判関与を行う複数の遺族がいる場合には，証拠として取り調べられた順番に基づき当該事件を代表する遺族を定めた．このことは，本章における遺族に関するデータの全てに当てはまる．

[7] 複数の遺族が意見陳述を行っている場合には，当該事件を代表する遺族1名を選定して集計して

次に控訴審における利用状況であるが，そもそも控訴があった事件は14件であった．14件のうち，意見陳述の利用があったのは2件（14.3％）に過ぎない[8]．また，第1審で意見陳述の利用がなかったにもかかわらず，控訴審においてはじめて意見陳述が利用されるというケースは，本調査対象事件中には存在しなかった．

12-2-1-2. 量刑に関する記述データ

第1審における量刑判断は，禁錮刑が104件中93件（89.4％）である一方，懲役刑は11件（10.6％）に過ぎなかった．また，執行猶予がつかなかった事件は24件（23.1％）で，残り80件（76.9％）では執行猶予がついている．なお，保護観察が付された事件は，2件のみであった．

控訴審の判断は，14件中，控訴棄却が10件，破棄自判が4件であった．なお，破棄自判がなされた場合においても，第1審の量刑判断が不当であるとして破棄された事件はなく，いずれも第1審判決後の事情を踏まえた破棄（刑事訴訟法397条2項）であった．

12-2-2. 意見陳述の利用を規定する要因

意見陳述の利用が量刑判断に及ぼす影響を検証する前に，意見陳述が利用された事件とされなかった事件を対比することで，意見陳述の利用を促進する要因について検討する．これは，意見陳述の利用が量刑判断に及ぼす影響を検証する際に統制すべき変数を考えるうえで重要な作業である．

意見陳述の利用を促進する要因を特定するために，探索的ではあるが，次の3つの仮説を検証する．第1の仮説は，事件の性質によって，意見陳述の利用率が変わるというものである．すなわち，飲酒運転やひき逃げといった悪質な事情を含む事件では，遺族がより意見陳述を利用しやすくなるという仮説である．第2の仮説は，被害者とその遺族との関係性の違いにより意見陳述の利用率が変わる

いるため，兄弟姉妹による意見陳述の利用件数が0件となっているが，遺族2名による意見陳述があった事件のうち1つでは，被害者の配偶者と被害者の妹による意見陳述が行われている．

[8) 控訴審においては原則として意見陳述が認められないと解されているが，事実や情状の取調べがなされる場合等には，控訴審でも意見陳述が認められる場合があるとされている（白木ほか2008a: 3108 n13）．

というものである．そして，第3の仮説は，被告人の反省態度についての遺族の評価の違いが，意見陳述の利用率に違いをもたらすというものである．

ここで，意見陳述の利用の有無を従属変数として分析する場合，そもそも刑事裁判の第1審に遺族が全く関与していないような事件については分析から除外することが考えられる．調査対象となった事件のほぼ全てで，少なくとも遺族の供述調書1通は証拠とされているが，遺族の関与が一切確認できない事件が2件あった．そこで，意見陳述の利用を規定する要因を分析する際には，この2件を除外している[9]．

まず，第1の仮説を検証するために，一定の悪質性が認められるか否かという点と，意見陳述の利用の有無との関係を調べた．調査対象事件中，道路交通法違反の認定があった事件は10件のみであったが，それがない場合であっても，一定の悪質な事由が含まれている場合がある．そこで，飲酒運転[10]，無免許運転，居眠り運転，速度違反（時速10 km以上の速度超過）[11]，信号無視，およびひき逃げ[12]を「悪質事由」と定義し，これらの事由のうち1つでも該当する事由がある事件を「悪質事件」と定義した．表12-1によれば，確かに「悪質事件」におけ

---

[9] このほかにも，第1審に最も深く関与している遺族が日本語を使えないという事案も分析から除外すべきか否かという問題がある．もっとも，日本語を使えない者が意見陳述制度を利用する場合には，刑事訴訟法175条により通訳人がつくこととなっている（裁判所職員総合研修所 2005: 172）．また，2014年1月25日に開催された日本法社会学会関東研究支部定例研究会において筆者が報告を行った際に，研究会に出席されていた検察官から，遺族が外国人であることを理由に意見陳述制度の利用を回避するよう働きかけることは実務上ないとの意見を頂いている．

　他方で，遺族が意見陳述制度を利用するか否かについての意思決定をするうえで，遺族自身が日本語を使えないという点を考慮に入れているかもしれない．念のため，意見陳述の利用の有無を従属変数とする本章の分析については，第1審に最も深く関与している遺族が日本語を使えなかった事件も分析対象から除外して同様の分析を行ったが，これを除外しない場合の分析結果と大きな違いはなかった．

[10] 道路交通法上酒気帯び運転とされる呼気1リットル中0.15ミリグラム（道路交通法施行令44条の3）に満たない飲酒量のものも含んでいる．

[11] 被告人の車両速度が一定の幅をもって認定されている場合には，その最も遅い速度を前提に速度超過の有無を判断し，速度違反の程度を計算することとした．ここで，どの程度の超過速度があった場合に速度違反があったとするかであるが，先行研究をみると，時速25 kmの速度超過の有無を重視しているもの（松宮ほか 1972: 129; 1973: 87）がある一方で，端的に速度超過の有無のみを問題とするもの（中・香城 1966: 102）もある．本調査対象中，時速5 kmの速度超過が認められるものが1件あったが，それ以外は全て時速10 km以上の速度超過があったので，さしあたり時速10 kmを基準とすることとした．

[12] 救護義務・報告義務違反（道路交通法72条1項，117条，119条1項10号）の認定がある場合だけでなく，そのような認定がなくても，被害者をひいた後で被告人がその場を立ち去っている場合も含んでいる．他方で，警察に事故を通報したが，警察官が単独事故と勘違いしていると思ったことを契機に被告人がその場から立ち去ったという事案が1件あったが，これは，ここでは「ひき逃げ」に含めていない．

表 12-1. 「悪質事由」の有無と意見陳述の利用の有無

	意見陳述なし	意見陳述あり	合計
「悪質事件」に非該当	46 件（65.7%）	24 件（34.3%）	70 件（100%）
「悪質事件」に該当	18 件（56.3%）	14 件（43.8%）	32 件（100%）

$p = .359$（Pearson の χ^2 検定）

る方がそうでない事件に比べて，意見陳述の利用率が高くなっているが，その関連は統計的に有意ではない．したがって，少なくとも，本調査で定義した「悪質事由」の有無に注目する限り，事件の性質の違いが意見陳述の利用率に及ぼす影響は確認できなかった[13]（本章では，サンプル数の限界も考慮し，有意水準を10%に設定しても統計的に有意ではない場合に，変数間の関連が確認できなかったとしている）．

次に，遺族と被害者との関係性が，意見陳述の利用の有無に及ぼす影響について検討する．表12-2によれば，遺族と被害者との関係性（以下では，遺族・本人の関係とする）と，意見陳述の利用率との間には関連があり，その関連は統計的に有意である．ここで，遺族・本人の関係は，死亡した被害者からみて遺族がどのような関係に当たるかを示す変数であり，これが「親」であるということは，死亡した被害者の親が裁判に最も積極的に参加していたことを意味する．調整済み残差[14]に注目すると，遺族が被害者の親である場合に意見陳述の利用が多いことが読み取れる[15]．

もっとも，遺族・本人の関係が「兄弟姉妹」と「その他の親族」とに属する事件数が少ないため，これらを除いたうえで分析すべきかもしれない．そのように

---

[13] 先行研究によれば，犯罪が重大であるほど被害者による Victim Impact Statement（VIS）の利用率が高まるとされている（Roberts 2009: 363）．しかし，先行研究で問題とされている犯罪の重大性とは，罪種の違い等によって区別される大まかな概念である（例えば，Leverick et al.（2007: 23-24）を参照）．本調査対象は全て自動車事故に起因する致死事件であり，その意味での犯罪の重大性に違いはないことになる．したがって，ここでの分析結果は，先行研究の知見と必ずしも矛盾するものではない．
[14] 調整済み残差とは，2つの変数が独立していると仮定した場合の各セルの期待度数と実際に測定された度数の差に着目して求められるものであり，平均値が0，標準偏差が1の正規分布に近似的に従うとされている．調整済み残差の絶対値が2（厳密には1.96）以上のセルは，特に特徴的な個所であると考えることができる（内田（2011: 149-150）を参照）．また，Haberman（1973）も参照されたい．
[15] 遺族が被害者の兄弟姉妹である場合に意見陳述の利用が少ない傾向も読み取れるが，複数の遺族が関与している場合には，遺族1名に事件を代表させて集計させていることに注意する必要がある．前述したように，複数の遺族が意見陳述を利用している場合に被害者の兄弟姉妹が意見陳述を利用していた事例が1件あるが，そこでは，被害者の配偶者が事件を代表する遺族として選ばれていた．

表 12-2. 遺族・本人の関係と意見陳述の利用の有無*

<table>
<tr><th colspan="2"></th><th>意見陳述なし</th><th>意見陳述あり</th><th>合計</th></tr>
<tr><td rowspan="5">遺族・本人の関係</td><td>親</td><td>13件 (44.8%)
-2.36</td><td>16件 (55.2%)
2.36</td><td>29件 (100%)</td></tr>
<tr><td>子ども</td><td>24件 (63.2%)
0.07</td><td>14件 (36.8%)
-0.07</td><td>38件 (100%)</td></tr>
<tr><td>兄弟姉妹</td><td>7件 (100.0%)
2.11</td><td>0件 (0.0%)
-2.11</td><td>7件 (100%)</td></tr>
<tr><td>配偶者</td><td>18件 (69.2%)
0.79</td><td>8件 (30.8%)
-0.79</td><td>26件 (100%)</td></tr>
<tr><td>その他の親族</td><td>2件 (100.0%)
1.10</td><td>0件 (0.0%)
-1.10</td><td>2件 (100%)</td></tr>
</table>

$p = .038$（Fisher の直接法による正確有意確率（両側））

＊ 各セルの上段が件数とパーセンテージ（括弧内）であり，下段が調整済み残差である．

表 12-3. 被告人の反省に関する遺族評価と意見陳述の利用の有無*

<table>
<tr><th colspan="2"></th><th>意見陳述なし</th><th>意見陳述あり</th><th>合計</th></tr>
<tr><td rowspan="3">遺族評価</td><td>誠意なし</td><td>15件 (40.5%)
-3.50</td><td>22件 (59.5%)
3.50</td><td>37件 (100%)</td></tr>
<tr><td>評価不明・記述なし</td><td>33件 (68.8%)
1.18</td><td>15件 (31.3%)
-1.18</td><td>48件 (100%)</td></tr>
<tr><td>誠意あり</td><td>16件 (94.1%)
2.93</td><td>1件 (5.9%)
-2.93</td><td>17件 (100%)</td></tr>
</table>

$p = .000$（Pearson の χ^2 検定＊＊）

＊ 各セルの上段が件数とパーセンテージ（括弧内）であり，下段が調整済み残差である．
＊＊ 期待度数が5未満のセルはないが，観測度数が1のセルがあるため，Fisher の直接法を用いた分析も行ったが，結果に大きな違いはない．

したところ，遺族・本人の関係と意見陳述の利用の有無との関連は，統計的に有意ではなくなった（Pearson の χ^2 検定により，$p = .149$）．ただし，「親」が意見陳述を利用するというセルにおける調整済み残差は1.89であり，統計的に有意となる基準を満たすものではないが，依然として2に近い水準ではある．サンプル数の限界から明確な指摘は難しいが，最も積極的に裁判に関与している遺族が死亡した被害者の親である場合には，意見陳述の利用率が高くなる可能性がある．

最後に，被告人の反省態度に関する遺族の評価（以下では，遺族評価とする）が，意見陳述の利用の有無を規定しているという第3の仮説を検証する．遺族評価については，「誠意なし」，「評価不明・記述なし」，および「誠意あり」の3つのカ

テゴリーを用意したが[16]，それと意見陳述の利用の有無とをクロス集計した結果が，表12-3である．調整済み残差に注目すると，遺族評価が「誠意なし」である場合に意見陳述の利用率が高く，「誠意あり」である場合に意見陳述の利用率が低いことが読み取れる．したがって，遺族が被告人の反省態度についてどのような評価をしているかは，意見陳述の利用の有無に影響を与えている可能性がある．

このような知見は，謝罪宥和理論（apology mitigation theory）と整合的であるように思われる．これは，謝罪が被害者の感情の宥和や，加害者に対する印象改善を媒介して，被害者の処罰的な反応を軽減するプロセスを記述する理論である（大渕 2010: 37; Ohbuchi *et al.* 1989）．すなわち，謝罪には，被害者の怒りを鎮め，その処罰的反応を低減する効果があるとされるのである．本調査の知見は，遺族が被告人の謝罪を受け入れた場合に，積極的な処罰的反応（意見陳述による刑事裁判への関与）が取られにくくなる一方で，遺族が被告人の謝罪を受け入れていない場合に，積極的な処罰的反応が取られやすくなる可能性を示している点で，謝罪宥和理論と整合的であるということができるかもしれない．実際，遺族評価と，遺族の処罰感情との関連は強くみられた[17]．しかしながら，ここで注意を要する

---

[16] 「誠意あり」とは，遺族が，被告人からの謝罪の事実を踏まえて，被告人に誠意がある，被告人は反省している，被告人に対して宥恕を求めるといった意見を述べている場合を指す．他方で，「誠意なし」とは，被告人に誠意がないと遺族が評価している場合や，被告人の反省態度に疑問がある，あるいは，それらは裁判や行政処分上有利な結果を得るためのものであるとして，被告人の謝罪内容に対して否定的な意見が述べられている場合を指す．

以上に対して，端的に被告人の謝罪の事実，あるいは謝罪がなかった事実について触れられているだけのものや，被告人の反省態度についての言及がないものは，「評価不明・記述なし」とした．また，「警察等から被害者が反省していると聞いた」と遺族が述べているだけの場合も，「評価不明・記述なし」とした．

判断に迷ったものとして，被告人からの謝罪に対して，遺族の味わった苦しみからすると「そんなものなのか」と感じたという記述がある．全体の趣旨を読むと，被告人に対してさらなる反省を求めたいと感じているようだが，被告人に「誠意がない」とまでの評価をしているかは不明であるので，ここでは，「評価不明・記述なし」とした．また，謝罪にこられてかえって迷惑であったというような記述も，被告人に誠意がないとの評価とは次元が異なるようであるので，ここでは「評価不明・記述なし」とした．

なお，遺族が複数名いる場合には，ここでも，最も裁判に深く関与している遺族の評価を分析対象とした．

また，遺族評価が，時間の経過とともに変化している場合がある．そのような場合には，最も新しい評価をデータとして用いている．ただし，意見陳述に際して述べられた評価と，それ以前の評価とが異なっている場合には，意見陳述以前の最新の評価をデータとして採用している．これは，意見陳述制度の利用の有無を決めるという意味では，意見陳述よりも前になされた評価の方が重要であると考えたためである．

[17] 両者の関連は，統計的に有意であった（Fisher の直接法による正確有意確率（両側）は，*p*

表12-4. 遺族・本人の関係と遺族評価*

		遺族評価		合計
		誠意なし	その他	
遺族・本人の関係	親	15件 (51.7%) 1.58	14件 (48.3%) −1.58	29件 (100%)
	子ども	10件 (26.3%) −2.21	28件 (73.7%) 2.21	38件 (100%)
	配偶者	12件 (46.2%) 0.78	14件 (53.8%) −0.78	26件 (100%)

$p = .080$（Pearson の χ^2 検定）

＊ 各セルの上段が件数とパーセンテージ（括弧内）であり，下段が調整済み残差である．

のは，本調査では被告人の謝罪の有無という要因を直接的に扱っているわけではなく，あくまで，被告人の謝罪態度に対する遺族の認識を扱っているということである．したがって，実際の被告人の謝罪態度と，遺族の認識との関係は確認できていない．このため，被告人が積極的に謝罪を試みていても，遺族の方では，誠意がないと考えている場合があることも否定できない[18]．

いずれにせよ，以上の分析結果に依拠するならば，遺族・本人の関係，および被告人の反省態度に関する遺族評価が，意見陳述の利用の有無に影響を与えている可能性がある．もっとも，遺族・本人の関係と，遺族評価という2つの変数自体が関連している点には留意する必要がある．遺族評価が「誠意なし」であるか，それ以外であるかという点と，遺族・本人の関係との関連を調べたところ（表12-4)[19]，その関連は10％水準で統計的に有意な傾向にあった．この結果を踏まえるならば，遺族・本人の関係と，遺族評価とは，それぞれが独立して意見陳述の利用を促進しているわけではなく，両者が相互に関連しながら意見陳述の利用を促進していると考える方が適切であろう．問題は，この両者がどのように関連

= .000). ここで，遺族の処罰感情は，第1審における最も新しい時期の処罰感情の内容から判断して，「厳罰」，「中立」，および「宥恕」の3つの水準に分類している（なお，遺族による裁判への関与が確認できる事件のなかでも，裁判に最も関与している遺族の処罰感情が明らかではない事件が5件あり，これは欠損値として処理している）．被告人に誠意があると遺族が評価している場合には宥恕の意見を述べる傾向が強く，他方で，被告人に誠意がないと遺族が評価している場合には厳罰を求める傾向が強い．

18) 例えば，謝罪が効果を有するためには，それが真正なものであると被害者に認知される必要があるが（例えば，大渕 (2010: 65-67) を参照)，刑事裁判を控えた場面では，被告人の謝罪の動機が，刑事処分における有利な結果の獲得という点に帰属されやすいかもしれない．

19) 該当する事件数が少ないことから，ここでは，遺族・本人の関係が「兄弟姉妹」である場合と，「その他の親族」である場合とを除いた分析結果を報告している．

して意見陳述の利用を促進しているかであるが，この点について本調査データの分析結果から判断することは難しい．仮説としては，遺族・本人の関係のあり方が，遺族評価に影響を与えていると考えることもできるし，被告人が反省をしていないと遺族が評価しやすいような事件類型において一定の年齢層の者が被害者になりやすいと考えることもできる．また，すぐ上で指摘しているように，本調査では，被告人の反省に関する遺族評価が，実際の被告人の謝罪態度とどのように関連しているかまでは，明らかにできていない．その意味では，被告人による謝罪の有無および程度は，遺族評価に影響を及ぼしてはおらず，もっぱら，死亡した被害者と遺族との関係性が遺族評価を規定している可能性も否定できない．このように，十分に明らかにすることができなかった点も残されているが，少なくとも，遺族・本人の関係，および被告人の反省態度に関する遺族評価という変数は，意見陳述の利用が量刑判断に及ぼす影響を検証する際に統制すべき変数の候補になるということは確認できた．

12-2-3. 意見陳述の利用と量刑判断との関係

以上を踏まえつつ，意見陳述の利用が量刑判断に及ぼす影響について検証する．ここで，量刑判断の内容としては，刑種の選択，執行猶予の有無，保護観察の有無，刑期，執行猶予の期間等，様々なものが考えられるが，ここでは，先行研究のレビュー等も踏まえて (5-1-1; 7-1-3)，執行猶予の有無を取り上げて検討する（以下では，実刑とするか執行猶予とするかについての量刑判断を，端的に執行猶予判断と呼ぶ）．また，前述したように (12-2-1-2)，控訴審において第1審の量刑判断が不当であるとして破棄された事件はないことから，ここでは第1審における宣告刑を用いて分析を行う[20]．また，執行猶予判断を従属変数とする場合，そもそも執行猶予を付すことが不可能である事件は分析から除外しておくべきであろう．このような観点から，執行猶予判断を従属変数とする以下の分析では，保護観察期間中の被告人が事故を起こした事件（1件）と，前の禁錮以上の刑の執行が終わった日から5年が経過していない被告人による事件（1件）については（刑法25条），分析の対象から外している．他方で，宣告刑が3年を超える場合も執行

---

[20] 執行猶予判断を従属変数とする本章の分析について，確定した執行猶予判断を用いて同様に分析した場合であっても，本章での議論に影響を与えるような分析結果の違いは確認されなかった．

猶予の対象とならないが（同条1項），ここでは分析に含めている．これは，実務の感覚からすると，少なくとも刑期の判断をした後にそれを踏まえて執行猶予判断をしているわけではないとされていることからすれば（植野 2011: 75-77; 遠藤 2011: 80; 原田 2008: 43; 松本 1982: 166 n24），最終的に下された宣告刑の刑期の観点から分析対象を絞ることは適当ではないと考えたからである[21]．なお，執行猶予が可能であっても，初度ではなく再度の執行猶予が可能であるにとどまる場合には，執行猶予とするための要件が厳しくなっている（同条2項）．ここで，調査対象事件中，執行猶予期間中に第1審の判決宣告があった事件は2件あった．本章における執行猶予判断を用いた分析は，さしあたりこの2件も含めているが，これを除外して分析した場合であっても，本章での議論に影響を与えるような分析結果の違いは確認されなかった．

　ここで，前述したように，自動車運転過失致死傷罪を導入する刑法改正が2007年6月12日より施行している関係で，本調査対象には，業務上過失致死罪が適用された事件だけでなく，自動車運転過失致死罪が適用された事件も6件存在する．この改正に関してなされた法制審議会刑事法（自動車運転過失致死傷事犯関係）部会における議論では，自動車運転過失致死傷罪の導入による全般的な厳罰化を前提とした意見が示されることもあったが（例えば，第1回議事録5-6頁），本改正は主として悪質な交通事故に対して従前の業務上過失致死傷罪では適切に対処できなかったことから，その法定刑の上限を引き上げることで，事案に応じた適正な科刑を実現することを可能とすることを目的としたものであるとされる（伊藤ほか 2007: 2532; 2542-2543; 法制審議会刑事法（自動車運転過失致死傷事犯関係）部会第3回議事録8）．そうであるならば，従属変数を執行猶予判断に限定する限りは，適用された罪名が業務上過失致死であるか自動車運転過失致死であるかという点を分析に取り込む必要はあまり大きくないと考えられる．自動車運転過失致死罪が適用された事件数が6件と少ないこともあり，以下では，適用された罪名の区別については捨象して分析を行う[22]．

---

21) 同様の考慮から，先に執行猶予判断を従属変数とする分析を行い，しかる後に実刑となった事件に限定して刑期を従属変数として分析を行った先行研究（松宮ほか 1971）も存在する．他方で，3年を超える刑期の事件を除外したうえで執行猶予判断を従属変数とする分析を行ったものとしては，柴田（2012a; 2013）がある．
22) 自動車運転事故事件に関する量刑を実証的に分析した松宮ほか（1971）も，データが昭和43年6月10日の法改正の前後にまたがっていたが，そこでの法改正が悪質事案に対処するための刑の

表 12-5. 意見陳述の利用の有無と執行猶予の有無

	執行猶予	実刑	合計
意見陳述なし	56 件（86.2%）	9 件（13.8%）	65 件（100%）
意見陳述あり	24 件（64.9%）	13 件（35.1%）	37 件（100%）

$p = .012$（Pearson の χ^2 検定）

表 12-6. 意見陳述の利用の有無と執行猶予の有無（「重大事件」の除外）

	執行猶予	実刑	合計
意見陳述なし	42 件（95.5%）	2 件（4.5%）	44 件（100%）
意見陳述あり	18 件（81.8%）	4 件（18.2%）	22 件（100%）

$p = .090$（Fisher の直接法による正確有意確率（両側））

　まず，意見陳述の利用の有無と執行猶予判断との関連をみてみると（表12-5），意見陳述の利用がある場合に実刑率は35.1%であるのに対して，意見陳述の利用がない場合の実刑率は13.8%となっている．

　ここで，「悪質事由」の有無と意見陳述の利用の有無との関連が統計的に有意ではなかった点を強調するのであれば（12-2-2），ここで事件の性質について統制する必要はない．しかし，本調査のサンプル数が少ないことに鑑みれば，意見陳述の有無と事件の性質との関連がないことを前提として分析を進めることは適当ではない．また，執行猶予判断には，事件の悪質性だけでなく，当該被告人が発生させた事故の規模や件数も影響し得ると考えられる．そこで，「悪質事由」が認められる事件，死亡被害者1名のほかにも死亡者や負傷者が存在した事件，および2件以上の交通事故が併合審理された事件をあわせて「重大事件」と定義し，これらを除外して分析したところ（表12-6），10%水準ではあるが，先ほどの結果と同様の傾向が確認できた[23]．

　ここで，過失の内容等をさらに統制するために，事故のパターンごとに分析を行った．なお，ここでは，当該事故パターンに属する事件が，「重大事件」を除外しても10件以上残るものに限定してクロス集計の結果を示している．すなわち，①交差点右左折時の自動車が，歩行者ないし自転車に乗っていた人をはねた事案（以下では，「右左折時自動車／歩行者」事案）と②交差点右左折時の自動車が，

　　引上げであったため，執行猶予の基準について分析する際に，改正の前後を区別していない．
　23）「重大事件」を分析対象から除外すると，懲役刑が言い渡された事件は全て分析対象から外れた．

表 12-7a. 意見陳述の利用の有無と執行猶予の有無(「重大事件」を除外)
　　　　——「右左折時自動車／歩行者」事案

	執行猶予	実刑	合計
意見陳述なし	23件 (92.0%)	2件 (8.0%)	25件 (100%)
意見陳述あり	5件 (62.5%)	3件 (37.5%)	8件 (100%)

$p = .078$ (Fisher の直接法による正確有意確率(両側))

表 12-7b. 意見陳述の利用の有無と執行猶予の有無(「重大事件」を除外)
　　　　——「右左折時自動車／自動二輪車」事案

	執行猶予	実刑	合計
意見陳述なし	5件 (100.0%)	0件 (0.0%)	5件 (100%)
意見陳述あり	5件 (83.3%)	1件 (16.7%)	6件 (100%)

$p = 1.000$ (Fisher の直接法による正確有意確率(両側))

自動二輪車の運転手をはねた事案(以下では,「右左折時自動車／自動二輪車」事案)について,この順に表 12-7a と表 12-7b にクロス集計の結果を示している[24].それによれば,少なくとも,比較的件数の多い「右左折時自動車／歩行者」事案においては,意見陳述が利用された場合に実刑となる確率が高まるという傾向が,10% 水準で統計的に有意であった.

12-2-4. 意見陳述の利用と量刑判断との関係——統制変数との関係

ここで,被告人の反省態度に関する遺族評価と,遺族・本人の関係とが,意見陳述の利用の有無に影響を与えていた (12-2-2).そこで,これらの変数と執行猶予判断との関連を調べ,関連が見出された変数を統制したうえで,なお意見陳述の利用の有無と執行猶予判断との間に関連があるかどうかを検証することとする.

まず遺族・本人の関係と執行猶予判断との関連であるが,ここでも,遺族・本人の関係が「兄弟姉妹」と「その他の親族」である事件数は少ないので,これらを除外したうえで,遺族・本人の関係と執行猶予の有無とをクロス集計した.その結果,両者の関連は統計的に有意ではなかった (Pearson の χ^2 検定により,$p = .340$)[25].そうであるとすると,意見陳述の利用の有無が執行猶予判断に及ぼす

[24) ここでの事故パターンの分類の文脈では,自動二輪車は自動車に含まれていない.他方で,自動二輪車には原動機付自転車が含まれている.もっとも,本調査対象事件中,自動二輪車が交差点右左折時に歩行者ないし自転車に乗っていた人をはねた事案はなかったので,自動車に自動二輪車を含ませたとしても,「右左折時自動車／歩行者」事案の分析結果に影響は生じない.

表 12-8. 遺族の評価と執行猶予の有無*

		執行猶予	実刑	合計
遺族評価	誠意なし	23件（63.9%） −2.55	13件（36.1%） 2.55	36件（100%）
	評価不明・記述なし	37件（80.4%） 0.54	9件（19.6%） −0.54	46件（100%）
	誠意あり	18件（100.0%） 2.49	0件（0.0%） −2.49	18件（100%）

$p = .005$（Fisher の直接法による正確有意確率（両側））

* 各セルの上段が件数とパーセンテージ（括弧内）であり，下段が調整済み残差である．

影響を検証する際に，この変数を統制する必要性はそこまで大きくないと評価できる．

他方で，遺族評価と執行猶予判断との関連は，統計的に有意であった（表12-8)[26]．もっとも，「重大事件」を除外すると，この結果は維持されないが（Fisher の直接法による正確有意確率（両側）は，$p = .398$)，意見陳述の利用の有無と執行猶予判断との関連を解釈するにあたっては，遺族評価という要因について注意する必要があるだろう．

そこで，遺族評価の水準ごとに，意見陳述の利用の有無と執行猶予判断との関連を調べた．ここで，遺族評価の水準のうち，「誠意あり」は件数が少ないので，これと「評価不明・記述なし」をあわせて分析することとした．その結果，意見陳述がある場合に実刑判決の割合が増える傾向は，遺族評価が「誠意なし」である場合のみ確認できたが，この結果は安定していない[27]．

ここで，先に指摘したとおり（12-2-2），遺族評価と遺族の処罰感情との間には関連が認められることに注意しておく必要がある．そして，遺族の処罰感情と意

---

25)「重大事件」を除外して分析した場合であっても，結果に大きな違いはなかった．
26) 意見陳述の利用を規定する要因を分析した際には（12-2-2），意見陳述実施直前の評価をデータとして用いていたが，執行猶予判断を従属変数とする分析においては，第1審での判決が言い渡される前に示された評価のうち最も新しい評価をデータとして用いている．
27) 期待度数が5未満のセルがないため，Pearson の χ^2 検定の結果を参照すると，$p = .089$ であった．しかし，観測度数が5未満のセルがあり，Fisher の直接法による正確有意確率（両側）を参照すると，$p = .159$ である（片側は，$p = .087$）．また，「重大事件」を除外すると，両者の関連は統計的に有意ではなくなった（分析の対象は22件であり，Fisher の直接法による正確有意確率（両側）は，$p = .476$）．なお，ここでは，期待度数が5未満のセルはないが，観測度数が5未満のセルがある場合に，検定方法によって結果が異なる部分があったため，2つの検定方法による分析結果を報告したが，本章のこれ以外の箇所でそのようなことはなかった．したがって，本章の以下の分析において，このような場合には，Fisher の直接法による正確有意確率（両側）のみを報告している．

見陳述の利用の有無との間には関連があり（Fisherの直接法による正確有意確率（両側）は，$p=.000$），処罰感情と執行猶予判断との関連も認められる[28]．そこで，処罰感情を統制したうえで意見陳述の利用の有無と執行猶予判断との間に関連があるか否かを調べようとしたが，処罰感情が「宥恕」と「中立」の場合には，実刑判決が下された事件がなかったので，処罰感情が「厳罰」である場合に限って，意見陳述の利用の有無と執行猶予判断との関連を調べた．分析対象は58件であったが，両者の関連は統計的に有意ではなかった（Pearsonのχ^2検定により，$p=.331$）[29]．

このように，サンプル数の限界はあるものの，意見陳述の利用による執行猶予判断への影響を解釈するにあたっては，被告人の反省態度に関する遺族評価や処罰感情といった，遺族の主観的側面に注意する必要があるということはいえるであろう．ここで，試みに，意見陳述の利用の有無ごとに，遺族評価や処罰感情と執行猶予判断との関連を調べた．ここでも，遺族評価については「誠意あり」と「評価不明・記述なし」を，処罰感情については「宥恕」と「中立」を，それぞれ1つのカテゴリーにまとめて分析した．その結果，遺族評価については，意見陳述がある場合にのみ，遺族が「誠意なし」と評価しているときに実刑判決の割合が増える傾向が10%水準で有意であったが，この結果は安定したものではなかった[30]．さらに，処罰感情については，むしろ意見陳述がない場合にのみ執行猶予判断との関連が確認できた（Fisherの直接法による正確有意確率（両側）は，$p=.001$）[31]．

---

[28] Fisherの直接法による正確有意確率（両側）は，$p=.000$であった．「重大事件」を除外すると両者の関連は統計的に有意ではなくなるが（Fisherの直接法による正確有意確率（両側）は，$p=.243$），処罰感情が「厳罰」であり，被告人に実刑判決が下されている場合のセルの調整済み残差は1.98であった．
[29] 「重大事件」を除外して分析した場合であっても，結果に大きな違いはなかった．
[30] Fisherの直接法による正確有意確率（両側）は，$p=.091$であった．しかし，「重大事件」を除外すると，両者の関連は統計的に有意ではなくなった（分析の対象は22件であり，Fisherの直接法による正確有意確率（両側）は，$p=1.000$）．
[31] ただし，「重大事件」を除外すると，この結果は維持されなかった（Fisherの直接法による正確有意確率（両側）は，$p=.219$）．

12-2-5. 意見陳述の利用と量刑判断との関係――その他の統制変数との関係

以上のとおり，意見陳述の利用を促進していると考えられる変数を統制して意見陳述の利用の有無と執行猶予判断との関連を検証すると，被告人の反省態度に関する遺族評価，あるいはそれと関連が深い遺族の処罰感情が，両変数の関連に対して何らかの態様で影響を与えていることが考えられる．しかしながら，両変数に影響を与えていると考えられる変数は，ここまでに検討してきたもので全てである保証はない．もちろん，どこまで分析を進めても，意見陳述の利用の有無が執行猶予判断に影響を及ぼしているとの知見が，第3の変数によって生じた擬似的な結果である可能性は常に残る．しかしながら，そのような両者の擬似的な関連を発生させていると考えられる変数について，現状において考えられる限りのものを分析枠組みに含めておくことが適切であろう[32]．

検討すべき変数として，第1に，被告人が職業運転手であるか否かという点を挙げることができる．職業運転手であるにもかかわらず事故を起こしたということで遺族が被告人に対して怒りを感じやすく，それゆえ意見陳述の利用が促進されるかもしれない．また，職業運転手であるがゆえに，その再犯可能性等を鑑みて，より重い量刑判断につながる可能性もある．しかし，被告人が職業運転手であるか否かという点[33]と，遺族による意見陳述の利用の有無との関連は，統計的に有意ではなかった（Pearsonのχ^2検定により，$p=.197$）．また，被告人が職業運転手であるか否かという点と執行猶予判断との関連も，統計的に有意ではなかった（Pearsonのχ^2検定により，$p=.970$）[34]．したがって，本調査結果に基づく限りは，被告人が職業運転手であるか否かという要因が，意見陳述の利用の有無と執行猶

---

[32] 筆者が2013年7月6日と7日に北海道大学で開催された法と経済学会全国大会において行った口頭報告（報告日は7日）に対する村松幹二教授（駒澤大学）のコメントによる．村松教授からは，あわせて，分析に組み込むべきいくつかの変数について具体的に指摘して頂いた．以下での分析は，主としてそこでのコメントを受けて行われたものである．

[33] 本調査では，タクシーやバスの運転手，送迎係，運送業，回収業に従事する運転手に加えて，特殊自動車を仕事として運転している運転手も，職業運転手に分類した．他方で，暴力団組長の運転手は，送迎係に近いかもしれないが，職業運転手には含めなかった．

[34] 「重大事件」を除外して分析した場合であっても，結果に大きな違いはなかった．
　なお，先行研究では，被告人が職業運転手であるという事情と執行猶予判断との間には，2変数の関係に限定すれば，一定の関連があることが示されている（中・香城1966: 107; 松宮ほか1973: 86）．ただし，ほかの変数の影響を考慮すると，被告人が職業運転手であるという事情が執行猶予判断に及ぼす影響は見出されていない（松宮ほか1973: 86）．

表12-9. 交通前科の有無と意見陳述の利用の有無

	意見陳述なし	意見陳述あり	合計
交通前科なし	48件（73.8％）	17件（26.2％）	65件（100％）
交通前科あり	16件（43.2％）	21件（56.8％）	37件（100％）

$p = .002$（Pearsonのχ^2検定）

予判断との間の関連を説明する変数であると考えることは難しい．

　第2に，被告人の前科や交通違反歴も，擬似相関を発生させる変数の候補として考えられる．例えば，遺族は，多くの交通違反等を繰り返す被告人に対してより強い怒りを感じ，それが意見陳述の利用につながるかもしれない．そして，交通違反等の経歴が量刑判断に影響を与えるかもしれない．この点につき，行政処分歴の有無，交通関係前科（以下，交通前科）の有無，それ以外の前科の有無（以下，一般前科），および交通違反歴の有無と意見陳述の利用の有無との関係をそれぞれに調べたが[35]，統計的に有意な関連がみられたのは交通前科の有無と意見陳述の利用の有無との関連のみであった（表12-9）．それによれば，被告人に交通前科がある場合に，意見陳述の利用率が高まっている．

　そこで，交通前科の有無と執行猶予判断との関連を調べたところ（表12-10），両者の関連も統計的に有意であった[36]．この結果を踏まえるならば，これまでにみてきた意見陳述の利用の有無が執行猶予判断に及ぼす影響は，交通前科の有無が両変数に及ぼす影響によって擬似的に生じていたものである可能性を否定する

---

35) 同種前科と異種前科とでは，量刑上の考慮の程度に違いがあると考えられることから（例えば，難波（2011: 8; 33; 47）を参照），ここでは，同種前科と捉えることができると思われる交通前科と，それ以外の一般前科とに分けて分析をした．交通前科とは，具体的には，道路交通法違反や業務上過失致死傷に関する前科を意味している．他方で，これ以外の罪名の前科が一般前科とされている．ただし，道路交通法違反等の前科であっても，それら以外の罪も併合されている場合には，一般前科として扱っている．

　また，交通違反，および行政処分歴については，その内容や件数，時期等が明確に読み取れない場合もいくつかあった．ここでは，時期が年月で特定されており，交通違反の内容，あるいは処分内容と，その件数も明確である場合のみ，交通違反，あるいは行政処分としてカウントしている．そのため，これらの変数には，ある程度の測定誤差が存在していることを否定できない．

36) 「重大事件」を除外して分析した場合であっても，結果に大きな違いはなかった．なお，交通前科は，当該被告人の「順法精神の有無・程度を計るバロメーターともいえるので」，量刑上の重要な考慮要素となるとされている（岡田良平 1967: 14）．柴田（2015: 67; 71-72）は，自動車運転過失致死傷罪（業務上過失致死傷罪）において実刑を促進する要因として，禁錮以上の前科（執行猶予を含む）や交通違反前歴がある場合を指摘している．他方で，中・香城（1966）は，業務上（重）過失致死罪における執行猶予判断に影響する要因として，道路交通法以外の前科または逮捕歴を抽出している．しかし，この研究では，業務上過失致死傷罪による罰金前科が，道路交通法以外の前科に含まれているため，本調査とは分析のために用意した変数の操作的定義が異なる．

表 12-10. 交通前科の有無と執行猶予判断

	執行猶予	実刑	合計
交通前科なし	56件（84.8%）	10件（15.2%）	66件（100%）
交通前科あり	24件（66.7%）	12件（33.3%）	36件（100%）

$p=.033$（Pearson の χ^2 検定）

ことはできない．

　しかし，ここで注意しておくべきことは，ここでの交通前科は非常に古いものまで含んでいるということである．ある程度古い前科は量刑上あまり考慮されないのであれば（例えば，難波（2011: 48-49）を参照），前科の新旧についても意識した分析が必要である．そこで，交通前科のうち，その確定日[37]から第1審判決宣告日までに10年[38]を超える期間が経過しているものを除外して分析すると[39]，交通前科の有無と意見陳述の利用の有無との関連は統計的に有意ではなくなる（Pearson の χ^2 検定により，$p=.140$）．また，同じく，10年以内の交通前科の有無に限定するならば，それと執行猶予判断との関連も，統計的に有意ではなくなる（Fisher の直接法による正確有意確率（両側）は，$p=0.571$）[40]．この結果を踏まえるならば，意見陳述の利用の有無と執行猶予判断との関連が，単に交通前科の有無と

---

[37] 前科が重く処罰される根拠を，刑の感銘力があるにもかかわらず，さらに再犯を行ったことに求めるのであれば，前科の時期については刑の宣告時を基準にした方が適当であるかもしれない（難波 2011: 8-9）．しかしながら，宣告日が明らかではなく，確定日しかデータとして抽出できなかった前科があったため，ここでは，基本的に前科の確定日と，本件での判決宣告日との期間を用いることとした．なお，前科の確定日も分からなかったため検挙日によって代替せざるを得なかったものが3件ある．また，別の1件では，前科の日として記載されたものが宣告日か確定日か判断のつかなかったものがあるが，さしあたりは，この日にちを前提に期間計算を行った．

[38] どの程度の期間を経過したら前科が量刑上あまり考慮されなくなるのかを一律に決めることは難しい．刑の消滅（刑法34条の2）を1つの基準とすることも考えられるが，刑の言渡しの効力が失われても，その前科を量刑資料として取り調べることは認められている（最判昭和29年3月11日刑集8巻3号270頁）．
　他方で，裁判官に対する意識調査によれば，殺人罪では出所後10年を経過した前科であっても量刑を重くする事情として考慮されているようであるが，傷害罪では出所後10年を経過した前科の量刑上の考慮の程度は小さくなり，窃盗の服役前科であればその傾向はさらに顕著となることが示されている（司法研修所 2007: 133-134）．もちろん，裁判官が認識している意識に依拠した調査である点や，交通前科の場合の裁判官の意識ではないという限界はあるが，ここでは，さしあたり10年という期間を目安に分析することとした．

[39] ここで，道路交通法に関する犯歴については，裁判が確定した年の翌年1月1日から起算して5年を経過したものについては，照会に対して原則として調査を行わず，回答もしない取扱いとなっている（冨永 2012: 17; 26）．したがって，ここで10年以上の期間が経過している交通前科を除外したということの実際上の意味は，非常に古い業務上過失致死傷の前科を除外したということである．

[40] 「重大事件」を除外して分析した場合であっても，結果に大きな違いはなかった．

表 12-11. 示談の有無と意見陳述の利用の有無

	意見陳述なし	意見陳述あり	合計
示談なし	44 件（58.7%）	31 件（41.3%）	75 件（100%）
示談あり	20 件（74.1%）	7 件（25.9%）	27 件（100%）

$p=.156$（Pearson の χ^2 検定）

いう要因によって生じた擬似的なものであるとの解釈には疑問の余地が残る．

第3に，示談の成否も擬似相関を発生させている候補として考えられる[41]．すなわち，示談が成立していないことと意見陳述の利用の有無とが関連しており，さらに示談が成立していないことと量刑判断とが関連している可能性を考える必要があるということである．ここでは，第1審における意見陳述の利用の有無および第1審における執行猶予判断との関連を検証することとする．そのため，第1審判決前までに示談が成立している場合を「示談あり」，それ以外を「示談なし」と分類した[42]．示談の有無と意見陳述の利用の有無との関連をみると，確かに示談なしの場合に意見陳述が利用されやすいようであるが，その関連は統計的に有意ではない（表 12-11）．また，示談の有無と第1審の執行猶予判断との関連も統計的に有意ではなかった（Pearson の χ^2 検定により，$p=.503$）[43]．確かに，自動車事故事件に関してなされた古い調査研究によれば，示談の成否が執行猶予判断において重要な要素であることが指摘されていたが（松田 1966）[44]，現在では損害賠償の事実が有利に考慮されるというよりも，保険不加入が不利に扱われるというのが裁判官実務の感覚であることが指摘されている（川合 2011: 191）[45]．い

---

41) この点については，筆者が 2014 年 1 月 25 日に行った日本法社会学会関東研究支部定例研究会における報告に対する質疑応答として，多くの方からコメントを頂いた．
42) ちなみに，第1審判決後，控訴審判決前の間に示談が成立した事件は，104 件中 1 件であった．なお，確定した執行猶予判断と，控訴審判決前までに示談があったか否かとの関連について，同様に分析をしたが，以下で述べる結果と大きな違いはなかった．
43) 「重大事件」を除外して分析した場合であっても，結果に大きな違いはなかった．
44) 岡田良平（1967: 11-12）は，示談の成否だけでなく，示談成立に際して加害者が「どの程度真摯な努力を払ったかという点をも」あわせて検討する必要があると述べたうえで，示談の成否は，交通三悪を伴う悪質事犯では決定的な考慮要素とはならないものの，実刑と執行猶予の選択が問題となるボーダーラインのケースでは，かなり重要な考慮要素となると指摘している．山本（1966）は，示談の成否自体ではなく，それに向け努力しなかったことを，刑を重くする要因として考えるべきであることを指摘している．
45) もっとも，保険以外に被告人個人が出捐して被害者に賠償している場合には，量刑上考慮されることがあることも指摘されている（横田 2011: 61）．本調査のデータに基づいてこの点について検証したところ，第1審判決前までに被告人による出捐がある場合に第1審において執行猶予判断の比率が高まるという関係は確認できた（Fisher の直接法による正確有意確率（両側）は，p

ずれにせよ，意見陳述の利用の有無と執行猶予判断との関連を，示談の有無により説明することは困難であると思われる．

　以上，意見陳述の利用の有無と執行猶予判断の両方に影響を与えており，それゆえ，両変数の間に擬似相関を生じさせていると考えられるいくつかの変数について検討した．サンプル数が十分ではないため明確な結論を引き出すことは難しいが，いずれの変数についても，それが意見陳述の利用の有無と執行猶予判断との間の擬似的関連を生じさせているものであることを示すことはできなかった．

12-3. 意見陳述制度以外の被害者関与との関連

　以上の分析結果によれば，意見陳述の利用の有無と執行猶予判断との関連が一定程度示されているが，これが意見陳述制度固有の影響であるかどうかという点についても検証しておく必要がある．すなわち，被害者が意見を表明する機会としては，供述調書や上申書，証人尋問が存在するのであり，それらによっても同様の影響が生じるならば，ここでの執行猶予判断への影響を意見陳述制度固有の問題と捉えることは難しいということになる（1-1-3-1）．ただし，本調査は，意見陳述が利用された事件とそうでない事件との比較を分析の主軸に据えており，後者の意見陳述が利用されていない事件には，供述調書や上申書，証人尋問等が利用されている事件が含まれている．したがって，その意味では，まさに意見陳述が利用されたこと自体の効果を検証することを主たる目的とした分析になっているということができる．

　しかしながら，遺族による証人尋問は，比較的積極的な裁判関与であると評価できるところ，意見陳述制度導入以前であっても，積極的に裁判に関与したいと

＝.042）（ただし，「重大事件」を除外すると，この結果は維持されなかった．Fisher の直接法による正確有意確率（両側）は，$p=.411$）．しかしながら，被告人による出捐の有無と意見陳述の利用の有無との関連は認められなかった（Pearson の χ^2 検定により，$p=.873$）．なお，ここでは，被告人の出捐の事実が記録上確認できるものに限って被告人による出捐があったとしているが，被告人自身の出捐なのか被告人の親族による出捐であるのかが判然としない事件や，被告人が親族から借金をして出捐している事件，専業主婦である被告人の代わりに被告人の配偶者が出捐している事件については，被告人の出捐があったものとして扱った．また，遺族に対して支払ったわけではないが，被害者の治療費等を，まずは被告人の資金により病院に支払ったという事件もあったが，これも被告人からの出捐があったものとして扱った．なお，遺族が受け取りを拒否している場合には，被告人による出捐はないものとしたが，遺族が受け取りを拒否したため供託したという事件1件については，件数が少ないこともあり，ここでの分析からは除外している．

考えた遺族であれば，この方法により裁判に関与することが可能であった．そうであれば，遺族による証人尋問があった事件でも同じく実刑判断が促進されているかもしれない[46]．しかしながら，検察側請求による遺族の証人尋問は，104件中6件と少ない．そこで，意見陳述の利用と検察側請求による遺族の証人尋問のいずれかが認められる場合を「積極的遺族参加」がある場合として，この積極的遺族参加の有無と執行猶予判断との関連を調べることとした．その結果，積極的遺族参加の有無と執行猶予判断との関連は統計的に有意であり（Pearsonのχ^2検定により，$p=.016$），かつ，両変数の関係性は，積極的遺族参加がある場合に実刑判断が多いというものであった．しかし，「重大事件」を除外した場合には，両者の関連は統計的に有意ではなくなる（Fisherの直接法による正確有意確率（両側）は，$p=.202$）．

検察側請求による遺族の証人尋問の件数が少ないことからすれば，積極的遺族参加の有無を独立変数とした場合の分析結果も，意見陳述の利用の有無を独立変数とした場合の分析結果と類似することは理解しやすい．そうであるとすると，積極的遺族参加の有無を独立変数とした場合には，「重大事件」を除外すると，それと執行猶予判断との関連が有意ではなくなったという点の方が重要な意味を有しているように思われる．この結果からは，証人尋問を含めた遺族の積極的な刑事裁判への関与ではなく，まさに意見陳述の利用そのものが執行猶予判断と関連していることが示されているように思われる[47]．もっとも，証人尋問の利用件数が少なかったことから，この点についてはさらなる検証が必要である．また，もし，意見陳述の利用は執行猶予判断と関連があり，他方で証人尋問の利用にはそのような関連が認められないのであれば，そのような差異が生じた理由が問題となるが，これは今後の課題としたい[48]．

---

46) この点は，筆者が2014年1月25日に行った日本法社会学会関東研究支部定例研究会における報告に対する質疑応答において，コメントを頂いたものである．

47) 実際，「重大事件」を除外すると，検察官請求による遺族の証人尋問がなされた事件は5件であり，その全てにおいて執行猶予つきの判断がなされている．

48) 意見陳述の利用の有無と執行猶予判断との関連の意味を考える際には，被告人の反省態度に関する遺族評価や遺族の処罰感情が重要な要因である可能性がある（12-2-4）．検察官請求による遺族の証人尋問があった事件における遺族の意見分布を調べたところ，6件中4件で，遺族は被告人に誠意がないと評価しており，意見陳述が利用された事件と同様，遺族評価は「誠意なし」に偏っている．また，遺族の処罰感情についても，6件中5件において「厳罰」であった．もし，遺族評価や処罰感情が量刑判断に及ぼす影響が，意見陳述によってそれが示される場合と証人尋問においてそれが示される場合とで異なっているのであれば，その理由について検討する必要がある．仮説

12-4. 意見陳述制度と量刑判断との関係についての質的検討

 本調査結果によれば，意見陳述の利用の有無が，執行猶予判断に影響を及ぼしている可能性が示された．しかし，サンプル数が少ないため，ここでの分析結果は，これまでの分析枠組みに組み込むことのできなかった要素によって生じたものであるかもしれない．そのような可能性について検討するためには，より深く個別事案に踏み込んだ分析が必要である．

 そこで，「重大事件」に該当せず，かつ初度の執行猶予が可能な事件に限定しつつ，より事案に即した検討を加えることとする．ここでの検討は，基本的に差異法の考え方に基づく[49]．すなわち，意見陳述が利用され，かつ実刑判断がなされている事件群（以下では，「処置群」と呼ぶ）（4件が該当）と，意見陳述が利用されず，かつ執行猶予判断がなされている事件群（以下では，「参照群」と呼ぶ）とを比較し，両者の間に，量刑判断に影響を与えそうな要因について意見陳述の利用以外の違いが見出されないのであれば，意見陳述と量刑判断との因果的関連をより強く推測することができるという考え方に依拠して分析を行う．

12-4-1.「右左折時自動車／歩行者」事案に関する検討

 ここで，「重大事件」に該当せず，かつ初度の執行猶予が可能な事件に限定すると，意見陳述が利用され，かつ実刑判断がなされたものは4件であり，そのうち3件は，「右左折時自動車／歩行者」事案に属するものであった．

 この3件中2件で，被告人が職業運転手であるにもかかわらず，助手席等に荷物を置いていたために死角を増やしていたという事情が確認できた．加えて，そのうち1件では，たまたま事故現場に居合わせた警察官が呼び止めたため被告人は現場を立ち去らなかったが，そうでなければ，被告人はその場を立ち去っていた蓋然性が高かった．また，残りの1件でも，職業運転手である被告人がスクールゾーンであった交通道路を車で通行して事故現場に至ったこと，事故時に，通話自体はしていなかったが，ハンズフリーの携帯電話を利用していたことが認め

　　的に述べるならば，反対尋問の有無や，両者において述べられる遺族の評価や処罰感情の内容に何らかの違いがあることが理由として考えられるであろう．
49) 比較歴史社会学の文脈で，この考え方を紹介するものとして，佐藤（2004）を参照されたい．

られる．

　問題は，これに相当するような事情が「参照群」においてもみられるかどうかである．そのような観点から，「参照群」の記録を確認したところ，職業運転手でありながらステッカーを左フロントドアのアンダーウィンドガラスに貼りつけて視界を狭めているとの事情が，23件中1件のみにおいて確認できた．また，「参照群」では，このほかに実刑を促進しそうな要因としては，職業運転手であるにもかかわらず免許不携帯のまま運転していたという事情と，車検切れの車を運転していたという事情が，それぞれ1件認められた．ただし，これらの事情は，車の死角を増やす等の行為に比べると，それ自体によって事故発生確率を高めるものではないようにも思われる．

　以上を踏まえると，「処置群」では，スクールゾーンを誤って利用したり，ハンズフリーの携帯電話を利用したり，あるいは視界を狭くするような行為をしたりといった，それ自体が事故につながり得る危険性を伴う事情が多く認められる．他方で，「参照群」では，事故の発生確率を上げるような事情はあまりみられず，実刑を促進し得ると考えられるような事情としても，免許不携帯や車検切れ直後の車の運転といった事情が挙げられる程度であった．そうであるとすると，これまでの分析で確認された意見陳述の利用が実刑判断を促進する効果は，それ自体が事故の発生確率を上げるような被告人の行為の存在の有無によって生じていたものであると考えることもできるかもしれない．他方で，「参照群」においても，被告人がステッカーにより視界を狭めている事件が1件あったことには注意をしておく必要がある[50]．このような，それ自体事故の発生確率を高める被告人の行為がある場合には，実刑か執行猶予かの判断が非常に微妙になるとすると，意見陳述の利用は，そのような事件群において実刑を促進する事情であると考えることもできるからである．

12-4-2．「右左折時自動車／自動二輪車」事案に関する検討

　「重大事件」に該当せず，かつ初度の執行猶予が可能な事件において，意見陳

---

[50] なお，このような視界を狭める行為があったにもかかわらず執行猶予となっている事件では，被告人の交通違反や，交通関係前科の点で特に有利であるといった事情も確認できない．むしろ，この事件においては，事故発生以前の5年以内に限っても，速度超過や酒気帯び運転の違反があり，酒気帯び運転による執行猶予判決の確定もあった．

述が利用され，かつ実刑となった4件のうち残る1件は，「右左折時自動車／自動二輪車」事案に属するものであった．この事件の記録を精査したところ，あくまで筆者が確認した限りにおいてであるが，特に実刑を促進すると思われる事情は認められなかった．加えて，対向直進してきた被害者に速度超過の過失が認められた．もっとも，この事件の被告人には業務上過失傷害の前科1件が存在するが，判決宣告時から40年近くも前の事情である．

そうすると，「右左折時自動車／自動二輪車」事案に含まれ，「重大事件」に該当せず，かつ初度の執行猶予が可能な事件では，意見陳述の利用が実刑を促進している要因であると推測することができる．もっとも，本件では実刑とされているものの，その刑期は禁錮1年であり，本サンプル中の実刑の刑期のなかでは最も短いものであった．加えて，控訴審において刑期がさらに10月に縮められており，それで刑が確定している[51]．その意味では，本件も，実刑か執行猶予かの判断が微妙な事案であったことが想像される．

12-5. 総合考察

本調査では，まず意見陳述の利用を規定する要因を検討した．その結果，遺族・本人の関係と，被告人の反省態度に関する遺族評価が，意見陳述の利用を規定している可能性が示された．もっとも，それぞれが独立して意見陳述の利用を促進しているわけではなく，両変数が相互に関連しつつ意見陳述の利用を促進していると考えられる．

そのうえで，意見陳述が利用された場合に，それが量刑判断に影響を及ぼすか否かであるが，本調査結果からは，意見陳述の利用の有無と執行猶予判断とが関連している可能性が示された．サンプル数が少ないことに起因する限界はあるが，このような関連の可能性を重視したとき，これを意見陳述制度が量刑判断に及ぼす影響と解釈することは可能であろうか．ここで，ミクロデータを前提として分析する場合に，意見陳述制度の影響があることを示すためには，直接型の影響か交互作用型の影響があることを示すことが必要であると考えられる（9-1）．もっ

---

[51] 控訴審における実務を踏まえて，原田（2011: 252-255）は，単純過失であり示談不成立・遺族の宥恕なしの事案においては実刑が相場となりつつあると指摘していることからすれば，このような控訴審の判断自体は，そのような相場を反映したものであるといえるだろう．

とも，本調査研究のサンプルは，全て意見陳述制度導入後のものであるので，制度導入による影響を検証することは難しい．したがって，以下では，まず制度利用による影響があったと評価できるかどうかについて，本調査結果を踏まえて検討することとする．その後，あくまで試論にとどまらざるを得ないが，制度導入による影響の見込みについても考察を加える．

　これまでの分析結果を踏まえると，意見陳述の利用の有無と執行猶予判断との関連を解釈するにあたっては，被告人の反省態度に関する遺族評価と，遺族による処罰感情という，遺族の主観的側面に注目する必要があると考えられる（12-2-4）．ここで，遺族評価と処罰感情との間には関連があるため（12-2-2），意見陳述の利用の有無と執行猶予判断との関連に関わって作用している要因を，これらのうちのどちらか1つに限定することは難しい．ここでは今後の議論のために，それぞれの要因ごとに制度の影響と評価できるかどうかを検討することとする．

　まず，被告人の反省態度に関する遺族評価について，制度利用による影響の可能性を考えることとする．ここで示された調査結果を，意見陳述制度が利用されることで，このような遺族評価に関する情報が豊富になり，そのことが量刑判断につながったと解釈できるなら，これは制度利用による直接型の影響と評価できるであろう．しかし，厳密な因果関係の特定はできないが，被告人が誠意をもって反省していないと評価しているほど，遺族が意見陳述制度を利用しており，そのような場合に実刑判断が促進されているだけであるならば，本研究で示された意見陳述の利用の有無と執行猶予判断との関連は擬似的なものであると考えられるであろう．このような考察が適切である限りにおいて，制度利用による直接型の影響があったと考えることは難しい．では，制度利用による交互作用型の影響はどうであろうか．意見陳述がある場合にのみ，遺族評価と執行猶予判断との関連がみられたという知見を重視するのであれば（12-2-4），意見陳述が利用されることで遺族評価の考慮が高まったという意味において，これを制度利用による交互作用型の影響を示すものと評価することができよう．しかし，この分析結果は，サンプル数の限界もあり，頑健なものではなかった．

　次に，処罰感情との関係で，制度利用による影響の有無について検討する．制度利用による直接型の影響については，被告人の反省態度に関する遺族評価のところで述べたことと同じ理由で，これが実証されていると評価することは難しい

と考える．すなわち，意見陳述制度の利用によって処罰感情に関する情報が増えたと考えることも可能であるが，処罰感情が厳しい遺族ほど意見陳述を利用するようになると考えることもできるのであり，そうであれば，ここでの意見陳述の利用の有無と執行猶予判断との関連は，処罰感情という変数によって生じた擬似的なものであるということになる．では，制度利用による交互作用型の影響についてはどうであろうか．意見陳述が利用された場合には，そもそも厳罰以外の意見が稀であるという問題もあるが，意見陳述がある場合にだけ処罰感情と量刑判断との関連が有意であるという結果は示されなかった（12-2-4）．このため，意見陳述により処罰感情の量刑上の考慮が高まるという効果は，少なくとも本調査では確認できなかったということになる．

　次に，制度導入による影響についてであるが，本調査からこの影響の有無について確定的なことを述べることはできない．しかし，少なくとも意見陳述制度によって制度導入による影響が生じているとしたら，被告人の反省態度に関する遺族評価や遺族の処罰感情が関連している可能性が高いことが推察されるので，これらの事情が制度導入による影響を引き起こしている可能性について考察することには意味があるだろう．まず，遺族評価という点については，これが，意見陳述制度導入以前にどのように量刑実務において扱われていたかは明らかではない．したがって，もし，意見陳述制度の導入によって，遺族評価が法廷に顕出される確率，あるいは遺族評価が量刑判断に組み込まれる程度に違いが生じていたならば，それは，制度導入による直接型，あるいは交互作用型の影響と評価できるであろう．他方で，遺族の処罰感情についてはどうであろうか．9-2-3 での考察によれば，遺族の処罰感情については，意見陳述制度導入以前から法廷において明らかにされていた事情であると考えることができそうである．もっとも，そこでの考察は殺人事件を念頭においたものであったが，本調査が対象とする自動車運転事故に起因する事故事件の場合でも同様のことが妥当する可能性がある[52]．あくまで間接的な知見に基づくものに過ぎないが，少なくとも意見陳述制度が導入されたことによって，遺族の処罰感情に関する情報が従前よりも明らかにされる

---

[52] 致傷の場合も含めた集計であるので明確なことはいえないが，自動車事故事件に関する量刑を扱った先行研究（松宮ほか 1972; 1973）でも，被害者の処罰感情が量刑を規定し得る変数として利用されており，被害感情の内容が不明であるとされているデータ数は多くない．

ようになり，それが量刑判断に影響を及ぼしたと考えることは難しいように思われる．また，制度導入による交互作用型の影響については，どうであろうか．被害者の処罰感情は，意見陳述制度導入以前から，自動車運転事故に起因する過失致死傷事件において，それが執行猶予判断に際して重要な考慮要素となっていることが示されていた（松宮ほか 1973: 88)[53]．制度導入により，この考慮の程度がさらに高まっているのであれば，制度導入による交互作用型の影響があると評価できるかもしれない．

　以上を踏まえると，本研究において意見陳述の利用の有無と執行猶予判断とが関連している可能性は否定できなかったが，この可能性を重視するとしても，これが制度利用による直接型，ないし交互作用型の影響のあらわれであると評価することを明確に示すことはできなかった．他方で，制度導入による影響の可能性は否定されていないが，少なくとも，遺族の処罰感情に関する情報が制度導入によって増えたことによって，制度導入による直接型の影響が生じている可能性は考えにくいことを指摘した．このことは，逆にいえば，被告人の反省態度に関する遺族評価の制度導入による直接型ないし交互作用型の影響，および遺族の処罰感情の制度導入による交互作用型の影響については，依然として検証の余地が残されているということになるかもしれない．しかし，このような制度導入による影響を実証することは実際上の困難を伴うであろう．すなわち，制度導入による影響を検証するためには制度導入前後の比較が必要となるが，このような実証研究を実施することはデータの制約上難しいと考えられる．ここでは，制度導入以前の実証研究を参照することで多少なりとも考察を進めるよう努めたが，制度導入の影響を支持する決め手となるような知見を，このような間接的な比較から得ることは難しい[54]．

　以上のとおり，本調査において意見陳述制度固有の影響があり得る可能性も示

---

53) 他方で，中・香城（1966）では，そもそも被害感情が独立変数とされていない（特に，中・香城（1966: 93-95）を参照）．また，最近の調査でも，被害感情が実刑と執行猶予を判断する際に考慮されていることが指摘されている（柴田 2012a: 218; 2013: 161; 2015: 71）．

54) また，遺族の処罰感情の制度導入による交互作用型の影響についていうならば，一般的な傾向との区別も課題となるであろう．自動車事故に起因する致死傷事件において，被害感情の考慮が重視されるようになるとの「新結果主義」傾向が指摘されている（原田 2011: 126-127 n19; 252-258）．もしこの指摘が適切であるならば，遺族の処罰感情について，制度導入による交互作用型の影響と，このような一般的な傾向とを区別することは実際上困難であろう．

されたが，それを制度利用による影響と確定することはできなかった．また，制度導入による影響の検証も実際上の困難を伴うことが予想される．そうであれば，意見陳述制度固有の制度としての影響の有無を特定することを志向するよりも，被害者に関連する諸要素が量刑判断とどのように結びついているかを明らかにし，そのことが規範的にどのように評価されるかを個別具体的に論じていく方が生産的であると考えられる[55]．そのような個別具体的な議論の方向性を志向するとき，被告人の反省態度に関する遺族評価や，遺族の処罰感情が量刑判断と結びついている可能性を指摘する本章の知見は参考となるであろう．

　もっとも，本書は，規範的考察の前提となる実証的知見を提供することを主たる狙いとしており，規範的考察それ自体は，本書の射程を超える．そうではあるが，ここではそのような考察をするにあたって注意すべきと考える点について付言しておく．まず，被告人の反省態度に関する遺族評価と執行猶予判断との関係についてであるが，両者に関連があるとすると，それはどのようにして生じているのであろうか．図 8-1 を参考にして検討するならば，例えば，遺族評価が，被告人の反省程度についての評価に影響し，それが量刑判断に影響しているという流れを，さしあたり考えることができる．このような心理的過程を前提とすると，検討すべきポイントは大きく 3 つ考えられる．第 1 に，遺族による被告人の反省態度に関する評価が，被告人の反省態度に関する裁判官の心証に影響していると考えることができるならば，それは妥当であるか否かという点である．被告人の反省程度を見極めることは困難であるとされており（司法研修所 2012: 66），それゆえに遺族の反応が心証に影響することがあるかもしれない[56]．もっとも，本調査では被告人の反省態度自体についてデータを蒐集できていないので（12-2-2），遺族による評価が，被告人の反省態度に関する心証に影響を与える部分があるとしても，それが適当であるか否かを評価するためには別途の調査研究が必要であ

---

55) この点については，13-3 において改めて触れる．
56) すでに指摘したとおり，加害者の謝罪は，一定のバイアスをもって遺族に受け止められているかもしれない（12-2-2）．また，一般人を対象とした調査ではあるが，Gromet *et al.*（2012）は，修復的手続の結果に被害者が満足している場合には，応報的な要求が減少することを示している．そして，このような効果が生じる理由の 1 つとして，被害者の満足という事象から，加害者の更生が進んでいるとの認知が生じることが示されている．被害者の反応から加害者の状態について推測することがあり得ることを示しているものといえるが，このような結果が裁判官に妥当するか否か，また，実験的状況ではなく実際の裁判状況で同じような事象が生じるかは，さらなる検討課題である（Gromet *et al.*（2012: 387）も参照）．

る．第2に，被告人の反省態度を量刑上考慮することの当否が問題となる．もっとも，この点については，少なくとも特別予防に関する事情の1つとして被告人の反省態度を量刑上考慮することは認められており（司法研修所 2012: 66-67; 横田 2011: 68），問題は少ないといえるかもしれない．第3に，被告人の反省態度の量刑上の考慮の程度について検討する必要がある．本調査で示されたのは，反省態度に関する遺族評価が，執行猶予判断に及ぼす影響である．裁判官の主観的認識として，執行猶予判断は，基本的に行為責任の観点からなされているとされていることからすれば（植野 2011: 47-49; 遠藤 2011: 52-53），ここでの調査結果は，そのような認識とは異なる事態であるかもしれない[57]．もっとも，犯情によって実刑か執行猶予かが区別できる場合だけでなく，両者の中間にあると評価される場合には，「反省の情が顕著であること」も執行猶予判断の考慮事由に入ってくるとされている（植野 2011: 49-52）．意見陳述の利用の有無が執行猶予判断に影響を及ぼすとしても，それは実刑か執行猶予かの判断が微妙な事案においてであることからすれば (12-4)，ここでの遺族評価の影響は，そのことに対する規範的議論はあり得るであろうが，少なくとも裁判官の認識する実務状況と齟齬はないといえるかもしれない．

　次に，遺族の処罰感情と執行猶予判断の関係であるが，図8-1に照らして，遺族の処罰感情が量刑判断に及ぼす心理的過程として，どのようなものが考えられるであろうか．この点について，処罰感情は，量刑上の考慮要素として裁判官によっても従前から意識されていた要因であると思われるものの (1-2-5)，それがどのような過程を経て量刑判断に至るのかという点については不明な部分が多い．裁判官の量刑判断が，共有された一定の枠組みを通して行われることを踏まえるならば (7-1-1)，まさに処罰感情がどのようなものであるかという点についての認識そのものから，量刑判断が影響を受けていると考えることができるかもしれ

---

[57]　古い調査ではあるが，裁判官に対して行ったアンケート調査によれば，実刑と執行猶予を判断する際に重視される事情は，「犯罪の客観的事情の重大性」と「犯罪の主観的事情の重大性」であり，「再犯の虞を予測すべき被告人をめぐる諸事情は，従的な地位を占めているにすぎない」とされている（中・香城 1966: 129）．加えて，そのような被告人に関する事情が考慮の中心とならない原因について，再犯の予測の不確実性，およびそれを判断するための資料の不十分性が指摘されている（中・香城 1966: 132）．
　　　また，交通事故に起因する業務上過失致死傷事件において，被告人の反省悔悟の情を量刑上重視することについて，これを危険視する意見が裁判官によって示されていた（岡田良平 1967: 14）．

ない．他方で，実刑と執行猶予との選択が問題となる場面においては，そのような枠組みが十分に機能せず，図8-1において示されたいずれかの心理的過程を経て，処罰感情が量刑判断に影響を及ぼしているかもしれない．例えば，遺族の処罰感情が犯罪の重大性評価に影響し，それが量刑判断に影響することも考えられるし，遺族への同情を媒介した影響も考えられるであろう．そして，どのような過程を想定するかによって，その規範的評価に違いが生じることも考えられる．しかしながら，どのような過程が実際に妥当しているかを検証することは，記録調査の方法では難しい．また，被害感情が量刑判断に及ぼす影響に関する規範的議論は，犯行によって被害者側に生じた精神的被害と，被告人に対する処罰感情の2つに分けて論じられるが（小池 2011; 司法研修所 2012: 57-60），本調査では，この後者に当たる概念を変数として用いていたことにも注意を要する．処罰感情が，遺族に生じた精神的被害とどの程度関連しているかによっても，ここでの調査結果の規範的評価は変わってくるかもしれない[58]．このように，処罰感情と執行猶予判断との関連に関する規範的議論を展開するために参照されるべき知見を提供するためには，依然として多くの課題が残されている．しかしながら，さしあたり遺族の処罰感情が執行猶予判断に影響を与えているとして，そのことをどのように捉えるかという問題を考えることにも意味はあるだろう．すなわち，遺族の処罰感情を何らかのかたちで量刑上考慮するとしても，それが基本的には行為責任の観点からなされているとされる執行猶予判断に影響することの当否は，さらに別途検討されるべきことになるであろう[59]．

---

[58] 処罰感情と精神的被害とを厳密に区別することは困難であるとの指摘がある（原田ほか 2012: 629 原田発言）．実務家の印象としてそのような事情があるならば，記録調査において精神的被害の程度に関する変数を操作的に定義することは困難な作業であると思われるが，このような変数を構築できた場合に，それと処罰感情との間に一定の関連を見出すことが期待できるかもしれない．

[59] これまでにも触れてきたとおり，先行研究において，自動車事故に起因する過失致死傷事件では，被害感情が執行猶予判断に際して重要な考慮要素となっていることが示されていた（柴田 2012a: 218; 2013: 161; 2015: 71; 松宮ほか 1973: 88）．確かに，裁判官の認識として，実刑と執行猶予が犯情によって決めきれない場合には，被害感情が考慮要素に入ってくるとされるが，そこでは主として被害者の宥恕が執行猶予を促進するという考慮が念頭に置かれているようにも思われる（植野（2011: 49-52）を参照）．しかし，そのような方向だけでなく，遺族の厳しい処罰感情が実刑を促進しているという方向性についても意識する必要があるだろう（柴田（2015: 71）も参照）．
なお，遺族の処罰感情と精神的被害については，これらを一般情状として量刑上考慮することを認める立場（原田 2011: 88-91; 原田ほか 2012: 629-630 原田発言）がある一方で，それを否定する立場（小池 2007; 2011）もある．

12-6. 本調査の限界と今後の課題

　本調査は，刑事事件の記録調査としては比較的大規模な調査を実施することができたものと考えるが，分析内容によっては十分なサンプル数が確保できておらず，いくつかの可能性を前提として暫定的に考察をしているところが多く残されている．また，本調査にはサンプル数の問題だけでなく，以下のような限界があることにも注意する必要がある．第 1 に，本調査は，データ蒐集を行うための記録の性質上，筆者が独自に資料を読み込み，データ入力をする必要があった．そのため，変数の内容によっては，そのコーディングに十分な客観性を担保できていないという問題が残されている．本章の適宜の箇所において，コーディングの際に筆者が則ったルールをなるべく詳細に記載したが，なお客観性の担保という点では十分ではなかったかもしれない．

　第 2 に，本調査は，対象としたデータの関係上，被害者参加制度の影響については検証できていない．この点について，横田（2013: 420-421）は，大阪地方裁判所における自動車運転過失致死事件（死亡者 1 名，道路交通法違反なし）20 件について，被害者参加制度と量刑との関係について検討している．結論として，実刑と執行猶予の判断に際して，遺族の処罰感情や被害者参加人の科刑意見が過大に考慮されているようにはみられないと述べているが，いまだ件数が少なく，さらなる事例の蓄積と分析が求められよう．

　第 3 に，被害者の刑事裁判への参加が量刑判断に影響を及ぼすとするならば，それは実刑か執行猶予かといった二者択一的な判断が問題となる場面に焦点を絞るべきであるとの考慮から，自動車事故に起因する致死事件を対象に研究を行うことに意義があることを指摘したが（12-1）[60]，「刑法等の一部を改正する法律」と「薬物使用等の罪を犯した者に対する刑の一部の執行猶予に関する法律」が 2013 年 6 月 13 日に成立したことにより，いわゆる刑の一部執行猶予の制度が導

---

[60] 執行猶予判断以外にも，二者択一的な量刑判断の場面としては，死刑判断の局面を挙げることができる．これまでの実証研究によれば，寛容な刑罰を要求することが死刑回避を促進する要因になっているという方向性で，遺族の処罰感情が死刑判断に影響していることが指摘されているが（例えば，岩井・渡邊（2002: 82），松永・吉田（1988: 33-34）を参照），被害者参加制度や意見陳述制度との関係での検証は十分に進められていない．なお，関連して，被害者感情と死刑のあり方について考えるうえで，主に規範的な側面に関する議論状況を知るうえでは，井田・太田（2014）が参考となる．

入されることが決まったことに留意する必要がある[61]．自動車運転に起因する致死事件の場合，その被告人は刑務所収容経験のない者であることがほとんどであると考えられるため，この一部執行猶予制度の適用対象になると考えられる．そうすると，この部分での量刑判断は，実刑か執行猶予かという二者択一的なものではなくなり，多分に連続的なものに変化する可能性が皆無ではない．このような判断枠組みの変化が，刑事裁判における被害者参加が量刑判断において占める位置づけにどのような影響を与えるのかは，今後の検証課題である[62]．

---

[61] これらの改正については，例えば，勝田（2013），三谷真貴子（2013a；2013b），および三谷・勝田（2014）を参照されたい．
[62] もっとも，2-2-1-3 で紹介した Erez ＆ Tontodonato（1990）は，実刑か執行猶予かの判断に VIS が影響している可能性を示すものであったが，そこでは分割刑の仕組みが存在していたことに注意されたい．

第13章　まとめ

13-1. 実証研究の知見のまとめ

　第3部では筆者が行った実証研究の知見を中心に紹介したが，個別の実証研究の紹介に移る前に，そもそも意見陳述制度や被害者参加制度が量刑判断に対して影響を及ぼしていることを指摘するためには，どのような分析結果が示される必要があるかという点について検討を加えた．意見陳述制度や被害者参加制度が量刑判断に影響を及ぼすことを否定する議論の根拠として，それらの制度導入以前から被害者が刑事裁判に関与することが認められていたことが指摘されていることからすると (1-1-3)，単純に制度利用の有無等を独立変数とした分析では不十分であろう．そこで，意見陳述制度や被害者参加制度自体が量刑判断に影響を及ぼしていることを指摘するために，直接型，交互作用型，および間接型の影響という3つのメカニズムを意識することが有益であることを指摘した (9-1)．

　このような影響のパターンに関する区別を前提に，第3部で紹介した実証研究の結果等を踏まえて，意見陳述制度や被害者参加制度の影響が示されたといえるかどうかについて検討する．なお，便宜的に第10章で紹介した研究を心理実験1，第11章で紹介した研究を心理実験2，第12章で紹介した研究を「記録研究」と呼ぶこととする．

13-1-1. 直接型の影響

　直接型の影響を検証するためには，まず制度利用あるいは導入の有無によって，量刑判断者に提示される情報に違いがあるかどうかを検証する必要がある．この点について，吉村（2007）は，少なくとも意見陳述制度の利用に限っては，それが量刑判断者に提示される情報を豊富にするものではない可能性を示していた．

しかし，そこでの分析は1件の事件記録に依拠するものであり，一般化は困難であろう（1-2-4）．

本書では，意見陳述制度の制度利用による直接型の影響については，「記録研究」によって検証を試みたが，そこでの分析結果に依拠する限り，少なくとも制度利用による直接型の影響が実証されたと評価することは難しいと考える（12-5）．他方で，制度導入による直接型の影響の可能性は否定されていないが，これが生じているとすると，被告人の反省態度に関する遺族評価という情報が提示される確率に制度導入前後で変動があったことが原因として考えられる（12-5）．もっとも，遺族評価による制度導入の直接型の影響を検証しようとする場合には，事件記録中に遺族評価に関わる一定の情報があらわれる確率について制度導入前後で違いがあるかどうかを調べる必要があり，これは実際上の困難を伴うものと考えられる（12-5）．

以上のとおり，意見陳述制度について，その制度利用による直接型の影響は，少なくとも現時点では，十分に示されているとはいい難い．また，制度導入による直接型の影響を示す実証的知見が得られたと評価することは現状では難しく，加えて，その制度導入による直接型の影響は，さらなる検証の余地が残されているとしても，その検証はデータの制約もあり，実際上困難であることが予想される．また，被害者参加制度については，その直接型の影響について検証することはできなかった．

13-1-2. 交互作用型の影響

心理実験1では，制度利用による交互作用型の影響が，裁判員の量刑判断において生じるかどうかを検証した．しかしながら，そのような影響は，意見陳述制度についても被害者参加制度についても観察されなかった[1]．心理実験2では，

---

1) なお，意見陳述制度について，その制度利用による交互作用型の影響を検証するにあたって，被害者に関する情報を提示しない条件と，検察官が提示する条件，そして遺族自身が提示する条件を用意した．現実の裁判場面により即して意見陳述制度導入ないし利用の効果を検証しようとするのであれば，検察官が情報を提示したうえで，さらに遺族も重ねて提示するような条件を用意することが考えられるかもしれない．しかし，筆者が心理実験1のために用意したシナリオでそのような条件を用意すると，それ以外の情報量に比して被害者関連の情報が大部分を占め過ぎるために，実験映像として不自然に捉えられる可能性も考えられた．いずれにせよ，このような2つのルートからの提示条件を加味した実験は今後の課題として考えられるところであるが，すぐ後で述べるように，現時点での実証研究の現状を踏まえた筆者の認識では，このような研究の方向性はあまり生産

遺族が法廷で示す感情の影響について検証を加えた．遺族の表出する感情が量刑判断者によって考慮に入れられる程度が，例えば，被害者参加制度の利用によって高まっているならば，そこで示された遺族感情の影響は，制度利用による交互作用型の影響と評価することができよう[2]．しかし，被害者参加制度導入以前においても，被害者の感情に関する情報は，例えば，被害者が傍聴席に座っている場合には，量刑判断者に伝わっていたことが考えられるため[3]，ここでの影響を制度の影響と断定することは難しい．また，「記録研究」では，制度利用による交互作用型の影響を示していると考えられる結果も見出されたが，サンプル数の限界もあり，安定した結果ではなかった（12-2-4；12-5）．

以上のとおり，制度利用による交互作用型の影響と明確に評価できるような知見は，これまでのところ示されていないように思われる．また，制度導入による交互作用型の影響については，その可能性は否定されていないものの，この実証は困難であろう（12-5）．

13-1-3. 間接型の影響

間接型の影響の検証は，マクロデータを用いることを前提としている．ミクロデータによる直接型や交互作用型の影響の検証が十分に行われているのであれば，この間接型の影響を検証する必要性は必ずしも高くない．しかしながら，これまでに述べてきたことからも明らかなように，現状においてミクロデータによる分析は必ずしも十分ではない．

ここで，量刑に関するマクロデータを利用して，Victim Impact Statement

　的なものではないと考える（13-3）．
2) あるいは，被害者参加制度が利用される場合には，そもそも従前以上に被害者の感情が法廷において明らかになる度合いが高まっていると考えるならば，制度利用による直接型の影響と評価してもよいかもしれない．遺族を対象とした調査によれば，意見陳述を利用しただけの遺族よりも，被害者参加制度を利用した遺族の方が，裁判において「いいたいことを発言できた」という感想を持つようになる傾向が，10％水準で統計的に有意な傾向にあったことが報告されている（白岩・唐沢 2014）．あくまで遺族の自己評価であるが，被害者参加制度においては，被害者参加人が自由に発言できる部分が多く，そのため，被害者参加人の感情的側面が量刑判断者に伝わりやすくなっている可能性は否定できない．
3) 被害者が法廷にいることが量刑判断に及ぼす影響を示すものとして，2-2-1-3で紹介したErez & Tontodonato（1990）を参照されたい．
　また，弁護人の立場からは，被害者やその家族が傍聴に来て被告人に対して敵意を示す場合と，被害者やその家族が全然法廷にあらわれない場合とでは，前者における量刑の方が重くなるという印象が，意見陳述制度が導入される以前から語られている（竹内 1962: 229）．

(VIS) の導入時期の前後を比較する研究は，アメリカや，オーストラリアの南オーストラリア州において行われていた (2-2-2-1; 3-1-2-3-1)．しかし，それらの研究を紹介した箇所でも触れているとおり，制度の導入等の時期を基準としてその前後を比較した場合には，それと近い時期に量刑判断に影響を及ぼし得る変化が生じているために，果たして問題としている制度が量刑判断の変動に寄与しているのか否かを判別することは難しかった．このような問題があるため，結論を先取りするならば，やはり現在入手できるデータでは，間接型の影響の十分な検証はできないというべきである．しかしながら，今後の検証作業の準備として，さしあたりの分析結果を示しておくこととする．

　ここでは，最高裁判所事務総局が公表している『司法統計年報』の刑事事件編からデータを抽出した．分析対象は，意見陳述制度や被害者参加制度の利用率が比較的高い「殺人の罪」とした．また，分析対象となる時期は，1989 年（平成元年）から 2014 年までとした．通常第 1 審における科刑状況について，『司法統計年報』は，懲役・禁錮の場合に，無期・30 年以下・25 年以下・20 年以下・15 年以下・10 年以下・7 年以下・5 年以下・3 年・2 年以上・1 年以上・6 月以上・6 月未満という区分を採用して集計している．平均値を計算するために，これらの区分をこの順に，35 年・27.5 年・22.5 年・17.5 年・12.5 年・8.5 年・6 年・4 年・3 年・2.5 年・1.5 年・0.75 年・0.25 年に変換して計算を行った．なお，執行猶予あるいは死刑については，分析対象から除外した．計算の結果，殺人の罪に関して通常第 1 審で言い渡された刑の平均値の推移は，図 13-1 のようになった．

　全般的に平均刑期の長期化がうかがわれるが，この厳罰化傾向に対して意見陳述制度と被害者参加制度がどの程度寄与しているかは不明である．ここで，意見陳述制度は 2000 年 11 月 1 日から，被害者参加制度は 2008 年 12 月 1 日から施行されている．したがって，これらの制度が年間を通じて利用され始めたのは，2001 年と 2009 年である．そこで，図 13-1 に，2000 年と 2001 年の間と，2008 年と 2009 年の間に，それぞれ補助線を引いた．

　この間に，量刑に影響を与え得る法改正としては，2004 年の刑法改正があり，これは 2005 年 1 月 1 日から施行されている．ここでの分析との関連で重要な点を述べれば，これにより，第 1 に有期懲役・禁錮の上限が 20 年に引き上げられ，第 2 に有期懲役・禁錮を加重する場合，あるいは死刑や無期懲役・禁錮を減軽す

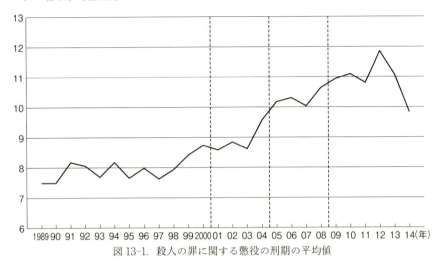

図 13-1. 殺人の罪に関する懲役の刑期の平均値

る場合に，有期懲役・禁錮の上限が 30 年に引き上げられ，第 3 に殺人罪の法定刑の下限が懲役 5 年に引き上げられた[4]．この法定刑の変化の時期をみやすくするために，2004 年と 2005 年の間にも補助線を引いておいた．

まず，意見陳述制度の利用の前後で平均刑期に大きな違いはみられない．他方で，被害者参加制度についていえば，確かに同制度が全面的に利用され始めた 2009 年以降，しばらく量刑は長期化の傾向をたどるが，2013 年と 2014 年は短期化の方向に進んでいる．制度実施からあまり年数が経過していないため，変化の方向性を見極めるには依然として時期尚早である．いずれにせよ，この分析だけから，意見陳述制度や被害者参加制度の間接型の影響を検証することは困難であるが，特に留意すべき問題について 3 点指摘しておく．

第 1 に，厳罰化の進行は長期的なトレンドとしてありそうだが，そのようなトレンドと意見陳述制度や被害者参加制度導入による厳罰化の促進を区別することは困難であろう．

第 2 に，2000 年以降の刑事司法のほかの変化が平均刑期に影響している可能性を否定することは難しい．とりわけ，2001 年 6 月 12 日には，司法制度改革審議会が『司法制度改革審議会意見書——21 世紀の日本を支える司法制度』を内

---

4) この改正に関しては，例えば，松本・佐藤（2005）を参照されたい．また，本改正が量刑実務に及ぼす影響については，杉田（2005）を参照されたい．

閣に提出した．それを受けて，2004年5月28日には「刑事訴訟法等の一部を改正する法律」と「裁判員の参加する刑事裁判に関する法律」とが成立し，2009年から裁判員制度の実施が始まっている．このような刑事司法の変化も，この時期の量刑傾向の変化を説明する有力な候補となる[5]．

第3に，意見陳述制度や被害者参加制度の利用率の問題がある．例えば，ある年を境にして刑事司法のあり様を劇的に変化させるような制度が導入されたならば，その年を基準として前後比較を行うことは有益であろう．しかしながら，意見陳述制度や被害者参加制度は，あくまで被害者が利用するか否かを決める制度である．したがって，制度が導入されたものの，その利用率が十分に高くなければ，量刑への影響をマクロデータにおいて検出することは難しくなる[6]．このため，制度の利用率も含めた分析を行うことが必要である[7]．

13-2. 心理学モデルとの関連

次に，第2部の理論的検討を踏まえて構築した心理的過程に関するモデル（図8-1，以下では，単に「モデル」と呼ぶ）との関係で，第3部における実証研究の結果をまとめることとする．もっとも，「調査研究」は，その性質上，判断の心理的過程に踏み込んだ分析が困難であったため，ここでは主として心理実験1および心理実験2の知見に依拠しつつ，考察を進める[8]．得られたデータの限界から網羅的なものではないが，さしあたりこれらの研究から得られた知見を踏まえた整理を試みる．その限りで，ここでの検討はさしあたり裁判員の量刑判断を念頭

---

5) 裁判員裁判における量刑傾向を概観するものとして，例えば，原田（2013）を参照されたい．
6) あくまで2004年段階のデータに基づいて試算したものであるが，佐伯（2010: 442）は，殺人事件における意見陳述制度の利用率自体は，そこまで高いわけではない可能性を指摘している．
7) 南オーストラリア州で調査対象となったVISは，警察官が主体となって，被害者から得た情報をもとに作成されるものであった．そのためか，記録調査のサンプルにおいては，VIS導入後の事件記録77件中53件（68.8%）でVISの存在が確認できていた（3-1-2-2）．
　他方で，アメリカにおける死刑宣告数を分析したCassell（1999）には，ここで指摘した問題と類似の問題がある．そこでは，被害者影響証拠（Victim Impact Evidence: VIE）を違憲とした*Booth*判決と，その違憲を覆した*Payne*判決を基準とした分析が行われているが（2-2-2-1），違憲判決後のVIEに関する実務状況については不明な点が多い．あくまで陪審員の記憶に依拠した研究であるが，VIEが違憲とされていた期間中も103件中37件（35.9%）でVIEが利用されていたことが報告されている（2-2-2-3-2）．
8) なお，心理実験1の主眼は制度利用型による交互作用型の影響を検証することにあり，それゆえに実験の内的妥当性については課題が残されていることは，すでに指摘したとおりである（10-3）．そのような限界があることは認識したうえで，なお今後の議論に資するために，ここでは考察を展開するものである．

に置いたものであることに注意されたい[9]．

13-2-1. 被害の大きさに関する認知の影響

まず，心理実験1によれば，被害者に関する情報が，被害に関する評価に影響を及ぼし，それが量刑判断に影響を与えている可能性が示された．もっとも，ここでの影響の仕方は，複雑であるかもしれない．まず，被害者に関する情報が，遺族の精神的被害の評価に及ぼす影響は，明確に示されなかった（10-2-3）[10]．しかし，それにもかかわらず，検察官からであれ遺族自身からであれ，被害者に関する情報を提示されることで，遺族の精神的苦痛が量刑上考慮されやすくなり，精神的苦痛の量刑上の考慮が高まると実際の量刑判断も重くなる傾向がみられた（10-2-3）．そうすると，被害者情報の提示は，被害の大きさに関する評価自体に影響を与えたというよりも，そのような被害の大きさを量刑上どのように位置づけるのかという点に影響を与えているようである[11]．

他方で，経済的被害については，被害者に関する情報の影響がみられた（10-2-3）．この点は精神的被害とは違い，そのような情報を受け取らない限りは，人々によってあまり想像されることがないのかもしれない．そうであるとすると，被害者参加が被害の認知に影響を与えて量刑に影響を与えるという心理的過程を考える場合には，そのような被害が通常想定されるものであるかどうかという点に注意した分析が，今後は必要になるかもしれない．仮説的に述べるならば，被害に関する情報は，それが通常想定されないようなものであればあるほど，量刑判断者の被害に関する認知に影響を及ぼし，ひいては量刑判断に影響する可能性が高まり得ると考えられるかもしれない[12]．

---

9) 裁判官の量刑判断と「モデル」との関連については，12-5を参照されたい．
10) 殺人事件の遺族の精神的被害が大きいことは，被害者に関する情報の提示がなくても想定されていることであるのかもしれない．ある情報が証拠として提出されていなくても，陪審員がそのことについて評議で話し合ったり，あるいは自身のこれまでの知識を利用して情報の空隙を埋めたりする可能性があることについては，Diamond & Vidmar（2001）やSmith & Studebaker（1996）を参照されたい．
11) 先行研究では，VIEによって，遺族の影響等が量刑判断上考慮されやすくなることが示されており（4-4-4），ここでの分析結果は，このような先行研究の知見と整合的である．他方で，そのように考慮されるようになった遺族の影響等が量刑判断に結びつくかどうかは，先行研究では知見が一貫していなかったところ（4-3-5），ここでの分析結果はそのような関連を支持する結果を示していると評価できる．
12) もっとも，経済的被害の程度に関する評価は，被害者に関する情報によって影響を受けているが，この評価自体が量刑判断と関連しているという結果は示されなかった（10-2-3）．そうすると，

13-2-2. 被告人の統制可能性に関する認知の影響

心理実験1では，被告人が包丁を購入した時点で被害者を殺害する意図があったかどうかについて実験参加者に評価してもらっている．この時点で殺害を意図していたと評価するほど，激情にかられた犯行ではないと実験参加者が評価していると解することができるならば，この殺害意図に関する評価は，殺人という結果を発生させた原因に対する被告人の統制可能性の評価と関連すると考えられる．そうすると，殺害意図に関する評価と量刑判断との間に正の相関関係があることは（10-2-1），量刑判断において統制可能性の認知が作用していることを示すものであると考えられる．

ただし，この実験においては，被害者の刑事裁判への関与形態が殺害意図に関する評価に及ぼす影響は十分に観察されなかった（10-2-1）．今後の課題としては，被告人の殺意の有無や，殺害動機，あるいは過失の有無がより深刻に争われる事案を利用して，被告人の犯罪原因への統制可能性に関する認知が被害者の関与形態によって影響を受けるかどうかを検証すること等が考えられるであろう．

13-2-3. 感情の影響

心理実験1によれば，確かに遺族の求刑意見を考慮した程度と量刑判断との間には統計的に有意な正の相関関係が認められたが，量刑にあたってどの程度遺族の求刑意見を考慮するかという点は被害者の参加形態によって影響を受けていることは確認できなかった（10-2-3）．遺族への求刑意見を量刑判断において考慮した程度と，遺族への共感の程度が相関するのであれば，遺族への共感自体は量刑判断と相関していると考えられるが，他方で，被害者の刑事裁判への参加自体が，この遺族への共感の程度に及ぼす影響は認められなかったといえるかもしれない．他方で，先に指摘したように，遺族の精神的苦痛は，遺族に関する情報が提示されることで，より強く量刑判断に組み込まれるようになっている可能性が考えられる（10-2-3; 13-2-1）．そうであるとすると，このような遺族に関する情報が，被害者の立場からの判断を促進し[13]，量刑判断に影響したと考えることができる

明確な情報の提示がない以上は通常想定されないような被害者に関する情報であり，かつそれが量刑判断に影響を及ぼすと考えられるようなものが実務上想定できるかどうかということが問題となり得るであろう．

13) これは共感（6-3-1），あるいは責任帰属における立場の違いの影響（6-2-1）といった観点から

かもしれない．

また，心理実験2では，遺族が怒っている条件では，遺族が冷静である条件と比較して，実験参加者は量刑分布グラフを提示された後も，それ以前の自分の量刑意見を維持する傾向がみられた．そして，この実験結果を解釈するにあたっては，検察官や弁護人に対する評価の変化に注目することが重要であることが示された（11-4）．遺族の表出する感情が，検察官や弁護人の評価に与える影響がどのような心理的過程を経て生じているのかは明らかではないが，この結果を踏まえるならば，量刑判断において感情が果たす役割は，それが被害者や被告人以外の者の評価にも影響を及ぼすという意味において，当初想定した以上に複雑なものであるのかもしれない．

13-2-4. 被告人の再犯可能性に関する認知の影響

心理実験1によれば，被告人の社会復帰に関する評価と量刑判断とは関連がある（10-2-4）．被告人の社会復帰に関する評価と，被告人の再犯可能性の見積もりとの間に相関があると考えることができるならば，これは再犯可能性に関する見積もりと量刑判断との関連を示すものと評価できよう．

しかしながら，被害者に関する情報の影響という観点からすると，それが被告人の社会復帰の評価自体に及ぼす影響は見出されなかった（10-2-4）．そうではなく，この知見は，むしろ被害者情報が量刑判断に及ぼす影響の個人差を示しているものと評価することができそうである（10-2-4）．すなわち，被害者に関する情報によって量刑判断が影響を受ける度合いは，その量刑判断者がどのような刑罰意識を持っているかに依存すると考えられる．

13-3. 本研究のまとめ

第3部の実証研究の知見に関する以上の整理を踏まえ，第1部で紹介した先行研究の成果も参照しながら，本研究で明らかにした内容を第2部で構築した「モデル」との関係で整理する．大きく5点を指摘する．

第1に，そもそも「モデル」の始点にある「被害者参加」を，意見陳述制度や

考察できるかもしれない．

被害者参加制度の有無という要因と同視することを支持するような明確な分析結果は十分に得られず，この点についての検証をさらに進めることは，データの制約もあり困難であると考えられる（12-5; 13-1）．そうであれば，意見陳述制度や被害者参加制度が量刑判断に影響を与えるか否か，という制度の問題にとどまることは生産的ではなく，むしろ端的に刑事裁判における被害者関連の要素が，量刑判断にどのような影響を及ぼすかを個別的に検討し，そのことの規範的意義を探究する方が適切であろう．

第2に，被害者関連の要素（以下では，被害者要素という）の影響を個別的に探究するアプローチを採用するときにも，「モデル」を念頭に置いた整理は有益であろう．なお，ここで被害者要素と述べているのは，被害者が刑事裁判に実際に参加するときの諸要素だけでなく，法廷において示される被害者関連の情報も広く含んだ概念である．もちろん，被害者要素が量刑判断に及ぼす影響は「モデル」が想定する以上に複雑であるかもしれないが（13-2-3），被害者要素による量刑判断への影響の規範的意義を考えるうえでも，「モデル」に基づいて実証的知見を整理することは有益であるだろう．すなわち，被害者要素が量刑判断に影響を及ぼすことの規範的意義を考えるにあたっては，①被害者要素が犯罪や被告人，被害者に関わる評価に及ぼす影響の適否，②被害者要素によって影響を受けた諸評価が量刑判断に及ぼす影響の適否，③被害者要素によって喚起された感情が果たす具体的役割について考えることが重要であり，「モデル」はそのような検討をするための実証研究の整理の基盤となるであろう（8-1）．

第3に，このような「モデル」に基づく考察は，法的には素人である裁判員の量刑判断をまずは念頭に置いて構築されたものであるが，裁判官の量刑判断への影響を考えるうえでも，この「モデル」が意義を有する場面はあると考える．典型的には，裁判官が有している量刑判断の枠組みが通用しにくくなる，実刑と執行猶予という二者択一的判断が厳しく争われるような場面がそれである（7-1-1; 8-2）．本書でも「記録調査」の結果を踏まえて，被害者の処罰感情や，被告人の反省態度に関する遺族評価が，裁判官の量刑判断に影響を及ぼし得る過程について，「モデル」に即していくつかの可能性を指摘した（12-5）．

第4に，意見陳述制度や被害者参加制度の影響は十分に示されておらず，個別の被害者要素に注目したアプローチの有益性を指摘したが，これまでの研究成果

によれば，確かに様々な被害者要素が量刑判断に影響を与えていることは示されており，これを「モデル」に位置づけながら考察することは有益であると考える[14]．まず，先行研究および本書が紹介する独自の実証研究の結果を踏まえるならば，被害者要素は，被告人に関係する側面を媒介するよりも，被害の大きさや，被害者に関する評価，被害者側への同情を媒介して量刑判断に影響を与えている可能性が高く（8-2；13-2），そのことの規範的意義が問題となり得るであろう．例えば，被害の大きさが量刑判断に影響を及ぼすという点については，どの範囲までの被害を量刑判断に組み込んでよいかという問題があるうえに（伊藤 2011；小池 2007），そのような被害に関する主観的評価の形成過程が問題となり得る．先行研究によれば，被害者の人となりが被害の大きさの評価に影響している可能性が指摘されており（8-2），そのことの適否が問題となり得るだろう[15]．また，心理実験1によれば，被害者に関する情報は，精神的被害の程度に関する評価自体に影響を与えなくても，それを量刑判断にどの程度組み込もうとするかについての意欲に影響を与え，そこから量刑判断が影響を受けている可能性も示された．これは，被害者に関する情報によって，被害者の立場から量刑判断を考えようとすることが促進されたためであるかもしれない[16]．もしそうであれば，このような被害の大きさの考慮の程度に，被害者要素が影響を与えていることの規範的評価も問題となり得るであろう．

　また，先行研究によれば，遺族の感情表出が量刑判断に及ぼす影響は見出されていなかったが（1-2-3；4-3-2-2），心理実験2によれば，遺族の感情表出には，量刑判断に一定の影響を及ぼしている可能性があると考えられる．このような影響がどのような心理的過程を経て実現しているのかについて明らかにすることは，

---

14) すぐ上で触れたように，裁判官の量刑判断に関する「モデル」の含意は，12-5で検討しているので，ここでの検討は，主として裁判員の量刑判断を念頭に置いた検討である．もっとも，判断の局面によっては，ここでの考察が裁判官の量刑判断についても妥当し得る可能性が残されていることも，すぐ上で指摘したとおりである．
15) 心理実験1によって，被害者に関する情報が，遺族の経済的影響の大きさに関する評価に影響を及ぼしていたが，そこで操作されていた被害者情報は多様な側面を含むものであった（10-1-4）．経済的影響の評価に生じた変動が，提示された遺族の経済的影響に関する情報の部分によって引き起こされたものであるかどうかは，別途検証する必要がある．
　　また，Greene（1999）は，被害者の人となりに関する情報が裁判において用いられるべきではないと多くの実験参加者が考えていることを示していた（4-3-5）．それにもかかわらず，このような影響があり得るということは，このような影響の心理的過程は比較的無意識になされているものと考えられるかもしれない．
16) 責任帰属における立場の影響（6-2-1）や，共感の作用（6-3-1）を想起されたい．

被害者の法廷での感情表出のあり方について規範的に検討するうえでも意義があると考えられる．

　もっとも，先行研究や心理実験1によれば，被害者要素が，被告人に関する評価を媒介して量刑判断に影響を及ぼす過程はこれまでのところ十分に示されていないと考えられるが（8-2; 13-2-2; 13-2-4），なお被告人に関する評価に注目した研究は進められるべきであると考える．先行研究においては，被害者の参加にかかわらず，被告人に対するイメージは否定的なものとして捉えられやすい事案が主として模擬裁判の素材として用いられてきた可能性がある[17]．また，裁判官の量刑判断を対象としたものであるが，「記録調査」の分析結果に対する1つの解釈として，被告人の反省態度に関する遺族評価が量刑判断に影響を及ぼしている可能性を指摘した．そこで研究の対象とした自動車事故事件の被告人像は，本書が紹介した模擬裁判実験で多く用いられている殺人事件のシナリオにおける被告人と比べると，その評価が否定的な方向に偏っていたわけではないと考えられるかもしれない．そうであるとすると，被告人の評価が曖昧であるような事案（あるいは，被告人も肯定的に評価され得るような事案）において，被害者要素による被告人評価への影響を検証することには，特に意義があるように思われる．

　第5に，この「モデル」のなかで，実際にどのような量刑判断の構造が実現するかについては，個人差があり得ることを意識する必要がある．心理実験1でも，被害者に関する情報が量刑判断に及ぼす影響は，人々の刑罰意識のあり方によって異なる可能性が示されている（10-2-4）．このような個人差を考慮するならば，評議過程をも視野に入れた研究が要請されることになるであろう（8-2）．

13-4. 課題への回答

　冒頭において，本書が具体的に取り組む課題を示した（1-1-3-3）．現時点において，これらの課題に対してどのような回答を示すことができるであろうか．以下において，筆者なりの回答を示すこととする[18]．

---

[17] 日本の研究の文脈では，被害者参加と有罪・無罪判断との関係を検証することに第一次的な関心を向けた研究があり，そこでは，正当防衛の成否が問題となるような事案が用いられているため（1-2-1; 1-2-2），そのような模擬裁判研究におけるシナリオ中の被告人のイメージは必ずしもネガティブなものではないかもしれない．実際に，伊東ほか（2013）では，遺族関与が被告人に対する怒りを高める効果が示されている（1-2-2）．

[18] 意見陳述制度に関する課題と被害者参加制度に関する課題とを分けて提示していたが（1-1-3-

(英米法圏における実証研究との関連についての課題)
課題1-1-1; 2-1-1: 英米法圏の実証研究の結果から，VISが量刑判断に及ぼす影響は見出されていないという結論を引き出すことは妥当であるのか．
課題1-1-2: 英米法圏の実証研究の結果を，日本の意見陳述制度の問題に援用することは妥当であるのか．
課題2-1-2: 英米法圏の実証研究の結果を，日本の被害者参加制度の問題に援用することは妥当であるのか．

　以上の問いに関する筆者の回答は，第1部で示したとおりである．英米法圏の実証研究によれば，少なくとも裁判官の量刑判断を従属変数とする限り，VIS（あるいはVictim Statement）が量刑判断に大きな影響を及ぼしているわけではないかもしれない．しかし，VIS等は，保護観察とするか拘禁刑とするかという局面の判断には影響を及ぼしている可能性が残されている．また，陪審員の死刑判断を従属変数とした実証研究についてみてみると，死刑事件を担当した陪審員を対象に行ったインタビュー調査の分析結果では，VIEが量刑判断に及ぼす影響は確認されなかったが，いくつかの模擬裁判研究では，そのような影響が示されていた．VIEが全面的に死刑判断に影響を及ぼしているとまではいえないが，一定の類型の事件においてはVIEの影響があることは，なお否定されていない．
　このように，そもそも英米法圏の実証研究によって，VIS等が量刑判断に影響を及ぼしていないとの結論が引き出されていると評価することは，これらの研究の知見を単純化し過ぎているように思われる．したがって，少なくとも，これらの英米法圏の研究に依拠して，日本の意見陳述制度や被害者参加制度が量刑判断に影響を及ぼすことはないと評価することは適当ではない．
　では，これらの研究をどの程度日本において援用することが可能であろうか．まず，VIS等に関する諸研究を参照する際には，それらの制度と日本の意見陳述制度や被害者参加制度との違いに注意する必要がある．主としてVIEが陪審員の量刑判断に及ぼす影響を検証した諸研究も，死刑判断を従属変数とするものが多く，日本の裁判員裁判の量刑判断を検証するためには，これらを参照するだけ

---

3) ここでは，両者の課題を括って回答を提示する．

では十分でないだろう．以上のとおり，英米法圏の先行研究を日本の文脈において援用するに際しては，一定の留保が必要であり，それゆえに，日本独自の実証研究が必要であることが示されたと考える．

(既存の実証研究との関連についての課題)
　課題 2-1-3：意見陳述制度が量刑判断に影響を及ぼしていないとの認識は妥当であるのか．
　課題 2-1-4：意見陳述制度が量刑判断に影響を及ぼしていないとの認識が妥当であるとして，そのことから被害者参加制度が量刑判断に影響を及ぼさないと結論づけることが可能であるのか．

　裁判員の量刑判断を従属変数とした日本における先行研究の結果を踏まえるならば，意見陳述制度が量刑判断に影響を及ぼす可能性は，否定されていない (1-2-1; 1-2-2)．しかし，心理実験の枠組みとして意見陳述制度の影響を扱っているとしても，実際にそれを意見陳述制度の影響として評価してよいかどうかは別の問題である (9-1)．心理実験 1 によれば，被害者に関する情報が量刑判断に影響を与えているものの，それを意見陳述制度の影響と同視できるかという点については，否定的な結果が示された．また，裁判官の量刑判断を従属変数とした「記録調査」において，意見陳述の利用の有無と量刑判断との関連がみられたが，これを制度固有の影響と明確に解釈することはできなかった (12-5)．
　本書は，被害者要素の量刑判断への影響は否定されていないが，これを意見陳述制度の影響として評価することを支持する実証的知見は十分に示されておらず，また，被害者要素による量刑判断への影響を意見陳述制度の影響であると同定するための実証的知見を得ることは困難であると考える (13-3)．このような意味において，意見陳述制度による量刑判断への影響は十分に示されていないと考えるが，意見陳述制度と被害者参加制度の違いを踏まえるならば，このことから被害者参加制度が量刑判断に影響を与えないと結論づけることも，また適当ではないと考える．

(量刑相場との関連についての課題)

課題 1-2-1: 量刑相場の存在は,意見陳述制度が量刑判断に及ぼす影響を抑制するのか.

課題 2-2-1: 量刑相場の存在は,被害者参加制度が量刑判断に及ぼす影響を抑制するのか.

課題 1-2-2: 量刑相場等を習得していない裁判員は,意見陳述制度による影響を受けやすいのか.

課題 2-2-2: 量刑相場等を習得していない裁判員は,被害者参加制度による影響を受けやすいのか.

法的に訓練され,量刑判断についても一定の経験を有する裁判官であれば,意見陳述制度や被害者参加制度が導入されたことによって量刑判断のあり方が影響を受けるということは考えにくいかもしれない(7-1).その限りで,意見陳述制度や被害者参加制度が量刑判断に影響を及ぼすことは,量刑相場を有する裁判官に関する限りは考えにくく,それに比べると,そのような判断枠組みを持たない裁判員において影響が生じやすいと考えることは,説得的な議論である.しかし,実刑か執行猶予かが問題となるような場面では,そのような枠組みが機能しにくく,ゆえに意見陳述制度や被害者参加制度が,裁判官の量刑判断に影響を及ぼし得ることが考えられる[19].実際に,先行研究においても,このような場面でのVIS等の影響は必ずしも否定されておらず(5-1-1),「記録調査」でも意見陳述の利用の有無と量刑判断との関連が示されていた.もっとも,ここでも,量刑判断への影響を,意見陳述制度や被害者参加制度という制度に固有のものであると評価することが難しいことには留意する必要がある.

(制度導入以前の実務状況との関連についての課題)

課題 1-3-1: 意見陳述制度導入以前の実務を視野に入れた場合に,意見陳述制度が独自に量刑判断に影響を及ぼしているのか.

課題 2-3-1: 意見陳述制度も含めた被害者参加制度導入以前の実務を視野に入

---

[19] ただし,刑の一部執行猶予制度が導入されたことにより問題状況に変化が生じる可能性はある(12-6).

れた場合に，被害者参加制度が独自に量刑判断に影響を及ぼしているのか．

例えば，「記録研究」によれば，そこで示された意見陳述の利用の有無と量刑判断との関連は，それ以前からある遺族の証人尋問の効果とは区別することができそうである (12-3)．しかし，意見陳述制度や被害者参加制度といった制度の影響を実証的に抽出することは，現在までのところ十分に成功しているとはいい難い．また，そのような実証を実現することは困難でもある (12-5; 13-1)．そうであるとすれば，今後は，被害者要素のどの側面が，どのような心理的過程を経て量刑判断に影響を与えているかを個別具体的に特定し，そのことが規範的にどのように評価されるかを論じていく方が建設的であるように思われる（佐伯 2013: 162)[20]．したがって，制度導入以前の実務を前提として，制度の影響を否定する議論は，必ずしも実証的に支持されるわけではないが，他方で，そのような議論を否定する実証的知見が十分にあるわけではない．そして，今後の研究の方向性としては，制度の影響という問題枠組みを堅持してここでの課題に対する答えを求めるよりも，被害者要素が量刑判断に及ぼす影響についての，より個別具体的なアプローチの方が有益であると考える．

(量刑判断に及ぼす影響についての規範的な意義に関連する課題)
　課題 1-4-1: 意見陳述制度が量刑判断に影響を及ぼしている場合，その影響は，意見陳述を通して明らかとなった何らかの情報を媒介したものなのであろうか．あるいは，被害者の処罰意思に左右されたものなのであろうか．
　課題 1-4-2: 仮に，意見陳述制度が量刑判断に影響を及ぼしており，かつその影響の発生プロセスが上記 2 つのいずれでもない場合，どのようにして影

---

[20] このような議論に対しては，制度固有の影響を示すための基準を高く設定し過ぎているとの批判が向けられるかもしれない．例えば，渕野（2009: 76）は，被害者参加制度との関連で，制度を批判する側が制度による被疑者・被告人の適正手続侵害のおそれを一定の根拠をもって示した場合には，制度導入を推進する側が，そのような影響がないことを立証する責任を負うと主張する．しかし，ある影響が制度固有のものであると示すことができないときに，その影響を根拠として制度を批判したとしても，依然として被害者要素の問題は残ることとなる．本書は，このような観点からも，制度と区別される議論の方向性には意義があると考えるものである．なお，このように，制度の観点から離れて問題にアプローチするのであれば，制度の是非論ではなく，具体的に裁判場面で問題となる被害者関連の情報の証拠上の位置づけや（島田 2009)，法廷における被害者関与のあり方についての実務上の留意点といった事柄が，主たる議論の対象となってくるであろう．

響が生じていると考えられるのか.

課題 2-4-1: 被害者参加制度が量刑判断に影響を及ぼしている場合,その影響は,被害者参加を通して明らかとなった何らかの情報を媒介したものなのであろうか.

課題 2-4-2: 仮に,被害者参加制度が量刑判断に影響を及ぼしており,かつその影響の発生プロセスが以上のようなものでない場合,どのようにして影響が生じていると考えられるのか.

繰り返し指摘していることであるが,意見陳述制度や被害者参加制度という制度自体の影響は十分に示されておらず,これを示すことには困難が伴うことが予想される.そうであれば,被害者要素のどのような側面が,量刑判断に影響を及ぼし得るのか,及ぼすとしてそれはどのような心理的過程に基づいているのかを具体的に明らかにしていくことが適切であろう.

したがって,問われるべきであるのは,意見陳述制度や被害者参加制度が量刑判断に及ぼす影響のプロセスではなく,どのような被害者要素が,どのように量刑判断に影響しているかということである.そうであれば,これらの諸課題は,個別的な被害者要素の影響がどのような心理的過程を経て発生していると考えられるか,という課題に置き換えることが適切であるだろう.この点については,量刑判断の心理的過程に関する「モデル」を援用しつつ,これまでに検討してきたところである (12-5; 13-3). ここでは,意見陳述制度による量刑判断への影響に関してなされていた規範的議論を参考として (1-1-3-1),被害者要素によって,被害状況についての正確な認識が高まり,それが量刑判断に影響するという過程と,量刑判断が被害者の処罰意思に左右されてしまうという可能性について,それらがどの程度あり得ることであるのかを,これまでの知見に基づいて考察しておくこととする.

まず,被害の大きさに関する評価を媒介する心理的過程を想定するならば,意見陳述制度を擁護する論者が指摘するように (1-1-3-1),一定の被害者要素が,より正確な被害の大きさに関する評価に結びつき,それが量刑判断に適正に反映されていると考えることができるかもしれない.しかし,そもそも英米法圏における VIS 等が量刑判断の適正化につながっているとの知見は確立したものでは

ない（5-1-1）．意見陳述制度以上に被害者の被った影響に焦点を絞っていると考えられる VIS 等において量刑の適正化効果がみられないことからすると，一定の被害者要素が量刑の適正化に資すると直ちに考えることは難しい．加えて，被害者の人となりに関する情報が被害の大きさの評価と関連している可能性が指摘されていることにも（8-2），注意しておく必要があるだろう．被害の大きさに関する評価が量刑判断に影響を与えることを適正なことであるとしたとしても，そのような被害の大きさに関する評価が形成される過程が規範的に適切なものであると評価できるか否かは，また別の問題であろう．

　他方で，被害者の処罰意思によって量刑判断が影響を受けている可能性はどうであろうか．心理実験1において，遺族の「求刑意見」を重視する程度と量刑判断との間に有意な相関が認められたことからすると（10-2-3），確かに遺族の処罰感情によって量刑判断を調整している人はいるのかもしれない．また，遺族の証言態度が直接的に量刑判断に影響を及ぼすことは，これまで示されてこなかったが（4-3-2-2），心理実験2では，遺族の表出する感情が，量刑分布グラフを見てから，それを踏まえて量刑判断を修正させる程度に影響を及ぼしていた可能性が示されている（11-3-2）．また，「記録調査」は，裁判官によって適正な考慮の範囲内と捉えられているものであるかもしれないが，裁判官の執行猶予判断にも，遺族の処罰感情が影響している可能性を示している（12-2-4; 12-5）．以上を踏まえると，被害者の処罰意思といった事情が，量刑判断を左右している局面は，限定的ではあるかもしれないが，あり得ると考えられる．

（被害者参加制度が量刑判断に及ぼす影響についての規範的な意義に関連する課題）
　課題2-4-3：被害者参加制度によって，被告人側の事情の量刑判断における考慮の仕方が何らかの影響を受けてはいないか．

　この課題についても，これまでの考察を踏まえるならば，被害者参加制度による影響という枠組みで捉えるのではなく，被害者要素による影響という観点から検討を加えることが適当であると考えられるので，ここでもそのように課題を置き換えて検討することとする．ここで，被告人側の事情，さしあたりは被告人にとって有利に考慮されると考えられる事由が量刑判断において考慮される程度が，

被害者要素によって影響を受けるか否かについては，依然として十分な研究があるわけではない．確かに，被告人にとって有利に考慮されると考えられる事由を列挙して，それを量刑上どのように位置づけるかを尋ねた場合には，被害者要素は，その回答に影響を及ぼしていないようである（4-4-4）．他方で，それらをどの程度の重みをもって量刑判断に反映させようとするかという点については，被害者要素は影響を与え得るかもしれない．この点につき，心理実験1では，被告人に有利であると考えられる事由が量刑上考慮される程度に対して，被害者の刑事裁判への関与の態様が影響を及ぼしていることは確認できなかったが（10-2-5），Greene et al.（1998）のように，被告人にとって有利に考慮されると思われる事由が量刑判断に際して重視される程度に，被害者要素が影響していることを示すものもある（4-3-4）．したがって，依然として研究数は少ないが，被害者要素が，被告人側の事情についての考慮を妨げる可能性については，注意して研究がなされることが望まれる[21]．

13-5. 今後の課題

意見陳述制度や被害者参加制度が量刑判断に及ぼす影響について，既存の実証研究のレビュー，心理学の知見に基づく理論的考察，および独自の実証研究を踏まえて考察を進めてきた．不完全な部分も多々あると思われるが，本テーマに関する研究状況の現時点での到達点と考えられるものを素描し，それを踏まえて，冒頭に提示した課題への回答を試みた．しかしながら，今後の研究課題として残されている部分も多く存在する．ここでは，そのような課題について5点指摘する．

第1に，本書では，意見陳述制度や被害者参加制度による，いわば「制度」の影響を検証するよりも，様々な被害者要素がどのように量刑判断に結びつくかを個別具体的に検証していく方が生産的であることを述べたが，まさにそのような方向での研究のさらなる蓄積が望まれる．これまでに蓄積された知見に依拠するならば，被害者要素が，被害の大きさや被害者の評価，被害者側への同情や共感

---

[21] 被害者参加によって，被告人に有利な情報の考慮が阻害されるという問題に加えて，そもそも被告人に有利な情報を提示することが困難になるという問題もあるかもしれない（淵野（2009: 56-59）を参照）．

といった側面を媒介して量刑判断に影響を及ぼしている可能性の方が強く認められるようであるが (13-3),その具体的な過程をより緻密に明らかにすることで,被害者要素と量刑判断との関連についての規範的議論において参照されるべき知見を充実させることができると考える.また,被告人に関する評価を媒介する影響については,先行研究においては十分に支持されていないが,なお,そのような心理的過程のあり方について実証的に検証する意義は残されていると考える.とりわけ,被告人の評価が否定的な方向に偏っていないような場面における,被害者要素の影響について検証することが有益であろう (13-3).また,感情の作用を特定することは困難であるが,被害者要素がどのような感情を喚起し,それが具体的にどのように量刑判断のあり方,あるいはその前提となる情報処理の仕方に影響を与えるのかについて,さらに研究が進められる必要がある.

第2に,これまでに示されている研究知見の追試も重要な課題となるであろう.模擬裁判研究については,研究実施方法の違いやフィールド研究との対応関係等を検討することで,その知見がどの程度頑健なものであるか査定することを試みた.しかし,研究の件数自体が多いわけではなく,また,それぞれの研究が必ずしも同一の問題を取り扱っていたわけではないので,追試による再現の必要性は残されている.また,筆者が独自に行った実証研究についても,そこで得られた知見が追試によって再現されるものであるかどうかは,なお問われる必要があるだろう[22].

第3に,被害者要素が量刑判断に及ぼす影響に関する「モデル」との関連では,本書の紹介した先行研究,および筆者が独自に行った実証研究が,主として被害者が死亡した事案における市民の判断を扱ったものであることに留意する必要がある.これは,意見陳述制度や被害者参加制度の利用主体として遺族が比較的多いこととも関係しているが (1-1-1; 1-1-2),それらの制度を利用する者は,遺族に限られているわけではない.また,制度の影響を超えて,被害者要素の影響について個別具体的にアプローチするのであれば,被害者が死亡していない事案における被害者要素の影響についても検討する必要があることは当然であろう.被害者が死亡している事案だけでなく,そうではない事案についても研究を進めて

---

[22] 心理学研究における再現率の問題については,Open Science Collaboration (2015) を参照されたい.

いく必要がある[23]．また，裁判官の量刑判断と「モデル」の関係を検討するにあたっては，1-2-5で紹介した司法研修所（2007）や第12章の「記録調査」の結果が参考になり得るが，なお絶対的に研究が不足している．裁判官の量刑判断について実証的にアプローチすることは実際上の困難を伴うが，なお今後の課題として指摘しておきたい．

第4に，被害者要素が評議を経た後の量刑判断にどのような影響を及ぼすのかについて，研究を進める必要がある．とりわけ，被害者要素の影響に個人差があることからすると，影響のレベルが様々な個人が評議したことによって，被害者要素の影響がどのように変容するのかは，重要な問題であると思われる（8-2）．加えて，裁判員制度においては，一般市民から選ばれた市民が法的専門家である裁判官と一緒に評議をすることとなっている．裁判官も，少なくとも執行猶予が厳しく争われる事案においては被害者要素の影響が顕著になる可能性があると考えるが，多くの場合，すでに獲得している判断枠組みに沿って，感情的影響からも比較的解放された状態で判断をしていることが考えられる（7-1）．評議研究において裁判官役を用意することは実際上の困難を伴うが，そのような困難を克服することを目指した研究も存在することから（4-4-2-3），裁判官の存在を前提とした評議研究についても，今後の課題として指摘しておきたい．

第5に，被害者要素が量刑判断に影響を及ぼしており，かつ，それが規範的に望ましくないものであると評価された場合にどうすべきであるか，ということを考える必要がある．1つの方法は，量刑判断に望ましくない影響を及ぼしている被害者要素を刑事裁判から排除することが考えられるが，そのような方法はときに実行可能性が乏しいものであるかもしれず，また，そのような方法が常に意図したとおりの帰結をもたらすとは限らない（例えば，Diamond & Vidmar（2001）を参照）．被害者要素の影響を低減する方法としては，説示や感情予測に関する専門家証言（4-3-6），あるいはシステマティックなマインドセットの活性化といった方法（1-2-2）が検討されている．被害者要素の影響について明らかにし，その規範的に望ましくない側面を指摘するだけでなく，現実の刑事裁判において受け入れられる問題の解決策を提言するうえでも，実証研究が貢献できる余地はある

[23) 本書でも，被害者が死亡していない事案を用いてVISの影響を検証した模擬裁判研究については，考察に組み込んでいる（第4章）．

だろう．

　本書の研究は，意見陳述制度や被害者参加制度が量刑判断に及ぼす影響を検証することを意図して進められたが，結論として，被害者要素が量刑判断に及ぼす影響を個別具体的に取り上げる問題枠組みにシフトすることを提案し，そのような被害者要素の影響についても可能な限り考察を進めることを試みた．このような問題に取り組むにあたって，本書は，実証的なアプローチ，とりわけ心理学的なアプローチに主として依拠した．もっとも，本書の成果は，法学，心理学の両サイドから批判を受けるものであるかもしれない．本書は，被害者の司法参加と量刑判断との関連について検討するための大まかな見取り図を描くことに注力した．その結果，心理学のサイドからは，例えば，先行研究の結果について，心理学的に重要な要因の差異を捨象した粗いまとめ方に走っているとの批判を受けるかもしれない．また，本書の目的は被害者の司法参加と量刑判断の関係について，その是非や実務運用のあり方を考えるために参照されるべき事実的側面を明らかにすることにあったが (0-3)，本書の到達点は，そのような目的に照らして不十分なものと評価されるかもしれない．すなわち，今後の課題の第 1 点目として指摘したように，被害者要素と量刑判断との関連についてはさらなる研究の蓄積が求められるが，そのような段階での知見は，規範的議論の前提とするには不十分なものと捉えられるかもしれない．あるいは，本書の提供する知見は，規範論的な，あるいは実務上の問題関心に十分対応するものではなく，それゆえに不要なものであると評価される可能性も否定できない．しかし，本書においては，被害者の刑事司法への参加と量刑判断という問題が，心理学的アプローチを通して考察することで，従来の法学における議論が想定していた以上に複雑な「現実」を含むものであることを示せたと考える．そして，心理学は，そのような複雑な「現実」を示すだけでなく，そこから一定の法則性を見出そうとする営みでもある．そうであれば，本書において十分に目的を達成できなかったとしても，被害者の司法参加と量刑という問題を考えるにあたって心理学的なアプローチを採用すること自体には意味があると主張することは許されると考える．

　もちろん，筆者としては本書が当初の目的との関係で一定の貢献をしていることを信じたいが，それは今後の評価に委ねざるを得ない．しかし，その点につい

て否定的な評価が下されたとしても，被害者の司法参加と量刑という問題を考えるうえで心理学的アプローチが有益であることについて一定の賛同が得られ，法的問題関心とも対応した心理学的研究の知見がさらに充実したものになることにつながるならば，筆者にとって望外の喜びである．

あ と が き

　本書は，2012年2月に東京大学大学院法学政治学研究科に提出した助教論文「犯罪被害者による刑事裁判への参加が量刑判断に及ぼす影響の実証的研究」を大幅に加筆・修正したものである．とりわけ，助教論文として提出した段階ではデータの蒐集・分析の作業が途中段階であったところもあり，その後の作業の進捗を踏まえ，大幅な変更を加えている．随分と時間を要してしまったが，研究の内容を取りまとめ，世に送り出す機会をいただき，大きな喜びを感じている．

　学部学生の頃から刑事政策に関する諸問題について関心をもっていたが，必ずしも最初から研究者になることを志していたわけではなかった．しかし，日本における刑事政策の研究領域においては，規範的な議論が積極的に展開されているのに対して，そのような規範的な議論を支える経験的根拠や，ある政策が具体的にどのような帰結をもたらすのかという視点に関する研究は相対的に乏しいのではないかと感じるようになっていった．とりわけ，筆者が学部学生として過ごしていた時期は，犯罪被害者の刑事司法における位置づけについて盛んに議論がなされていた時期とも重なる．しかし，本書のテーマである，被害者参加と量刑判断との関係についても，様々な議論はあるものの，それらは，各々の主張の結論に沿うような事実認識が正しいものであると述べるものや，関連し得る海外の研究を援用して自らの主張を補強しようとするものがほとんどであった．このような状況において，実証的な観点からアプローチした研究を行うことは有意義なことであり，その限りにおいて，自分が研究者を目指すことには意義があるのではないか，と考えたことが研究者の途を歩み始める決め手になったように思う．

　修士課程に進学し研究を始めたばかりの頃は，刑事司法における被害者の権利の高まりがその運用の諸側面にどのような影響を与えるのかを実証的に明らかにしたいと考えていた．しかし，筆者の能力の限界や，得られるデータの制約もあり，さしあたり裁判における「被害者参加と量刑判断」という側面に焦点を絞っ

て論文をまとめることとした．その意味でも，筆者の研究の試みは，まだまだ道半ばといわざるを得ない．加えて，限定したテーマである「被害者参加と量刑判断」についても，当該議論状況においてどの程度の価値を本研究によって付加することができたかは，これからの評価に委ねざるを得ない．多くの読者からの忌憚のないご批判を賜りたいと願う次第である．

　ともあれ，このようにテーマを絞りつつも，被害者の権利と刑事司法との関係について研究を行ってきたが，どのような方針で研究を進め，知見を整理していくべきかについては，かなり苦慮した．ようやく道筋をつけられるようになったのは，心理学的な手法を積極的に取り込み，それを主軸に据えながら分析を始めてからである．本書の試みがどこまで成功しているかは不明であるが，心理学的な手法による研究が，法的な問題を考えるうえでも有益であることが示せたならば，とても嬉しく思う．ところで，第10章と第11章には，筆者が行った心理実験の結果を紹介しているが，そこでの質問票や資料等については，紙幅の都合もあり，本書にそれらを収録することができなかった．該当する箇所で触れているが，各種資料については，筆者に問い合わせていただければ幸いである．問い合わせ先の住所とメールアドレスは，以下の通りである．

　〒263-8522　千葉県千葉市稲毛区弥生町1-33 千葉大学法政経学部
　E-mail: m-saeki@chiba-u.jp

　本書は，不十分な点も多々残されているが，さしあたり筆者がこれまでに調べてきたこと，考えてきたことをまとめたものである．本書における主張やあり得る誤りが筆者に帰属することはもちろんであるが，本書は多くの方々の協力を得て初めて完成できたものである．実証研究の実施に協力していただいた研究者や実験参加者，事件記録調査を実施するために記録の閲覧・謄写業務に対応していただいた東京地方検察庁の皆様，本書でその全てを紹介することはかなわなかったけれども，忙しい合間に実務上の経験を踏まえてお話を聞かせていただいた実務家の皆様，研究の中間報告について多くの有益なコメントをしていただいた諸先生方に，心よりの感謝を申し上げたい．

　全員のお名前をここで挙げることができないのが残念であるが，特にお世話になった先生に，ここで御礼を述べさせていただくことをお許しいただきたい．修

士課程在学時に指導教授を務めていただいた太田勝造先生には，まだまだ不完全なかたちにあった研究課題に取り組む筆者を見守りつつ，重要なポイントで有意義なご指導を何度もいただいた．研究を始める最初期に，太田先生にご指導をいただけたことは，筆者にとって何事にも代え難い幸福であった．筆者が助教であった時に指導教授を務めていただいたダニエル・H・フット先生には，刑事司法に関する専門的知見を踏まえたご助言をいただいただけでなく，助教論文を書き上げる段階では非常に熱心に論文指導をしていただいた．佐藤岩夫先生には，大学院における演習の機会等を通して，リサーチ・クエスチョンと，それに取り組む方法論を大切にして研究に取り組む姿勢の重要性を教えていただいた．また，本研究テーマに取り組むにあたって，川出敏裕先生にも大変お世話になった．被害者と刑事司法についての演習等を受講させていただいたほかにも，実証研究の実施をサポートしていただき，また，その研究成果についても貴重なご意見をいただいた．また，本書では心理学的な手法を主軸に据えているが，このような方法論に筆者を導いてくださった松村良之先生と藤田政博先生にも御礼を申し上げたい．松村先生と藤田先生は，刑事司法や裁判員制度について心理学的な手法を用いて研究に取り組んでおられ，両先生の研究自体から多くのことを学ばせていただいたことはもちろん，研究会での報告の機会をご提供いただいたり，関連のある心理学の研究者をご紹介いただいたりすることを通して，筆者を心理学の研究コミュニティに誘ってくださった．筆者は，法学部を卒業し，その後，法学政治学研究科の修士課程，助教を経たものであり，心理学に関する特別なトレーニングを受けているものではない．それゆえ，本書で紹介する筆者の実証研究や理論的考察には，心理学者からみれば不十分な点が多々残されているかもしれない．それでも，ここまで研究をまとめることができたのは，このようにして形成されたコミュニティのなかで心理学者と積極的に意見交換をすることができたことが大きい．特に，第11章で紹介した実験の実施に協力してくださった綿村英一郎先生からは，心理実験の計画・実施に関わる実践的な注意事項等を教えていただいた．本当に多くの方に支えられてここまで研究を進められてきたことの幸せを，改めて感じている．この場をお借りして改めて御礼を申し上げたい．

また，本研究は，日本学術振興会の科学研究費補助金（若手研究（スタートアッ

プ）→研究活動スタート支援，研究課題番号：21830028 と若手研究（B），研究課題番号：24730002）と民事紛争処理研究基金研究助成（平成 21 年度助成決定，研究課題：刑事司法過程における民事紛争処理システムの機能）の助成を受けて行った研究の成果の一部ないし全部を含むものである．また，本書の出版にあたっては，東京大学学術成果刊行助成制度による補助（平成 27 年度助成決定）をいただいた．研究の遂行・公表を支えていただいたことに，この場をお借りして御礼申し上げたい．

最後に，本書の編集に尽力してくださった東京大学出版会編集部の斉藤美潮氏に御礼を申し上げたい．斉藤氏は，放っておくとすぐに袋小路に迷い込んでしまう筆者を励まし，本書を完成まで導いてくださった．大変な編集作業を丁寧にしていただき，このようなかたちで本書の出版を実現してくださったことに，心より感謝申し上げる．

2016 年 4 月

佐 伯 昌 彦

参考文献

[日本語文献]

青木孝之（2013）『刑事司法改革と裁判員制度』日本評論社.

浅香吉幹（2009）「キャリフォーニア州の人民発案手続──市民による立法のためのシステム設計」法社会学 71: 23-39.

浅香健（2010）「事件報告3（被害者参加弁護士の立場から）自動車運転過失致死事件の遺族と臨んだ裁判」季刊刑事弁護 61: 51-54.

浅田和茂（2011）「裁判員裁判の量刑の基本問題──刑法理論の観点から」季刊刑事弁護 66: 26-33.

浅田和茂・川崎英明・山下幸夫・高田昭正（2007）「〈座談会〉犯罪被害者と刑事訴訟──犯罪被害者関連施策の総論的・各論的検討」法律時報 79(7): 88-102.

阿部千寿子（2010）「被害者参加制度に関する一考察──被害者参加の根拠・被害者参加の目的・被害者の法的地位」同志社法学 62(4): 963-1084.

荒川歩（2013a）「判断基準のずれの解消過程と評議後の確信度の変化，および基準提示のタイミングが評決に与える影響の探索的研究」法と心理 13(1): 104-111.

荒川歩（2013b）「弁論が評議と裁判員の意思決定に与える影響──模擬評議実験にもとづく検討」法社会学 79: 1-15.

荒川歩・菅原郁夫（2010）「評議におけるコミュニケーション──コミュニケーションの構造と裁判員の満足・納得」社会心理学研究 26(1): 73-88.

安藤清志（1995）「社会的認知」安藤清志・大坊郁夫・池田謙一『社会心理学』岩波書店：15-35.

飯高（2009）「サンクションのない法の効果」太田勝造・フット，ダニエル H.・濱野亮・村山眞維（編）『法社会学の新世代』有斐閣：251-281.

池上知子（2008a）「社会的推論」池上知子・遠藤由美『グラフィック社会心理学［第2版］』サイエンス社：43-65.

池上知子（2008b）「感情」池上知子・遠藤由美『グラフィック社会心理学［第2版］』サイエンス社：89-110.

石崎千景・荒川歩・若林宏輔（2010）「模擬裁判実験での使用を想定した公判映像刺激作成の試み」法と心理学会第11回大会予稿集：23.

石村善助・所一彦・西村春夫（編著）（1986）『責任と罰の意識構造』多賀出版.

井田良（2010）「量刑判断の構造について」原田國男判事退官記念論文集刊行会（編）『原田國男判事退官記念論文集 新しい時代の刑事裁判』判例タイムズ社：453-467.

井田良・太田達也（編）（2014）『いま死刑制度を考える』慶應義塾大学出版会.

伊藤政司・谷田部友香（2005）「刑事事件にたいする主観的量刑判断」法と心理 4(1): 71-80.

板山昂（2014）『裁判員裁判における量刑判断に関する心理学的研究──量刑の決定者と評価者の視点からの総合的考察』風間書房.

伊藤栄二・江口和伸・神田正淑（2007）「「刑法の一部を改正する法律」について」法曹時報 59(8): 2531-2552.

伊東研祐・小島透（1996）「量刑と責任・予防に関するアンケート」法政論集 165: 47-84.
伊藤寿（2011）「構成要件的結果以外の実質的被害の発生と量刑」大阪刑事実務研究会（編）『量刑実務大系 2 犯情等に関する諸問題』判例タイムズ社：244-258.
伊藤雅人・前田巌（2010）「裁判員との量刑評議の在り方」原田國男判事退官記念論文集刊行会（編）『原田國男判事退官記念論文集 新しい時代の刑事裁判』判例タイムズ社：371-382.
伊東裕司（2011）「裁判員の判断と感情―― 心理学者の課題，法律家の課題」法と心理 10(1)：55-60.
伊東裕司・松尾加代・藤田政博・渕野貴生・中川孝博・赤坂有紀（2013）「裁判員の事実認定における感情の影響―― 被害者意見陳述の影響と感情制御の効果」仲真紀子（編集責任）『文部科学省科学研究費補助金・新学術領域研究「法と人間科学」中間報告書』北海道大学大学院文学研究科法と人間科学総括支援室：77-81.
井上夏帆（2015）「犯罪被害者等給付金の支給等による犯罪被害者等の支援に関する法律施行規則の一部改正―― 親族間犯罪に係る減額・不支給事由の見直し」警察公論 70(2)：12-21.
井上正仁（1998）「アメリカの「三振法」について」刑政 109(2)：66-67.
今在慶一朗（2005）「公正研究」菅原郁夫・サトウタツヤ・黒沢香（編）『法と心理学のフロンティアⅠ巻 理論・制度編』北大路書房：77-96.
岩井宜子（2013）「量刑の在り方を考える」法曹時報 65(4)：791-811.
岩井宜子・渡邊一弘（2002）「死刑の適用基準―― 永山判決以降の数量化基準」現代刑事法 4(3)：78-85.
岩井宜子・渡邊一弘（2003）「死刑・無期懲役の数量化基準―― 永山判決以降の判例分析」専修大学法学研究所紀要 28：1-37.
岩田研二郎（2002）「犯罪被害者保護二法と刑事弁護活動―― 意見陳述とビデオリンク方式など」刑法雑誌 42(1)：105-115.
岩田研二郎（2007）「刑事訴訟における被害者参加制度の問題点―― 法制審議会刑事法部会の審議を中心に」法律時報 79(5)：84-89.
岩田太（2009）『陪審と死刑―― アメリカ陪審制度の現代的役割』信山社.
岩田太（2010）「死刑判断と陪審の精神的負担―― 合衆国の経験から」法律時報 82(7)：33-37.
植野聡（2011）「刑種の選択と執行猶予に関する諸問題」大阪刑事実務研究会（編）『量刑実務大系 第 4 巻 刑の選択・量刑手続』判例タイムズ社：1-103.
植松正（1965）「求刑の影響力―― 量刑心理の分析」ジュリスト 330：32-39.
宇川春彦（2011）「米国における司法取引」刑法雑誌 50(3)：357-380.
内田治（2011）『すぐわかる SPSS によるアンケートの統計的検定』東京図書.
江口和伸（2007a）「「刑法の一部を改正する法律」について」刑事法ジャーナル 9：80-87.
江口和伸（2007b）「刑法の一部を改正する法律について」ジュリスト 1342：135-140.
江口和伸（2007c）「自動車運転過失致死傷罪の新設と危険運転致死傷罪の対象となる自動車の範囲の拡大」時の法令 1792：28-36.
榎本正也（1985）「アメリカ合衆国における最近の量刑改革」法務総合研究所研究部紀要 28：213-237.
エレツ，エドナ（椎橋隆幸 訳）（1995）「量刑手続への被害者の参加，量刑の結果そして被害者の福祉」カイザー，G.・クーリー，H.・アルブレヒト，H.-J.（編）（宮澤浩一・田口守一・高橋則夫 編訳）『犯罪被害者と刑事司法』成文堂：243-266.

遠藤邦彦（2011）「量刑判断過程の総論的検討」大阪刑事実務研究会（編）『量刑実務大系1 量刑総論』判例タイムズ社：1-204.
大久保恵美子（2001）「犯罪被害者支援の軌跡」犯罪被害給付制度発足20周年記念事業実行委員会（編）『犯罪被害給付制度発足20周年記念誌──被害者支援の軌跡を振り返って』犯罪被害給付制度発足20周年記念事業実行委員会：113-116.
太田勝造（1994）「権利と法の経済分析」棚瀬孝雄（編）『現代法社会学入門』法律文化社：266-295.
太田勝造（2000）『法律』東京大学出版会.
太田勝造（2011）「法社会学の国際化と学際化：幸福分析と公共選択論──Law and Society Association Annual Meeting 2010 in Chicagoに出席して」法社会学74: 191-204.
太田達也（2010）「刑の一部執行猶予と社会貢献活動」刑事法ジャーナル23: 14-37.
太田裕之・中西章（2000）「被害者対策要綱について」宮澤浩一・國松孝次（監修），大谷實・山上皓（編集代表），椎橋隆幸（編集）『講座被害者支援2 犯罪被害者対策の現状』東京法令出版：14-33.
大谷直人・川出敏裕・河村博・神洋明・田口守一・松尾浩也（2000）「〈座談会〉犯罪被害者の保護──法制審議会答申をめぐって」ジュリスト1176: 2-38.
大坪庸介（2015）「仲直りの進化社会心理学──価値ある関係仮説とコストのかかる謝罪」社会心理学研究30(3): 191-212.
大坪庸介・藤田政博（2001）「集団過程としての陪審裁判」心理学評論44(4): 384-397.
大平英樹（2010）「感情心理学事始め」大平英樹（編）『感情心理学・入門』有斐閣：1-10.
大渕憲一（2010）『謝罪の研究──釈明の心理とはたらき』東北大学出版会.
大渕憲一（2013）「心理学における正義研究パラダイム──法と正義の相克・コメント1」法社会学78: 74-83.
大谷実（1974）「わが国における犯罪被害者の実態」ジュリスト575: 37-41.
大谷実（1977）『被害者の補償』学陽書房.
大谷実（1980a）「犯罪被害者等給付金支給法──その概略と運用上の論点」ジュリスト719: 63-69.
大谷実（1980b）「犯罪被害者の救済を考える──犯罪被害者等給付金支給法の成立」法学セミナー309: 42-46.
大谷實（2001）「犯罪被害者問題の30年」犯罪被害給付制度発足20周年記念事業実行委員会（編）『犯罪被害給付制度発足20周年記念誌──被害者支援の軌跡を振り返って』犯罪被害給付制度発足20周年記念事業実行委員会：10-13.
大谷實・齊藤正治（1982）『犯罪被害給付制度──犯罪被害者等給付金支給法の解説』有斐閣.
大谷實・宮澤浩一（1976）『犯罪被害者補償制度』成文堂.
岡上雅美（1993）「社会的非難の刑罰への反映──量刑をめぐる規範的考察」法社会学45: 150-155.
岡田雄一（2002）「量刑──裁判の立場から」三井誠・馬場義宣・佐藤博史・植村立郎（編）『新刑事手続II』悠々社：481-491.
岡田善雄・遠藤和男・宇戸子朗・古田康輔・河原田徹（1996）「刑事確定訴訟記録から見た無期懲役事犯の被害者の遺族に関する実態調査」法務総合研究所研究部紀要39: 87-104.
岡田悦典・仲真紀子・藤田政博（2013）「裁判員裁判と求刑──公判技術に関する実証研究にお

ける一つの試み」法と心理 13(1): 87-92.
岡田好史・岩井宜子・渡邊一弘・柴田守（2010）「自動車事故による交通犯罪の量刑基準 —— 危険運転致死傷罪における科刑基準を中心に」季刊社会安全 76: 18-26.
岡田良平（1967）「自動車事故による業務上過失致死傷事件の量刑事情 —— 実務面からの省察」司法研修所論集 1967(II): 1-31.
岡本章（2007）「被害者参加の制度」法律のひろば 60(11): 27-36.
奥村回（2010a）「被害者参加制度がもたらした影響 —— 刑事弁護センター・被害者支援委員会のアンケート調査等を分析して」季刊刑事弁護 61: 32-41.
奥村回（2010b）「被害者等参加事件の分析と課題」自由と正義 61(3): 99-111.
奥村正雄（2013）「討論の要旨」刑法雑誌 52(3): 461-467.
甲斐行夫・神村昌通・飯島泰（2001）「逐条解説」松尾浩也（編）『逐条解説犯罪被害者保護二法』有斐閣: 64-191.
風祭光（1976）「生命・身体犯の被害者等の実態」警察学論集 29(6): 81-103.
梶井厚志（2006）『故事成語でわかる経済学のキーワード』中央公論新社.
片倉千弘・菊田幸一（1966）「自動車による過失致死罪の量刑に関する実証的研究」法務総合研究所研究部紀要 9: 1-25.
勝田聡（2013）「刑の一部の執行猶予制度と社会貢献活動の導入について」刑政 124(11): 34-43.
加藤克佳（1999）「刑事手続への被害者の参加」ジュリスト 1163: 30-38.
加藤克佳（2010）「日本における市民の司法参加 —— 裁判員制度の概要と課題」法と心理 9(1): 18-23.
鹿野伸二（2010）「刑法 50 条（確定裁判の余罪の処断）における量刑について」原田國男判事退官記念論文集刊行会（編）『原田國男判事退官記念論文集 新しい時代の刑事裁判』判例タイムズ社: 559-578.
唐沢かおり（2001）「原因帰属 —— 因果関係の把握による社会理解」唐沢穣・池上知子・唐沢かおり・大平英樹『社会的認知の心理学 —— 社会を描く心のはたらき』ナカニシヤ出版: 46-72.
唐沢穣（2014）「社会的認知過程と量刑判断」法と心理 14(1): 50-55.
川合昌幸（2011）「被告人の反省態度等と量刑」大阪刑事実務研究会（編著）『量刑実務大系 3 一般情状等に関する諸問題』判例タイムズ社: 172-208.
河合幹雄（1989）「アメリカにおける被害者の権利運動（一）—— その主張と背景」法学論叢 125(5): 62-84.
川出敏裕（1999）「刑事手続における被害者の保護」ジュリスト 1163: 39-49.
川出敏裕（2002）「刑事手続における犯罪被害者の法的地位」松尾浩也・井上正仁（編）『刑事訴訟法の争点［第 3 版］』有斐閣: 34-37.
川出敏裕（2005）「犯罪被害者の刑事手続への参加」ジュリスト 1302: 36-43.
川出敏裕（2007）「犯罪被害者の刑事裁判への参加」刑事法ジャーナル 9: 14-21.
川出敏裕・金光旭（2012）『刑事政策』成文堂.
川崎英明（2000）「犯罪被害者二法と犯罪被害者の権利」法律時報 72(9): 1-4.
川崎英明（2007）「刑事裁判への被害者参加制度の批判的検討」季刊刑事弁護 50: 89-93.
川崎英明（2009）「犯罪被害者と刑事手続 —— 検討の視点と課題」犯罪と刑罰 19: 15-31.
河野和明（2010）「感情と進化 —— 感情を設計した「進化の見えざる手」」大平英樹（編）『感情心理学・入門』有斐閣: 71-96.

河原純一郎（2010）「心理学の実験倫理」河原純一郎・坂上貴之（編著）『心理学の実験倫理——「被験者」実験の現状と展望』勁草書房：1-35.

北村英哉・大坪庸介（2012）『進化と感情から解き明かす社会心理学』有斐閣.

黒井新（2010）「犯罪被害者法律援助事業の意義と展望」自由と正義 61(10): 16-19.

黒川智（2000）「犯罪捜査規範の改正について」宮澤浩一・國松孝次（監修），大谷實・山上皓（編集代表），椎橋隆幸（編集）『講座被害者支援 2 犯罪被害者対策の現状』東京法令出版：33-36.

小池信太郎（2007）「量刑における構成要件外結果の客観的範囲について」慶應法学 7: 19-87.

小池信太郎（2011）「コメント」大阪刑事実務研究会（編）『量刑実務大系 2 犯情等に関する諸問題』判例タイムズ社：127-137.

小坂敏幸（2010）「被害者及び被害者遺族の処罰感情と刑事手続上の表出方法」原田國男判事退官記念論文集刊行会（編）『原田國男判事退官記念論文集 新しい時代の刑事裁判』判例タイムズ社：309-328.

小島透（1997）「量刑の評価過程と数量的構造（1）——量刑における数学モデルの検討を中心として」法政論集 168: 1-39.

小島透（1998）「量刑の数量的実証研究の課題（1-2・完）——量刑理論の側から見た数量的実証研究の問題点とその検討」法政論集 174: 1-41; 175: 1-42.

小島透（2007）「量刑判断における法定刑の役割——量刑スケールとしての法定刑の可能性」香川法学 26(3-4): 456-430.

小宮友根（2013）「裁判員は何者として意見を述べるか——評議における参加者のアイデンティティと「国民の健全な常識」」法社会学 79: 63-84.

最高裁判所事務総局刑事局（2011）「平成 21 年における刑事事件の概況（上）」法曹時報 63(2): 315-485.

最高裁判所事務総局刑事局（2015）「平成 25 年における刑事事件の概況（上）」法曹時報 67(2): 297-470.

齊藤誠二（1977）『被害者補償制度の基本問題』風間書房.

斉藤豊治（1999）「アメリカにおける死刑の量刑手続と被害者の参加」浅田和茂・高田昭正・久岡康成・松岡正章・米田泰邦（編）『転換期の刑事法学 井戸田侃先生古稀祝賀論文集』現代人文社：501-536.

斉藤豊治（2000a）「量刑に関する被害者の意見陳述権」浅田和茂・川崎英明・安原浩・石塚章夫（編）『刑事・少年司法の再生 梶田英雄判事 守屋克彦判事退官記念論文集』現代人文社：441-469.

斉藤豊治（2000b）「被害者問題と刑事手続」季刊刑事弁護 22: 90-98.

斉藤豊治（2009）「被害者の刑事手続参加——企画の趣旨と課題」犯罪と刑罰 19: 1-13.

斉藤豊治（2010）「アメリカにおける被害者の刑事手続参加」犯罪と刑罰 20: 53-92.

裁判所職員総合研修所（監修）（2005）『犯罪被害者等の保護のための諸制度に関する書記官実務の実証的研究』司法協会.

佐伯昌彦（2010）「犯罪被害者による刑事裁判への参加が量刑に及ぼす影響——実証研究のレビューと今後の課題」法学協会雑誌 127(3): 419-493.

佐伯昌彦（2011）「犯罪被害者の刑事裁判への参加と手続的公正の社会心理学——英米法圏での実証研究をふまえて」法と心理 11(1): 73-82.

佐伯昌彦（2012）「Victim Impact Evidence が陪審の死刑判断に及ぼす影響についての考察——アメリカ合衆国における諸研究の批判的検討」統計数理研究所共同研究リポート 281: 24-44.
佐伯昌彦（2013）「被害者参加——法的判断との関連を中心とした心理学的検討」藤田政博（編）『法と心理学』法律文化社: 155-167.
酒巻匡（2000）「犯罪被害者等による意見の陳述について」法曹時報 52(11): 3123-3242.
佐々木史朗（1966）「全国における自動車交通刑事事件の概況——量刑を中心として」判例タイムズ 192: 28-37.
佐藤岩夫（2004）「歴史から法を読み解く——歴史法社会学」和田仁孝・太田勝造・阿部昌樹（編）『法と社会へのアプローチ』日本評論社: 146-168.
佐藤欣子・杉原弘泰・佐藤典子・黒田修生・風祭光（1977）「生命・身体犯の被害者等に関する実態調査——第 2 報告」法務総合研究所研究部紀要 20: 1-15.
佐藤欣子・土屋眞一・風祭光・佐藤典子・黒田修生（1976）「生命・身体犯の被害者等に関する実態調査——第 1 報告」法務総合研究所研究部紀要 19: 29-48.
佐藤卓生・三村三緒（2009）「被害者参加と裁判員裁判の関係——被害者参加の模擬裁判の実施状況」刑事法ジャーナル 16: 37-42.
眞田寿彦・安永健次（2006）「刑法及び刑事訴訟法の一部を改正する法律」ジュリスト 1318: 67-75.
澤田英三・南博文（2001）「質的調査 観察・面接・フィールドワーク」南風原朝和・市川伸一・下山晴彦（編）『心理学研究法入門——調査・実験から実践まで』東京大学出版会: 19-62.
椎橋隆幸（1999）「犯罪被害者をめぐる立法課題」法律のひろば 52(5): 12-19.
椎橋隆幸（2000）「被害者等の心情その他の意見陳述権」現代刑事法 2(11): 43-48.
椎橋隆幸（2007a）「犯罪被害者等の刑事裁判への参加」ジュリスト 1338: 56-62.
椎橋隆幸（2007b）「刑事訴訟法改正の意義と今後の課題」法律のひろば 60(11): 48-57.
椎橋隆幸（2008）「犯罪被害者等の刑事裁判への参加」酒巻匡（編）『Q&A 平成 19 年犯罪被害者のための刑事手続関連法改正』有斐閣: 3-25.
椎橋隆幸（2009a）「裁判員裁判における被害者参加の意義」刑事法ジャーナル 16: 30-36.
椎橋隆幸（2009b）「刑事訴訟法改正の内容と意義」被害者学研究 19: 96-101.
椎橋隆幸（2010）「被害者参加制度について考える——1 年間の実績を踏まえて」法律のひろば 63(3): 4-12.
椎橋隆幸（2011）「犯罪被害者対策の現状と課題」ジュリスト 1414: 146-151.
椎橋隆幸・高橋則夫・川出敏裕（2001）『わかりやすい犯罪被害者保護制度』有斐閣.
支援のための連携に関する検討会（2007）『最終取りまとめ』.
重森幸雄（1966）「強姦事件の量刑と被害者に関する研究」法務総合研究所研究部紀要 9: 48-64.
柴田守（2012a）「交通犯罪の量刑基準（1）——公判請求された事件を中心に」専修法学論集 114: 173-224.
柴田守（2012b）「交通犯罪の量刑基準（2）——公判請求された事件を中心に」専修法学論集 116: 57-93.
柴田守（2013）「自動車運転による死傷事犯の量刑基準」罪と罰 50(2): 155-170.
柴田守（2015）「交通犯罪の量刑基準（3・完）——公判請求された事件を中心に」専修大学法学

研究所紀要 40: 61-82.
司法研修所(編)(2003)『刑事裁判記録教材(強盗致傷被告事件)』法曹会.
司法研修所(編)(2007)『量刑に関する国民と裁判官の意識についての研究——殺人罪の事案を素材として』法曹會.
司法研修所(編)(2012)『裁判員裁判における量刑評議の在り方について』法曹会.
司法制度改革審議会(2001)『司法制度改革審議会意見書——21世紀の日本を支える司法制度』.
島田良一(2009)「被害者影響証拠の許容性について」摂南法学 40-41: 115-142.
島田良一(2010)「最近の判例:Kelly v. California, 555 U.S. __, 129 S. Ct. 564(2008)」アメリカ法 2010(1): 257-261.
ジョンソン,デイビッド T.(高橋有紀 訳)(2012)「日本の死刑裁判における被害者と感情」ジョンソン,デイビッド T.・田鎖麻衣子『孤立する日本の死刑』現代人文社: 134-142.
白井孝一(2011)「被害者支援に取り組む法テラスの現場と課題」ジュリスト 1415: 43-48.
白岩祐子・唐沢かおり(2013)「被害者参加人の発言および被害者参加制度への態度が量刑判断に与える影響」実験社会心理学研究 53(1): 12-21.
白岩祐子・唐沢かおり(2014)「犯罪被害者の裁判関与が司法への信頼に与える効果——手続き的公正の観点から」心理学研究 85(1): 20-28.
白岩祐子・萩原ゆかり・唐沢かおり(2012)「裁判シナリオにおける非対称な認知の検討——被害者参加制度への態度や量刑判断との関係から」社会心理学研究 28(1): 41-50.
白木功・飯島泰・馬場嘉郎(2008a)「「犯罪被害者等の権利利益の保護を図るための刑事訴訟法等の一部を改正する法律(平成19年法律第95号)」の解説(2)(民事訴訟法の改正部分を除く)」法曹時報 60(10): 3075-3159.
白木功・飯島泰・馬場嘉郎(2008b)「「犯罪被害者等の権利利益の保護を図るための刑事訴訟法等の一部を改正する法律(平成19年法律第95号)」の解説(3・完)(民事訴訟法の改正部分を除く)」法曹時報 60(11): 3445-3581.
白鳥智彦(2014)「被害者参加人の経済的負担を軽減」時の法令 1948: 11-19.
城下裕二(1995)『量刑基準の研究』成文堂.
城下裕二(2009)『量刑理論の現代的展開[増補版]』成文堂.
新屋達之(2009)「被害者参加と裁判員裁判」法律時報 81(1): 55-61.
菅原郁夫(1998)『民事裁判心理学序説』信山社.
菅原郁夫(2010)『民事訴訟政策と心理学』慈学社.
杉田宗久(2005)「平成16年刑法改正と量刑実務の今後の動向について」判例タイムズ 1173: 4-22.
杉田宗久(2013)『裁判員裁判の理論と実践[補訂版]』成文堂.
隅田陽介(2000)「アメリカ合衆国における Victim Impact Statement (VIS)(1-2・完)」比較法雑誌 34(2): 139-165; 34(3): 117-147.
隅田陽介(2011)「刑事手続における Victim Impact Statement に関する一考察」法学新報 117(7-8): 493-554.
隅田陽介(2013)「アメリカ合衆国における犯罪被害者の権利の保障」被害者学研究 23: 85-102.
諏訪雅顕(2010)「刑事裁判における被害者参加制度の問題点——実務上真の被害者救済になり得るものか」信州大学法学論集 15: 55-90.
瀬川晃(1995)「日本の被害者学の現状と展望——性犯罪被害研究を基点として」同志社法学

46(5): 813-837.

瀬川晃（1997）「被害者学の新展開——21世紀の刑事政策をみつめる視点」犯罪と非行113: 4-30.

瀬川晃（1998）『犯罪学』成文堂.

瀬川晃（2000）「刑事司法における被害者への配慮」宮澤浩一先生古稀祝賀論文集編集委員会（編）『犯罪被害者論の新動向 宮澤浩一先生古稀祝賀論文集第1巻』成文堂: 91-117.

瀬川晃・大谷晃大・加藤克佳・川出敏裕・川上拓一・髙橋正人（2007）「〈座談会〉犯罪被害者の権利利益保護法案をめぐって」ジュリスト1338: 2-47.

膳場百合子（2008）「組織と責任」大渕憲一（編）『葛藤と紛争の社会心理学』北大路書房: 74-83.

タイラー，トム R.・ボエックマン，ロバート J.・スミス，フェザー J.・ホー，ユェン J.（大渕憲一・菅原郁夫 監訳）（2000）『多元社会における正義と公正』ブレーン出版（Tyler, T. R., Boeckmann, R. J., Smith, H. J., & Huo, Y. J.（1997）*Social Justice in Diverse Society*, Westview Press）.

髙井康行・番敦子・山本剛（2008）『犯罪被害者保護法制解説［第2版］』三省堂.

髙井良浩（2014）「自動車の運転により人を死傷させる行為等の処罰に関する法律」警察公論69(3): 9-17.

高木修（1998）『人を助ける心——援助行動の社会心理学』サイエンス社.

髙木勇人（2010）「警察における犯罪被害者支援の取組の経緯と現状について」犯罪と非行164: 28-45.

高橋雅延（2013）「感情から認知へ」日本認知心理学会（編）『認知心理学ハンドブック』有斐閣: 280-281.

瀧川裕英（2008a）「参加による陶冶——応答責任論から見た被害者参加制度」法学セミナー645: 22-25.

瀧川裕英（2008b）「被害者参加制度と応答責任」大阪市立大学法学雑誌55(2): 666-634.

田口真義（2013）『裁判員のあたまの中——14人のはじめて物語』現代人文社.

武内大徳（2013）「犯罪被害者に対する支援の現状と課題」論究ジュリスト6: 128-134.

竹内誠（1962）「弁護人の側から見た刑の量定の基準」刑法雑誌12(2-4): 224-234.

武安将光（1962）「量刑研究の方法論およびわが国における生命犯に対する量刑の特色」刑法雑誌12(2-4): 235-252.

田中大貴（2013）「ゲーム法を用いた場合の最後通告ゲームにおける意図の効果」社会心理学研究29(1): 21-24.

田中利彦（2006）「量刑基準と陪審裁判の権利」法律のひろば59(6): 66-75.

田村正博（2012）「被害者及び被害者支援団体と警察との関係の在り方」警察学論集65(1): 25-32.

チャネンソン，スティーヴン L.（平山真理 訳）（2011）「革命か進化か——米国連邦量刑手続における最近の展開」比較法学44(3): 33-47.

土屋孝次（2009）「アメリカ議会と裁判官規律」アメリカ法2009(1): 79-89.

角田猛之（2003）「スコットランドの司法制度」戒能通厚（編）『現代イギリス法事典』新世社: 340-348.

デイリー，マーティン・ウィルソン，マーゴ（長谷川眞理子・長谷川寿一 訳）（1999）『人が人

を殺すとき――進化でその謎をとく』新思索社(Daly, M., & Wilson, M. (1988) *Homicide*, Aldine de Gruyter).

所一彦(1996)「責任帰属の機能と構造」宮澤節生・神長百合子(編集代表)『石村善助先生古稀記念論文集 法社会学コロキウム』日本評論社:329-352.

所一彦・三井誠(1970)「概観(その1)」岩井弘融・遠藤辰雄・樋口幸吉・平野龍一(編)『日本の犯罪学3 対策I』東京大学出版会:113-117.

登張真稲(2000)「多次元的視点に基づく共感性研究の展望」性格心理学研究 9(1): 36-51.

冨永康雄(2012)『四訂版 前科登録と犯歴事務』日本加除出版.

外山みどり(2005)「責任の帰属と法」菅原郁夫・サトウタツヤ・黒沢香(編)『法と心理学のフロンティアI巻 理論・制度編』北大路書房:97-119.

内閣府(2015)『平成27年版犯罪被害者白書』日経印刷.

内閣府犯罪被害者等施策推進室(2009)『民間被害者支援団体における研修カリキュラム・モデル案』.

中利太郎(1962)「量刑の実際とその諸問題」刑法雑誌 12(2-4): 183-201.

中利太郎・香城敏麿(1966)「量刑の実証的研究」司法研究報告書 15(1).

仲真紀子(2009a)「裁判員制度と心理学――被害者に関する情報の影響について」刑法雑誌 48(3): 405-421.

仲真紀子(2009b)「裁判への被害者参加」岡田悦典・藤田政博・仲真紀子(編)『裁判員制度と法心理学』ぎょうせい:140-148.

仲真紀子(2010)「裁判員の知識と力――市民が裁判を行うことについて」法と心理 9(1): 24-28.

永井登志彦(1969)「自動車による業務上過失致死傷事件の量刑の研究」司法研究報告書 21(1).

中島宏(2003)「被害者等の意見陳述に関する一考察」廣瀬健二・多田辰也(編)『田宮裕博士追悼論集(下)』信山社:133-153.

長島裕(1997)「犯罪被害者をめぐる現状」法律のひろば 50(3): 11-20.

中村功一・白鳥智彦・三谷真貴子・松井洋・宮木恭子(2014)「「犯罪被害者等の権利利益の保護を図るための刑事手続に付随する措置に関する法律及び総合法律支援法の一部を改正する法律」及び「犯罪被害者等の権利利益の保護を図るための刑事手続に付随する措置に関する法律第5条第1項の資産及び基準額を定める政令の一部を改正する政令」の解説」法曹時報 66(2): 265-311.

中村秀次(1990)「刑の量定――カリフォルニアの定期量刑法について(一~二・完)」熊本法学 63: 1-37; 64: 43-78.

難波宏(2011)「前科,前歴等と量刑」大阪刑事実務研究会(編著)『量刑実務大系3 一般情状等に関する諸問題』判例タイムズ社:1-71.

西田眞基(2004)「被害者の意見陳述に関する諸問題」判例タイムズ 1153: 44-59.

西村健(2013)「裁判員選任手続の現状と課題」後藤昭・高野隆・岡慎一(編)『実務体系 現代の刑事弁護2 刑事弁護の現代的課題』第一法規:141-154.

日本司法支援センター(2014)『法テラス白書 平成25年度版』.

日本弁護士連合会(1999)『「刑事手続における犯罪被害者等の保護」に関する意見書』.

日本弁護士連合会(2007)『犯罪被害者等が刑事裁判に直接関与することのできる被害者参加制

度に対する意見書』.
日本弁護士連合会犯罪被害者支援委員会（編）（2004）『犯罪被害者の権利の確立と総合的支援を求めて』明石書店.
沼崎誠（2014）「進化的アプローチ」唐沢かおり（編）『新社会心理学――心と社会をつなぐ知の統合』北大路書房: 149-168.
野間禮二（1989）「わが国の刑事手続における犯罪被害者の保護」松山大学論集 1(4): 1-42.
南風原朝和（2001）「準実験と単一事例実験」南風原朝和・市川伸一・下山晴彦（編）『心理学研究法入門――調査・実験から実践まで』東京大学出版会: 123-152.
南風原朝和・市川伸一（2001）「実験の論理と方法」南風原朝和・市川伸一・下山晴彦（編）『心理学研究法入門――調査・実験から実践まで』東京大学出版会: 93-121.
萩原滋（1983）「責任判断過程の分析――刑法理論に基づく特殊事例を用いて」慶應義塾大学新聞研究所年報 20: 135-165.
萩原滋（1986）『責任判断過程の分析――心理学的アプローチ』多賀出版.
萩原滋（1991）「責任の帰属」木下冨雄・棚瀬孝雄（編）『応用心理学講座 5 法の行動科学』福村出版: 91-107.
萩原滋（1993）「一般人の責任判断過程の分析」法社会学 45: 156-160.
萩原滋・曽野佐紀子・佐野勝男（1977）「日本人の「対人行動」の実験社会心理学的研究――交通事故に対する「責任判断」への帰因的アプローチ」組織行動研究 3: 3-39.
長谷川寿一・長谷川眞理子（2000）『進化と人間行動』東京大学出版会.
長谷川寿一・平石界（2000）「進化心理学から見た心の発生」渡辺茂（編）『心の比較認知科学』ミネルヴァ書房: 383-439.
服部雅史（2013）「ウェイソン選択課題」日本認知心理学会（編）『認知心理学ハンドブック』有斐閣: 194-197.
馬場嘉郎（2010）「被害者参加制度について」法の支配 156: 97-109.
原田國男（2008）『量刑判断の実際［第 3 版］』立花書房.
原田國男（2011）『裁判員裁判と量刑法』成文堂.
原田國男（2013）「裁判員裁判における量刑傾向――見えてきた新しい姿」慶應法学 27: 161-187.
原田國男（2014）「わが国の死刑適用基準について」井田良・太田達也（編）『いま死刑制度を考える』慶應義塾大学出版会: 61-86.
原田國男・神山啓史・久保有希子・小林剛・佐藤倫子・柴田勝之・菅野亮・寺林智栄・中井淳一・前田領・宮村啓太・和田恵（2012）「座談会・裁判員裁判における量刑判断の特徴と情状弁護」日本弁護士連合会裁判員本部（編）『裁判員裁判の量刑』現代人文社: 613-681.
番敦子（2009）「裁判員裁判への被害者参加と弁護実践」刑事法ジャーナル 16: 43-48.
番敦子（2010a）「事件報告 2（被害者参加弁護士の立場から）殺人事件の遺族と臨んだ裁判員裁判」季刊刑事弁護 61: 47-50.
番敦子（2010b）「弁護士からみた被害者参加制度の評価等」法律のひろば 63(3): 20-27.
番敦子・武内大徳・佐藤文彦（2006）『犯罪被害者等基本計画の解説』ぎょうせい.
犯罪被害給付制度の拡充及び新たな補償制度の創設に関する検討会（2014）『取りまとめ』.
犯罪被害者のための施策を研究する会（2004）『犯罪被害者のための施策に関する調査・研究（中間取りまとめ）』.

被害者支援研究会（編）（2010）『警察の犯罪被害者支援［第3版］』立花書房.
日比一誠（2010）「被害者参加制度の運用状況」法律のひろば 63(3): 13-19.
平田胤明（1962）「量刑の実際と問題点」刑法雑誌 1962: 202-223.
平山真理（2005）「被害者と量刑 —— アメリカ合衆国の死刑事件裁判における Victim Impact Statement の検討より」前野育三・斉藤豊治・浅田和茂・前田忠弘（編）『量刑法の総合的検討 松岡正章先生古稀祝賀』成文堂: 149-164.
平山真理（2009）「刑事裁判はどのように変わるのか —— 被害者参加制度と裁判員制度のインパクト」青山法学論集 51(1-2): 585-606.
広瀬権（1976）「殺人事件等の被害者の実態について」警察学論集 29(6): 50-64.
福野光輝（2009）「公正・公平」遠藤由美（編）『社会心理学』ミネルヴァ書房: 226-243.
藤田政博（2008）『司法への市民参加の可能性 —— 日本の陪審制度・裁判員制度の実証的研究』有斐閣.
藤田政博（2009）「裁判員制度における評議とその特性」法律時報 81(1): 13-19.
藤本哲也（2000）「常習犯罪者対策としての三振法」刑政 111(6): 78-79.
藤本哲也（2010a）「刑事政策の新動向 —— 諸外国の各刑事司法手続段階における犯罪者のための社会再統合要因強化策」罪と罰 47(4): 49-58.
藤本哲也（2010b）「犯罪者のための社会再統合要因強化策に関する一考察」法学新報 117(3-4): 87-119.
渕野貴生（2009）「被害者の手続参加，被害者報道と裁判員制度」犯罪と刑罰 19: 51-77.
フット，ダニエル H.（溜箭将之 訳）（2007）『名もない顔もない司法 —— 日本の裁判は変わるのか』NTT 出版.
不破武夫（1939）『刑の量定の実証的研究』巖松堂.
堀田秀吾（2010）『法コンテキストの言語理論』ひつじ書房.
堀江慎司（2008）「刑事裁判への被害者参加の制度についての覚書 —— 被害者等による証人尋問・被告人質問を中心に」法学論叢 162(1-6): 243-273.
前田俊郎（1970a）「死刑適用の先例的基準」法律のひろば 23(10): 35-40.
前田俊郎（1970b）「求刑刑期による量刑刑期の推定」鴨良弼・斉藤誠二・団藤重光・平場安治・福田平（編）『植松博士還暦祝賀 刑法と科学 心理学・医学編』有斐閣: 629-644.
前田俊郎（1983a）「それからの死刑適用基準 —— 死刑・無期懲役識別表再追試結果」法律のひろば 36(5): 62-67.
前田俊郎（1983b）「死刑と無期懲役の分水嶺 —— 新しい死刑・無期懲役識別表」ジュリスト 787: 37-42.
松尾加代・伊東裕司（2013a）「感情を喚起する情報が模擬裁判員の事実認定判断とネガティブ感情に及ぼす影響」仲真紀子（編集責任）『文部科学省科学研究費補助金・新学術領域研究「法と人間科学」中間報告書』北海道大学大学院文学研究科法と人間科学総括支援室: 68-72.
松尾加代・伊東裕司（2013b）「マインドセットと説示の効果 —— システマティック情報処理が判断と怒りに及ぼす影響」仲真紀子（編集責任）『文部科学省科学研究費補助金・新学術領域研究「法と人間科学」中間報告書』北海道大学大学院文学研究科法と人間科学総括支援室: 73-76.
松尾浩也（1999）『刑事訴訟法（下）［新版補正第2版］』弘文堂.
松尾浩也（編）（2001）『逐条解説犯罪被害者保護二法』有斐閣.

松田光正（1966）「刑の量定と損害賠償」ジュリスト 355: 37-42; 82.
松永榮治・吉田弘之（1988）「強盗致死事件にみる量刑因子の数量化」法務総合研究所研究部紀要 31: 23-48.
松永寛明（2006）「法定刑の歴史社会学——明治四〇年刑法の制定過程を中心に」法律時報 78(4): 92-97.
松原英世（2005）「連邦量刑ガイドラインと量刑思想の変化」前野育三・斉藤豊治・浅田和茂・前田忠弘（編）『量刑法の総合的検討 松岡正章先生古稀祝賀』成文堂: 71-94.
松原英世（2009）「厳罰化を求めるものは何か——厳罰化を規定する社会意識について」法社会学 71: 142-158.
松宮孝明（2006）「法定刑の原理論」法律時報 78(4): 86-90.
松宮崇・徳山孝之・岩井宜子（1971）「量刑の数量化に関する基礎的研究——自動車事故事件について」法務総合研究所研究部紀要 14: 9-35.
松宮崇・徳山孝之・岩井宜子（1972）「自動車事故事件の量刑に関する研究——第1報告 刑種の選択について」法務総合研究所研究部紀要 15: 109-152.
松宮崇・徳山孝之・岩井宜子（1973）「自動車事故事件の量刑に関する研究——第2報告 実刑・執行猶予の基準について」法務総合研究所研究部紀要 16: 81-108.
松村良之（1994）「正義と公正」棚瀬孝雄（編）『現代法社会学入門』法律文化社: 296-322.
松村良之（1996）「日本人と紛争解決における手続的公正——法意識論との関わりを通して」宮澤節生・神長百合子（編集代表）『石村善助先生古稀記念論文集 法社会学コロキウム』日本評論社: 247-267.
松村良之（2004）「刑罰の社会心理学と犯罪被害者」被害者学研究 14: 66-75.
松村良之（2006）「社会学・社会心理学と刑罰論」法律時報 78(3): 44-49.
松村良之（2007）「応報か行動コントロールか——刑罰動機をめぐって」菊田幸一・西村春夫・宮澤節生（編）『社会のなかの刑事司法と犯罪者』日本評論社: 125-138.
松村良之（2015a）「一般人から見た刑事司法——導入前と導入後の比較」松村良之・木下麻奈子・太田勝造（編）『日本人から見た裁判員制度』勁草書房: 11-30.
松村良之（2015b）「責任主義と刑罰の目的」松村良之・木下麻奈子・太田勝造（編）『日本人から見た裁判員制度』勁草書房: 67-79.
松村良之・木下麻奈子・太田勝造・山田裕子（2008）「裁判員制度と刑事司法に対する人々の意識」北大法学論集 59(4): 2302-2228.
松村良之・木下麻奈子・太田勝造・山田裕子（2011）「裁判員制度と刑事司法に対する人々の意識——2011年第2派調査に基づいて」北大法学論集 62(4): 1110-1025.
松本時夫（1982）「刑の量定・求刑・情状立証」石原一彦・佐々木史朗・西原春夫・松尾浩也（編）『現代刑罰法大系6 刑事手続 II』日本評論社: 145-183.
松本時夫（2002）「量刑の相場について」法の支配 126: 29-38.
松本時夫（2003）「裁判員制度と事実認定・量刑判断のあり方について」法曹時報 55(4): 921-948.
松本時夫（2006）「刑事裁判官の量刑感覚と量刑基準の形成」刑法雑誌 46(1): 1-17.
松本裕・佐藤弘規（2005）「刑法等の一部を改正する法律について」法曹時報 57(4): 1035-1097.
水谷規男（1999）「被害者の手続参加」法律時報 71(10): 37-42.
水谷規男（2003）「危険運転致死罪における被害者の意見陳述と量刑」法学セミナー 577: 120.

三谷秀史（1976）「殺人事件等による被害者の実態と被害者補償制度について」警察学論集 29(6): 65-80.
三谷真貴子（2013a）「「刑法等の一部を改正する法律」及び「薬物使用等の罪を犯した者に対する刑の一部の執行猶予に関する法律」について」捜査研究 752: 13-22.
三谷真貴子（2013b）「「刑法等の一部を改正する法律」及び「薬物使用等の罪を犯した者に対する刑の一部の執行猶予に関する法律」について」刑事法ジャーナル 38: 29-64.
三谷真貴子・勝田聡（2014）「刑の一部の執行猶予制度と社会貢献活動の創設」時の法令 1948: 20-35.
峰ひろみ（2009）「被害者参加制度における検察官と被害者参加弁護士の役割」法学会雑誌 49(2): 193-217.
峰ひろみ（2013）「犯罪被害者と量刑 ── 裁判員制度との関係に着目して」刑法雑誌 52(3): 435-449.
蓑谷千凰彦（1997）『計量経済学 [第 3 版]』東洋経済新報社.
宮澤浩一・田口守一・高橋則夫（編）（1996）『犯罪被害者の研究』成文堂.
宮澤浩一・ヤング, マリーン・山田英雄・大谷實・田口守一・山上皓・関根廣文・諸澤英道（1991）「〈犯罪被害給付制度発足・犯罪被害救援基金設立 10 周年記念シンポジウム（パネルディスカッション）〉 被害者救済の未来像」警察学論集 44(12): 40-84.
宮澤節生（2013）「先進国における犯罪発生率の状況と日本の状況への国際的関心」犯罪社会学 38: 7-35.
宮澤節生・武蔵勝宏・上石圭一・大塚浩（2015）『ブリッジブック 法システム入門 ── 法社会学的アプローチ [第 3 版]』信山社.
村澤眞一郎（1981）「犯罪被害給付制度（1-8・完）」警察研究 52(1): 50-67; 52(2): 42-53; 52(3): 42-52; 52(6): 49-56; 52(7): 30-37; 52(8): 30-38; 52(9): 38-52; 52(10): 33-45.
村山綾・今里詩・三浦麻子（2012）「評議における法律専門家の意見が非専門家の判断に及ぼす影響 ── 判断の変化および確信度に注目して」法と心理 2012: 12(1): 35-44.
百瀬武雄・松永榮治・安森幹彦・吉田弘之・青木信人（1987）「殺人及び強盗致死事件に見る量刑の変遷と地域間較差」法務総合研究所研究部紀要 30: 1-23.
森津太子（2009）「原因帰属と社会的推論・判断」遠藤由美（編著）『社会心理学 ── 社会で生きる人のいとなみを探る』ミネルヴァ書房: 183-201.
諸澤英道（1998）『新版 被害者学入門』成文堂.
八澤健三郎（1999）「被害者への情報提供とその問題点 ── 被害者等通知制度を中心として」法律のひろば 52(5): 20-27.
安形静男（1999）「続日本刑事政策史上の人々（24）市瀬朝一」罪と罰 36(4): 61-68.
安田拓人（2011）「他行為可能性と責任」法学教室 371: 18-22.
安永健次（2006a）「罰金刑の新設等のための刑事法の整備」時の法令 1775: 31-42.
安永健次（2006b）「「刑法及び刑事訴訟法の一部を改正する法律」について」刑事法ジャーナル 5: 84-91.
柳俊夫・古江頼隆・安田潔（1996）「凶悪重大事犯の実態及び量刑に関する研究」法務総合研究所研究部紀要 39: 61-86.
山岡重行・風間文明（2004）「被害者の否定的要素と量刑判断」法と心理 3(1): 98-110.
山上皓（2001）「被害者支援との関わり ── この 10 年を振り返って」犯罪被害給付制度発足 20

周年記念事業実行委員会（編）『犯罪被害給付制度発足 20 周年記念誌 ── 被害者支援の軌跡を振り返って』犯罪被害給付制度発足 20 周年記念事業実行委員会：76-80．
山下幸夫（2007）「刑事裁判への被害者参加制度の立法経過と実務家から見た問題点」季刊刑事弁護 50: 82-88．
山下幸夫（2008）「被害者参加制度で実務はどう変わるのか」法学セミナー 645: 18-21．
山田裕子（2000）「法的責任判断に与える謝罪の影響 ── 認知者の立場の相違に着目したシナリオ実験を通して」法社会学 53: 195-209．
山田裕子（2001）「法的責任判断過程の社会心理学的分析 ── 認知者の立場の相違が責任判断に与える影響」北大法学論集 52(2): 758-719．
山田裕子（2010）「日本人の法的責任判断 ── 日本人の法意識論を踏まえて」松村良之・村山眞維（編）『現代日本の紛争処理と民事司法 1 法意識と紛争行動』東京大学出版会：73-90．
山田裕子（unpublished）『法的紛争解決における公正の心理学 ── 被害者側当事者のセルフ・エスティームに着目して』北海道大学大学院法学研究科博士論文．
山本卓（1966）「東京地裁における自動車交通刑事事件の現況と問題点」判例タイムズ 192: 38-52．
余語真夫（2010）「感情の機能 ── 有害か有用かを超えて」大平英樹（編）『感情心理学・入門』有斐閣：53-70．
横田信之（2011）「被害者と量刑」大阪刑事実務研究会（編）『量刑実務大系 2 犯情等に関する諸問題』判例タイムズ社：1-126．
横田信之（2013）「犯罪被害者と量刑」刑法雑誌 52(3): 409-421．
吉田雅之（2010a）「「刑法及び刑事訴訟法の一部を改正する法律」について」刑事法ジャーナル 24: 22-32．
吉田雅之（2010b）「公訴時効の改正について」罪と罰 47(4): 68-71．
吉野絹子（1991）「量刑とその予測」木下冨雄・棚瀬孝雄（編）『法の行動科学』福村出版：261-283．
吉村真性（2007）「刑事手続における被害者参加論（三・完）」龍谷法学 39(4): 645-787．
吉村真性（2009）「裁判員制度の概略とその問題点 ── 裁判員裁判における公平な裁判の実現」九州国際大学法学論集 15(3): 1-21．
吉村真性（2010）「イギリスにおける被害者参加の位置づけに関する一考察」犯罪と刑罰 20: 143-173．
米田昭（1968）「交通事犯受刑者の量刑等について」法務総合研究所研究部紀要 11: 5-15．
リード，ロークM.・井上正仁・山室惠（1987）『アメリカの刑事手続』有斐閣．
倫理委員会（編）（2011）『公益社団法人日本心理学会倫理規定［第 3 版］』公益社団法人日本心理学会．
和田真（2011）「刑事損害賠償命令の概要と大阪地方裁判所（本庁）における運用状況について」判例タイムズ 1344: 4-23．
渡邊一弘（2003）「死刑適用基準の現状分析」専修法研論集 33: 39-56．
渡邊一弘（2009）「死刑の適用基準をめぐる最近の動向」刑事法ジャーナル 14: 53-60．
渡邊一弘（2011）「裁判員制度の施行と死刑の適用基準 ── 施行前の運用状況の数量化と初期の裁判員裁判における裁判例の分析」町野朔・岩瀬徹・日髙義博・安部哲夫・山本輝之・渡邊一弘（編）『刑法・刑事政策と福祉 岩井宜子先生古期祝賀論文集』尚学社：473-490．

綿村英一郎（2011）「心理的インパクトの強い証拠が素人の法的判断に与える影響」法と心理 10(1): 47-54.
綿村英一郎（2013）「量刑と賠償額の判断——一般市民の判断に関する心理学的考察」藤田政博（編）『法と心理学』法律文化社: 140-152.
綿村英一郎・分部利紘・佐伯昌彦（2014）「量刑分布グラフによるアンカリング効果についての実験的検証」社会心理学研究 30(1): 11-20.
綿村英一郎・分部利紘・高野陽太郎（2010）「一般市民の量刑判断——応報のため？ それとも再犯抑止やみせしめのため？」法と心理 9(1): 98-108.
綿村英一郎・分部利紘・藤尾未由希・高野陽太郎（2011）「量刑判断にはたらく応報的動機の認知プロセス」法と心理 11(1): 68-72.

[英語文献]

Adams, J. S. (1965) "Inequity in Social Exchange," in L. Berkowitz (ed.), *Advances in Experimental Social Psychology Vol. 2*, Academic Press: 267-299.
Aguirre, A. Jr., Davin, R. P., Baker, D. V., & Lee, K. (1999) "Sentencing Outcomes, Race, and Victim Impact Evidence in California: A Pre- and Post-*Payne* Comparison," *Justice Professional* 11 (3): 297-310.
Alter, A. L., Kernochan, J., & Darley, J. M. (2007) "Transgression Wrongfulness Outweighs Its Harmfulness as a Determinant of Sentence Severity," *Law and Human Behavior* 31 (4): 319-335.
Austin, W., Walster, E., & Utne, M. K. (1976) "Equity and the Law: The Effect of a Harmdoer's "Suffering in the Act" on Linking and Assigned Punishment," in L. Berkowitz & E. Walster (eds.), *Advances in Experimental Social Psychology Vol. 9*, Academic Press: 163-190.
Bandes, S. (1996) "Empathy, Narrative, and Victim Impact Statements," *The University of Chicago Law Review* 63 (2): 361-412.
Barnard, J. W. (2011) "Listening to Victims," *Fordham Law Review* 79 (4): 1479-1489.
Baron, R. M., & Kenny, D. A. (1986) "The Moderator-Mediator Variable Distinction in Social Psychological Research: Conceptual, Strategic, and Statistical Considerations," *Journal of Personality and Social Psychology* 51 (6): 1173-1182.
Beloof, D. E., Cassell, P. G., & Twist, S. J. (2010) *Victims in Criminal Procedure* [Third Edition], Carolina Academic Press.
Blume, J. H. (2003) "Ten Years of *Payne*: Victim Impact Evidence in Capital Cases," *Cornell Law Review* 88 (2): 257-281.
Blumenthal, J. A. (2008) "Implicit Theories and Capital Sentencing: An Experimental Study," *Syracuse Law Review* 59 (1): 1-29.
Blumenthal, J. A. (2009) "Affective Forecasting and Capital Sentencing: Reducing the Effect of Victim Impact Statements," *American Criminal Law Review* 46 (1): 107-125.
Blumstein, A., & Cohen, J. (1980) "Sentencing of Convicted Offenders: An Analysis of the Public's View," *Law & Society Review* 14 (2): 223-261.
Bodenhausen, G. V., Sheppard, L. A., & Kramer, G. P. (1994) "Negative Affect and Social Judgment: The Differential Impact of Anger and Sadness," *European Journal of Social Psychol-

ogy 24 (1): 45-62.

Booth, T., & Carrington, K. (2007) "A Comparative Analysis of the Victim Policies across the Anglo-Speaking World," in S. Walklate (ed.), *Handbook of Victims and Victimology*, Willan: 380-415.

Bornstein, B. H. (1994) "David, Goliath, and Reverend Bayes: Prior Beliefs about Defendants' Status in Personal Injury Cases," *Applied Cognitive Psychology* 8 (3): 233-258.

Bornstein, B. H. (1998) "From Compassion to Compensation: The Effect of Injury Severity on Mock Jurors' Liability Judgments," *Journal of Applied Social Psychology* 28 (16): 1477-1502.

Bower, G. H. (1981) "Mood and Memory," *American Psychologist* 36 (2): 129-148.

Bowers, W. J. (1995) "The Capital Jury Project: Rationale, Design, and Preview of Early Findings," *Indiana Law Journal* 70 (4): 1043-1102.

Bowles, S., & Gintis, H. (2011) *A Cooperative Species: Human Reciprocity and Its Evolution*, Princeton University Press.

Buckholtz, J. W., Asplund, C. L., Dux, P. E., Zald, D. H., Gore, J. C., Jones, O. D., & Marois, R. (2008) "The Neural Correlates of Third-Party Punishment," *Neuron* 60 (5): 930-940.

Butler, B. (2008) "The Role of Death Qualification in Venirepersons' Susceptibility to Victim Impact Statements," *Psychology, Crime & Law* 14 (2): 133-141.

Calhoun, L. G., Cann, A., Selby, J. W., & Magee, D. L. (1981) "Victim Emotional Response: Effects on Social Reaction to Victims of Rape," *British Journal of Social Psychology* 20 (1): 17-21.

Carlsmith, K. M. (2006) "The Roles of Retribution and Utility in Determining Punishment," *Journal of Experimental Social Psychology* 42 (4): 437-451.

Carlsmith, K. M. (2008) "On Justifying Punishment: The Discrepancy between Words and Actions," *Social Justice Research* 21 (2): 119-137.

Carlsmith, K. M., & Darley, J. M. (2008) "Psychological Aspects of Retributive Justice," in M. P. Zanna (ed.), *Advances in Experimental Social Psychology Vol. 40*, Academic Press: 193-236.

Carlsmith, K. M., Darley, J. M., & Robinson, P. H. (2002) "Why Do We Punish? Deterrence and Just Deserts as Motives for Punishment," *Journal of Personality and Social Psychology* 83 (2): 284-299.

Carlsmith, K. M., Monahan, J., & Evans, A. (2007) "The Function of Punishment in the "Civil" Commitment of Sexually Violent Predators," *Behavioral Sciences and the Law* 25 (4): 437-448.

Carlsmith, K. M., Wilson, T. D., & Gilbert, D. T. (2008) "The Paradoxical Consequences of Revenge," *Journal of Personality and Social Psychology* 95 (6): 1316-1324.

Cassell, P. G. (1999) "Barbarians at the Gates? A Reply to the Critics of the Victims' Rights Amendment," *Utah Law Review* 1999 (2): 479-544.

Chaikin, A. L., & Darley, J. M. (1973) "Victim or Perpetrator? Defensive Attribution of Responsibility and the Need for Order and Justice," *Journal of Personality and Social Psychology* 25 (2): 268-275.

Chalmers, J., Duff, P., & Leverick, F. (2007) "Victim Impact Statements: Can Work, Do Work (For Those Who Bother to Make Them)," *Criminal Law Review* 2007 (5): 360-379.

Cosmides, L. (1989) "The Logic of Social Exchange: Has Natural Selection Shaped How Humans Reason? Studies with the Wason Selection Task," *Cognition* 31 (3): 187-276.

Costanzo, M., & Costanzo, S. (1992) "Jury Decision Making in the Capital Penalty Phase: Legal Assumptions, Empirical Findings, and a Research Agenda," *Law and Human Behavior* 16 (2): 185-201.

Darley, J. M., Carlsmith, K. M., & Robinson, P. H. (2000) "Incapacitation and Just Deserts as Motives for Punishment," *Law and Human Behavior* 24 (6): 659-683.

Darley, J. M., & Pittman, T. S. (2003) "The Psychology of Compensatory and Retributive Justice," *Personality and Social Psychology Review* 7 (4): 324-336.

Darley, J., & Shultz, T. (1990) "Moral Rules: Their Content and Acquisition," *Annual Review of Psychology* 41 (1): 525-556.

Darley, J. M., Solan, L. M., Kugler, M. B., & Sanders, J. (2010) "Doing Wrong Without Creating Harm," *Journal of Empirical Legal Studies* 7 (1): 30-63.

Davis, M. H. (1983) "Measuring Individual Differences in Empathy: Evidence for a Multidimensional Approach," *Journal of Personality and Social Psychology* 44 (1): 113-126.

Davis, R. C., Kunreuther, F., & Connick, E. (1984) "Expanding the Victim's Role in the Criminal Court Dispositional Process: The Results of an Experiment," *Journal of Criminal Law & Criminology* 75 (2): 491-505.

Davis, R. C., & Smith, B. E. (1994a) "The Effects of Victim Impact Statements on Sentencing Decisions: A Test in an Urban Setting," *Justice Quarterly* 11 (3): 453-469.

Davis, R. C., & Smith, B. E. (1994b) "Victim Impact Statements and Victim Satisfaction: An Unfulfilled Promise?" *Journal of Criminal Justice* 22 (1): 1-12.

de Quervain, D. J.-F., Fischbacher, U., Treyer, V., Schellhammer, M., Schnyder, U., Buck, A., & Fehr, E. (2004) "The Neural Basis of Altruistic Punishment," *Science* 305: 1254-1258.

Diamond, S. S. (1997) "Illuminations and Shadows from Jury Simulations," *Law and Human Behavior* 21 (5): 561-571.

Diamond, S. S., & Vidmar, N. (2001) "Jury Room Ruminations on Forbidden Topics," *Virginia Law Review* 87 (8): 1857-1915.

Doob, A. N., & Roberts, J. (1988) "Public Punitiveness and Public Knowledge of the Facts: Some Canadian Surveys," in N. Walker & M. Hough (eds.), *Public Attitudes to Sentencing: Surveys from Five Countries*, Gower: 111-133.

Eisenberg, T., Garvey, S. P., & Wells, M. T. (2003) "Victim Characteristics and Victim Impact Evidence in South Carolina Capital Cases," *Cornell Law Review* 88 (2): 306-342.

Engelmann, D., & Fischbacher, U. (2009) "Indirect Reciprocity and Strategic Reputation Building in an Experimental Helping Game," *Games and Economic Behavior* 67 (2): 399-407.

Englich, B., Mussweiler, T., & Strack, F. (2006) "Playing Dice with Criminal Sentences: The Influence of Irrelevant Anchors on Experts' Judicial Decision Making," *Personality and Social Psychology Bulletin* 32 (2): 188-200.

Erez, E. (2000) "Integrating a Victim Perspective in Criminal Justice through Victim Impact

Statements," in A. Crawford & J. Goodey (eds.), *Integrating a Victim Perspective within Criminal Justice*, Ashgate: 165-184.

Erez, E., & Globokar, J. L. (2010) "Victim Impact Statements," in B. S. Fisher & S. P. Lab (eds.), *Encyclopedia of Victimology and Crime Prevention 2*, SAGE: 794-797.

Erez, E., & Laster, K. (1999) "Neutralizing Victim Reform: Legal Professionals' Perspectives on Victims and Impact Statements," *Crime & Delinquency* 45 (4): 530-553.

Erez, E., & Roberts, J. (2013) "Victim Participation in the Criminal Justice System," in R. C. Davis, A. J. Lurigio, & S. Herman (eds.), *Victims of Crime* [Fourth Edition], SAGE: 251-270.

Erez, E., & Roeger, L. (1995) "The Effect of Victim Impact Statements on Sentencing Patterns and Outcomes: The Australian Experience," *Journal of Criminal Justice* 23 (4): 363-375.

Erez, E., Roeger, L., & Morgan, F. (1994) *Victim Impact Statements in South Australia: An Evaluation*, South Australian Attorney-General's Department.

Erez, E., & Rogers, L. (1999) "Victim Impact Statements and Sentencing Outcomes and Processes: The Perspectives of Legal Professionals," *British Journal of Criminology* 39 (2): 216-239.

Erez, E., & Tontodonato P. (1990) "The Effect of Victim Participation in Sentencing on Sentence Outcome," *Criminology* 28 (3): 451-474.

Erez, E., & Tontodonato, P. (1992) "Victim Participation in Sentencing and Satisfaction with Justice," *Justice Quarterly* 9 (3): 393-417.

Falk, A., Fehr, E., & Fischbacher, U. (2005) "Driving Forces behind Informal Sanctions," *Econometrica* 73 (6): 2017-2030.

Fehr, E., & Fischbacher, U. (2003) "The Nature of Human Altruism," *Nature* 425: 785-791.

Fehr, E., & Fischbacher, U. (2004) "Third-party Punishment and Social Norms," *Evolution and Human Behavior* 25 (2): 63-87.

Fehr, E., & Gächter, S. (2002) "Altruistic Punishment in Humans," *Nature* 415: 137-140.

Feigenson, N., & Park, J. (2006) "Emotions and Attributions of Legal Responsibility and Blame: A Research Review," *Law and Human Behavior* 30 (2): 143-161.

Finn-DeLuca, V. (1994) "Victim Participation at Sentencing," *Criminal Law Bulletin* 30 (5): 403-428.

Forgas, J. P. (1994) "The Role of Emotion in Social Judgments: An Introductory Review and an Affect Infusion Model (AIM)," *European Journal of Social Psychology* 24 (1): 1-24.

ForsterLee, L., Fox, G. B., ForsterLee, R., & Ho, R. (2004) "The Effects of a Victim Impact Statement and Gender on Juror Information Processing in a Criminal Trial: Does the Punishment Fit the Crime?" *Australian Psychologist* 39 (1): 57-67.

Friedman, L. M. (1993) *Crime and Punishment in American History*, Basic Books.

Garner, B. A. (editor in chief) (2014) *Black's Law Dictionary* [Tenth Edition], West.

Garvey, S. P. (1998) "Aggravation and Mitigation in Capital Cases: What Do Jurors Think?" *Columbia Law Review* 98 (6): 1538-1576.

Gilbert, D. T., Pinel, E. C., Wilson, T. D., Blumberg, S. J., & Wheatley, T. P. (1998) "Immune Neglect: A Source of Durability Bias in Affective Forecasting," *Journal of Personality and Social Psychology* 75 (3): 617-638.

Glaeser, E. L., & Sacerdote, B. (2003) "Sentencing in Homicide Cases and the Role of Vengeance," *Journal of Legal Studies* 32 (2): 363-382.
Goodwin, G. P., & Benforado, A. (2015) "Judging the Goring Ox: Retribution Directed Toward Animas," *Cognitive Science* 39 (3): 619-646.
Goodwin, G. P., & Landy, J. F. (2014) "Valuing Different Human Lives," *Journal of Experimental Psychology*: General 143 (2): 778-803.
Gordon, T. M., & Brodsky, S. L. (2007) "The Influence of Victim Impact Statements on Sentencing in Capital Cases," *Journal of Forensic Psychology Practice* 7 (2): 45-52.
Graham, S., Weiner, B., & Zucker, G. S. (1997) "An Attributional Analysis of Punishment Goals and Public Reactions to O. J. Simpson," *Personality and Social Psychology Bulletin* 23 (4): 331-346.
Greene, E. (1999) "The Many Guises of Victim Impact Evidence and Effects on Jurors' Judgments," *Psychology, Crime & Law* 5 (4): 331-348.
Greene, E., Koehring, H., & Quiat, M. (1998) "Victim Impact Evidence in Capital Cases: Does the Victim's Character Matter?" *Journal of Applied Social Psychology* 28 (2): 145-156.
Greene, J. (2013) *Moral Tribes: Emotion, Reason, and the Gap between Us and Them*, Penguin.
Gromet, D. M., & Darley, J. M. (2011) "Political Ideology and Reactions to Crime Victims: Preferences for Restorative and Punitive Responses," *Journal of Empirical Legal Studies* 8 (4): 830-855.
Gromet, D. M., Okimoto, T. G., Wenzel, M., & Darley, J. M. (2012) "A Victim-Centered Approach to Justice? Victim Satisfaction Effects on Third-Party Punishments," *Law and Human Behavior* 36 (5): 375-389.
Guthrie, C., Rachlinski, J. J., & Wistrich, A. J. (2001) "Inside the Judicial Mind," *Cornell Law Review* 86 (4): 777-830.
Guthrie, C., Rachlinski, J. J., & Wistrich, A. J. (2007) "Blinking on the Bench: How Judges Decide Cases," *Cornell Law Review* 93 (1): 1-43.
Haberman, S. J. (1973) "The Analysis of Residuals in Cross-Classified Tables," *Biometrics* 29 (1): 205-220.
Haidt, J. (2001) "The Emotional Dog and Its Rational Tail: A Social Intuitionist Approach to Moral Judgment," *Psychological Review* 108 (4): 814-834.
Haidt, J. (2012) *The Righteous Mind: Why Good People Are Divided by Politics and Religion*, Penguin (ハイト, ジョナサン (高橋洋 訳)『社会はなぜ左と右にわかれるのか──対立を超えるための道徳心理学』紀伊國屋書店).
Hamilton, W. D. (1964) "The Genetical Evolution of Social Behaviour I-II," *Journal of Theoretical Biology* 7 (1): 1-16; 17-52.
Hans, V. P. (2014) "The Impact of Victim Participation in *Saiban-in* Trials in Japan: Insights from the American Jury Experience," *International Journal of Law, Crime and Justice* 42 (2): 103-116.
Hans, V. P., & Doob, A. N. (1976) "Section 12 of the Canada Evidence Act and the Deliberations of Simulated Juries," *Criminal Law Quarterly* 18 (2): 235-253.
Hills, A. M., & Thomson, D. M. (1999) "Should Victim Impact Influence Sentences? Under-

standing the Community's Justice Reasoning," *Behavioral Sciences and the Law* 17 (5): 661-671.
Hoffman, M. B. (2014) *The Punisher's Brain: The Evolution of Judge and Jury*, Cambridge University Press.
Hoffman, M. L. (1984) "Interaction of Affect and Cognition in Empathy," in C. E. Izard, J. Kagan, & R. B. Zajonc (eds.), *Emotions, Cognition, and Behavior*, Cambridge University Press: 103-131.
Hogan, R., & Elmer, N. P. (1981) "Retributive Justice," in M. J. Lerner & S. C. Lerner (eds.), *The Justice Motive in Social Behavior: Adapting to Times of Scarcity and Change*, Plenum Press: 125-143.
Horowitz, I. A., Kerr, N. L., Park, E. S., & Gockel, C. (2006) "Chaos in the Courtroom Reconsidered: Emotional Bias and Juror Nullification," *Law and Human Behavior* 30 (2): 163-181.
Hoyle, C., Cape, E., Morgan, R., & Sanders, A. (1998) *Evaluation of the 'One Stop Shop' and Victim Statement Pilot Projects*, Home Office.
Hoyle, C., Morgan, R., & Sanders, A. (1999) "The Victim's Charter—An Evaluation of Pilot Projects," *Home Office Research, Development and Statistics Directorate, Research Findings* No. 107.
Kaplan, M. F., & Miller, L. E. (1978a) "Reducing the Effects of Juror Bias," *Journal of Personality and Social Psychology* 36 (12): 1443-1455.
Kaplan, M. F., & Miller, L. E. (1978b) "Effects of Juror's Identification with the Victim Depend on Likelihood of Victimization," *Law and Human Behavior* 2 (4): 353-361.
Karp, D. R., & Warshaw, J. B. (2009) "Their Day in Court: The Role of Murder Victims' Families in Capital Juror Decision Making," *Criminal Law Bulletin* 45 (1): 99-120.
Kawaide, T. (2010) "Victim Participation in the Criminal Trial in Japan," *Journal of the Japan-Netherlands Institute* 10: 48-56.
Kerwin, J., & Shaffer, D. R. (1994) "Mock Jurors versus Mock Juries: The Role of Deliberations in Reactions to Inadmissible Testimony," *Personality and Social Psychology Bulletin* 20 (2): 153-162.
Kirchengast, T. (2010) "Recent Reforms to Victim's Rights and the Emerging "Normative Theory of the Criminal Trial"," *Criminal Law Quarterly* 56 (1-2): 82-115.
Kirchengast, T. (2011) "The Landscape of Victim Rights in Australian Homicide Cases—Lessons from the International Experience," *Oxford Journal of Legal Studies* 31 (1): 133-163.
Knoch, D., Pascual-Leone, A., Meyer, K., Treyer, V., & Fehr, E. (2006) "Diminishing Reciprocal Fairness by Disrupting the Right Prefrontal Cortex," *Science* 314: 829-832.
Krauss, R. (2010) "Neuroscience and Institutional Choice in Federal Sentencing Law," *Yale Law Journal* 120 (2): 367-378.
Lempert, R. O. (1975) "Uncovering "Nondiscernible" Differences: Empirical Research and the Jury-Size Cases," *Michigan Law Review* 73 (4): 643-708.
Lerner, J. S., Goldberg, J. H., & Tetlock, P. E. (1998) "Sober Second Thought: The Effects of Accountability, Anger, and Authoritarianism on Attributions of Responsibility," *Personality and Social Psychology Bulletin* 24 (6): 563-574.

Lerner, J. S., & Keltner, D. (2000) "Beyond Valence: Toward a Model of Emotion-specific Influences on Judgement and Choice," *Cognition and Emotion* 14 (4): 473-493.

Lerner, J. S., & Tiedens, L. Z. (2006) "Portrait of the Angry Decision Maker: How Appraisal Tendencies Shape Anger's Influence on Cognition," *Journal of Behavioral Decision Making* 19 (2): 115-137.

Leverick, F., Chalmers, J., & Duff, P. (2007) *An Evaluation of the Pilot Victim Statement Schemes in Scotland*, Scottish Executive Social Research.

Levy, J. H. (1993) "Limiting Victim Impact Evidence and Argument after *Payne v. Tennessee*," *Stanford Law Review* 45 (4): 1027-1060.

Lind, E. A., & Tyler, T. R. (1988) *The Social Psychology of Procedural Justice*, Plenum Press（リンド，E. アラン・タイラー，トム R.（菅原郁夫・大渕憲一 訳）(1995)『フェアネスと手続きの社会心理学――裁判，政治，組織への応用』ブレーン出版）．

Logan, W. A. (1999) "Through the Past Darkly: A Survey of the Uses and Abuses of Victim Impact Evidence in Capital Trials," *Arizona Law Review* 41 (1): 143-192.

Logan, W. A. (2006) "Victim Impact Evidence in Federal Capital Trials," *Federal Sentencing Reporter* 19 (1): 5-12.

London, K., & Nunez, N. (2000) "The Effect of Jury Deliberations on Jurors' Propensity to Disregard Inadmissible Evidence," *Journal of Applied Psychology* 85 (6): 932-939.

Luginbuhl, J., & Burkhead, M. (1995) "Victim Impact Evidence in a Capital Trial: Encouraging Votes for Death," *American Journal of Criminal Justice* 20 (1): 1-15.

Matsuo, K., & Itoh, Y. (2015) "Effects of Emotional Testimony and Gruesome Photographs on Mock Jurors' Decisions and Negative Emotions," *Psychiatry, Psychology and Law*, DOI: 10.1080/13218719.2015.1032954.

McGowan, M. G., & Myers, B. (2004) "Who Is the Victim Anyway? The Effects of Bystander Victim Impact Statements on Mock Juror Sentencing Decisions," *Violence and Victims* 19 (3): 357-374.

McLeod, M. (1986) "Victim Participation at Sentencing," *Criminal Law Bulletin* 22 (6): 501-517.

McLeod, M. (1987) "An Examination of the Victim's Role at Sentencing: Results of a Survey of Probation Administrators," *Judicature* 71 (3): 162-168.

Ministry of Justice, & Green, D. (2013) *Making a Victim Personal Statement: You Have a Voice in the Criminal Justice System and Have a Right to Explain How the Crime Has Affected You*, Ministry of Justice.

Minot, D. (2012) "Silenced Stories: How Victim Impact Evidence in Capital Trials Prevents the Jury from Hearing the Constitutionally Required Story of the Defendant," *Journal of Criminal Law & Criminology* 102 (1): 227-251.

Miyazawa, S. (2008a) "The Politics of Increasing Punitiveness and the Rising Populism in Japanese Criminal Justice Policy," *Punishment & Society* 10 (1): 47-77.

Miyazawa, S. (2008b) "Will Penal Populism in Japan Decline?: A Discussion," 犯罪社会学研究 33: 122-136（宮澤節生 (2009)「日本のポピュリズム刑事政策は後退するか 討論者として」日本犯罪社会学会（編）『グローバル化する厳罰化とポピュリズム』現代人文社：183-200）．

Moons, W. G., & Mackie, D. M. (2007) "Thinking Straight While Seeing Red: The Influence of Anger on Information Processing," *Personality and Social Psychology Bulletin* 33 (5): 706-720.

Morgan, R., & Sanders, A. (1999) *The Uses of Victim Statements*, Home Office.

Mullett, M. A. (2011) "Fulfilling the Promise of *Payne*: Creating Participatory Opportunities for Survivors in Capital Cases," *Indiana Law Journal* 86 (4): 1617-1647.

Myers, B., & Arbuthnot, J. (1999) "The Effects of Victim Impact Evidence on the Verdicts and Sentencing Judgments of Mock Jurors," *Journal of Offender Rehabilitation* 29 (3-4): 95-112.

Myers, B., Godwin, D., Latter, R., & Winstanley, S. (2004) "Victim Impact Statements and Mock Juror Sentencing: The Impact of Dehumanizing Language on a Death Qualified Sample," *American Journal of Forensic Psychology* 22 (2): 39-55.

Myers, B., & Greene, E. (2004) "The Prejudicial Nature of Victim Impact Statements: Implications for Capital Sentencing Policy," *Psychology, Public Policy, and Law* 10 (4): 492-515.

Myers, B., Lynn, S. J., & Arbuthnot, J. (2002) "Victim Impact Testimony and Juror Judgments: The Effects of Harm Information and Witness Demeanor," *Journal of Applied Social Psychology* 32 (11): 2393-2412.

Myers, B., Roop, A., Kalnen, D., & Kehn, A. (2013) "Victim Impact Statements and Crime Heinousness: A Test of the Saturation Hypothesis," *Psychology, Crime & Law* 19 (2): 129-143.

Myers, B., Weidemann, E., & Pearce, G. (2006) "Psychology Weighs in on the Debate Surrounding Victim Impact Statements and Capital Sentencing: Are Emotional Jurors Really Irrational?" *Federal Sentencing Reporter* 19 (1): 13-20.

Nadler, J. (2012) "Blaming as a Social Process: The Influence of Character and Moral Emotion on Blame," *Law and Contemporary Problems* 75 (2): 1-31.

Nadler, J., & Rose, M. R. (2003) "Victim Impact Testimony and the Psychology of Punishment," *Cornell Law Review* 88 (2): 419-456.

Nowak, M. A., & Sigmund, K. (1998) "Evolution of Indirect Reciprocity by Image Scoring," *Nature* 393: 573-577.

Office for Criminal Justice Reform (2006) *Your Choice to Have a Voice in Court*.

Office for Criminal Justice Reform (2009) *Making a Victim Personal Statement*.

Office for Victims of Crime, U.S. Department of Justice (1998) *New Directions from the Field: Victims' Rights and Services for the 21st Century*, U.S. Government Printing Office.

Office for Victims of Crime, U.S. Department of Justice (2011) *2011 NCVRW Resource Guide*.

Ohbuchi, K., Kameda, M., & Agarie, N. (1989) "Apology as Aggression Control: Its Role in Mediating Appraisal of and Response to Harm," *Journal of Personality and Social Psychology* 56 (2): 219-227.

Open Science Collaboration (2015) "Estimating the Reproducibility of Psychological Science," *Science* 349, DOI: 10.1126/science.aac4716.

Paternoster, R., & Deise, J. (2011) "A Heavy Thumb on the Scale: The Effect of Victim Impact Evidence on Capital Decision Making," *Criminology* 49 (1): 129-161.

Peerenboom, R. P. (1993) "Victim Harm, Retributivism and Capital Punishment: A Philosophi-

cal Critique of *Payne v. Tennessee*," *Pepperdine Law Review* 20 (1): 25-72.
Petersen, M. B. (2010) "Distinct Emotions, Distinct Domains: Anger, Anxiety and Perceptions of Intentionality," *Journal of Politics* 72 (2): 357-365.
Petersen, M. B., Sell, A., Tooby, J., & Cosmides, L. (2010) "Evolutionary Psychology and Criminal Justice: A Recalibrational Theory of Punishment and Reconciliation," in H. Høgh-Olesen (ed.), *Human Morality and Sociality: Evolutionary and Comparative Perspectives*, Palgrave Macmillan: 72-131.
Petersen, M. B., Sell, A., Tooby, J., & Cosmides, L. (2012) "To Punish or Repair? Evolutionary Psychology and Lay Intuitions about Modern Criminal Justice," *Evolution and Human Behavior* 33 (6): 682-695.
Platania, J., & Berman, G. L. (2006) "The Moderating Effect of Judge's Instructions on Victim Impact Testimony in Capital Cases," *Applied Psychology in Criminal Justice* 2 (2): 84-101.
Platania, J., & Moran, G. (1999) "Due Process and the Death Penalty: The Role of Prosecutorial Misconduct in Closing Argument in Capital Trials," *Law and Human Behavior* 23 (4): 471-486.
Preacher, K. J., & Hayes, A. F. (2004) "SPSS and SAS Procedures for Estimating Indirect Effects in Simple Mediation Models," *Behavior Research Methods, Instruments, & Computers* 36 (4): 717-731.
President's Task Force on Victims of Crime (1982) *Final Report*, U.S. Government Printing Office.
Rachlinski, J. J., Guthrie, C., & Wistrich, A. J. (2011) "Probable Cause, Probability, and Hindsight," *Journal of Empirical Legal Studies* 8 (S1): 72-98.
Rachlinski, J. J., Guthrie, C., & Wistrich, A. J. (2013) "Contrition in the Courtroom: Do Apologies Affect Adjudication?" *Cornell Law Review* 98 (5): 1189-1243.
Ranish, D. R., & Shichor, D. (1985) "The Victim's Role in the Penal Process: Recent Developments in California," *Federal Probation* 49 (1): 50-57.
Robbennolt, J. K. (2000) "Outcome Severity and Judgments of "Responsibility": A Meta-Analytic Review," *Journal of Applied Social Psychology* 30 (12): 2575-2609.
Roberts, J. (2008) "Victim Impact Statements: Lessons Learned and Future Priorities," *Victims of Crime Research Digest* 2008 (1): 3: 15.
Roberts, J. V. (2009) "Listening to the Crime Victim: Evaluating Victim Input at Sentencing and Parole," in M. Tonry (ed.), *Crime and Justice: A Review of Research Vol. 38*, The University of Chicago Press: 347-412.
Roberts, J. V., & Edgar, A. (2006) *Victim Impact Statements at Sentencing: Judicial Experiences and Perceptions: A Survey of Three Jurisdictions*, Research Report for the Department of Justice Canada.
Roberts, J. V., & Manikis, M. (2011) *Victim Personal Statements: A Review of Empirical Research*, Report for the Commissioner for Victims and Witnesses in England and Wales.
Rose, M. R., Nadler, J., & Clark, J. (2006) "Appropriately Upset? Emotion Norms and Perceptions of Crime Victims," *Law and Human Behavior* 30 (2): 203-219.
Rozin, P., Lowery, L., Imada, S., & Haidt, J. (1999) "The CAD Triad Hypothesis: A Mapping

between Three Moral Emotions (Contempt, Anger, Disgust) and Three Moral Codes (Community, Autonomy, Divinity)," *Journal of Personality and Social Psychology* 76 (4): 574-586.

Rudolph, U., Roesch, S. C., Greitemeyer, T., & Weiner, B. (2004) "A Meta-Analytic Review of Help Giving and Aggression from an Attributional Perspective: Contributions to a General Theory of Motivation," *Cognition and Emotion* 18 (6): 815-848.

Saeki, M. (2010) "Victim Participation in Criminal Trials in Japan," *International Journal of Law, Crime and Justice* 38 (4): 149-165.

Salerno, J. M., & Bottoms, B. L. (2009) "Emotional Evidence and Jurors' Judgments: The Promise of Neuroscience for Informing Psychology and Law," *Behavioral Sciences and the Law* 27 (2): 273-296.

Sanders, A., Hoyle, C., Morgan, R., & Cape, E. (2001) "Victim Impact Statements: Don't Work, Can't Work," *Criminal Law Review* 2001 (6): 447-457.

Sanders, A., Young, R., & Burton, M. (2010) *Criminal Justice* [Fourth Edition], Oxford University Press.

Sanfey, A. G., Rilling, J. K., Aronson, J. A., Nystrom, L. E., & Cohen, J. D. (2003) "The Neural Basis of Economic Decision-Making in the Ultimatum Game," *Science* 300: 1755-1758.

Schafer, S. (1968) *The Victim and His Criminal: A Study in Functional Responsibility*, Random House.

Schelling, T. C. (1968) "The Life You Save May Be Your Own," in S. B. Chase Jr. (ed.), *Problems in Public Expenditure Analysis*, The Brookings Institution: 127-176.

Schwarz, N., & Clore, G. L. (1983) "Mood, Misattribution, and Judgments of Well-being: Informative and Directive Functions of Affective States," *Journal of Personality and Social Psychology* 45 (3): 513-523.

Scott, R. W. (2010) "Inter-Judge Sentencing Disparity after *Booker*: A First Look," *Stanford Law Review* 63 (1): 1-66.

Shavell, S. (2004) *Foundations of Economic Analysis of Law*, Belknap Press of Harvard University Press (シャベル, スティーブン (田中亘・飯田高 訳) (2010)『法と経済学』日本経済新聞出版社).

Shaver, K. G. (1970a) "Redress and Conscientiousness in Attribution of Responsibility for Accidents," *Journal of Experimental Social Psychology* 6 (1): 100-110.

Shaver, K. G. (1970b) "Defensive Attribution: Effects of Severity and Relevance on the Responsibility Assigned for an Accident," *Journal of Personality and Social Psychology* 14 (2): 101-113.

Shaver, K. G. (1975) *An Introduction to Attribution Processes*, Winthrop.

Shaver, K. G. (1985) *The Attribution of Blame: Causality, Responsibility, and Blameworthiness*, Springer-Verlag.

Shen, F. X., Hoffman, M. B., Jones, O. D., Greene, J. D., & Marois, R. (2011) "Sorting Guilty Minds," *New York University Law Review* 86 (5): 1306-1360.

Shiroshita, Y., (2010) "Current Trends and Issues in Japanese Sentencing," *Federal Sentencing Report* 22 (4): 243-248.

Shultz, T. R., Schleifer, M., & Altman, I. (1981) "Judgments of Causation, Responsibility, and Punishment in Cases of Harm-Doing," *Canadian Journal of Behavioral Science* 13 (3): 238-253.

Simon, J. (2007) *Governing through Crime: How the War on Crime Transformed American Democracy and Created a Culture of Fear*, Oxford University Press.

Small, D. A. & Loewenstein, G. (2003) "Helping a Victim or Helping the Victim: Altruism and Identifiability," *Journal of Risk and Uncertainty* 26 (1): 5-16.

Small, D. A. & Loewenstein, G. (2005) "The Devil you Know: The Effects of Identifiability on Punishment," *Journal of Behavioral Decision Making* 18 (5): 311-318.

Smith, V. L., & Studebaker, C. A. (1996) "What Do You Expect? The Influence of People's Prior Knowledge of Crime Categories on Fact-Finding," *Law and Human Behavior* 20 (5): 517-532.

Snell, T. L. (2006) *Capital Punishment, 2005*, Bureau of Justice Statistics, U.S. Department of Justice (http://bjs.ojp.usdoj.gov/content/pub/pdf/cp05.pdf 2015年10月8日アクセス).

Snell, T. L. (2010) *Capital Punishment, 2009—Statistical Tables*, Bureau of Justice Statistics, U.S. Department of Justice (http://bjs.ojp.usdoj.gov/content/pub/pdf/cp09st.pdf 2015年10月8日アクセス).

Sundby, S. E. (2003) "The Capital Jury and Empathy: The Problem of Worthy and Unworthy Victims," *Cornell Law Review* 88 (2): 343-381.

Sweeting, A., Owen, R., Turley, C., Rock, P., Garcis-Sanche, M., Wilson, L., & Khan, U. (2008) *Evaluation of the Victims' Advocate Scheme Pilots*, Ministry of Justice.

Talbert, P. A. (1988) "The Relevance of Victim Impact Statements to the Criminal Sentencing Decision," *UCLA Law Review* 36 (1): 199-232.

Tetlock, P. E. (2002) "Social Functionalist Frameworks for Judgment and Choice: Intuitive Politicians, Theologians, and Prosecutors," *Psychological Review* 109 (3): 451-471.

Tetlock, P. E., Visser, P. S., Singh, R., Polifroni, M., Scott, A., Elson, S. B., Mazzocco, P., & Rescober, P. (2007) "People as Intuitive Prosecutors: The Impact of Social-control Goals on Attributions of Responsibility," *Journal of Experimental Social Psychology* 43 (2): 195-209.

Thibaut, J., & Walker, L. (1975) *Procedural Justice: A Psychological Analysis*, Lawrence Erlbaum Associates.

Thibaut, J., Walker, L., & Lind, E. A. (1972) "Adversary Presentation and Bias in Legal Decisionmaking," *Harvard Law Review* 86 (2): 386-401.

Thomson, D. R., & Ragona, A. J. (1987) "Popular Moderation versus Governmental Authoritarianism: An Interactionist View of Public Sentiments toward Criminal Sanctions," *Crime & Delinquency* 33 (3): 337-357.

Tiedens & Linton (2001) "Judgment under Emotional Certainty and Uncertainty: The Effects of Specific Emotions on Information Processing," *Journal of Personality and Social Psychology* 81 (6): 973-988.

Tobolowsky, P. M., Gaboury, M. T., Jackson, A. L., & Blackburn, A. G. (2010) *Crime Victim Rights and Remedies* [Second Edition], Carolina Academic Press.

Tontodonato, P., & Erez, E. (1994) "Crime, Punishment, and Victim Distress," *International Re-

view of Victimology 3: 33-55.
Tooby, J., & Cosmides, L. (2008) "The Evolutionary Psychology of the Emotions and Their Relationship to Internal Regulatory Variables," in M. Lewis, J. M. Haviland-Jones, & L. F. Barrett (eds.), *Handbook of Emotions* [Third Edition], Guilford Press: 114-137.
Trivers, R. L. (1971) "The Evolution of Reciprocal Altruism," *Quarterly Review of Biology* 46 (1): 35-57.
Tsoudis, O., & Smith-Lovin, L. (1998) "How Bad Was It? The Effects of Victim and Perpetrator Emotion on Responses to Criminal Court Vignettes," *Social Forces* 77 (2): 695-722.
Tversky, A., & Kahneman, D. (1974) "Judgment under Uncertainty: Heuristics and Biases," *Science* 185: 1124-1131.
Tyler, T. R., & Boeckmann, R. J. (1997) "Three Strikes and You Are Out, but Why? The Psychology of Public Support for Punishing Rule Breakers," *Law & Society Review* 31 (2): 237-265.
Tyler, T. R., & Lind, E. A. (2000) "Procedural Justice," in J. Sanders & V. L. Hamilton (eds.), *Handbook of Justice Research in Law*, Kluwer Academic/Plenum: 65-92.
United States Department of Justice, Office of Justice Programs (1986) *Four Years Later: A Report on the President's Task Force on Victims of Crime*, Government Printing Office.
Victim Support Agency (2009) *A Victim's Voice: Victim Impact Statements in Victoria*.
Vidmar, N., & Miller, D. T. (1980) "Socialpsychological Processes Underlying Attitudes toward Legal Punishment," *Law & Society Review* 14 (3): 565-602.
Villmoare, E., & Neto, V. V. (1987) *Victim Appearances at Sentencing Hearings under the California Victims' Bill of Rights*, U.S. Government Printing Office.
Walsh, A. (1986) "Placebo Justice: Victim Recommendations and Offender Sentences in Sexual Assault Cases," *Journal of Criminal Law and Criminology* 77 (4): 1126-1141.
Walster, E. (1966) "Assignment of Responsibility for an Accident," *Journal of Personality and Social Psychology* 3 (1): 73-79.
Walster, E. (1967) "'Second Guessing' Important Events," *Human Relations* 20 (3): 239-249.
Warr, M. (1989) "What is the Perceived Seriousness of Crime?" *Criminology* 27 (4): 795-821.
Warr, M., Gibbs, J. P., & Erickson, M. L. (1982) "Contending Theories of Criminal Law: Statutory Penalties versus Public Preferences," *Journal of Research in Crime and Delinquency* 19 (1): 25-46.
Watamura, E., Wakebe, T., Fujio, M., Itoh, Y., & Karasawa, K. (2014a) "The Automatic Activation of Retributive Motive When Determining Punishment," *Psychological Studies* 59 (3): 236-240.
Watamura, E., Wakebe, T., & Karasawa, K. (2014b) "The Influence of Improper Information on Japanese Lay Judges' Determination of Punishment," *Asian Journal of Criminology* 9 (4): 285-300.
Watamura, E., Wakebe, T., & Maeda, T. (2011) "Can Jurors Free Themselves from Retributive Objectives?" *Psychological Studies* 56 (2): 232-240.
Watson, D., Clark, L. A., & Tellegen, A. (1988) "Development and Validation of Brief Measures of Positive and Negative Affect: The PANAS Scales," *Journal of Personality and Social*

Psychology 54 (6): 1063-1070.
Weiner, B. (1980) "May I Borrow Your Class Notes? An Attributional Analysis of Judgments of Help Giving in an Achievement-Related Context," *Journal of Educational Psychology* 72 (5): 676-681.
Weiner, B. (1995) *Judgments of Responsibility: A Foundation for a Theory of Social Conduct*, Guilford Press.
Weiner, B. (2006) *Social Motivation, Justice, and the Moral Emotions: An Attributional Approach*, Lawrence Erlbaum Associates(ワイナー，B.（清水敏彦・唐沢かおり 監訳）(2007)『社会的動機づけの心理学——他者を裁く心と道徳的感情』北大路書房).
Weiner, B., Graham, S., & Reyna, C. (1997) "An Attributional Examination of Retributive Versus Utilitarian Philosophies of Punishment," *Social Justice Research* 10 (4): 431-452.
Weiner, B., & Kukla, A. (1970) "An Attributional Analysis of Achievement Motivation," *Journal of Personality and Social Psychology* 15 (1): 1-20.
Weiten, W., & Diamond, S. S. (1979) "A Critical Review of the Jury Simulation Paradigm," *Law and Human Behavior* 3 (1-2): 71-93.
Wevodau, A. L., Cramer, R. J., Clark, J. W., III, & Kehn, A. (2014) "The Role of Emotion and Cognition in Juror Perceptions of Victim Impact Statements," *Social Justice Research* 27 (1): 45-66.
Wheatley, T., & Haidt, J. (2005) "Hypnotic Disgust Makes Moral Judgments More Severe," *Psychological Science* 16 (10): 780-784.
Wilson, T. D., & Gilbert, D. T. (2008) "Explaining Away: A Model of Affective Adaptation," *Perspectives on Psychological Science* 3 (5): 370-386.
Wistrich, A. J., Guthrie, C., & Rachlinski, J. J. (2005) "Can Judges Ignore Inadmissible Information? The Difficulty of Deliberately Disregarding," *University of Pennsylvania Law Review* 153 (4): 1251-1345.
Wistrich, A. J., Rachlinski, J. J., & Guthrie, C. (2015) "Heart Versus Head: Do Judges Follow the Law or Follow Their Feelings?" *Texas Law Review* 93 (4): 855-923.
Wolhuter, L., Olley, N., & Denham, D. (2009) *Victimology: Victimisation and Victims' Rights*, Routledge-Cavendish.
Wright, C. A., King, N. J., & Klein, S. R. (2004) *Federal Practice and Procedure: Criminal 3d § 511 to 650*, West.
Yamagishi, T. (1986) "The Provision of a Sanctioning System as a Public Good," *Journal of Personality and Social Psychology* 51 (1): 110-116.
Yang, C. S. (2014) "Have Interjudge Sentencing Disparities Increased in an Advisory Guidelines Regime? Evidence from *Booker*," *New York University Law Review* 89 (4): 1268-1342.
Yun, I., Johnson, M., & Kercher, G. (2005) *Victim Impact Statements: What Victims Have to Say*, Crime Victims' Institute.
Zimmerman, S. E., Van Alstyne, D. J., & Dunn, C. S., (1988) "The National Punishment Survey and Public Policy Consequences," *Journal of Research in Crime and Delinquency* 25 (2): 120-149.

[日本語判例]

最判昭和 29 年 3 月 11 日刑集 8 巻 3 号 270 頁

最判昭和 58 年 7 月 8 日刑集 37 巻 6 号 609 頁

函館地判平成 14 年 9 月 17 日判時 1818 号 176 頁，判タ 1108 号 297 頁

[英語判例]

Booth v. Maryland, 482 U.S. 496（1987）

Hoare v. The Queen and Easton v. The Queen, 63 ALJR 505（1989）

In re Kenna, 453 F.3d 1136（9th Cir. 2006）

Kelly v. California, 555 U.S. 1020（2008）

Kenna v. United States District Court, 435 F.3d 1011（9th Cir. 2006）

Mistretta v. United States, 488 U.S. 361,（1989）

Payne v. Tennessee, 501 U.S. 808（1991）

South Carolina v. Gathers, 490 U.S. 805（1989）

State v. Gathers, 295 S.C. 476（S.C. 1988）

State v. Johnson, 410 S.E. 2d 547（S.C. 1991）

United States v. Booker, 543 U.S. 220（2005）

Wainwright v. Witt, 469 U.S. 412（1984）

索　引

あ行

「悪質事件」　286
アンカリング効果　233
安定性　202, 203
意見陳述制度　9, 16-18
医療モデル　228
ウェイソンの4枚カード問題　215
援助行動　203
応報的公正　193-197

か行

感情馴化　224
感情ネットワークモデル　206
感情予測　155
感情欲求　139
間接型の影響　250, 316-318
帰属アプローチ　202-204
気分一致効果　206
共感　208
刑の一部執行猶予　312, 313
血縁淘汰説　215
原因帰属　199
原因の所在　202
交互作用　33
交互作用型の影響　249, 250, 315, 316
厚生トレードオフ率　217
構造化面接　102
衡平理論　192, 193, 195
合理的な聴聞を受ける権利　59
互恵的利他行動　215

さ行

最後通牒ゲーム　212, 213
差異法　303
三振法　194
死刑事件適格性　138
死刑選択促進効果　134, 136, 138, 156, 157
死刑陪審プロジェクト　86, 160
視点取得　208
社会契約仮説　216
謝罪宥和理論　289

修正理論　216, 218
「重大事件」　293
主効果　33
主題内容効果　216
情動伝染　206
情報としての感情モデル　206
進化心理学　210, 211
信頼ゲーム　213
スキーマ　223
精通弁護士　7
責任帰属　199-201
説明力　78
全国被害者支援ネットワーク　4

た行

他行為可能性　204
調整済み残差　287
直接型の影響　249, 314, 315
提携価値　218
適応度　212
手続的公正　191
天井効果　149
統制可能性　202, 203
島皮質　213

な行

内的妥当性　270
永山判決　254
2次分析　169
日本司法支援センター　6

は行

媒介変数　137
パレート効率性　154
判決後被害者陳述　154
犯罪被害給付制度発足10周年記念シンポジウム　4
犯罪被害者権利法　58
犯罪被害者対策要綱　5
犯罪被害者等基本法　7
犯罪被害者等給付金支給法　2, 3
犯罪被害者法律援助事業　6, 7

犯罪被害者保護二法　7,9
被害者影響証拠　63
被害者および証人保護法　58
被害者憲章　108
被害者参加制度　9,18-22
被害者陳述　56
被験者間要因　46
被験者内要因　46
尾状核　213
非対称な認知　38,39
復讐　211-214
船木悟事件　50
分配的公正　191-193
防衛的帰属　200
法テラス→日本司法支援センター

ま 行

マインドセット　37,38
三菱重工ビル爆破事件　3
身元の分かる被害者効果　209,210
模擬裁判研究　132,157-160,170,171
森一郎事件　50

や 行

床効果　149
陽電子放射断層撮影　213

ら 行

利他行動　214,215
立法事実アプローチ　11
量刑スケール論　224
量刑相場　225
量刑枠論　224
連邦量刑ガイドライン　229-231

わ 行

忘れられた人々　1

アルファベット

Booker 判決　230,231
Booth 判決　60-62
Family Impact Statement（FIS）　108,117,118
Gathers 判決　62
One Stop Shop（OSS）　109
Payne 判決　62
Victim Impact Statement（VIS）　56
Victim Involvement Project（VIP）　68
Victim Personal Statement（VPS）　108,116,117
Victim Statement（VS）　108-110,121
Victim Statement of Opinion（VSO）　56
Victims' Advocate Scheme（VAS）　117,118

著者略歴
1984 年生まれ
2007 年 3 月　東京大学法学部卒業
2009 年 3 月　東京大学大学院法学政治学研究科修士課程修了
2009 年 4 月　東京大学大学院法学政治学研究科助教
2012 年 4 月　千葉大学法経学部准教授
現　在　　千葉大学法政経学部准教授

主要著書
藤田政博編著『法と心理学』（分担執筆，法律文化社，2013 年）

主要訳書
サナ・ルー（著）太田勝造・津田敏秀（監訳）太田勝造，ノミンチメグ・オドスレン，佐伯昌彦，平田彩子（共訳）『法，疫学，市民社会——法政策における科学的手法の活用』（木鐸社，2009 年）
ジョン・ガスティル，ペリー・ディース，フィリップ・J・ワイザー，シンディ・シモンズ（著）ダニエル・H・フット（監訳）佐伯昌彦・森大輔・笹倉香奈（共訳）『市民の司法参加と民主主義』（日本評論社，2016 年）

犯罪被害者の司法参加と量刑

2016 年 4 月 21 日　初　版

［検印廃止］

著　者　佐伯昌彦
　　　　（さえきまさひこ）

発行所　一般財団法人　東京大学出版会

代表者　古田元夫
153-0041　東京都目黒区駒場 4-5-29
http://www.utp.or.jp/
電話 03-6407-1069　Fax 03-6407-1991
振替 00160-6-59964

印刷所　株式会社精興社
製本所　誠製本株式会社

Ⓒ 2016 Masahiko Saeki
ISBN 978-4-13-036149-1　Printed in Japan

JCOPY〈(社)出版者著作権管理機構　委託出版物〉
本書の無断複写は著作権法上での例外を除き禁じられています．複写される場合は，そのつど事前に，(社)出版者著作権管理機構（電話 03-3513-6969，FAX 03-3513-6979，e-mail: info@jcopy.or.jp）の許諾を得てください．

		現代日本の紛争処理と民事司法　[全3巻]　A5　各5600円		
①		法意識と紛争行動　　　　松村良之／村山眞維［編］		
		〈執筆者〉木下麻奈子／藤本亮／松村良之／山田裕子／村山眞維／杉野勇／尾﨑一郎／上石圭一／濱野亮／南方暁／田巻帝子		
②		トラブル経験と相談行動　　樫村志郎／武士俣敦［編］		
		〈執筆者〉樫村志郎／高橋裕／佐藤岩夫／阿部昌樹／鹿又伸夫／菅野昌史／武士俣敦／仁木恒夫／小佐井良太／和田仁孝		
③		裁判経験と訴訟行動　　ダニエル・H・フット／太田勝造［編］		
		〈執筆者〉河合幹雄／長谷川貴陽史／神長百合子／和田安弘／垣内秀介／前田智彦／太田勝造／飯田高／守屋明／入江秀晃		
現代調停論		入江秀晃	A5	7400円
法曹の比較法社会学		広渡清吾［編］	A5	7000円
家族協定の法社会学的研究		越智啓三	A5	13000円
刑事訴訟法講義 第5版		池田修／前田雅英	A5	3800円
実践 法律相談		菅原郁夫／下山晴彦［編］	A5	2600円

ここに表記された価格は本体価格です．ご購入の際には消費税が加算されますのでご了承ください．